THE PENGUIN History of THE World

〔英〕J.M. 罗伯茨 — 著

陈恒 贾斐 等 — 译

我们世界的历史 I

古典时代

東方出版中心

上海市版权局著作权合同登记：图字 09-2018-314 号

图书在版编目（CIP）数据

我们世界的历史. 1，古典时代 /（英）J. M. 罗伯茨著；陈恒等译. — 上海：东方出版中心，2018.7
ISBN 978-7-5473-1277-3

Ⅰ. ①我… Ⅱ. ①J… ②陈… Ⅲ. ①世界史—通俗读物 Ⅳ. ①K109

中国版本图书馆 CIP 数据核字（2018）第 086263 号

我们世界的历史 1：古典时代

出版发行：东方出版中心
地　　址：上海市仙霞路 345 号
邮政编码：200336
电　　话：021-62417400
印　　刷：杭州日报报业集团盛元印务有限公司
开　　本：890 mm × 1240 mm　1/32
印　　张：12.125
字　　数：302 千
版　　次：2018 年 7 月第 1 版第 1 次印刷
ISBN 978-7-5473-1277-3
定　　价：49.50 元

目 录

第五版序言

本书第一版发行于 1976 年，到现在已经是第五版了。目前已经有一些译本，它们的内容有时候会根据出版商的要求对英文原稿做一些微小改动。我认为现在不太可能有时间让我为读者提供另一个版本，因为经过全面审查，我发现这会是一项工程浩大的改动。但在一篇新序言里说明我尝试着重新作一些解释，以及为什么这是一个明智之举，可能对大家是有帮助的。至少，我觉得我应该表明，在过去二十五年间发生的事件，是否促使我改变了当初在 20 世纪 60 年代末着手写作这本书时所持的观点和目的。

我最近经常听到人说，2001 年 9 月 11 日让世界史上的一切都发生了改变，或者诸如此类的话。但我认为，根据我下面将简要说明的原因，以及某些从一开始就指引我的观念，这种观点非常有误导性，仅在某种很有限的意义上才是真实的。然而，为何一个新版本看起来是必需的呢？其首要原因就是，超过十年以来，世界历史已通过并且仍在通过最新的例子重演：一个充斥着暴力事件和千变万化的时代。这个混乱而又令人激动的时期的开始，已经成为本书上一版以及第三版的主题，但是假如需要采纳新观点的话，发生在

20世纪90年代后期的事件本身就有值得更进一步思考的必要，这种思考也包含最新的事实。

我担心这会使这本书的内容大大增加，但事实上没有。细节和风格的改变是需要的，但是重新调整和改造的只有本书的最后章节。论述侧重点的改变当然也是需要的。在最新版本中会增加一些内容：关于最近妇女地位的改变、环境问题、新的体系和设想、对旧体系的质疑，以及国际秩序常规和非常规基础的改变（这些主题在近代史中是最醒目的，而我对于这些主题的看法大多已经在我于1999年出版的《企鹅20世纪世界史》中表明了）。但是这些都不表明我一贯的立场和观点发生了根本改变，这些仍可用我之前和最初常用的观点来加以总结。

或许从一开始，我的主要目标群体就是非专业读者，想呈现并唤起他/她去思考历史的厚重感，和历史惯性在这个世界中的重要性。甚至在今天，我们也常常被鼓舞着去思考我们是否能够掌控历史。然而，塑造了诸如现代美国人、俄罗斯人、中国人、印度人和阿拉伯人的思考及行为方式的历史驱动力，在资本主义和共产主义出现之前就已经作用了数个世纪。遥远的历史仍然在打乱我们的生活，甚至可能一些发生在史前时代的事情也仍在产生影响。然而，在这种驱动力和人类所具有的引发变迁的独特力量之间，始终存在着张力。只是最近(这至多也就是几个世纪)，构成这本书大部分主题的长达六千年的漫长文明，才逐渐帮助我们认识到，人类具有制造变化的力量。而且，对技术进步的热情现在看来是普遍的。即使最近确实有一些条件试图缓和这种热情，但现在普遍存在的看法是，大部分问题能够并将会通过人力来解决。

因为惯性和革新两种现象都将继续操纵着所有人类的发展，所以我仍然认为（就如本书第一版中提到的），我们将会不断发现，发生的事情或多或少都会出乎我们的意料。对当代或最近发生的重要事件做判断时，我们应牢记这个观点。我也仍倾向于相信，这样的判断将一直较多地受到性情的影响，我们天生的乐观或者悲观情绪都将会影响到任何一种预测。即使我们已经掌握了大量历史事实，但根据历史提供的那些事实也只能得出关于未来的很概化的叙述。从这本书的最近一版开始，我已经意识到自己情感上的细微转变。我现在预感到，我的孩子们将来不大可能会生活在我曾经熟悉的、令人愉快的世界里，因为无论在何处，人类生活的重大调整都必然超过我曾经设想的情况。但我不会宣称我先知。历史从来不会被预言。

之前我以大篇幅阐述的内容现在就不需要进一步详细说明了。然而，对于这本书的新读者来说，我再次说明体现本书内容和布局的一般方法还是有用的。我争取从读者能领悟的地方开篇直言。一般的影响因素有着最广泛、最深刻的影响，不仅仅是再次收集传统意义上的重要主题。我希望避免罗列细节，取而代之的是从影响大多数人类的主要历史进程（它们给后世留下了大量遗产）入手，同时展示它们之间的对比和相互关系。我没有试图去写各个主要国家的连续历史或者人类活动的所有领域，我相信，若要事无巨细地记录过去的史实，那应该去编百科全书。

我试图强调这些主要影响的重要性，同时这就意味着在篇幅分配上，年代和地域是不平衡的。虽然我们仍旧需要一定的时间和精力去关注和研究尤卡坦迷人的土地，思考津巴布韦遗址或者遐想复活节岛上的神秘雕像，虽然产生出这些事物的各个社会的知识均具有内在的价值，但它们对于世界历史来说仍旧是边缘问题。即使是拥有如此广大区域的非洲，或哥伦布发现之前的美洲的早期历史，在本书的描绘中都是轻轻带过的，因为在这些地方，从远古时期直至欧洲人到来，在这之间所发生的一切，对世界的影响不大，远不及产生了佛陀、希伯来先知和基督教、柏拉图和孔子等的那些文化传统具有的世界影响力。这些传统存活了许多个世纪，并且给数以百万计的人们造成了巨大的影响，而这种影响力还会继续下去。

我也试着不去多写那些材料特别丰富的主题。在任何情况下，我们都不可能掌握关于世界历史的所有相关文献材料。我力图强调那些看起来重要的事情，而不是我们大家熟知的事情。因此，不论路易十四是法国和欧洲历史上多么杰出的人物，他都可以比中国的辛亥革命更简略地跳过。在我们这个时代，努力识别有用的东西显得更加重要，而不要因为一些事件出现在当天的新闻里就认为它们才重要。

我们总能获得对事件意义的新解释。例如，许多人最近常听到文明之间的冲突，认定它们将要进行或者正在进程中。显然，最近几十年人们重新认识到伊斯兰世界的独特性，而它制造出的新兴奋点也大大影响了这种断言。我已按我的逻辑提出了拒绝这种观点（至少是它们大多数不合格的表述）的理由，它们的论据不够充分恰当，而且显得过分悲观。但显然没人能够否认，在被我们泛泛称作“西方”的国家和很多伊斯兰国家之间的关系十分紧张。在最近的几个世纪，出于自觉或者不自觉的意图，有时候甚至是意外的，来自西方干扰影响的长远作用已经妨碍和困扰了许多传统，伊斯兰只不过是这些传统中的一个（全球化的概念并不是近年来仅仅在措辞上被强调的）。当然，这个进程开始于欧洲人的活动，这就是为什么我会给予欧洲的演变，以及直到1945年它在世界上的中心地位以足够的论述空间。

毫无疑问，这样的强调体现了我自己的历史传承和文化背景产生的最根本冲动。我不应但却势必以一个年长的英国中产阶级白人男性身份来书写。如果那被看成一个需要克服的严重缺点的话，就应该寻找其他途径。但读者在做出评价之前也应该用相同的尺度来衡量自己。我仍然希望我的努力能把一些也许我太容易想当然的东西传达出来，帮助人们理解博学的历史学家阿克顿勋爵提出的历史是“不同于所有国家的组合历史”的观点，同时表明决定它结构的伟大文化传统的丰富和多样性。

在前几版前言里，我已经对很多曾在早期工作阶段给予我多方面帮助的朋友和同事们提出感谢。我将永远感激他们，但因为他们的名字已经被记录下来，所以我不想在此再重复他们的名字。但我必须再增加上巴里·坎利夫教授（Barry Cunliffe）的名字，在这版中他给予了我巨大的帮助，我向他致以最诚挚的感谢。我也要感谢这些年持续给我来信的读者们，他们给我提供了具体的意见、建议、责问和鼓励。由于人数众多，我无法在这里一一留下他们的名字。但这些朋友和评论家都不需要对听从其建议而做出的修改承担任何责任，任何人都不应该为任何我所书写的事情受指责，因为这完全是我自己的责任。

最后，虽然这个问题有些私人，但我觉得必须予以指出。我修订工作的最后阶段是从去年 9 月份开始实行的，但当时突如其来的健康问题迫使我必须频繁出入医院，计划和安排被打破。相当明显的是，这对其他人造成的巨大压力远大于对我本人。很明显，这其中最受累的是我在企鹅出版社的编辑西蒙·温德（Simon Winder）。在一个非常困难的时期，他继续表现出极大的耐心，并且一如既往地给予我鼓励。在此我难以用言语来感激他给予的信任和帮助，我向他表示特别的感谢。

但是，在这几个月里，我最应该感谢的是我的家人，他们给我照顾、关爱和支持，我的孩子有时会越洋飞来看望我。在我的家人中，我必须首先提到我的妻子，她一直致力于本书的早期编辑工作。此时我比在任何时候都更需要她。除了她给我的鼓励和意见，以及对我的决定和品位的影响，我现在还必须认识到将近四十年来她对我的事业和我们的孩子的奉献。现在她又为自己增加了一项全职护士的工作。我欠她的最多，我希望她能在本书中找到我已充分认识到这一点的证据。

2002 年 3 月于提姆伍德（Timwood）

自约翰·罗伯茨去世后，我在得到企鹅出版社作者之家的认同之后，尝试着根据 2001 年以来的事件更新这本书。我通过修订和扩展出本书的第八卷来实现这个目的，因此它既包含了长期趋势，又包含了从新千年开始对于历史学家们来说变得显而易见的特殊进程。本书第五版的其他部分仍然是约翰·罗伯茨生前完成的。

维斯塔德教授（O. A. Westad），2007 年 7 月

作者介绍

罗伯茨（J. M. Roberts）生于英国巴斯市（Bath），并先后在陶顿中学（Taunton School）和牛津大学基布尔学院（Keble College）学习。服完兵役之后，他于 1950 年回到牛津大学，并在 1951 年成为莫德林学院（Magdalen）的一员。1953 年，罗伯茨以联邦基金研究员的身份前往美国，这是他担任这一职务期间第一次访问美国，此后他还将多次造访这个国家。在美期间，他先后担任过普林斯顿高级研究所的研究员（1960），以及南卡罗莱纳大学和纽约哥伦比亚大学的客座教授等多个职务。罗伯茨从 1953 至 1979 年是牛津大学默顿学院的研究员和导师。从 1979 至 1985 年，他担任英国南安普顿大学副校长。后来，在 1985 年，他回到默顿学院担任院长，直到 1994 年退休。1996 年，他因“在教育与历史领域的贡献”而荣膺大英帝国司令勋章。

罗伯茨编撰了畅销丛书《珀内尔二十世纪历史》。从 1967 至 1976 年，他一直是《英国历史评论》的合作编辑。他也是《1880—1945 年的欧洲史》《秘密社会中的神话》《右派巴黎公社》《革命时代和改良》《法国大革命》等书的作者，“新牛津英国史”“简明牛津现代史”丛书的主编。1985 年，BBC 二台播放了罗伯茨创作与朗诵的 13 个历史系列节目《西方的胜利》；几年后，出版了同名著作。罗伯茨也是最近 BBC 制作非常成功的电视节目《人民的世纪》的历史顾问。

罗伯茨也是《企鹅欧洲史》和《企鹅 20 世纪世界史》的作者，他于 2003 年 5 月去世。

欧德·阿尼尔·维斯塔德（Odd Arne Westad）是伦敦经济学院国际关系史教授。他最新出版的一本书是《全球冷战史》。该书获得班克罗夫特奖。

卷一

史前史——开端

导　论

历史起于何时？这就好比在回答“太初”是什么。然而，答案再 1
清楚不过了：你会很快发现，解答这样的问题是在枉费心神。正如一位瑞士史学巨匠在另外相关的问题中指出的那样：历史这门学问，你无法找到其发轫处。我们可以沿着人类一路走来的痕迹，重返脊椎动物出现，甚至生命起始——光合细胞以及其他原始生命结构诞生的时代。我们还可以追溯得更远，回到那个经历一番近乎不可思议的剧变后地球形成的年代；或者，再远一些，回到宇宙起源的那一刻。然而，这些东西都不能算作“历史”。

历史讲述的是人类的故事，包括了人类的作为、苦难和欢乐——这种说法可能更易为人接受。我们很清楚，唯独人类拥有历史，猫狗没有。尽管历史学家会对不受人类支配的自然进程如气候起伏、疾病传播等予以描述，但他们之所以这样做，不过是为了帮助我们理解，为何人类会以这样一些方式生活（和死亡），而不是以另外一些方式生活（或死亡）。

这就意味着我们只需要弄明白，始祖人类究竟在什么时候走出了远古影幕的笼罩。但是，回答这个问题的难度一点也不亚于当年人类迈出混沌的那一步。首先，我们必须明确生物进化到了何种程度才能被界定为“人”。大多数人试图以外观特征为基准判断某种生物是否是“人类”，以此进行定义。不过，这种方法最终被证明是众人的主观臆断，很难经得起推敲。如在“猿人”“缺失环节”等问题上就曾出现过长期争论。就好像运用生理学的检测方法仅能帮助我们得到相关数据分析一样，这无法确定什么是“人类”、什么不是“人类”。“什么是人类”这个命题存有争议在所难免。曾有人指出，人类的独特性在于语言。不过，其他灵长类动物却拥有与我们相似的发声系统。这套系统同样可以发出信号之类的声音。那么，这些声音信号究竟发展到了何种程度才会变成语言？还有一种定义方法也很著名：人类是工具制造者。约翰逊博士（Dr. Johnson）就曾引用该观点来嘲笑博斯韦尔（Boswell）。此事过后很久，随着人类认知的进步，这种阐释人类独特性的说法才遭到了与前一种假说所遭遇的相同的质疑。

人类种群确凿无疑、清晰可辨的独特性并非在于拥有特定的能力或生理表征，而是要看依靠这些能力与表征创造出来的业绩。这才能
2 称作人类的历史。人类之所以能够创造出独一无二的伟业，是因为人类拥有傲视世间万类、出类拔萃的能动性和创造力，以及逐步引发变化的能力。动物有着各自的生存方式，其中有一些相当复杂，我们完全可以称之为“文化”，但只有人类的文化呈现了进步态势。在人类文化中，蕴含着理智的抉择和挑选；此外，人类文化也承受住了突发状况以及来自自然的压力，那些人类求索而获的重要知识和经验亦得到了积累。基于以上几点，人类文化才得到了不断发展。人类的基因和行为代代相传、不断积累，终于有一天，人类作出了理智的抉择。正是在那一刻，人类第一次突破了自然的束缚，开始主导环境，人类的历史也就此开始。当然，人类从来不能随心所欲地创造历史，总是受到一定因素的制约。现在，这些限制因素非常多，在各方面起作用。然而，这些制约的威力一度很集中，因此，我们无法确定人类进化到何时才摆脱了听天由命的境地。长久以来，可能是囿于佐证之物的零星不全，或是由于我们不能完全认定应探寻的对象，人类的起源只能是一个模糊不清的故事。

第 1 章　人类起源的基础

历史的根源可以追溯至前人类时代。那个时代实在太遥远了，因 3
此，我们无法确知是在多久以前（虽然这很重要）。若将纪元体系中的一个世纪视作记录时间流逝的“大钟”上的 1 分钟，那么，欧洲白人开始殖民美洲不过是约 5 分钟之前的事。而基督教的出现，亦不过是在这 5 分钟之前还不到 15 分钟的事。至于人类在美索不达米亚南部定居，随后演化出为我们所知的最古老文明，也好像是一个钟头多一点之前的事。然而，这已经大大超越了有文字记载的历史边缘；参照我们设定的时钟，人类开始记录过去，不过是在不超过 1 个钟头里发生的故事。依据上述的时刻表，在大约 6 至 7 小时或更为遥远的时间之前，我们可以发现，在西欧地区已出现第一批可识别的人类，具有现代人类的生理特征。而在 2 到 3 周之前，具有部分人类表征的生物留下了足迹。人类就是这种生物进化而来的吗？这个问题依旧在争论中。

为了弄明白人类的起源，我们究竟需要深入漫长的黑暗时代多远呢？这是一个见仁见智的问题。不过，我们可以简单地把那段宽泛、漫长的时光视作短暂的一瞬。在这段时光里，发生了太多的事。对此，我们虽无法作出分毫不差的描述，但这些事确实决定了后世的发展方向。我们知道，早在 450 万年前，一批具备人类基本特征的生物就已经出现。而如果说在更遥远的年代——450 万年与之相比好似沧海一粟——迈入有史可寻时期的人类就已经出现了，这是极有可能的，虽然有局限性。尽管这个情况与我们探讨的主题之间没多大关系，但我们还是要试着理解，人类作为环境改造者，在与同样经过极其漫长时光演化而成的灵长类远亲相伴而行时，有哪些独特的优势或弱点。实际上，我们今天认为人类肯定应具有的一切——包括人类的形体以及许多精神层面的东西，在那个时候就已经定型，并按照那种形态继续发展下去。换句话说，人类进化中的一些旁支已经被淘汰，而另一部分幸存下来。人类进化的关键一步，就是从灵长类动物各支
4 中脱颖而出，成为独特的一支，继续演化。我们不妨这么看，当人类站在这个节骨眼上，即人类抵达“独立进化”的站头时，历史便开始了。我们可以预测，正是在这个关键时刻，能够找到人类自觉改造自然环境留下的首批确凿无疑的痕迹——这标志着人类已迈入改造自然的初级阶段。

地球本身是故事的根底。在动植物化石、各种地貌及地质断层中，存留下了世事变迁的痕迹，它们诉说着一出纵横古今、史诗一般的大戏。千万年以来，世界面貌历经沧桑，变得面目全非：地球表面曾出现过巨大的裂痕，自然之力却能将创口复合；海岸线也在不停地伸缩变化；在广袤的土地上，那些绝迹已久的植被也曾兴旺一时。许多动植物种群相继登上了演化舞台，繁衍兴旺，只是后来，大部分种群慢慢消失了。这些“戏剧化”事件几乎是以我们难以想象的龟速上演着，有些持续了数百万年，进展最为迅速的，也要经历若干世纪。那些已消失的生物，即使在灭绝之前，也在不断演化，不过在我们看来，与生存于20世纪的蝴蝶——虽只拥有区区三周的生命，但也能体验季节的韵味——没有太大区别。地球在缓慢成长的过程中，为不同生物种群的繁衍提供了许多栖身之所，与此同时，生物进化也以令人难以置信的缓慢速度推进着。

气候好似一台最强功率的起搏器，掌控着自然界的变迁。约4 000万年前，持续了很久的温暖气候期渐趋终结。我们重点关注的

时期，也就是从这个距今非常久远的转折点开始算起。是时，恐龙恰蒙上苍眷顾，横行于世；南极洲与澳大利亚也就在这个时候分了家；世上也找不到一丝冰原的踪影。不过，随着世界越变越冷，在新气候状况的影响下，生物的生存环境变得严酷起来。最终，恐龙走向了灭亡（也有人认为，大陨石撞击地球所产生的影响，才是恐龙灭绝的主因）。但有的物种，如一些哺乳动物，却能够适应新环境。距今 2 亿年前或更早的时候，哺乳动物的祖先就已经出现，只是体态较小些罢了。哺乳动物接过恐龙的班，成为地球主宰，或者说，在地球的许多地方，哺乳动物成了霸主。这批物种在经历了一系列突变与自然选择之后，一路走来，进化为统治当今世界的哺乳动物——人类就是其中一员。

我们若对哺乳动物千百万年来的进化大势作一番概述，可以发现，天体运行周期很可能起到了决定性作用。地球在围绕太阳运转的同时，自身位置也在发生变化，气候随之改变。气温起伏巨大，呈周期性变化。极端寒冷的气候肆虐地球时，世界不仅冷却下来，而且变得干燥贫瘠，一部分生物的进化脚步因此受阻。不过，在气候温和的日子里，有些地方环境适宜，恰好成为某些物种繁衍的乐园，并以此为基地，向新栖息地扩张。这个过程极为漫长。我们关注的只是其中
离我们并不遥远（当然是以史前史的标准来看）的一小段时光——距 5
今近 400 万年。随后而来的便是气候动荡的阶段，其变化速度之迅速、威力之巨大，胜于之前我们所了解的时期。各位读者可要注意了：“迅速”在这里是个相对的概念，所耗时日可能是成千上万年之久。相对说来，距今 400 万年之前的数百万年间的气候状况就要稳定许多，与距今 400 万年以来、气候变化如此迅速的时代相比，真有天壤之别。

学者对“冰川时代”问题有过长期讨论。他们认为：冰川时代每

次持续5到10万年之久，北半球大片地区（包括欧洲大部以及今天纽约以北的美洲地区）都银装素裹，冰层之厚有时可达一英里或更甚。约300万年前，上述“冰川时代”第一次出现。迄今为止，学者将冰川时代大致划分为17—19个（确切数目尚有争议）。随着最后一个冰川时代于1万年前结束，我们生活的这个温暖时代便接踵而至。时至今日，我们可以在各海洋与大陆找到冰川时代的遗迹，感受它的余威，并以此构建史前纪年的主线。通过了解冰川时代世界的外部情况，我们可以顺着这些线索认识人类进化。

气候对史前时代生物的生存进化起到了极大影响，冰川时代不啻为一个突出的例子。不过，片面强调气候对生物的演化起到直接、关键的作用，就有失偏颇了。冰川时代的降临虽是缓慢、渐进的过程，但其势难挡，席卷全球，生灵涂炭，这点毋庸置疑。我们多数人就是生活在经数千世纪前冰雪冲击、净化后形成的世界里。冰雪消融后，有些地方会蒙受灾难——洪水肆虐，摧毁已适应恶劣极地严寒环境的生物的栖息地。但洪水也给了生命新机会。每次冰川时代过后，新物种便会在冰雪融化的地方蓬勃繁衍。冰川造成的直接影响并不局限在一些地区，甚至很有可能左右了全球生物的进化之路。冰川不仅决定了周边地区的冷热变化，而且对环境的影响还会波及千里之外；某种程度上，它对生物的影响是决定性的。譬如，生物向新环境迁移的可能性，随着大地的贫瘠与草原的扩展等变化而变化。特别对于那些能够直立、双脚行走的生物来说，更是如此。其中，有些生物属于人类进化史的一部分。而人类进化过程中最重要阶段的证据，据我们了解，都是在远离冰原的非洲发现的。

即便到了今天，气候依然起到十分重要的影响，只要关注一下干
6 旱引发的灾难便知分晓。这类气候效应影响着千百万人类，但它的影响力已不如缓慢改变世界外貌、左右史前时代食物供给那般重要。直

到最近，气候依然决定着人类生活的地点和方式。技术因气候变得格外重要（现在仍然如此）：很久以前，自从人类掌握了捕鱼生火之类的技能后，就能在许多新的环境中生存。在新环境里，人类大家族演化出了许多分支，他们又不断传承、发现、学习这些技能。人类在不同的地方生活，导致在获取食物方面产生差异，饮食逐渐变得多种多样，采集、狩猎等方式也变得五花八门起来。早在冰川时代之前的久远年代，甚至是在最终进化成为人类的生物出现之前的时代，气候就已经为后来人类的进化历程布置好了舞台。人类最终形成的遗传基因，是由气候通过选择而塑造的。

在深入研究不太充分的（但会逐渐丰富的）证据库之前，我们把视线再往回看会更有益处。在5 500万年前或更早的时候，始祖哺乳动物分化成了两大支：一支是啮齿目动物，一直在地面上过活；另一支陆陆续续跑到树上发展。这样一来，两支哺乳动物争夺生存资源的压力都减轻了，我们知道，它们的后代一直存活到今天。我们把跑到树上的那支归为原猴亚目动物，即原始灵长类动物的祖先，人类就是原猴亚目动物的后裔。

说到“我们祖先”这个问题时，无论如何只能讲出个大概来，对此，我们不必感到意外。人类与原猴亚目动物之间相隔数百万代，在这个进化过程中，也还存在着许多盲点。虽然如此，我们还是不能忽视已知最古老的、在树上生活的祖先。森林是动荡不安、危机四伏的地方，只有遗传基因最能适应这种环境的物种，才能在接下来的进化之路上幸存。严酷的环境逼迫原猴亚目动物发展学习生存技巧的能力。那些能够应付意外、突发危险，具备适应黑暗环境、处理眼花缭乱的视觉影像、攀握残壁断枝能力的物种活了下来，它们的基因渐渐遗传下来。不具备这种适应环境能力的物种逐渐消失。得以幸存的佼佼者（从基因的角度看）有着长长的脚趾，后来又演化成手指，最终进化出对称的拇指。猿类的先驱已经朝着三维视觉的方向进化，减少了对嗅觉的依赖。

原猴亚目动物是不起眼的小生物。树鼩（Tree-shrews）[①] 存活到了今天，我们可以推测这种动物过去的样子。树鼩与猴子大不相同，与人类的差别更不用说了。不过，原猴亚目动物可能进化为人类的特征，千百万年以来一直在树鼩身上保留着。在那段岁月里，它们的进化在很大程度上为地理环境所左右。地理环境限制了不同种群之间的
7 联系；有些种群遭到彻底隔离。这样一来，种群之间的差别就不断扩大。这种缓慢的变化可能是这样的：在大地母亲的“干预”下，生存环境变得碎化，形成了隔离地区。慢慢地，许多可辨认的现代哺乳动物的祖先出现了，原始猴类和猿类便位列其中——这大约是 3 500 万年前的事。

这批猴类和猿类的出现，象征着人类祖先在进化中取得了巨大进展。这两类动物远比其祖先“心灵手巧”得多。在它们当中，开始演化出拥有不同体型与特殊技能的种群。对于它们的生理心理进化过程，我们知道的不是很清楚。同视力进步与立体视觉的进化一样，动手能力的增强似乎也影响到了心智的成长。也许，它们当中的一部分可以分辨不同颜色了。初始灵长类动物的大脑结构不仅已经相当复杂，远胜过它们的前辈，而且容积也变得更大。其中，有一支或几支的大脑发展到了相当复杂的程度，肢体力量也得到充分发展。大约在此时，它们跨越了一般动物对世界混沌感知的界限，对物质世界至少有了些许认知。无论发生在何时，这都是决定性的一步，它们能利用物质世界来掌控世界，而非对世界作出机械反应。

① 树鼩体型类似松鼠，以虫类为主食，主要分布在东南亚的热带雨林中。现代生物学将之归于灵长目之下，认为是灵长类动物的始祖。——译者注

约3000万或2500万年前，气候变得干燥起来，森林面积缩小。生物为了日渐稀少的森林资源展开的争夺越发激烈。在树林与草原的交界处，环境恶劣，但又带来了机遇。一些灵长类动物无法在森林里生存，却能凭借先天的本领在大草原找到食物。它们适应了恶劣的环境，抓住了自然赐予的机遇。它们的体态动作很可能同人类有了些许相似，但更接近于大猩猩或黑猩猩。直立、靠双脚轻松移动，使背负重物——包括食物，成为可能。具备了这些能力，便能探索危机四伏的大草原，将资源带回较安全的巢穴。多数动物就地吃掉所找到的食物，人类的祖先却不这么做。灵活的上肢除了搬东西、搏斗外，还可以做别的事，这也意味着某种潜力。我们没法断定什么是最早的“工具”，但除了人类外，灵长类动物已经能拾起一些物体，握在手里，挥动以示威慑，或当作武器；抑或用作辅助工具，探寻可能的食物源。

对于进化的下一步，世人争议极大。我们将一瞥某种生物，它在生物学意义上，与人类、类人猿同属一科。相关证据虽零碎不全，但我们可以知道，约1600万至1500万年前，出现了一类非常成功的物种，它遍及欧亚非三洲。这很可能是种树居动物，据样本来看，体型 8
肯定不会很大——估计重约40磅。遗憾的是，这样的证据还是太孤立了。对它的直系祖先和后代，我们一无所知。灵长类动物的进化来到了岔路口，发生了分道扬镳的情况：一支演化成大猩猩或黑猩猩，另一支变成了人类。分化之前的那一支就叫作“人科动物”(hominid)。不过，最早的人科动物化石（在肯尼亚、埃塞俄比亚发现）的年代，只能追溯到约500万至450万年前。这就留下了1000万年的进化空白。在那段时间里，地质地理变迁巨大，出现在灵长类动物身上的许多进化新形态必定受此左右。

现存最早的人科动物化石所代表的物种，或许就是小型人科动物的祖先，在经历了地质剧变期后，终于在东非及东南非的广大区域现身。它们归属的科目，现在称为南方古猿属（*Australopithecus*）。其现存最早的化石碎片，经鉴定，距今400多万年之久。1998年，有人在约翰内斯堡（Johannesburg）附近，发现了最古老的完整头骨以及一副几近完整的骨架，很可能比前面提到的化石碎片“年轻”至少50万年。它与早先（在埃塞俄比亚）发现的最完整南方古猿样本“露西”（Lucy）所处时代，相差无几（考虑到时间跨度的宽广，史前纪年可取近似值）。在更远的肯尼亚和德兰士瓦（Transvaal），发现了另属“更新纪灵长动物”（australopithecines，通行的叫法）生物的证据，其年代可追溯至这之后200万年当中的某些时期，这些发现对考古学研究震动极大。这些更新纪灵长动物的发现，推动了对人类起源探寻的深入：从1970年起，人们可以把人类起源限定在约300万年前。问题却依然疑云重重，争论不休。若人类拥有一个共同祖先，那么，它极可能就是南方古猿中的一种。我们知道，它和南方古猿属有着联系，换个更合适的说法，应当称其为某些物种的“同代人”：它一出现，就同猿类、类人猿以及其他具有人类特征的生物搅在一起，很难分清，情况十分复杂。疑问越来越多，可以说变得更难以解答。对此，还没有一清二楚的答案，有待世人继续探索。

我们手头虽有很多南方古猿属动物的证据，却不能忽视其他同时代的更新纪灵长动物。有些更接近人类。这类动物被命名为人属（*Homo*）。毋庸置疑，它们与南方古猿有联系，约200万年前，分别出现在非洲的几个地方，是首批与南方古猿区别极为明显的人属动
9 物。然而，其中一支的残骸经放射性方法断代，年代却还要更早约150万年。最令人费解的是，在肯尼亚北部的鲁道夫湖（Rudolf）附近，发现了一种更大的人科动物的遗骸。依照遗骸收录在肯尼亚博物馆目录里的编号，它被非正式地叫作“1470号人”，有5英尺高，脑

容量是现代黑猩猩的 2 倍。

对于这些我们掌握的零散证据（在时间表上留下了约 200 万年人科动物活动的年代），有些地方连专家也争执不下，恐怕还会继续争论下去。所以，我们外行人对此不必太过教条。不过，有一点再清楚不过了：那些在人类身上观察到的特征，早在超过 200 万年前的久远年代就已经有了。对此我们有十足的把握。我们知道，拿更新纪灵长动物来说，体型虽比现代人类小，但腿骨和脚比起猿类来，更接近人类。它们能直立行走、奔跑、长途负重，猿类无法企及。它们的手有人类特征：指甲平扁。这些都属于很早以前人类体格进化之路上的几个阶段，虽说我们人类的直系祖先是来自人科动物谱系上的另外支系。

我们还是把最早的工具残片，归于人属（*Homo*）早期成员（有时称作能人，*Homo habilis*）之手。使用工具虽不局限在人类之中，不过，制造工具作为人类的一大特征已深入人心。制造工具是生物向环境求生、获得成功的非凡一步。已知最古老的工具（约有 250 万年的历史）是在埃塞俄比亚发现的：石质、用鹅卵石敲打开锋、做工粗糙。人属生物似乎经常有目的地携带鹅卵石，也许是有选择地将之带到预定地点。有意识的工具制造从此开始。此后，同一类型的简易鹅卵石制石刀遍布史前时期的旧世界，约 100 万年前，在约旦河谷就在使用这种工具。后来在非洲，便涌现出史前人类及其先祖，并留下了最大个体躯干的证据。对这类生物的分布及其文化的了解，大都由此而来。在坦桑尼亚的奥杜维峡谷（Olduvai Gorge）遗址，有最古老、可辨认的建筑遗迹：一座石头搭成的围墙可追溯回 190 万年前；证据显示，里面的居民吃肉。从骨头粉碎的情况看，这是此地居民为了品尝骨髓脑子、吃到生肉所致。

奥杜维峡谷遗址引发了世人的大胆推想。将石头和肉带到特定场所的行为再加上其他证据，表明：早期人属生物的幼儿，多半不能像

10 其他灵长类动物的后代那样，紧跟着母亲踏上漫长的觅食之旅。这也许就是人类建立营地这一习惯的最早遗迹。在灵长类动物中，只有人类会建造妇幼常住的场所，男人外出觅食，带回来给妻儿享用。这样的基地也暗示着：在经济任务方面的性别分化，已经能隐约看出个大概了。这甚至意味着人属生物在一定程度上能预见未来，进行计划：不会为贪图一时的口腹之欲，就地将食物大快朵颐，而是留作满足家庭在别处消耗之用。打猎与吃腐肉（已确定更新纪灵长动物就这么做了）是两种截然不同的生活方式，而人属生物是否打猎，又是另外一个问题了。不过，在奥杜维峡谷遗址早期，其中的居民就开始食用大型动物的肉了。

这类证据虽振奋人心，但只能提供一些微小的、毫无关联的真相。我们不能根据这点东西推断，东非遗址一定就是提供庇护、孕育人类出现的典型。我们之所以能对它们有所了解，只是因为那个地方的环境有利于早期人科动物遗骸的保留，以至于有后来的发现。尽管证据有所指向，但我们不能确信这些人科动物中的任何一支就是人类的直系祖先；它们都只是人类出现的前兆。只能这么说，这些生物在创造力方面展现了卓越的进化能力，这一点能和人类搭上关系；它们的出现意味着诸如猿—人（或人—猿）分类法的不合时宜。另外，现在少有学者能斩钉截铁地脱口而出：我们不是能人（或已确认的最先使用工具的人种）的直系后代。

很好理解，营地的出现让生物生存变得较为容易起来，让它们有可能从疾病、意外造成的危险中休息、复原。这样，就稍稍回避了物竞天择的进化过程。我们再结合人属生物其他特点来看的话，也许就能解释这些人属生物的代表，如何能在接下来的约百万年时光里、在世界的大部分地区——美洲、澳大利亚除外，留下痕迹。但是，我们无法确知，这是由同一支生物散布开来，还是相近的生物在不同地点进化。世人相信，是起源于东非的移民把工具制造带到了亚洲和印度（也许还有欧洲）。这批人科动物能在这么多不同地点站住脚跟、存活下来，必定具备高超的能力，能适应变化中的环境。不过，我们还是
不晓得它们行为的奥秘：它们怎么突然间拥有了那种适应能力，使之 11
能遍布亚非大陆。在我们人类大家族——后来占据了除南极洲之外的每一块大陆，取得了生物界罕见的成就——产生分支之前，还没有哪种哺乳动物能像人类那样，分布如此之广，如此成功地适应环境。

在人类进化接下来的整个阶段，完全就是一场体质革命。在人科动物与更接近猿的生物——约 400 多万年前就出现了——分道扬镳之后，人科动物中的一支获得了成功。它们的脑容量不断变大，不到 200 万年的时光，大小就约两倍于南方古猿。在大脑不断发达的过程中，有一类物种经历了其中最重要的一个阶段，完成了人类进化某些最关键的部分，那便是直立人（*Homo erectus*）。直立人在 100 万年前就已分布甚广，且十分成功地进入了欧洲、亚洲。迄今发现的该物种最古老的样本，年代大约还要早 50 万年。最新发现的遗骸证据（出土于爪哇岛）表明，属直立人的生物竟然在 3 至 5 万年前还存在。可见，直立人比起能人来，开发环境的本事要大许多；比起我们人类归属的智人——人科动物的一支，开发环境的时间也要久远很多。许多迹象一再表明，直立人起源于非洲，它们从那里出发，走遍欧洲和亚洲（能人首次被发现之处）。除了化石之外，我们可以以一种特别的工具为准绳，描绘出新物种的分布情况，也就是界定出直立人散布或没有散布到的区域。这种工具就是所谓的石制“手斧”，其主要用途貌似对大型动物的剥皮、切割（平常也会当斧头使，所以要起个确切的名字就不太容易了，姑且称为手斧吧）。毫无疑问，直立人在遗传方面是成功的品种。

直立人与其后的物种之间，并没有明确的分界线（人类史前史中

从不存在这一时期，这事实上很容易被忽略、遗忘）。我们会接触到这样一种生物：它不仅继承了前辈的直立，而且脑容量接近人类。尽管我们对大脑组织结构的认识依然有限，不过考虑到动物身体的大小，还是可以得知：大脑大小与智力高低大致关联。拥有较大大脑的物群易受自然选择的眷顾；在人类特征缓慢积聚的过程中，大脑变大可谓巨大的进步。因此，将这两点视作极为重要的依据，是合情合理的。

变大的大脑需要更大的颅骨，也引发了其他变化。胎儿的尺寸越变越大，造成两个后果：一是女性的盆骨必须变大，好让头部不断变大的后代降生；再就是幼儿出世后成长期的延长。女性生理进化没有达到这样充分的程度：能向腹中胎儿提供营养、环境，使其达到任何
12 意义上的生理成熟。人类的孩子在出生后，需要母亲的长期照料。婴儿期与幼年期延长的另一面，意味着依赖的增长：在幼儿成长到能自己获取食物之前，将经历一段漫长的时光。也许就是从直立人后代开始，进入了对未成熟群体包容、爱护的漫长时期。最新的证明是：当今，年轻人在接受长期高等教育时，依靠的是社会支持。

生理变迁也意味着在确保种群繁衍的措施中，对幼儿的照料养育逐渐变得比大量生子更有价值。另一方面，这也就意味着性别角色出现更深入、剧烈的分化。食物采集技术似乎愈趋精细，需要男性付出辛劳与长期合作，也许是因为体型更大的生物需要更多、更好的食物。女性则更多地局限于母亲这一身份。心理方面可能也出现了重大的变化。伴随长时间幼儿期而来的是对个体的全新关注。大约是受社会环境的影响，学习与记忆变得越来越重要，技艺的发展日益复杂。此时，人类对力学原理的运用开始超出我们的想象（如果那时的人类确曾运用了属于力学的原理的话）。我们接近了这么一个时代：学习让人类突破了人科动物基因预设的框架。这是伟大变革的开始（即便我们或许永远无法回答，这种变革究竟是在何地出现的），人类从天

赋的体质才能向拥有传统与文化过渡，最终达到意识掌控的水平，成为进化的选择者。

生理方面另一重要的变迁就是雌性人科动物发情期的消失。我们虽不知道这是何时发生的，不过，发情期彻底消失后，其交配周期变得与其他生物大不相同。人类是唯一发情期机制（平时，雌性的性吸引力受到约束；在热情迸发的特定时期接纳异性）彻底消失的动物。显而易见，这与婴儿期的延长有进化方面的关联：若雌性人科动物受发情期影响、正常生活规律遭到严重搅乱，那它的后代就容易被时不时地忽视，想要存活下来就不太可能了。因此，在遗传方面抛弃发情期的种群，必然在进化中成为幸存者。肯定有一种族群符合上述情况。而要完成上述转变的过程，可能要花费 100 万或 150 万年的时间——影响是在不知不觉中产生的。

这样的改变影响深远。女性对男性的吸引力和接纳能力的增强，让个人在选择伴侣时更加讲究。于是，选择伴侣较少受到自然节律的

13

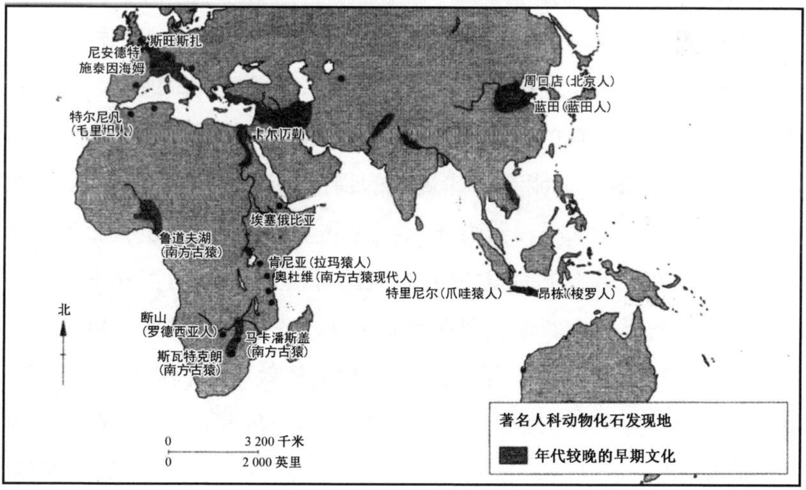

著名人科动物化石发现地

左右，人类来到朦胧的漫漫长路的起点上，朝性爱的观念走去。个人选择带来的新可能性也与婴儿依赖期的延长一道，预示着人类独一无二制度的出现：父亲、母亲、儿女组成稳定持久的家庭单位。有人甚至推测，乱伦禁忌（事实上，人类几乎都有这样的禁忌。不过，对这种遭禁止关系的精确定义却多种多样）起源于人类对某些危害的认识，即没有社会地位而已性成熟的青年男性，与总是存有潜在情欲的女性保持长期亲密关系是很危险的事。

如此一来，谨防乱伦就是最好的选择了。相关证据只能告诉我们一点点信息。另外，这些证据是我们从跨度相当长的时段中搜集到的，时段长到可以为重大生理、心理与技术进化提供时间。直立人的初期形态与末期形态应该有很大区别，有些科学家就把末期直立人中的一部分归为人科动物家族进化下一阶段的原始形态。然而，所有的思考都支持着一种假说：在直立人占据进化舞台中央时，人科动物中出现了显著的变化，对于标明人类进化的路线特别重要。直立人拥有前所未有的掌控周边环境的能力，尽管在我们眼里，他们掌控自然的火候可能还相当浅薄。除了能借以了解直立人文化的手斧之外，末期直立人还留下了现存最早的搭建住所（以石板或兽皮做地板、用树枝
14 搭成的临时住所，有的长达 50 英尺），处理过的木头、木矛、容器（一个木碗）的遗迹。能有如此规模的创造，有力地暗示着直立人的心智达到了一个新水平：器物未成，而心有全物；或许还有加工的观念。于是，有人提出更大胆的想法。在大量出土的石质工具中，简易的造型如三角形、椭圆形、卵形反复出现。我们可以发现，直立人极为喜欢制造对称的形状，尽管这似乎对工作效率的提高没有丝毫助益。我们是不是可以认为，对美的感觉最早是在直立人中间钻出微小嫩芽的呢？

部分生物学会了如何生火，标志着史前技术与文化取得了最伟大

的进步。一直以来，我们掌握的最早使用火的证据来自中国，年代约在50万至30万年前。不过，最新在德兰士瓦的发现提供了新证据，让许多学者相信，人科动物在那之前就能熟练地使用火了。从火堆的残迹可以完全确定，直立人从来没有学会如何生火，其后的种群在很长的时间里也没能学会。另一方面，他们知道如何用火，这点是无可争议的。用火知识的重要，在后来许多民族的民间传说中得到了印证；几乎都是英雄人物或魔兽掌控火的故事。这些传说暗示用火是对神明秩序的搅乱：如在希腊神话里，就有普罗米修斯盗取诸神火焰之说。这只是联想，并非确实。不过，直立人可能是从天然气外泄或火山活动中拿来第一把火。从文化、经济、社会、技术角度来看，火的使用引发了巨大变革——再次提醒各位，一次史前“革命”要花上千万年时间。火带来了温暖与光亮的可能，人类先辈的步伐因而迈得更开，进入寒冷而黑暗的环境，定居下来。从物质方面讲，用火占据洞穴就很清楚地诠释了这点。从此，火焰既驱赶了洞里的动物，又将之挡在了洞外面（打猎时用火赶大猎物也许就是因之萌发）。技术也获得了进步：火让矛变得更坚硬；烹饪食物成为可行之事，种子之类本来不易消化的物质成了食材，味道不佳、口感苦涩的植物可被食用。这必然刺激了人们关注植物的品种以及获取方式；植物学研究在不知不觉中萌生。

火也一定对心智的进化施加了更直接的影响，成为强化意识的抑制和约束这一趋势的另一因素。因此，火在人类进化过程中扮演重要角色。烹饪之火亦是光亮与温暖的来源，增强了心灵的力量。时至今日，依然如此。黑夜降临，一群人围坐在火炉边，他们几乎必定已经 15
认识到，自身是一个微小而意味深长的单位，而这样使他们能在混乱危险的大环境中立足。语言——我们对它的起源一无所知——应该是从群体交流的新方式中逐渐成长起来的。群体内部结构也应该有了明确分工。有一天，持火人、掌握生火技能的人出现了，群体存亡皆依赖他们。于是，他们成了令人敬畏、拥有神秘力量的重要人物，看护这伟大、带来解放的工具。火必须要有人照看，他们因而在群体中获得了主宰地位。不过，这股新能源最深远的影响，就是推动人类不断向解放迈进。火突破了白天与黑夜不可逾越的坚固壁垒，甚至季节定下的规律，进一步打破了伟大的客观自然规律，曾束缚我们无火可用的祖先。人类的行为或许能够不完全按照常规而是更加自主。甚至可以看到休闲的可能。

捕捉大型猎物是直立人另外一项伟大成就。其起源可以追溯到很久以前吃腐肉的时代，有些素食的人科动物变成了杂食者。吃肉可以集中获取蛋白质。肉食者不必再像那么多素食生物一般，一口一口不停地啃食，节省了精力。这是有意识节制的能力发挥作用的最初迹象：直立人会把找到的食物带回家，第二天再和大家分享，而不是当场直接吃掉。从最初的考古学记录来看，奥杜维峡谷遗址有食用野兽腐肉留下的残骸，其中有一头大象，或许还有一些长颈鹿、野牛；但在很长一段时间里，体型较小的动物的骸骨占据了绝大多数。大约到了30万年前，情况完全颠倒过来。

南方古猿及其近亲是如何被更大、更高效的直立人取代的，在这里我们可以发现一丝线索。新食物源既满足了更大的胃口，生活环境也不免遭到改变：既然大家都想吃肉，那么一定要去捉野兽。人科动物的吃饭问题变得或多或少要依赖其他物种。因此，他们要进一步拓展领地、建立新的定居点，特别是探明猛犸象、披毛犀喜居的地点。直立人必须学会相关知识，将之代代相传；没有什么事比学会设陷阱、屠戮、分解古代大型野兽的必备技能更重要了。因而，技巧一定要得到传承、保护。更重要的是，这些都是合作的技能：只有一大帮子人才能完成如此复杂的行动。他们可能是用火把野兽驱赶到合适的屠宰

地。比如，赶入沼泽，身躯沉重的动物会难以脱身；悬崖，则是捕杀
猎物的绝妙地点，也是猎手的安全平台。除天然陷阱以外，没有什么
武器能当辅助工具用。一旦猎物倒下，又引发了更深层次的问题：直 16
立人只能用木头、石块、燧石把猎物割碎，拖回老窝。把食物搬到家
里后，新式的肉食供给给了直立人休息的机会，直立人能暂时从四处
搜索营养含量少、但可源源不断获取的食物的苦差事里解脱出来。

很显然，这是一个至关重要的新纪元。依照后世社会的情况来看，变革速度依然奇慢无比。但是，若考虑到背景因素——进化是要花费成千上万年的话，变革的速度确实加快了。据我们所知，直立人虽不属于人类，但开始向类人生物靠拢：最伟大的掠食者开始在摇篮中蠢蠢欲动。如原始社会之类的东西也朦胧可见，不仅能在狩猎活动的复杂配合中看到，知识代代相传也暗示了社会的形成。基因突变，自然选择慢慢被文化、传统替代，成为人科动物之中发生变化的首要因素。拥有对有效技能最清晰的“记忆”，这群人继续进化。经验具有极大的价值。因为方法知识很可能是依赖经验继承，而不是靠试验与分析（现代社会越来越倚重）。光是这一点就让年长者与经验丰富的人越发重要。营地和捕猎大动物的群体生活让生存变得容易，这样，他们才得以知道如何处理日常事例、以何种方法运作，并反复操作。当然，他们的寿命不会很长，很少有人能活过40岁。

自然选择也青睐这样的群体：其成员不仅记性好，而且讲话的思考能力也越来越强。对于史前史时代的语言，我们的了解微乎其微。现代形态的语言是在直立人消失后很久才出现的。然而，追捕大猎物肯定要进行某些形式的交流，所有灵长类动物都会发出传递意义的信号。人科动物最早在何时开始交流不得而知，不过，有一种合乎情理的推测认为：语言起初是从其他动物也能发出的类似呼喊中分化出来，转变成可以重新调整的、独特的声音。如此，表达不同信息成为

可能，这也许就是语法的起源。能够确定的是，进化的速度随着可以累积经验、注重实践、改进技能、用语言阐述思想的种群的出现大大提升。又一次，我们不能把任何一个进程孤立起来：更好的视力——一种不断加强的生理能力，能将世界视作一系列彼此分离的物体；以及工具的使用，让人工器具数量倍增，两种情况在千百万年里同步发
17 生。而语言也在进化中。三者汇集在一道，促进了心智的不断发展。直到有一天，能用概念思考，抽象思维也出现了。

人类之前的人科动物习性，我们无法信心满满地说出个大概来，更不要说对其作出极其精准的确认了。然而，这就是事实。我们在一团迷雾里摸索，隐隐约约撞上时而类人、时而近人的生物。可以确定，他们与我们思想之间的差异几乎难以置信，简直就是风马牛不相及。而我们将直立人的属性从头到脚审视一番，最吸引眼球的是那些属于人类而非前人类的特征。生理上，直立人的脑容量大约能与我们相提并论。他们会制造工具（传统技艺远不止一个），搭建庇护所，学会用火占据天然的安身之处，成群结队出猎、找食物。在纪律的约束下，一群人能完成复杂的行动，因此，他们可能具备了以讲话交流意见的能力。狩猎群体这样的基本生物群体组织——以营地制度和性别差异活动为基础，很可能是人类核心家庭出现的前兆。也许出现了一些复杂的社会组织。如持火人、采火人或构成其“社会”知识记忆库的年长者，被其他劳动者供养。肯定还有某种社会机构，负责分配合作取得的食物。假使我们要为上述直立人的进化史在史前史里找到一个精确的拐点或分界线，将是一场徒劳。但若抛开他们看后来的人类历史，肯定也难以想象。直立人的一个亚种可能拥有较大、较复杂的大脑，演化成智人（*Homo sapiens*）。其之所以能够如此，凭借的是取得的巨大成就以及牢牢掌握的遗产。是否该称之为人类？这个问题无关紧要了。

第2章　智　　人

智人的出现意义重大：尽管样子古老，不过已经可以看出是人了。然而，该进化阶段的情况也比较笼统。人类进化的开场白就此结束，正戏即将上演，只是我们无法搞清开始的精确时间。这是一个过程，不是一个时间点，在同一时间段里，各处发生的情况也不尽相同。我们手头可以拿来追溯的，只有部分早期人类的遗骸。经识别，其类型很接近或属于现代人。其中，有一部分很可能重复更早期的人科动物长久以来的生活；另一部分也许起步不顺，最后走入进化的死胡同。人类进化必然保持高淘汰率。进化的速度虽较以前的时代快了许多，但还是很慢。我们关注的事发生在20万年前。那时，我们最早、真正的“祖先”出现了，具体时间无法确定（地点几乎可以肯定是在非洲）。在定义直立人时，我们依据生理、技术、精神的标准来划定界限，然而，直立人却与智人一道在地球上生活了十多万年。所以，要把问题提得恰到好处，永远不会容易。 18

几块早期人类化石引发了更大的争议。有两个欧洲人头骨很有名，年代约在20万年前，大致介于两个冰川时代之间。当时的气候与今天完全不同：泰晤士河谷还属于亚热带气候，大象在其间闲庭信步，狮子的祖先也在后来变成约克郡的地方徘徊觅食。“斯旺斯扎头骨”（Swanscombe' skull）——以发现地命名——表明其有个大脑袋（容量约1 300毫升），不过，其他方面就不太像现代人了。倘若把“斯旺斯扎”算作智人，那么他代表的是一个很早的类型。另一块属于“施泰因海姆人”（Steinheim man）的头骨，形状虽与智人不同，但脑容量也很大。尽管他们依旧过着很接近直立人的生活，但或许把他们视作早期智人原型的先驱再好不过。

19 戏幕随着下一个冰川时代的到来而落下，再度开幕时已是13万年前了。在接下来的温暖期中，人类遗骸再次出现。这些遗骨虽引发了不少争议，但无可争议的是，人类进化前进了一大步。此时，虽然相关证据仍零星不全，但我们已进入人类繁衍相当兴旺的时期。差不多10万年前，我们能称为人类的生物在欧洲出现了。在之后的5万年里，多尔多涅（Dordogne）地区的洞穴留下了人类断断续续占用的遗迹。这批人类的文化全仗洞穴才熬过了气候巨变时期，保留下来。他们在一个温暖的间冰期里留下了最初的痕迹，在最后一个冰川时代中期留下了最后的踪影。这个文化如此连贯，其遗址附近的动植物必定数量充足、品种繁多，这样才能支撑起一个文化。能存活这么久，这个文化一定善于应变、有很强的适应能力。

虽然他们与我们有基本的相似之处，但依然可以看出上述文化的创造者在生理上与现代人类的区别。其遗骸最早是在德国尼安德特发现的（因此，这一类型的人类通常叫作尼安德特人），头骨形状很奇怪，导致我们长期将之误认为现代人中的低能。虽然经科学分析，依然有许多难解的谜团。不过现在有人认为，智人尼安德特亚种（*Homo sapiens neanderthalis*，尼安德特人在学理上的分类法）最初起源于走出非洲、向外扩张的高级直立人，时间大约在100万年前。在许多遗传的中间环节里，涌现出一类前尼安德特人种群，我们在欧洲发现其遗骸（至今还未在他处找到），演化极为特别，引人注目。这支人种的发展已被一支尼安德特亚种证实，他们或许是受到冰川活动带来的影响而消失。在别处，也发现了其他尼安德特人存在的痕迹，如摩洛哥、撒哈拉北部、巴勒斯坦的卡尔迈勒山（Mount Carmel）以及近东、伊朗的某地。我们可以在中亚、中国找到其最早的化石标本，年代可追溯到20万年前。他们显然是在长时期内获得高度成功的种族。

8万年前，尼安德特人的手工制品遍及欧亚大陆，工艺和形状都有所不同。不过，在非洲的一些地方发现了从高级形态直立人进化而来的另一种生物，学者认为其技术停留在100万年前，却拥有一些“现代人结构上”的特征。此外，其分布范围也要比尼安德特人广许多。如此看来，原本单一的远古文化已呈现分化的态势，不同的文化 20
传统开始涌现。从一开始，早期人类就有了地区特色。

专家将尼安德特人视为解剖学意义上的现代人的异类：直立行走，有巨大的大脑。尽管从其他方面来看，他比人类所属的亚种——晚期智人（*Homo sapiens sapiens*，正如对第一块头骨的猜测所表明的那样）更原始，但他依然在进化之路上迈出了伟大的步伐，其心智日趋复杂。对此，我们至今几乎无法理解，更不用说估量了。引人瞩目的是尼安德特人用技术克服艰苦环境。我们从尼安德特人留下的刮皮刀获悉，他们曾以皮毛为衣（但没有保存下来。不过，在俄罗斯还是发现了最古老的着衣尼安德特人遗骨，年代约为3.5万年前）。虽然这是在利用自然环境方面的重大进步，却比不上尼安德特文化中出现正式的葬礼更令人惊奇。丧葬习俗的发现有着重大考古学意义。坟墓保存了远古社会的手工制品，因此格外重要。尼安德特人的坟墓提供了更多的信息：可能包含了最早的仪式、礼节的证据。

有些事物超出了考古证据的解释范围，只能加以推测。对葬于撒马尔罕（Samarkand）附近的尼安德特小孩身边的角环，我们也许能用某些早期图腾崇拜现象加以解释。也有人指出，尼安德特人对墓葬的重视，可能反映的是他们对个体的全新关注，是冰川时代再次降临、尼安德特人群体内部互相依赖更为紧密的结果。这样的做法强化了他们在成员去世时所产生的失落感，抑或是在表达其他意义。另外，有人找到了一具右臂缺失的骨架，他在死前很多年就已失去了手臂（或在他生前）。此人生前一定是非常依赖他人，尽管手臂残废，他依然被自己的群体供养。

仪式化的葬礼暗含几分死后生活的观念，这种想法虽吸引人，但比较冒险。若果真如此，那就表明人科动物有很强的抽象思维能力，可以证明一个最伟大、最悠久的神话的起源——生命是幻觉、真实隐于无形之处、万物有表里之分。抛开这些揣测，我们至少可以同意：大变革正在进行中。尼安德特人洞穴里还到处可见有关动物的仪式，与细心的墓葬一道，可能标志着他们打算掌控环境。人类大脑肯定已经具备了发现问题、希望得到解答的能力，或许就是用仪式获得答案。我们会觉得这是尝试性的、没把握的笨拙之举；也可能是浅薄的。但是，人类内心活动丰富起来，最伟大的探险之旅已经起航。

21 此外，尼安德特人还留给我们战争习俗的最早证据。战争的出现可能与同类相食有关，似乎是从吃掉受害者脑子发展而来。结合后来的社会推断，我们再次来到了一个起点：灵魂、精神开始部分概念化，食人行为间或变成了向被征服者攫取法力、精神力量。

无论尼安德特人的进化达到何种高度，作为一个种族他们最后还是失败了。他们存活了许久，分布很广，却无法最终成为地球的新霸主。实际上，残存的尼安德特人在基因方面被智人的另一支“征服”。至于原因，我们无从知晓。如果推测符合实情，我们也无法知道尼安德特人的基因在多大程度上受到种族混合的影响，经几代基因遗传，逐渐被同化。

在尼安德特人与远古人类两族的继承者中，晚期智人最早出现，我们都属于这个种族。晚期智人在生物学意义上获得了无与伦比的成功，在首次在非洲亮相后（约 13.5 万年前），用了约 10 万年左右的时间遍布欧亚大陆。其成员经解剖学验证，从一开始就属于现代人类，相较尼安德特人拥有较小的脸庞、更轻巧的头骨、更平直的四肢。他们从非洲出发，进入黎凡特、中东，随后向中亚、远东进发，最后在约公元前 4 万年抵达澳大拉西亚。① 这时，他们也开始在欧洲拓展，与尼安德特人为邻达数千年之久。公元前 1.5 万年左右，他们经大陆桥越过白令海峡，进入美洲。

对晚期智人扩张时间、分布情况的评估，还有许多无法确定的地方。古人类学家依然谨慎地对待化石提供的信息。其中，有年代约 3 万年之前的化石，并不能断定他们确实与我们是同类。然而，多数人同意：从约 5 万年前到 9 000 年前最后的冰川时代结束，属于这段时间的大量证据可以最终确定为现代人类的范畴。人们通常把这一时期称为“旧石器时代晚期”（Upper Palaeolithic），得名于希腊语，意为“古老的石头”，大致与更常用的词“石器时代”含义相同。不过，如同其他史前史术语一样，使用这些词会造成混乱，所以用词需再三斟酌，以避免歧义的出现。

分清旧石器时代晚期和旧石器时代早期（Lower Palaeolithic）并不难。地质组成顶层反映的是最近的时期，因而上层的化石、手工制品的年代要比较下层发现得晚。旧石器时代晚期所表示的时代比早期 22
更古老。旧石器时代保存下来的手工制品，几乎都是用石头做的，没有金属制品。我们可以依照工具外表，采用罗马诗人卢克莱修（Lucretius）使用过的术语——他为石器时代之后的时代依次贴上了“青铜”“黑铁”标签。

当然，这是从文化技术角度贴上的标签，最大好处在于将关注点引向了人类活动。工具、武器一度是用石头做的，然后是青铜，后来

① 澳大拉西亚（Australasia），概念比较模糊的一个术语，一般指澳大利亚、新西兰和巴布亚新几内亚，有时也包括亚洲一些国家如印度尼西亚、马来西亚和太平洋诸岛屿。——译者注

是铁。但即便是用这样的术语来表达，也有不妥之处。最明显的就是，在很长一段时间里，最重要的实体证据是石质手工制品，大都是人科动物的作品。虽说其多少有些人类的特征，但许多石质工具并不是人类制作的。其次，这种起源于欧洲的考古学术语也带来了许多不便。在欧洲以外的地方出土了越来越多的证据，并不完全适用于该类术语。这种情况愈演愈烈，最后，就连欧洲该时期的重大历史分期也变得模糊了。结果只好在此基础上再作改进。学者将石器时代（依次）分为旧石器时代的早中晚三期，之后是中石器时代（Mesolithic），以及新石器时代（Neolithic，依照原来冶金技术分期方法就会产生混淆）。直到欧洲最后冰河时代结束的时期，有时也被称作旧石器时代。混乱再次出现，因为我们在这里又要采取另外的分类原则——简而言之，就是按照年代来分。晚期智人现身欧洲大约是在旧石器时代晚期，也正是在欧洲发现了数量最为庞大的骨骼遗骸。对于史前人类种族的分辨，就建立在这批证据的坚实基础上。

对于欧洲这一时期的分类划期，是按照工具的种类依次标明属于何种文化，已有很多结论。气候并不稳定，尽管天气通常很冷，但还是有重大起伏：约2万年前，曾发生在100万年前的极度严寒很可能再度疯狂肆虐。社会演进依然受到气候变更的强烈影响。也许是3万年前出现的气候变化，让后来人类进入美洲成为可能。人类从亚洲出发，穿过两片大陆的连接点——冰层或暴露在外的陆地，当年的诸多冰盖现已化为海水，当年海平面也低得多。千万年里，他们一直向南走，最终来到了最后一片无人居住的大陆。可见，美洲的人口构成从
23 一开始就是移民。然而，冰层消退后，海岸、行动路线、食物供给都发生了巨大变化。这样的情况曾在无数世代发生过，但是这一回与众不同。人类出现了。他们具备新的智慧形式，发挥新兴、不断增长的机智来应付环境变化。人类有意识地控制环境越来越有成效，人类已

经转入历史的轨道。

依据早期人类的一系列工具、武器判断，考虑到他们能掌握的资源，可以认为他们大有长进。若我们将之与其先辈作对比，他们已经具备了多种多样的能力。智人的基本工具是石器，不过比起早先的工具，更多是为满足特定用途而制作；采取的方法也不同，用精挑细选的石核打击石片而成。其品种多样、工艺精巧，是人类进化不断加速的另一信号。旧石器时代晚期，新材料也得到使用。在原始的工房、武器库里，多了骨头、鹿角，与木材、燧石做伴。这让生产加工能翻出新花样：骨针的使用是制衣技术的一大进步，压力剥离（pressure flaking）让一些熟练工匠能改进燧石的边缘，让它变得纤薄。最早的人工材料——黏土与骨头粉末的混合物出现了。人类也改进了武器。旧石器时代晚期临近结束时，我们可以观察到这样的趋势：小型燧石工具的出现更为频繁，形状更呈规则几何状，意味着合成武器的成型。同时，人类相继发明传播了掷矛竿、弓箭、倒钩叉，一开始用来捕捉哺乳动物，后来也用于抓鱼。后者显示了捕猎范围的扩展，也意味着人类开始向水寻求资源。虽说在此前很久——约 60 万年前，中国或其他地方的人科动物就已经在搜寻软体动物吃了。人类一用上鱼叉，以及较容易腐烂的工具如网、鱼线，就能开发新的、更富饶的水生食物源（拜最后冰川时代的温度变化所赐）。可能再加上后冰川时代森林的增长，人类有了新的衣食来源，以及对驯鹿、野牛活动规律的了解，打猎技术也获得了进步。

我们可以从旧石器时代晚期所有人类遗迹中最非凡、最不可思议的部分，即他们的艺术里，看到他们的身影，着实诱人。这是我们能够确定的人类存在最早的艺术种类。更为早期的人类，甚至是类人生物，可能就已在泥土上刻下图案、涂抹身体、按节拍跳舞。不过，我们对这类事情其实一无所知，就算确曾发生过，却没有任何痕迹保留 24

下来。约 6 万到 4 万年前，有些人类会不辞辛劳、一点一点地聚藏红赭石，而这样做的目的无从知晓。一块尼安德特人的墓碑上有两道刻痕，这可能就是现存的最早艺术。而欧洲洞穴壁画才是第一批大量、确凿的证据。最早的壁画是在 3 万年前诞生的，之后数量急剧增长，直到我们可以在这些巧夺天工、美不胜收的带有人类意识的艺术品中看到人类形象时，洞穴壁画发展几近成熟，没有任何预告或前兆。这种艺术在消失前持续发展达数千年。正如没有先驱那样，它亦无传承者，虽说它已运用了许多当今仍然在使用的基本的视觉艺术手法。

洞穴壁画在空间和时间方面的集中出现，让世人有理由猜想，还有更多壁画有待发现。非洲的洞穴里满是壁画、石刻，年代最古老的可以追溯到 2.7 万前，之后不断有人修饰，一直延续到英国维多利亚女王时代。澳大利亚的洞穴壁画至少有 2 万年的历史。可见，旧石器时代的艺术并不局限于欧洲。而对在欧洲以外发现的壁画的研究，迄今为止还很是断断续续。对于世界各地洞穴壁画的年代，以及让欧洲乃至世界其他地方壁画保留下来的独特条件，我们都还没有充分了解。我们也不清楚哪些艺术可能已消失。从手势、声音、易腐烂的物质中，极有可能诞生了艺术，却无法得到考证。从整体上看，旧石器时代晚期的西欧艺术仍然表现出令人印象极其深刻的独特性。

大多数艺术品是在法国西南部以及西班牙北部一块相对较小的区域内发现的，主要可分为三大类：石制、骨制、泥制小人像（通常是妇女）；带装饰的物件（一般是工具、武器）偶尔出现；洞穴内壁、顶部的图画。在洞穴里（以及物件的装饰上），动物主题占了压倒性的多数。学者对这些图案的意义，尤其是洞穴壁画刻意安排的顺序十分好奇。图像上的许多野兽很明显受到人类以狩猎经济为中心的影响，它们被人类仔细观察。至少在法国的洞穴里，洞穴壁画的序列显示人类有了规则意识，这是极有可能的事。但要作进一步探讨的话，依然很不容易。显然，旧石器时代晚期的艺术相较后来的书写，承载的含义太多了，对它所要传递的信息的意义我们仍然不清楚。壁画似乎可能与宗教、魔法行为有联系。非洲岩石画令人信服地展示了其与 25
魔法、萨满教的关联；古人类会选择地处遥远、艰险角落里的洞穴。我们若对这些欧洲壁画进行一番探究，会强烈感到古人类一边在作画、凝视壁画，一边在举行某些特殊的仪式（当然，在这些漆黑的洞穴里会生火照明）。宗教起源迹象早在尼安德特人葬礼中就出现了，到旧石器时代晚期的人群里更为明显，他们会为此精心准备。此时，我们很难不对其艺术的重要意义有所推测。这也许就是有组织的宗教保留下来的第一手遗迹。

欧洲最早的人类艺术成就的诞生、成熟与消亡，经历了极其漫长的时光。约 3.5 万年前，经过装饰、着色的物件出现了，一般是用骨头、象牙做的。三四千年后，出现了最早的人物艺术。此后不久，迎来了史前美学成就的顶峰：在带有壁画与雕刻的伟大洞穴“圣殿”（约定俗成的叫法）里，罗列着一连串动物，以神秘象征的形象反复出现。这段顶峰时期持续了约 5 000 年，在漫长的时光里保持了始终如一的风格内容，令人吃惊。如此长的时段——几乎等于我们星球整个文明史——阐明了传统的变化速度在远古时代是很慢的，不受外界影响。这抑或是史前文化地理隔绝的标志。经鉴定，这种艺术的最后阶段，其下限在公元前 9000 年；在经过装饰的工具和武器大量涌现之前，牡鹿愈发取代其他动物成为艺术主题（无疑反映了冰原退去，猛犸象、驯鹿消失的情况）。最后，欧洲第一次伟大艺术成就走向了终点。之后时代的艺术产出，无论是在规模还是质量方面，都无法与之媲美，最上乘的遗物也只不过是一点加工过的鹅卵石。下一次伟大艺术高峰的来临，还要再等 6 000 年。

对这次人类伟大成就衰落的原因，我们一无所知。旧石器时代晚期的光彩黯淡下来，一去不复返，黑暗迅速将之包围。当然，这也就意味着要持续数千年。然而，前后之间的巨大反差形成冲击之感，令人印象深刻。艺术就这样相对突然地消失，留下了个谜团。我们不知道此事发生的精确时间，更别提搞清楚来龙去脉了。艺术并非在一年或两年里终结，艺术活动是在很长一段时间里渐渐枯萎的，直到最后
26 完全枯死。有学者将之归咎于天气，他们认为，所有洞穴艺术也许均与气候对大型野生畜群迁移、数量增长施加的影响有关，而狩猎人群赖此为生。随着最后的冰川时代谢幕，驯鹿数量一年比一年少，人类便寻求新的、神奇的方法来掌控它们。冰原不断消退，人类业已适应的环境逐渐消失，因此，人类影响自然的期望也改变了。不过，智人并没有束手待毙，他们进行了调节以应对新的挑战。只是暂时的文化贫乏在所难免，抛弃他们最初的艺术是适应新局面的结果。

很容易理解，作出上述推测大都靠想象。而面对如此惊人的成就，我们实难抑制兴奋之情。世人已为这一连串伟大洞穴冠上旧石器时代“大教堂”之名，若以我们所知人类更早取得的成就作为参照来评判洞穴艺术达到的高度，以及从事洞穴艺术的规模，该比喻恰如其分。在人类最早的伟大艺术面前，人科动物被远远地甩在后头，我们也获得了人类精神力量确凿的证据。

对旧石器时代晚期的其他许多认知，让我们能确定这种观点：重大的基因变化已经完成，进化的现阶段表现在精神、社会层面。世上几大人种的分布情况，在旧石器时代晚期就已大致确定下来，直到近代早期。人类的肤色、发征、头骨形状、面部骨骼结构受地理气候的影响，出现特殊分化。中国最早的智人遗骸中，蒙古人种的特征清晰可见。几大人类族群都是在公元前 1 万年确立的。笼统说来，各人种依地理为界，直到高加索人种海外大殖民为止，即作为公元 1500 年后欧洲文明兴起、主导全球的一个表现。旧石器时代的世界到处有人

类活动。最终，人类渗入了新大陆。蒙古人种深入美洲，于公元前6000年抵达巴塔哥尼亚（Patagonia）。人类以跳岛远洋、跨越后来消失的大陆桥并举的方式，抵达澳大利亚。约公元前2.6万年，人类已遍布澳大利亚各地。到最后的冰川时代结束时，智人已经成为爱冒险的家伙，各大陆之中，似乎只有南极洲仍在等待他们的光临与定居（一直要等到我们的纪元公元1895年为止）。

然而，旧石器时代晚期的世界仍然是个相当空旷的场所。经估算，在尼安德特时代，有2万尼安德特人在法国生活。据此推断，2万年前全世界约有1 000万“人”，其中，尼安德特人可能有5万。“人类沙漠里充斥着狩猎活动”，一位学者描述道。他们靠捕猎、采集 27
过活。维系一家人的生活，需要很大一块地盘。

无论这些数字多么值得怀疑，若我们认同人类数量是停留在这种级别的话，那就意味着文化变迁依然极为缓慢。尽管人类在旧石器时代的进步速度或许大大提升，工变得种类繁多，但还要花上数千年的时间，才能跨越地理社会界限的阻隔，传递各自的学识。一个人可能终其一生都没碰上过其他群体或部落的人，更谈不上见识另一种文化了。不同智人种群间已有的差别开启了一个历史纪元：即便一个群体没有与另一个群体隔离，也难免产生文化差异的大趋势。这增强了人类物种的多样性。直到最近的时代，受技术、政治因素的影响，情况才有所转变。

我们对旧石器时代晚期人类生活群体的了解依然甚少。已经清楚的是，相比先前的时代，群体规模更大，更多人过起了定居生活。居住在今捷克和斯洛伐克共和国及俄罗斯南部的旧石器时代晚期的猎人，留下了最早的建筑遗迹。法国部分地区存有一批约公元前1万年、能容下400—600人的庇护所聚落。从考古学记录来看，这是不寻常的。因此，类似部落的人类群体很可能出现了。但其组织、等级关系实在很难讲清楚。能确定的是，随着人类捕猎技术日臻完善、技艺愈发精湛，定居生活又为妇女从事植物采集提供了新的可能性，旧石器时代的性别分工日趋明显。

尽管疑云依旧，我们却能发现，旧石器时代结束时的地球有几大重要特点。虽然地理变迁依然发生（例如约公元前 7000 年，英吉利海峡的面貌发生了一次新的变化），但我们生活在一个地形上相对稳定的时期，保留了约公元前 9000 年时世界的主要面貌。那时，世界成为智人稳固的天下。从树上走下来的灵长类动物的后代，掌握工具制作的技能、运用自然资源搭建庇护所、保存火、狩猎与利用其他动物，他们在学习摆脱部分自然规律束缚的重要手段方面，取得了长足进步。智人因而达到了足够高的社会组织水平，能承担起重大协作任务。他们的需求引发了性别间的经济分化。上述几点与其他重要因素
28 紧紧连在一起，导致人类以语言传递观念，产生了源于宗教观念的宗教仪式，最终产生出伟大的艺术与思想。甚至有人争论，旧石器时代晚期的人类就已使用阴历。史前史中的人类已是一种具有抽象思维能力的生物了，他拥有智慧，能客观、抽象处世。很难不去相信，这种新生能力正是史前史最后、最伟大的跨步——农业发明的原因。

第 3 章　文明的可能

人类创立文明的时间，甚至不及他们总历史的二十分之一。最后 29
一个冰川时代的逐渐退去，让朝向文明的漫长行军渐渐抵达终点，也成为迈向历史的紧密前奏。在五六千年里，发生了一连串重大变革，其中最重要的变革非食物供给莫属。除了最近三个世纪以来发生的所谓的工业革命，还没有哪种变化能如此急剧地加快人类的发展，产生如此深远的影响。

有位学者总结了这些变迁，冠以“新石器革命”（Neolithic revolution）之名，标志着史前史的终结。这又是个可能引人误解、产生些许困惑的术语，不过也是史前史中最后一个了。考古学家继“旧石器时代”后，又相继提出了“中石器时代”“新石器时代”（还有人添上第四种——红铜时代［Chalcolithic］，用来表示石制、铜制品并用的社会阶段）。前两者之间的区别，实质上仅仅体现了专家的口味，这些术语描绘的都是文化因素，表明了史前古器物发展的先后顺序，体现了资源、生产能力的增长情况。“新石器时代”这个字眼却需要加以关注。从最严格的狭义上讲，它指的是打磨或抛光过的石器取代打制石器的文化（尽管有时还要加上其他评判标准）。有些史前史学者对新石器时代流露出兴奋之情，但这似乎并不能算作一次惊人的变迁，更说不上是场“新石器革命”。尽管我们有时仍然运用这样的表达方式，但用了该术语，就掩盖了许多不同的观念，实际上并不能令人满意。不管怎样，这个词尝试对发生在各地、情况各不相同的重大复杂的变迁进行定义，值得我们对它的普遍意义作一番评定。

我们先要注意：即便是从最狭义的技术层面来看，新石器时代的人类发展，并没有同时在各个地方开始、繁荣、终结。有些地方的发
30 展较他处漫长，可能多持续了数千年；其开端与之前的发展情况分离，不属于同一条发展脉络，而是进入了文化变迁的神秘地带。此外，在发展过程中，并非所有社会都享有同等的技术资源，有些社会知晓制作陶器以及磨制石器；另一些则着手驯养动物，采集、培育谷物。进化遵循缓慢的准则。直至具备书写能力的文明出现，各个社会的发展水平参差不齐。然而，新石器文化是文明诞生的基石，是其积蓄力量的先决条件，绝非仅限于精心打造、用来命名该时代的石器制品。

论及此次变迁，我们亦须斟酌"革命"这个字眼。我们虽告别了更新世（Pleistocene）的缓慢进化，进入史前史提速的纪元，但其间并无清晰的界线。在后来的历史中界限则更加模糊，即使硬要作分辨，几乎没有什么社会是完全与其前身脱节的。我们可以清楚的是，人类的行为、组织缓慢而彻底的转变经历了一代又一代，而非一场突发、全新的分离。无论我们怎么称呼这个时代，几类重大变迁融合在了一起，让史前史的最后阶段呈现为一个整体的面貌。

旧石器时代末期，人类的形态愈发接近当今我们对自己身体认知的水平。当然，身高、体重还有待几分变化。随着营养改善，人类的身高、预期寿命获得增长，成为当时进步最突出之处。在旧石器时代，无论是男人还是女人，要活到 40 岁，还是不太可能的事。就算能活到这个岁数，以我们的眼光看来，他们也很可能过着极为痛苦的生活：过早衰老；饱受关节炎、风湿、意外突发骨折、牙齿腐坏的折磨。这些情况只是慢慢朝好的方向发展。饮食变化，人类脸形也随之进化（这种情况似乎仅出现在公元 1066 年后，盎格鲁—撒克逊人的对切牙合让位给覆咬合，这是人类转为更多吸取淀粉、碳水化合物的

最终结果。其发展对后来英格兰人的出现，多少有点重要影响）。

不同大陆人类的体貌虽各有千秋，可我们不能臆测他们的能力有高下之分。最后一个冰川时代渐趋退去，产生气候与地理上的剧变，世界各地的晚期智人为适应环境而调节自身传统，各显神通。人类开始过起具有一定规模、较为永久的定居生活。技术精进，语言发展，特色艺术初露端倪。这些情况构成一些基本元素，混合在了一起。文明成为最终的结晶。当然，要成就文明，需要的远远不止这点东西。首当其冲的是，必须要在满足日常需求之外，还有一定的经济剩余产品。

但这种剩余几乎不可想象，除了在某些资源丰富的地区。在这些 31
地方，直到约 1 万年前，人类仍在从事狩猎采集经济，以维系全部生计，而且他们只知道这一种方式。农业的出现让这种情况发生改变，也让经济剩余产品真正成为可能。

这一发明是如此重要，以至于完全值得大书特书，而“农业革命”“食物采集革命”这些术语正清晰地表明了它的意义，点出了新石器时代为什么能为文明的出现提供土壤的真相。冶金知识不再停留在只知皮毛的水平，在新石器时代的部分社会里有了传播和发展。农业对人类生活状况产生了天翻地覆的影响，这才是思考“新石器时代”含义所需牢记的重点。有人将之简要归纳为“介于狩猎生活方式结束与开始完全使用金属经济之间的时期，农业生产方式兴起，像一股缓慢推进的波浪，传遍欧洲、亚洲、北美的大部分地区”。农业的本质是种植农作物以及从事畜牧业。农业是在何时何地、如何产生的？这更难以琢磨。有些环境肯定比其他环境更有利于农业的成长。一群人在冰原消融后露出的平原上追逐猎物，而另一群人则磨炼了探索新的、富饶河谷以及盛产可食植物、鱼类入海口沿岸的必要技能。谋食之道，无外乎从事耕种或放牧。大体而言，生活在非洲、欧亚大陆组成的旧世界的动物，其品种要比后来所称的新世界来得丰富，也就意味着更容易进行驯养。而农业起源不止一处，形态迥异，并不出人意料。据称，最早以培育原始形态的小米、大米为基础的实例，约于公元前 1 万年出现在东南亚某地。而数千年来，人类已经学会了让食物供给增长的方法，虽说这些办法是在史前时代慢慢被发现的，手段比较原始。这种情况一直持续到距今几个世纪之前。人类开垦新土地，对作物品种进行初步观测，加以选择，开始有意识地改良物种；将各种植物带到他处；他们翻地、排水、灌溉，花大力气从事耕作。这让粮食产量增长成为可能，可以维持人类数量缓慢而稳定地上升，直到化学肥料与现代基因科技引发大变革为止。

遗迹的幸运残存，加上学术研究关注方向的转移，近来，我们对近东早期农业有了越来越多的认识，超过了对可能是农业先驱的更东面亚洲地区的认知。早在公元前 7000 年，人类可能就已在长江流域
32 种植大米了。然而，我们很有理由把近东视为关键地区。后人称为“肥沃新月地带”的区域，拜先天环境以及遗迹所赐，特别引人瞩目。该地区呈弧形，起于埃及，向北经巴勒斯坦、黎凡特，跨过安纳托利亚，越过伊朗、南里海，以美索不达米亚的河谷为终点。约 5000 年前，气候正值最佳，此处水土丰美，其大致的风貌与现在大相径庭。大麦和类似小麦的谷物在南土耳其生长，野生小麦则长在约旦河谷。埃及降水充足，人类因而可以追捕着大猎物，迈入历史纪元。而在公元前 1000 年的叙利亚森林里，还可以看到大象的身影。当今，该地区与环绕周边的沙漠地区相比，依然肥沃，不过在史前时代，还要更胜一筹。成为后世农作物祖先的谷类植物，可以在这片土地上找到源头。在小亚细亚，发现了约公元前 9500 年收获野生谷类植物的证据，虽然这还不能算作人类从事耕种的必然结果。最后的冰川时代过去后，林地大批生长，但应对这次挑战，似乎还很得心应手；靠狩猎-

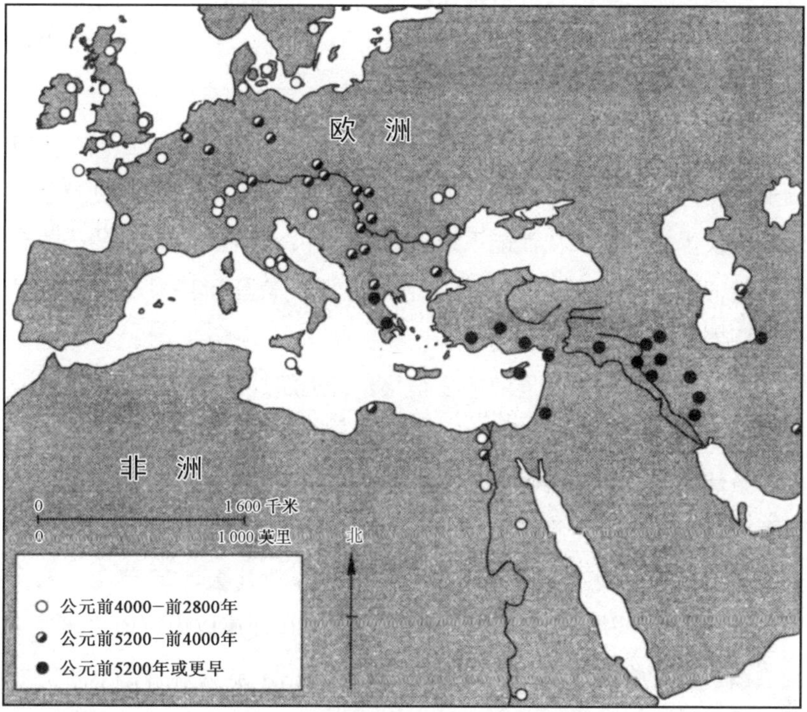

早期农业遗址

采集生活的地方变得过分拥挤后，人口压力也许推动了拓展生存空间的尝试，如清理土地、种植作物。约公元前 7000 年，来自这一地区的新食物和种植收割技术传到了欧洲。当然，在这片土地内，各类技术的交流要比外传相对容易。在西南伊朗发现的带刀刃工具，其年代最早可追溯至公元前 8000 年，却是以安纳托利亚的黑曜石制成。但是，技术的传播不是推动农业发展必需的过程。后来，美洲出现了农业，就似乎并没有依赖从外界引进的技术。

从采集野生谷物到种植、收割谷物的跳跃，其意义似乎并不比从 33
驱赶猎物式的狩猎到放牧重大多少，然而，驯化动物的意义却非同一般。最早圈养绵羊的遗迹出现在伊朗北部，时间约在公元前9000年。泽西牛（Jersey cow）与格洛斯特郡花猪（Gloucester Old Spot pig）的野生祖先在丘陵草原地区悠闲地游荡数千年中，偶尔会和猎人打交道。猪确实能在旧世界各地找到，而在小亚细亚以及横贯亚洲的大部分地区尤其盛产绵羊、山羊。人类掌握了饲养它们的方法，创造了其他经济技术的革新，从而能系统地探索世界：皮毛的使用又为人类带来了新的可能性；喝牛奶催生了乳制品业；骑马和畜力牵引随后而来；驯养家禽亦不在话下。

之后，人类历史发展的速度很快，远远超过了能容易掌握的上述变迁的影响。随着农业的出现，后来人类历史赖以为基础的物质架构，虽然还未成为人类的生活方式，却突然跃入了我们的眼帘。这是人类改造环境伟大里程的开端。在狩猎-采集的社会里，一个家庭需要数千英亩的土地才能过活；然而在原始农业社会，25英亩左右的土地便足矣。单从人口增长的角度来说，飞快加速成为可能之事。人类力图确保食物剩余或在实质上已经得到确保，这意味着新式的、稳定的定居生活诞生。更多人口可以在较小的地区生活，真正的村庄出现了。一部分人可以相对容易地获取食物，脱离粮食生产，从而获得锻炼其他技能的机会，成为某些方面的专才。公元前9000多年，杰里科出现了一座小村落（可能有圣祠）。1 000年后，它发展成覆盖约8到10英亩的泥砖房屋群，围有坚固壁障。

若要清楚辨明早期农耕群体的社会结构、行为，还有待时日。而
34 这个时期很可能也像其他时期一样，人类的区域分化起到了关键影响。人类在身体上比以往更为同一，但他们要摆平不同的问题，利用不同的资源，因而在文化上愈发多姿多彩。最后的冰川时代结束后，面对接下来的环境，属于不同分支的智人显示出相当惊人的适应能力，创造了诸多变化，与先前几次冰川期过后的情况大不相同。大部

分人类群体过起了互相隔离、定居的传统生活，循规蹈矩无可争议地成为生活的重点。这为贯穿旧石器时代，出现得极为缓慢的文化和种族分离，提供了新的、坚实的基础。在后来的历史时期中，各地人类的独特性还要历经相当漫长的时光，才受人口增长、交流加速、贸易出现的影响，渐渐瓦解——该过程最多仅持续了万年。在农耕群体内，似乎确实出现了角色分化加剧、强制接受新的集体纪律约束的现象。一部分人必然更闲暇（尽管对于实质上投入粮食生产的其他人来说，闲暇时光很可能因之减少）。人类社会地位分化确实越发明显。这也许与人类社会的新元素有关联——可用于实物交换的剩余产品增多，最终，贸易出现了。

剩余产品也可能激发了继狩猎之后人类最古老的活动——战争的诞生。狩猎是王者的活动，雕塑、传奇里记载着早期英雄的勋业，也把掌控动物世界归于其中。而人类的冲动以及物质的诱惑，必然让人对劫掠、征服之事蠢蠢欲动。早在战争出现前，人类之间的冲突已是家常便饭。或许，我们也可以从游牧民与定居者之间的冲突中发现战争的起源。人类需要组织起来保护庄稼、贮存物品，政治权力可能由此起源。我们甚至可以推测，贵族统治的概念可能在下列情况中露出了微小的苗头：狩猎采集者代表的是一个更为古老的社会阶层，他们看准与耕地绑在一起的定居者的弱点，成功（必然时常发生）地将之奴役。尽管史前世界确实充满了暴虐、无法无天，然而，还有别的因素值得牢记：整个世界还相当空旷。农民取代狩猎采集者并不一定是一个暴力过程。处于引入农业前夜的欧洲，地广人稀，这也许能对考古学证据方面缺少暴力痕迹的情况作出解释。人口的增长以及新式农业资源所承受的压力，只是慢慢增强了竞争的可能。

与农业一样，在漫长的时光中，冶金技术也引发了许多变迁，而那是一个更为漫长的时期。冶金技术的出现，造成了缓慢而根本的转 35

变，这很可能是由于人类最初发现的矿藏储量稀少、位置分散：在很长一段时间里，并没有找到多少金属。有证据表明，最早被使用的金属是铜（若把老派术语“青铜时代”套在使用金属文化的开端，显得很不贴切）。虽然已知最早金属制品的年代可追溯至约公元前 4000 年（埃及出现了锤炼过的铜针），但在公元前 7000 至前 6000 年间的某段时期，在安纳托利亚的加泰—休于（Çatal Hüyük）就有了未经高温熔炼而打击成形的铜。人类发明了铜锡混合技术，造出青铜。有了这种金属在手，投掷起来相对容易，且刃口更锋利、不易变钝。公元前 3000 年后不久，美索不达米亚开始使用这种金属。青铜得到广泛运用，一方面带动了许多事物的发展，另一方面使得含矿区一跃成为新的、相当重要的地区，青铜转而首次与贸易、市场、人类的行动路线紧密联系在一起。当然，随着铁的运用在一些毫无争议地迈入文明时代的文化中出现，情况变得越发复杂，这也作为史前纪元无甚章法地进入历史纪元的另一个反映。我们一眼便可发现，铁拥有突出的军事价值，而铁在农业工具中的运用显得更为重要。尽管前路漫漫，但铁的使用让生存空间、用于粮食生产的土地得到极大扩展。新石器时代的人可以顺利地焚烧森林、灌木丛，不过只有石制扁斧可用、以鹿角或木制凿器挖掘坚硬的土地。铁器的使用变得普遍后，人类发明了犁（约公元前 3000 年，近东）——借用畜力帮助人类劳作，才让翻松、深掘土地成为可能。

各种因素相互渗透、影响，开始对变迁的速度、方向产生作用，我们已经明白这是多么快的事了——“快”是以早期史前史为背景来说的，虽说这种变化在一些地方经历了数千年的漫长时光。初始文明早在上述进程于一些地方发挥影响之前，就已经存在了。史前史学家经常争论，人类的改革创新是从一个单独的源头向外扩散，还是自发、独立地在不同地点出现？由于相关背景情况过于复杂，做这样的探讨似乎是在浪费时间与精力。两种观点若任取一种，似乎都站不住脚。在一个地方且仅在一个地方就具备了新现象出现的所有条件，随后很简单地向他处扩散，叫人难以信服；而相同的发明恰好在地理、气候以及文化传统大相径庭的环境里产生，这种情况反复出现，同样令人难以置信。我们可以观察到，在近东地区集中出现了几项因素，使得该地区无可估量地在关键时刻，成为最引人注目、活跃、重要的 36
发展新中心。但这并不能排除其他地方出现相似的独立发展的情况：陶器最早似乎于约公元前 1 万年出现在日本，而美洲的农业演进早在约公元前 5000 年就开始了，完全与旧世界不相干。

这就意味着人类史前史没有一个整齐划一的终点，历史与史前史之间还是没有明确的分界线。在史前史终结与初始文明之交，我们看到，与此前相比，人类社会更加多元化，在应对不同环境、求生存方面更是获得了前所未有的成功。其中，有些社会在后来的人类历史中继续繁衍。日本北部的虾夷人到约 20 世纪的时候才消亡，连同他们据说与 1.5 万年前相似的生活方式一道消失。16 世纪，来到北美的英格兰人和法兰西人发现，那里有过狩猎—采集生活的人，着实与他们祖先 1 万年以前过的生活极为相似。美洲的史前史阶段在柏拉图与亚里士多德生卒年之后，才因尤卡坦伟大玛雅文明的出现而让位；爱斯基摩人、澳大利亚土著人直到 19 世纪时，还处在史前史时代。

因此，我们无法以大略的纪年划分，来阐明如此错综复杂的状况。不过，其最重要的特点再突出不过了：到公元前五六千年为止，旧世界至少有一处具备了过上文明生活的全部必要元素。其最深层的根源可回溯至千百万年前，那个被缓慢遗传进化所统治的时代。在旧石器时代晚期，文化慢慢变得更为重要，受此重大因素的影响，变迁的速度增快。然而，这一点与后来的情况相比又算不上什么。文明，让人类能在崭新的程度上，有意识地作出掌控、调节人与环境的尝试。脑力、技术资源的积累成为这些尝试的基础。尝试也在转化，反过来进一步加快了变迁的进程。在各种领域内，比如运用技术掌控环境、人类心智精巧化、社会结构变化、财富积累、人口增长等，都有了更为迅速的发展。

这里，摆正我们的视角很重要。据一些现代观点看来，欧洲处于中世纪的那几个世纪，好似一个漫长的休眠期。当然，没有中世纪学者会同意中世纪社会是凝固不变的。而一个活在 20 世纪的人，被迅速的变迁所包围，其速度之迅猛令其咋舌，自然就会深深感到，中世纪社会相对静止。可是，他必须好好反思一下这种印象：艺术从查理曼时代亚琛的罗马风格发展到 15 世纪法国的绚烂风格，历经
37 了 5 至 6 个世纪的时间。相比之下，在比之漫长 10 倍的时期里，我们所知最早的艺术——旧石器时代晚期欧洲的艺术，风格的变化可谓微不足道。回溯再远一点，早期工具类型长期保持不变的情况，显示了变迁节奏更为缓慢。何况，尚有更多的基本变迁更难察知。就我们所知，与更新世早期相比，最近 1.2 万年间人类在人体生理学上几乎没有什么变化。相比之下，我们从一堆由自然实验留下的化石遗骸中窥知，更新世早期人类生理的巨变能演化到这一步，却历经了千百万年。

从某种程度上讲，变迁速率的对比反映的正是我们从一开始在讨论的那种对比：作为变迁制造者的人与自然之间的对比。人类逐步开始自主选择，甚至因此在史前时期，变迁的故事就是一部人类不断有意识地适应发展的故事。这个适应的故事将仍在历史中继续，且将更加有力度。这就是为什么人类故事中最重要的部分是意识的故事。很久以前，意识打破了缓慢的遗传进程，让万事开始皆有可能。天赋与后天培养开始并存，从此刻起，人类首次清晰可辨。先天与后天因素也许永远不可能分得一清二楚，但人为的文化与传统越来越成为变迁

的决定因素。

为了恰当地考量这些无可争议的事实，应作两种反思。首先，自旧石器时代晚期以来，我们人类这一物种在天赋能力方面几乎肯定没有任何改进。约 4 万年来人类体格没有发生根本性的变化，假如人类原始心智能力也没有发生变化的话，这是令人惊奇的。这么短暂的时间实在无法形成之前时代所发生的那种程度的遗传变迁。自史前时代起，人类之所以取得了如此迅速的成就，可以简单归结为：我们可以利用更多人的天赋；更重要的是，人类成就的本质是靠积累而成。人类依赖继承前辈积累下的遗产，这种积累是诸种利益交错形成合力的产物。原始社会从这个宝库中所继承的，远比我们今天少得多。这也让原始社会迈出的最伟大、有力的步伐，显示出更为惊人的成就。

若以下推测可以成立，那么便无第二种反思的立足之地了：智人的遗传继承不仅让他能作出有意识的改变，进行一类前所未有的进化，也控制、限制了人类。20 世纪出现的非理性之事，显示了人类试图以心智控制自己的命运，仍是能力有限的。从这个意义上说，人类依然是自然的一部分，受其左右，无法摆脱其影响；自然仍首先以进化选择的方式赐予人类独特的能力。我们也很难从遗传中区分由非理性塑造的人类心智的那部分，这是从进化过程中获得的。那部分深 38
深植入了我们所有审美与情感生活的核心中。人类注定生活在与生俱来的二元对立中。大多数伟大的、依然成为人类生活指南的哲学、宗教、神话的目标，就是处理这对关系，而它们本身就是依据二元对立而来的。正值人类从史前史进入历史之际，勿忘其决定性影响很重要；相比那些被如此迅速克服的史前史时期地理与气候无意识的作用，这种决定力量更难以抗拒。尽管如此，在开启历史的临界点，我们已经和一类我们熟悉的生物打交道了——变迁制造者，也即人类。

卷二

最初的文明

导　论

一万年前，世界的轮廓和今天差不多。陆地的轮廓和我们所知道 39
的一样宽广。从那时起，主要的天然屏障和交流通道将一成不变地遗留至今。与最后一个冰河时代结束前数十万年的巨变相比，此时，气候也稳定了下来；从此，历史学家仅需要关注它短期的起伏波动。呈现在人们眼前的是这样一个时代（我们仍然生活在这个时代里），这个时代里的很多变化是人为的。

文明是引起这种变化的重要加速器之一。据一个历史学家说，文明最少有七个开端，也就是说他至少能够辨别出七个地方，在这些地方，人类技能和自然因素以独特的方式糅合聚集起来，使以开发自然为基础的生活新秩序的建立成为可能。虽然，所有这些文明的诞生经历了大约3000年左右的时间，与漫长的史前时代相比仅仅是一瞬间，但是它们既不是同时发生的，也不都是同样顺利。它们呈现出很大的差异，然而在盛极一时之后，有的文明保持繁荣，继续向前发展，而有的文明由盛而衰或者销声匿迹了。然而，与之前所取得的任何成就相比，所有这些文明都体现了一种在速度上和程度上的显著变化。

在这些早期文明中，有一些仍是我们当今世界的真正基础。然而，有一些除了如今我们考察遗址（这是它留下的全部）的时候或许还能够激发我们的想象和情感之外，很少或根本不再产生影响。尽管
如此，它们共同决定了世界文化迄今为止的大体分布状况，因为即使 40
当它们在思想、社会组织或者技术方面取得的成就早被遗忘时，源自它们的传统所具有的力量却仍在起作用。最早的文明诞生在大约公元前3500至前500年之间，成为世界史主要编年分期的开端。

第 1 章　早期的文明生活

41　很久以来我们就知道，杰里科有一股不断流淌的泉水，浇灌着到目前为止依然广袤的绿洲。毫无疑问，这解释了在大约 1 万年的时间里，为什么一直有人居住在那里。史前时代晚期，农耕者就聚居在那儿，在当时人口可能达到了两三千人。公元前 6000 年前，这个地区有一个巨大的蓄水池，这表明有较大的需求需要满足，可能是用于灌溉；并且那里有一座巨大的石塔，它是精心修筑的长期防御工事的一部分。显然，这里的居民认为他们有值得保护的东西，他们拥有财产。杰里科是一个值得深思的地方。

即使这样，它还不是文明的开端，依然缺少很多条件。在文明时代开始的时候，值得去思考，我们所探寻的文明是什么？这与最早的人类是什么的问题有些类似。我们大致能划出变化发生在哪一段时间区间里，但是我们仍对其具体的时间点存有疑义。大约在公元前 5000 年，近东各地农村已出现剩余农产品，这为文明最终的兴起提供了保障。其中一些为后世留下复杂的宗教仪式和精美绘制的彩陶，这种彩陶是在新石器时代得到广泛传播的艺术形式之一。大约在公元前 6000 年，在土耳其加泰—休于古城附近出现了砖石建筑，这个遗址仅比杰里科遗址稍早一点。但是，我们通常所指的文明不仅仅是宗教仪式、艺术或者某一技术的出现，当然也不只是人类开始在同一个地方聚居。

这好比谈论“一个有教养的人”：每个人见到一个有教养的人都能够认出，但不是所有有教养的人都能得到公认，也没有一个必要的或绝对可靠的统一衡量标准（例如，大学本科）。词典的条目对定义“文明”也没有什么帮助。《牛津英语词典》将文明定义为“一种发达的或者先进的人类社会状态”，这个定义是无可争议的，但因太过谨慎而起不到什么作用。我们仍须判定的是，发展或者进化达到了何种 42
程度？沿着何种路线前行？

有人曾说，一个文明社会是不同于一个未开化社会的，因为文明社会拥有一些特定的特征，如文字、城市、纪念性建筑物，这一切都表明了两者的不同。但是若达成一致是困难的，不依赖于任何简单的测试似乎更为保险。如果我们关注的不是边缘的和有争议的例子，而是关注那些被人们公认为文明的例子，那么它们的共同点是显而易见的，即同样是复杂的。甚至与富庶的初级村社相比，他们都达到了一种精致程度，允许更多的、各种各样的人类行为和经历存在。当大量的文化潜力和一定的资源盈余积累起来时，“文明”一词成为我们以一种创造性的方式提供给人类相互交流的名称。从文明的角度来看，这些解除了对人类能力的束缚，以便在一个新的水平上发展，在随后更大程度上的发展，就能自行持续了。这多少有些抽象，现在以实例来说明。

文明史的开端大约是在公元前 4000 年左右，这将有助于列出一张粗略的年表。我们以最早的可以鉴定的美索不达米亚文明作为开始。紧接着是在埃及，显然，这儿的文明要稍晚一些，大约在公元前 3100 年。另一个标志是近东的“米诺斯”文明，它大约出现在公元前 2000 年的克里特岛，并且从这个时候起，我们可以忽略世界上这部分地区有优势这一问题了：不同文明已经出现，它们相互作用、相互交流。与此同时，大约在公元前 2500 年左右，另一个文明在印度出现，至少文字记载是这样的。随后，中国最早的文明出现，大约在公元前第 2 千纪中期。之后中美洲文明出现。公元前 1500 年后只有这最后一个文明的例子是完全孤立的，因此在我们解释文明进程时，它不是一个重要的考虑对象；从那个时候起，如果不考虑到先于它产生的其他文明的激励、冲击或继承关系，一种文明就无法得到诠释。在此处，我们的概述点到这里也就够了。

对这些最早的文明（其特点和形式将是后几章论述的主题）进行归纳是很难的。当然，尽管与它们未开化的先辈比起来水平已经是很高了，它们显示出的技术水平仍比较低。与我们现在的文明相比，这些文明的形成与发展更多地取决于周围环境。然而，它们已经冲破了
43 地理局限。当时世界的地形已经和今天非常接近，陆地以其现有的形态固定下来，由此形成的影响交通的障碍和渠道也不再变化，但是开拓和超越它们的技术能力在不断提高。决定早期航海的风向和水流也变化不大，甚至在公元前 2000 年，人们已学会去利用它们，摆脱它们施加的束缚。

这恰恰表明，在早期，人类文明交流的可能性是相当大的。因此，武断地提出文明以某种标准的方式出现在不同地区，是很不明智的。反对者则提出适宜的环境这一因素。以大河流域为例，显然，大河流域肥沃且易于耕种的土地能够养活村落里相当密集的人口，这些地区可缓慢发展形成最早的城市。这种情况在美索不达米亚、埃及、印度河流域和中国都发生过。但是，城市和文明也有远离大河流域兴起的，比如中美洲、克里特岛的米诺斯以及后来的希腊。就最后两个文明而言，有极大可能是受到外部的重要影响，但是埃及文明和印度河流域文明形成的早期也受到了美索不达米亚文明的影响。有关这种联系的证据，在以前一度导致一种观点，即视所有其他文明都来自一个文明中心。现在这种观点不是很流行了。不仅仅是因为要处理孤立的美洲产生文明这一难缠的事实，而且是因为，随着碳放射测定年代的技术让我们获得了越来越多有关早期年代的知识，要确定假设的文

明发散传播陆续发生的时间序列变得相当困难。

最满意的答案是，文明很可能常常是许多因素杂糅的结果，这些因素易于促使某个特定地区产生出足够厚重的某些东西，即后来所谓的文明。但是不同的环境，受外界的以及过去留下的不同文化传统的影响，意味着世界各地的人类并不是以同样速度发展的，或者甚至不是向同样目标前进的。社会“进化”同轨论甚至先于文明同源发散理论被摒弃。显然，一个有利的地理环境是必不可少的；在最早的文明中一切事物都以农业剩余产品的存在为基础。但是，还有另外一个很重要的因素，即人们利用环境的优势或应对挑战的能力。在这一方面，外部联系可能和内部传统一样重要。乍一看，中国几乎是与外界隔绝的，但即使在那里也存在着联系的可能性。因此，不同社会如何形成文明，所需的大量因素仍然很难作出回答。

比较准确地阐述早期文明的标志，要比描述其产生过程容易得 44
多。但在这点上，同样没有绝对的、放之四海皆准的说法。早在文字还没有作为储存和使用经验的有用工具时，文明就已经存在了。很多机械技术的传播也是不平衡的。中美洲人既不役使牲畜也不借助车轮，便完成了重大的施工建设；而中国人要比欧洲人早近 1 500 年就知道如何铸铁。不是所有的文明都遵循相同的文明发展道路，这些文明在终止与发展之间存在着很大的不同，更不用说取得的文明成就了。

无论如何，早期文明与后来的文明仍然很相似，它们似乎有一个共同的积极特征：改变了人类行事的规模。比起早期文明社会，后来的文明集合了更多人类共同努力，其方式经常是，让人们汇集起来，形成更大的聚落。“文明”这个词的拉丁词源表明了它与城市化之间的关系。固然，想明确指出天平的指针到底在哪个精确的界限处标示出最早城市出现，而不再指示称，这是围绕着一个宗教中心或者一个集市的紧紧挨着的农业村庄，愿意做这种区分的人们是大胆的。然而，完全有理由说，比起任何其他机制，城市提供了更多的产生文明的大量人口，而且迄今为止比任何其他环境因素都更为优越地孕育了革新。在城市内部，农业生产创造的盈余使其他属于文明生活特征的行为的出现成为可能。它们为祭司阶层提供了生活保障，而这个阶层精心制定了一个复杂的宗教结构，建造了不仅仅是局限于经济活动的伟大建筑物，而且最终形成大量文献记载。与早期时代相比，大量的资源被分配在其他方面而非直接消费上，这就意味着财富和经验以一种新形式积累起来。这些积累的文化渐渐地成为改变世界越来越有效的工具。

一个明显的变化是：在世界不同地区之间，人类间的差异变得越来越大。关于早期文明，最明显的事实是：它们的风格迥异。但是由于这些太过显而易见，所以我们常常忽视了这一点。文明的到来开启了一个新时代。这是一个在服饰、建筑、科技、行为、社会结构和思想方面不断飞速分化的时代。这种分化显然是源自史前时期，那个时候，各个人种已经以不同的生活方式、不同的生存形态、不同的思想，以及不同的身体特征而存在。但此时，这种分化不再只是作为自
45 然环境赐予的产物，而是文明本身创造力的结果。只有随着 20 世纪西方科学技术的兴起，这些多样性才开始减少。从文明初始到今天，始终存在着各种不同类型的社会，尽管它们彼此之间了解很少。

这些文明斑斓的多样性大部分已经很难再现了。在某些情况下，我们可以做的只是意识到它的存在。除了我们能够还原的制度、艺术中所体现的象征、文学作品中表现出来的思想之外，人类初始的精神生活几乎没有任何痕迹了。在这些仅存的遗迹中保留着这样一些假设，这些假设是重要的坐标参照系，围绕着它们，一种世界观建立，即使在那个时候持这种观点的人还不知道它们的存在（历史往往是对

46

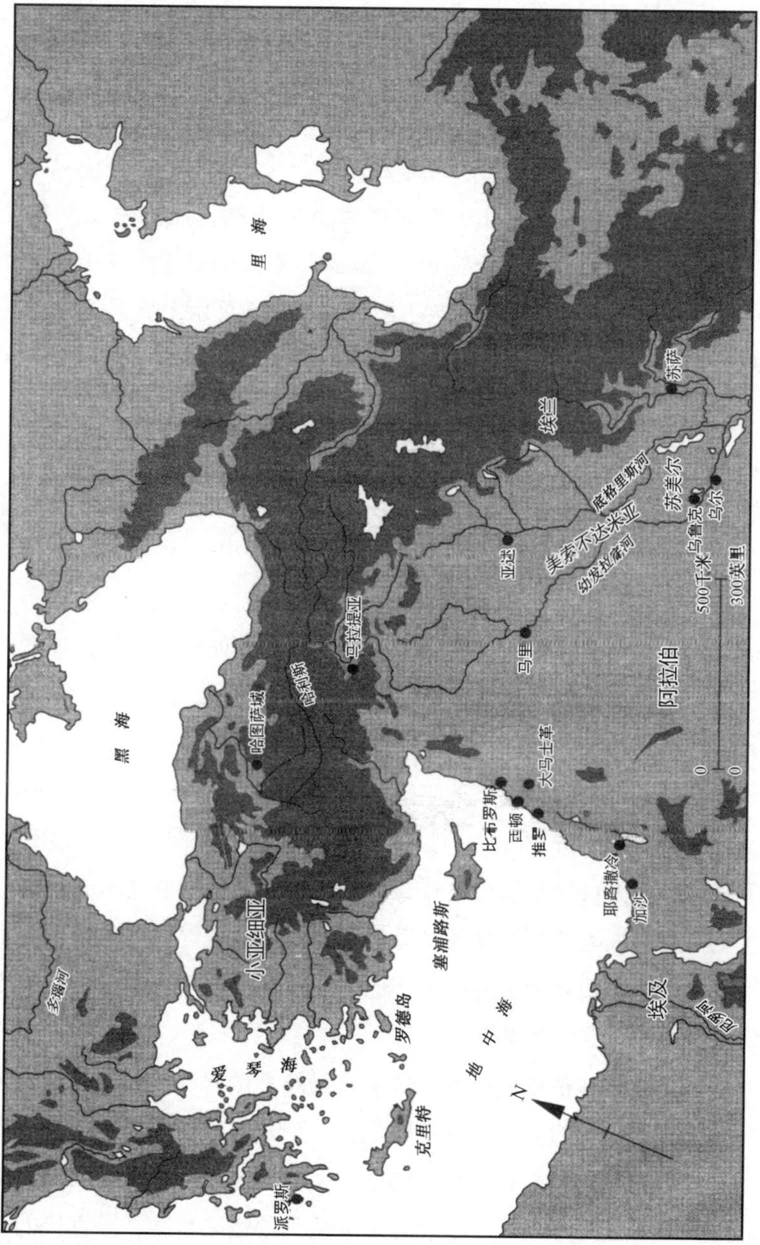
里海
黑海
埃兰
苏萨
底格里斯河
苏美尔
乌鲁克
乌尔
美索不达米亚
幼发拉底河
亚述
马里
阿拉伯
0
500千米
0
300英里
哈利斯
哈图萨城
大马士革
比布罗斯
西顿
推罗
耶路撒冷
加沙
埃及
尼罗河
小亚细亚
塞浦路斯
地中海
罗德岛
爱琴海
克里特
派罗斯
多瑙河
N

肥沃新月地带

人们自身所不知道之事的发现）。其中的很多观点是不能恢复的，即使在我们开始掌握古老文明时期人类生活的形式时，仍然需要不断想象，以避免落入用今日来衡量过去的时代错误。甚至文字也无法表达那些和我们似像非像的人类的大部分思想。

正是在近东，不同文化彼此之间相互的刺激作用第一次变得明显。而且毫无疑问，这种相互作用正是最早期文明诞生故事中的主要情节。在三四千年里，各个民族不断迁徙所造成的混乱既丰富又分裂了这个地区，我们的历史一定发轫于此。在大部分历史时期里，肥沃新月地带成为各种文化的大熔炉，这里不仅是一个定居地，而且是一个中转站，通过这里谱写出一部各民族及其思想的兴衰史。最终，各种制度、语言和信仰得以进行广泛的交流，甚至到今天，人类的很多观念和习惯都源于这里。

为什么历史恰巧发轫于此？这是很难解释的。不过，一种坚实的假设是，其根本原因在于这里人口过剩，其他各处的入侵者都来自这个地方。用人口过剩说来解释当时的这个世界看起来似乎是矛盾的，因为在公元前4000年前后，世界的全部人口估计只有8 000至9 000万。也就是说，仅相当于今天德国的人口数量。在接下来的4 000年里，人口增长了将近50%，达到1.3亿。这就表明，与我们如今认为的理所当然的人口增长相比，其每年的增长率几乎是感觉不到的。这既表明了我们人类对自然界开发力量增加的相对缓慢，也说明了与史前时代相比，文明所带来的新机会已经在多大程度上、以多快的速度强化了人类对于繁殖和繁荣的偏好。

47 用后来的标准衡量，这种人口增长仍然是微弱的，因为它总是建立在一个非常脆弱的资源盈余基础之上，正是这种脆弱性证明了人口过剩的说法。干旱和干燥能够剧烈地、突然地破坏一个地区的供给能力，而人类要在几千年之后才能轻易地从别处运来食物。最直接的结果一定是经常发生饥荒。但从长远的角度来看，存在着更为重要的影响，它所产生的困扰是早期历史的主要推动力：气候的变化仍然作为一个决定因素在发挥着作用，尽管此时其影响更多的是在局部的、个别的范围里。干旱，灾难性风暴，甚至是在几十年中气温稍低或者稍高的变化，都能迫使人们迁移，从而通过不同传统的民族偶然间地相遇促进了文明的发展。在冲突与合作中，他们相互学习，因此增加了社会的总体潜力。

在近东地区早期历史舞台上出现的民族都属于浅肤色人种（有时被混淆地称为高加索人），属于智人（*Homo sapiens*）三大人种之一（另外两个人种是尼格罗人［Negroid］和蒙古人）。语言差异使得对他们进行区分成为可能。在肥沃新月地带早期文明时代生活的所有人群，可根据他们所说的语言划分：在北非和撒哈拉东北部演化形成含米特人（Hamitic），或者是阿拉伯半岛的闪米特族（Semites），或者是来自俄罗斯南部、在公元前4000年迁徙到欧洲和伊朗的印欧族，或者是真正属于格鲁吉亚的“高加索人”。他们都已经被鉴定为早期近东历史的主人公。他们的历史中心都位于早期农业和文明出现的地区周围。一个良好定居地的大量财富必定会吸引周边地区的人们。

大约在公元前4000年，肥沃新月地带的大部分地区被高加索人占领，从此时此地，我们可以尝试对接下来3000年的文明作一总结，这将为早期文明提供一个框架。可能在那个时候，闪米特人已经开始进入这一地区；他们的力量不断壮大，直到公元前2500年左右（在文明出现很久以后）穿过底格里斯河和幼发拉底河中部，在美索不达米亚完全定居下来。许多学者已经认识到，在该地区的早期历史中，闪米特人与那些凭借着高地势从东北部控制着美索不达米亚的高加索人之间的相互影响和竞争是一个永恒的主题。在公元前2000年，印欧语系的人种引起世人的注意，他们来自两个方向。一部分是从欧洲

进入安纳托利亚的赫梯人（Hittite），他们的快速发展可与另一部分
48 的伊朗人从东方的快速进入相媲美。在公元前 2000 年至前 1500 年之间，这些次级单元的民族分支跟闪米特人和高加索人在肥沃新月地带发生冲突与融合，而含米特人和闪米特人之间的碰撞是古代埃及大部分政治的本源。当然，上述情节叙述是非常概化的，它的价值只在于，有助于揭示近东古代历史发展的基本动力和规律。许多这方面的细节（和将要出现的一样）是非常含糊不清的，并且无法说清是什么维持了这种流动性。然而，不论原因是什么，这些民族迁徙都是最初的文明出现和繁荣发展的背景。

第 2 章　古代美索不达米亚

人类可辨别的文明首次出现的最好例证出现在美索不达米亚南部，在那片由底格里斯河和幼发拉底河冲刷形成的700英里长的土地上。在新石器时代，肥沃新月地带尽头的这块土地上曾经散布着许多村落。在一些位于最南端、最古老的村落中，连续几个世纪以来，内陆的排水和每年的洪水冲积形成一片非常肥沃的土地。只要水的供应源源不断并且安全可靠，这里就一定比其他地区更容易种植庄稼。这种推测是可能的，因为尽管降水很少并且毫无规律，但河床总是高于周围的平原。有统计显示：在公元前2500年左右，美索不达米亚南部地区的谷物产量，就可以比得上今天加拿大最好粮食产区的产量。种植量超过了日常的消耗量，这种可能性在这里很早就已经存在了，而生产盈余是城镇生活出现不可或缺的条件。此外，这里还可以从附近的海域内捕鱼。 49

美索不达米亚南部的环境既是一个机遇，同时也是一个挑战。两河流域突然地、剧烈地改变河床的走向，因此三角洲的沼泽地、低洼地不得不通过筑堤挖沟，使其高于洪水水位线，并且不得不开凿运河疏导洪水。很久以前，这里最早使用相关技术，用芦苇和泥浆来建造平台，再在这些平台上建立了这个地区最早的家园。几千年后，这些技术在美索不达米亚仍然可以看到。耕地集中在土地肥沃的地区，耕地需要的排水和灌溉渠道可能被妥善地管理，然而必定是集体管理才行。毫无疑问，土地开垦的社会组织是另外一个成就。不管它是如何发生的，将湿地变成良田看起来是史无前例的成就，它一定是以人类聚居的方式形成了一个新的复杂体系才能达成。

随着美索不达米亚人口的增长，更多的土地被用来种植粮食。不
50 同村落的人们迟早有一天会彼此接触，与其他人一同改造曾经将他们彼此分开的沼泽地。甚至在此之前，不同的灌溉需要可能已使他们彼此发生过联系。这里存在一个选择：对抗还是合作。每一种选择都意味着集体组织的进步和权力的新凝聚。在某些地方，沿着这条道路，使得人类意识到要团结起来，组成比当前更大的单元来保护自己或者利用环境。一个现实的结果就是城镇的出现。它建立在高于水位线的平台上，最初筑有泥墙，用来阻止洪水和敌人的入侵。城镇作为社会权威的后盾必然要选择当地的圣祠之地，这是符合逻辑的。这个地方由大祭司来掌管，大祭司成为与其他人进行竞争的为数不多的神权统治者。

与此类似的一些事情——我们不知道这些事情具体是什么——可能说明了在公元前第 4 千纪和公元前第 3 千纪时，美索不达米亚南部地区与新石器时代其他地区之间的差异性，尽管这些地区长久以来处于相互联系的状态。陶器和特有的神龛表明，在美索不达米亚文明与安纳托利亚、亚述、伊朗的新石器时代文明之间存在联系，它们有很多的共同点。但是这些共同点仅局限在一个相对较小的范围内。一种大部分近东地区所共有的乡村生活方式开始迅速扩展并且固化为另外一种东西。在这种背景下，苏美尔出现了最早的、真正的都市化，这也是该地区能够发现的最早的文明。

苏美尔是一个用于称呼美索不达米亚南部的古老名字，它指的是比今天的海岸线再往南大约不到 100 英里的地方。居住在那里的人们可能属于高加索人，他们不同于西南部的闪米特邻居，而更像他们北方的邻居，也就是那些居住在底格里斯河对岸的埃兰人（Elamite）。学者们仍然试图鉴别苏美尔人（即那些所说的语言后来被称作苏美尔

语的人）是什么时候来到这一地区的。他们可能是在公元前 4000 年左右来到这里。但是既然我们知道，文明的苏美尔人是不同种族的混合体，可能包含该地区的早期居民，那么对于一种外来因素和本地因素混合的文化，这就不是一个重要问题。

苏美尔文明源远流长，人们长期以来过着一种与他们的邻居相差
无几的生活。他们居住在村庄，并且有几个一直沿用的、很重要的祭
祀中心。其中有一个祭祀中心位于名叫埃利都（Eridu）的地方，大
约创建于公元前 5000 年前后。它稳步地发展到了有历史记载的时期，
在公元前 3 千纪中期，那里出现了一座神庙。一些人认为，尽管现在
除了建造的地基之外什么都没留下，但是这座神庙为美索不达米亚纪
念性建筑提供了原始模型。这种祭祀中心始于为居住在其附近的居民
提供服务。它们并不是真正意义上的城市，不过是礼拜和朝圣的地 51
方。它们可能没有很多的常住人口，但常常是活动中心。后来，城市
围绕着它们形成。这有助于解释在古代美索不达米亚，宗教和政府始
终保持密切关系的原因。事实上，早在公元前 3000 年以前，许多这
样的地方已经有了非常大的神庙。在乌鲁克（Uruk，《圣经》中称为
埃瑞克［Erech］）有一座非常宏伟的神庙，尤其是精美的装饰和直
径达 8 英尺的泥砖柱子，给人留下深刻印象。

陶器是连接美索不达米亚史前未开化时代与有史时期最重要的证据之一。它提供了一条最初的线索，表明，某些具有很大文化价值的东西，后来向着本质上不同于新石器时代的进化方向发展。所谓的乌鲁克罐（Uruk pots，这些罐因发现于乌鲁克而得名），常常是比较单调的，没有早期的陶器那样令人兴奋。事实上，它们是批量生产的，在一个转轮上以标准形式制造而成（轮子第一次以这种功能出现）。这其中的含义是深刻的。当轮子开始被用于生产时，那里已经有一个专门的工匠群体；这个群体一定是依靠他们的产品去交换非常丰富的

剩余农产品来维持的。正是通过这种交换，苏美尔文明的历史才得以从容地展开。

苏美尔文明大约延续了1 300年（大约从公元前3300到前2000年），几乎相当于查理曼到我们现在这么长的一段时间。在苏美尔文明伊始，文字便产生了。这可能是在蒸汽时代之前唯一一个比得上农业发明的发明。大部分的文字用黏土制造而成，人类将近一半的历史中所掌握的就是这种书写技术。事实上，文字是随着圆锥形印章的发明而出现的，在印章上雕刻小的图案，并碾压在黏土上。陶器制造可能已经衰落，但是这些印章成为美索不达米亚伟大的艺术成就之一。最早的文字是以象形图画或简单图画的形式刻在黏土制成的石板上的（这是通向抽象表达中的一步），在黏土板上用芦苇秆刻画好，然后烧制而成。最早的文字出现在苏美尔，可以看出它们是以备忘录形式出现的，上面记录着货物、收条；其记录的重点是经济，不能作为连续的文章来阅读。这些早期备忘录和账目的文字渐渐地变成了楔形文字，这是以一种削尖的芦苇秆印在黏土上的印记排列形成的。通过这种方式完成了对象形文字的突破。在这一阶段，用以表示语音和大致音节因素的成群符号出现，都是以相同的、基本的楔形为基础组合构成。它以符号作为一种沟通方式，比迄今为止使用的任何沟通方式都更灵活，苏美尔在公元前3000年后不久便达到了这一程度。

52 关于苏美尔人的语言，我们知道得比较多，其文字中的一些元素至今仍保留着。其中之一便是“酒精”（以及最早的酿造啤酒的配方）这个词的原型。不过苏美尔语言最令人感兴趣的是其书写形式的出现。读写能力既是变化的，又是稳定的。一方面，它提供了大量新的沟通的可能性；另一方面，因为对文字记载可进行查阅，对口述传统也可进行查考，实践方式就渐渐稳定成形。这使土地浇灌、收割以及粮食储存这些比较复杂的操作变得简单了，而这些活动是一个社会不断发展的基础。书写使得资源利用更为有效。它也极大地加强了世俗政权，并加强了世俗政权与那些最初垄断书写能力的祭祀阶层的联系。值得注意的是，因为印章被人们用在寺庙的收据上以证明庄稼的多少，所以其最早的用途之一似乎与此有关。或许，起初他们记录了集中再分配的经济运作过程，在这一过程中人们向神庙缴纳规定的农产品，并在那里领取自己所需的食物或日用品。

除了这些记录之外，文字的诞生还以另外一种方式为历史学家展现了更加丰富的历史，最终，历史学家在谈论智识发展状况时，有了坚实的物质证据可供参考。因为文字保留了文学作品。世界上最古老的故事是《吉尔伽美什史诗》。虽然事实上它的最完整版本只能追溯到公元前 7 世纪，但这个传说故事在苏美尔时期就已经出现。我们已经知道，它于公元前 2000 年后不久被记录下来。吉尔伽美什是一个真实的人物，统治着乌鲁克。他成为世界文学上第一位有个性的人物和英雄，并且出现在其他史诗中。他也是在本书中出现的第一个人物。对于一个当代读者来说，史诗最吸引人的部分可能是那场巨大洪水的来临。除了一个有特权的家庭建造了一只诺亚方舟得以幸存下来之外，那场洪水消灭了全部人类；而当那场洪水消退后，他们繁衍了新的人种并且栖息散布于世界各地。但这部史诗最古老的版本中并没有这部分内容，它来自另一首独立的诗歌，讲述了一个在许多近东作品中发生的故事。不过，它之所以会被加入进去，其原因也很容易理解。下美索不达米亚地区一定经常受到洪水的困扰。毋庸置疑，这给它的繁荣所依赖的脆弱的灌溉系统带来很大压力。或许，洪水只是灾难的普通形式，而它一定有助于培养悲观的宿命论，有些学者已经将其视为了解苏美尔信仰的关键。

这种忧郁的情绪充斥着整部史诗。吉尔伽美什做了很多伟大的事情，付出不懈的努力，想要证明自身作为人的能力，反对诸神规定的、确信人类会失败的律条。但最终预言是对的，吉尔伽美什也必须死。

> 53 英雄们，智者们，犹如新月一般有其阴晴圆缺。人们会说："有谁曾像他那样用力量和权力来进行统治。"正如在没有月亮的夜晚或者月缺的时候，只要没有他，那里就没有光明。哦！吉尔伽美什，这就是你梦想的意义。你被赋予国王的地位，这是你命中注定的；但永生却不是你的天命。

除了这种忧郁的情绪以及揭示出一种文明带有的宗教色彩之外，在史诗中还有很多关于古代美索不达米亚神灵的内容。但是很难通过这些内容了解历史，更不必说把它同历史上的吉尔伽美什联系起来。尤其是，尽管有足够的关于洪水频繁发生的大量证据可以使用，但试图通过考古学的方法去鉴别一场灾难性洪水，这种尝试并不能令人信服。陆地最终浮出水面——这或许是我们了解的一种对世界诞生和人类起源的说法。在希伯来《圣经》里，陆地是按照神的旨意浮出水面的。这种说法曾在1 000年的时间里被大多数有教养的欧洲人所接受。这样推测是很有趣的：我们传承的这种知识可能在很大程度上源于苏美尔人对他们自己的史前史的神话重构；在他们那段历史中，从美索不达米亚三角洲的沼泽地中开垦出了耕地。但这只是一种推测，为谨慎起见，我们最好只满足于注意这部史诗与《圣经》中最著名的那个故事，即诺亚方舟的故事之间不可否认的密切联系。

吉尔伽美什的故事暗示我们，在苏美尔历史的重心转移到上美索不达米亚后的很长一段时间里，苏美尔思想在近东地区传播可能有其重要性。史诗的各种版本和各部分内容——此处仅指文本自身——已经出现在档案以及公元前第 2 千纪本地区很多统治者的遗址当中。虽然史诗后来消失了，直到近代才被重新发现，但吉尔伽美什是一个在多种语言文学作品中都被有意提及的名字，而这些作品时间跨度大约是2 000年。在某种程度上，如同欧洲作家们直到最近还理所当然地认为古希腊人的暗示能够被读者理解一样，苏美尔语在几个世纪以来的神庙和文官学校中流传下来，非常像拉丁文依靠那些博学者而得以传播，而这些博学者处于西方罗马古典世界崩溃之后欧洲本土文化的混沌状态中。这个比较是启发性的，因为文学和语言的传统体现了各种观念和想法；这些观念和想法又强加、允许和限制了各种不同的世界观。也就是说，它们拥有自己的历史地位。

借助苏美尔语言留存下来的思想中最主要的大概就是宗教方面的。像乌尔城（Ur）和乌鲁克城都孕育了很多的思想，在公元前2000年和公元前1000年之间的近东地区这些思想演变为其他宗教。 54
尽管是以无法察觉的不同形式进行演变，但是在4 000年后，这些思想的影响遍及世界各地。有这样的一个例子，在史诗《古尔伽美什》中有一个理想化的自然生命体——巨人恩奇都（Enkidu），他受到一个妓女的性诱惑，从纯真走向堕落。从此以后，虽然他的结局是文明，但是他失去了与自然界联系的愉悦。我们在文学作品中能够观察到，后来其他社会的神话中也有这类暗示。在文学作品中，人类开始让早期隐藏在模糊的祭祀遗址、泥像以及圣殿或寺庙的地面规划后面的含义明确化。但在苏美尔早期，这些遗迹已经展示出组织者与超自然对话的高超能力。虽然如此古老，但其精妙复杂程度，在世界其他地方鲜有可与之媲美者。神庙已经成为早期城市的焦点，并且发展得越来越庞大、辉煌（部分原因是由于，传统上新神庙总是在旧庙的地基上扩建而成）。在那里举行祭祀以确保丰收。后来祭祀的仪式变得复杂，更大更宏伟的寺庙在北至亚述（Assur）的地方建立起来，距离底格里斯河300英里远。据说，其建筑所用的雪松从黎巴嫩运来，铜来自安纳托利亚。

在那个时候，没有任何其他古代社会给予宗教如此重要的地位，或者投入如此多的集体资源去维持它。这就表明，没有任何其他古代社会让人们的感情如此完全地依赖于神的旨意。在古代，下美索不达米亚是一块扁平的由泥潭、沼泽和河流构成的土地。那里没有山脉供神灵像人一样居住，只有空旷的上苍，无情的烈日、狂风肆虐着那片没有防护的土地；洪水是无法抗拒的力量，干旱带来毁灭性的枯萎。神灵居住在这样的自然环境里，或者住在平原中孤零零的“高地”上，就像《圣经》巴别塔里记载的砖石塔楼和金字形神塔。毫不奇怪，苏美尔人将自己视作天生就为神灵服务的劳动力。

大约在公元前 2250 年，在苏美尔已经出现了一批或多或少代表着拟人化的自然元素和自然力量的神灵，这成为美索不达米亚宗教和神学开端的基础。最初，每个城市都有特定的神。可能受到城市政治兴衰变迁的推动，在这些神灵之间最终形成一个等级制度，既反映又影响人们对于人类社会的看法。这个完善的体系将美索不达米亚诸神以人的形式描绘出来。每位神都被赋予一种特殊的能力或者角色。有空气之神、水之神，另外还有农耕之神。伊斯塔尔（Ishtar，这是她
55 后来的闪米特名字）是掌管爱和生育的女神，同时也是战神。在神级制度的最高层是阿努（Anu）、恩利尔（Enlil）和恩基（Enki）三位伟大的男神，他们的角色很难区分。阿努是众神之父；恩利尔最初是最杰出的神，他是“空气之神”，没有他什么事都做不了；恩基是智慧之神和淡水之神，对苏美尔人而言，他名字的字面意思是生命，他是一位人生导师和生命的给予者，他维持恩利尔制定的秩序。

在繁琐的仪式中，这些神要求人类抚慰并且服从。作为回报，人们过上美好生活并得以繁荣和长寿，但是并不会很多。在美索不达米亚生活的诸多不确定因素之中，认为存在一种可能获得保护的感觉是

必要的，人类依靠神灵在反复无常的宇宙中获得安慰。神——尽管美索不达米亚不用这些术语称呼它们——是一些基本欲望的概念化，这些欲望包括控制环境，抵御突发的洪水和沙尘暴灾害，通过重复庆祝盛大的春季节日以确保季节的连续循环。此时众神又一次联姻，创世之剧目再度上演。在此以后，世界的存在又获得了一年的保障。

后来人类希望宗教所能做的最大贡献之一就是，它能够帮助人们应对不可避免的、面对死亡的恐惧。苏美尔人和那些继承其宗教思想的人们，很难从其信仰中得到更多的安慰。就我们所能掌握的情况而言，他们似乎将来世看作是一个黑暗、悲惨的世界，那是“一间房子，在那里，他们沉寂在黑暗之中，灰尘是他们的主食，泥土是他们的肉，他们穿的和鸟类一样，翅膀是他们的服饰，门栓和门上积满了灰尘，一切都处于寂静当中”。这里展示了后世的地狱观念和阴曹观念的起源。然而至少有一种仪式涉及实质上是自杀的行为：公元前第3千纪中期，一位苏美尔国王和王后死后，有随从人员陪葬；这些随葬的人们，可能事先喝了某种催眠的酒。这就暗示，死后是去某个地方，在那里如同在人间时一样，有大量的随从人员和华丽的珠宝非常重要。

苏美尔宗教有着大量的政治内容。所有土地最终都属于众神；国王最初可能既是军事统帅又是宗教领袖，只是众神的代理人。当然，没有世俗法庭会要求国王代诸神作出解释。代理制也意味着一个祭司阶层的出现，这是一个自身重要性与经济特权相对应的特权阶级，被允许培养特殊技能和知识。从这方面来说，苏美尔也是一个东方先知、预言家、智者的传统源头。他们基于对楔形文字的记忆和复制，还控制了最早的、有组织的教育系统。

在苏美尔宗教的副产品当中，首先是宗教艺术对人类肖像的描 56
绘。尤其在马里（Mari）这个宗教中心，那里似乎偏爱描绘从事宗教仪式活动的人物形象。有时这些人物排成一队，因此，这就创建了象形艺术的一大主题。另外两个突出的主题是战争和动物世界。有人发现，在苏美尔肖像画中有着更为重要的东西，人们通过这些肖像看到了在苏美尔文明可能的范围内取得的惊人成就，以及取得这些成就所要具备的力求杰出和成功的精神特质。但这仅仅是推测。我们还可以发现，苏美尔艺术最早的主题大部分是远离我们的早期时代的日常生活。考虑到苏美尔人和与之结构基本相似的邻邦民族间的广泛接触，不难推断出，我们可以从中开始窥见曾在古代近东大部分地区常见的生活状况。

印章、雕塑和绘画展现了一个常常穿着毛皮（不知道是山羊皮还是绵羊皮）裙子的民族，有时妇女将其折叠起来围在肩上。男人们常常但并不总是把胡子剃光。士兵们统一着装，仅从他们携带的武器或者有时戴的尖皮帽子才能进行区分。奢华似乎不表现在服装上，而表现在对闲暇时间和财富的拥有上；但珠宝除外，因为留存至今的苏美尔珠宝很多，其目的一般是为了显示地位。这些财富表征了一个日益复杂的社会。残存下来的还有一幅反映酒会的图画：一群人围坐在椅子上，手里拿着杯子，同时一个乐师在为他们演奏。在这一时刻，苏美尔人看起来与我们相距并不那么遥远。

苏美尔人的婚姻与之后社会中的极为相似。婚姻的关键是新娘家庭的认可，一旦其对婚姻安排表示满意，就通过登记注册结婚，建立一个新的一夫一妻制家庭。家族的统治者是父权制的丈夫，他管理他的亲戚和奴隶，这种形式直到最近在世界很多地方仍然可以看到。然而也有一些有趣的细微差别。法律和文字材料表明，即使在早期时代，苏美尔妇女比起后来近东社会的女性来说，遭受的虐待要轻得多。在这一点上，闪米特人的传统和非闪米特人的传统可能存在着分歧。苏美尔人关于其神灵的故事表明，这个社会已经意识到女人的性是非常危险的，甚至带有令人敬畏的力量。苏美尔人是第一个对情欲进行描写的民族。

要把这一发现与相关制度表现联系起来是很不容易的，但是苏美尔的法律中对此确有体现：并没有将妇女仅仅作为流动资产看待，而是给予她们重要的权利；甚至是一个和自由人生了孩子的女奴，在法
律中也享有受保护权；离婚协议规定，妇女和男子一样有权利选择离 57
婚，并为离婚妇女提供平等待遇。虽然一个女人因通奸行为将被处以死刑，而男人同样的行为却不会被处死，但这种差异可以从继承权和财产问题的角度来理解。苏美尔时代结束以后不久，美索不达米亚的法律就开始强调处女身份的重要性和高尚妇女戴面纱的重要性，这两者表明要对她们施加更强和更多的约束。

苏美尔人也展示了伟大的技术创造力，其他民族可能都要感谢他们。苏美尔法律的影响可以追溯到后苏美尔时代很长时间。他们也奠定了数学的基础，创建了借助进位和符号计数的方法（例如，我们能够按其距小数点的位置，将 1 看作为 1、0.1、10 或者许多其他数值），并且掌握了一种将圆平均分为六份的方法。他们虽然没有利用十进制，但是却已知道。并且我们在《吉尔伽美什》中第一次看到将一周分为七天的记录。

苏美尔作为一个独立文明，在其历史结束的时候已经学会聚居。据说仅仅一个城市就有 3.6 万名男性。这就对建筑技术提出更高的要求，而巨大的纪念性建筑也出现了很大的需求。由于缺乏石材，南部美索不达米亚人最初使用芦苇秆混合泥土，后来则用泥加工成砖在太阳下晒干来建造房屋。到了苏美尔时代末期，他们的制砖技术极为先进，使得用柱子和平台建造巨型建筑成为可能。其最伟大的纪念物是乌尔城的层进式神塔，有一个 100 多英尺高的平台，基底 200 英尺长、150 英尺宽。在乌尔城发现了现存最早的陶工旋盘，这是人类利

用旋转运动的第一次尝试。在此基础上，形成了更大规模的陶器生产，使得这项生产活动成为男性的行业，而不像早期那样属于女性的行业。之后，大约在公元前 3000 年，轮子被用在运输上。苏美尔人的另外一项发明是镜子，专门的手工艺人们早在公元前第 3 千纪就开始用青铜铸造镜子。

这些创新引起了进一步的质疑：原材料从何而来？美索不达米亚南部并没有矿产。此外，即使在更早的时候，即新石器时期，这个地区也必须从其他地区获得最初打制农具需要的燧石和黑曜石。显然，前提是一个与外界广泛接触的网络的建立。最重要的不仅仅是与遥远的黎凡特和叙利亚建立联系，还要沿着波斯湾与伊朗和巴林保持联系。公元前 2000 年之前，美索不达米亚已从印度河流域获取货物，
58 不过可能是通过间接的方式。文字资料表明（这些资料揭示了公元前 2000 年之前这一地区同印度的交往），一个萌芽的新兴国际贸易体系已经创造出了不同国家间相互依赖的重要模式，给人留下深刻印象。公元前第 3 千纪中期时，来自近东的锡供应已经枯竭，美索不达米亚青铜武器不得不让位于纯铜武器。

所有这些从一开始就靠一种复杂而丰产的农业来维持。大麦、小米和芝麻这些谷物大量种植，大麦可能是主要农作物。这无疑说明了为什么在古代美索不达米亚出现酒类。洪水浸没过的土地容易耕种，不需要非常先进的农具就能精耕细种。在这里，技术为灌溉的实施和治理方法的增加作出了巨大的贡献。这些技能是慢慢地积累起来的，苏美尔文明于是留给我们长达 1 500 年的有待考证的历史。

到目前为止，这段长期的历史几乎已经讨论结束，好像在这段历史中什么也没发生，是一个不变的整体。事实并非如此。在古代世界，无论对缓慢变化持什么样的保留意见，虽然我们现在看起来似乎是毫无变化的，但是对美索不达米亚人而言，这整整 15 个世纪是变

迁巨大的时期，是真正意义上的历史。学者们已经再现了大部分的历史，虽然许多历史片段仍然存在争议，许多依然是模糊不清，甚至其年代也往往是粗略估计的，这里不再详述。这里所需要做的是，叙述美索不达米亚文明早期阶段与其继承者及同一时代别处发生的事件的联系。

苏美尔的历史能够划分出三大阶段。第一阶段，从公元前3360年一直到公元前2400年，为古典时期。这一时期的历史内容是城邦间的战争及其此消彼长。这方面的证据是：设有防御的城市和在战争中用于笨拙四轮战车上的轮子。这一阶段的时间跨度大致有900年。到这一阶段的中期，随着战争的胜利，一些地方性的王朝建立。起初，苏美尔人的社会似乎存在某种代议制，甚至出现了民主的基础；但是，随着政体规模的扩大，导致了不同于最初祭司统治者的国王的出现；开始他们可能是奉城市之命来指挥军队的军事首领，但在紧急状况结束后，他们并没有放弃自己的权力，相互争斗的各个王朝也由他们开始。而后，一个伟大的人物突然出现，开启了一个新的阶段。

这个伟大的人物就是萨尔贡一世（Sargon Ⅰ），闪米特城市阿卡德的国王，他于公元前2334年征服了美索不达米亚，并且开启了一个阿卡德人的繁荣时期。现存有一个雕刻头像可能是他的。如果真的 59
是他，那么这将是第一个君王雕像。他是第一个长期帝国的缔造者，有人认为，他曾派遣军队远征埃及和埃塞俄比亚，将苏美尔带向了广阔世界。阿卡德人沿用了苏美尔的楔形文字，但萨尔贡国王的统治并不是建立在某个城邦相对其他城邦更加强盛之上。他的政权达到了某种集权的程度。几千年来，他的人民一直处于外部大河文明的压力之下，他们得到了想要的文明，并用武力把自己纳入其中，这就留下了一种新的苏美尔艺术风格，即以王室凯旋为标志。

阿卡德帝国并不是苏美尔文明的结束，相反，却是苏美尔文明的第二个主要阶段。尽管它本身只是一段插曲，但是其重要性在于表现了一种新的组织水平。在萨尔贡时期，真正的国家已经出现。在古典苏美尔时期出现的世俗与神权之间的分离是根本性的。虽然超自然的力量仍然渗透到日常生活的各个层面，但是世俗和宗教权威已经分离。在苏美尔各城市里，宫殿出现在寺庙的旁边，就清晰地证明了这一点。但神的权威也隐藏在宫殿拥有者背后。

早期城市的贵族们是如何转变为国王的追随者至今仍不太清楚，或许职业军队的演变在这一过程中发挥着重要作用。训练有素的步兵，手中拿着矛、盾整齐地排列，以方阵的形式前进，这些记录在乌尔城出土的纪念碑上。阿卡德帝国达到了早期军国主义的顶点，萨尔贡自夸在他的宫殿里养着 5 400 名士兵。毫无疑问，此时已是靠武力建立权势阶段的尾声，征服提供了供养这样一支军队所需的资源。但其开端却可能再次起源于美索不达米亚特定的挑战和需要。随着人口的增长，统治者最主要的责任必然是为灌溉和防控洪水的大工程去调动劳力。拥有这种动员力的统治者，同样也能召集起大批士兵。而由于武器变得更加复杂和昂贵，所以军人职业化将更为合适。阿卡德人取得胜利的重要原因之一就是使用了一种新式武器——一种由剥了皮的木条和茸角做成的复合弓。

阿卡德人的霸权相对较短。200 年后，萨尔贡的曾孙在位期间统治被推翻，是被一些称作古蒂人（Gutian）的山民。这开启了苏美尔文明的最后阶段。学者们称其为“新苏美尔文明”（Neo-Sumerian）。又过了大约 200 年，到公元前 2000 年，统治权再一次转到了当地的苏美尔人手中。这一次统治中心在乌尔城。乌尔第三王朝（Third Dynasty of Ur）的第一个国王利用权势称自己为苏美尔和阿卡德的国
60 王，尽管这一次很难看懂它在实践中有什么意义。苏美尔艺术在这一阶段展现了一种新的趋势，那就是赞扬国王的权威；而古典时期描绘

普通民众的传统几乎消失殆尽。庙宇再次被建造得更大更好，国王似乎力图在金字形塔庙中展现自身的伟大。有行政资料表明，阿卡德人留下了非常丰厚的遗产。新的苏美尔文化展现了闪米特人的许多特征，这种沿袭或许是扩大国王统治范围的努力导致。那些向最后一位成功的乌尔国王纳贡的省份，从底格里斯河下游埃兰边界的苏萨（Susa）一直延伸到黎巴嫩边境的比布罗斯（Byblos）。

此时，这第一个创造文明的民族开始走向没落。当然他们并没有完全消失，他们的特性即将被融入到美索不达米亚和整个近东历史之中。他们留下了极富创造力的时代，并把我们的注意力吸引到一个相对较小的区域内；但历史的范围却即将扩大。在其边界地区充斥着敌人。大约在公元前2000年，埃兰人进入这一地区，乌尔王朝落入他们手中。是什么原因，我们不得而知。在一千年中，当地的民族和外迁而来的民族之间有着断断续续的战争，焦点是为了控制伊朗通往高地的商路，因为那里有美索不达米亚所需的矿产。无论如何，这是乌尔王朝的结局。随着它的消失，那个消失的苏美尔传统融入到一个由多种文明构成的世界漩涡之中，现在仅仅能够从别人创造的模式中看到它。在15个世纪中，如同其未开化的先辈为其奠定了所依赖的物质基础那样，苏美尔人奠定了美索不达米亚文明的基础。苏美尔文明留下了文字、纪念性建筑、正义的观念、法制的观念，以及数学和一种伟大宗教传统的起源。这是一段很重要的记录，是其他很多记录的种子。美索不达米亚有着悠久的历史传统，而苏美尔文明触及这个传统的各个方面。

正当苏美尔人创造他们的文明时，其影响也引起了别处的改变。肥沃新月地带出现了新的王国和民族，他们被所看到的南方世界的成就、乌尔王朝的成就以及自身的需要激励和教导。文明习俗的传播已经很快，很难以一种简明的方式对几个世纪的主要传播过程加以描述和归类。更糟糕的是，近东地区在很长时间里都是一个非常混乱的地区，各民族经常因一些我们不能理解的原因迁移。那些阿卡德人本身也是他们中的一部分，他们最初从阿拉伯半岛闪米特人的聚居地迁移
61 到美索不达米亚。那些参加推翻阿卡德王朝的古蒂人属于高加索人。所有这些民族当中最成功的是阿摩利人（Amorite），他们是闪米特人的一支，散居在遥远而广阔的区域内，一度联合埃兰人打败乌尔军队并摧毁乌尔的王权。阿摩利人曾在亚述、上美索不达米亚的大马士革和巴比伦，以及一系列延伸至巴勒斯坦海岸的王国中建立自己的统治，他们继续与埃兰人争夺美索不达米亚南部和古苏美尔地区。在安纳托利亚，阿摩利人的邻居是赫梯人，属于印欧民族的一支，在公元前第 3 千纪时穿越巴尔干地区来到此地。这个巨大混杂地区的边缘，存在着另一个古老文明埃及，还有遍布伊朗的蓬勃发展的各印欧民族。这是一幅混乱的场景，这一地区是各民族从四面八方涌入的一个大漩涡，发展模式难以辨别。

在美索不达米亚，一个新帝国的出现提供了一个适时的地标，留下了一个世人皆知的名字：巴比伦。另外一个与它紧密相连的名字就是巴比伦其中的一个国王：汉谟拉比。如果我们对他除了作为一个法律制定者的声望外一无所知，那么他将在历史中丧失一定的地位。他的法典是“罪罚相当”法律原则的最早阐述。他也是统一了整个美索不达米亚的第一人。虽然这个帝国存在的时间很短暂，但是从他那个时期起，巴比伦城成为南部闪米特民族的象征中心。巴比伦帝国的历史开始于乌尔城崩溃后的那个混乱时代，在那段时期它战胜了实力远在其之上的阿摩利人的部落。汉谟拉比可能在公元前 1792 年成为统治者，他的继任者一直把各民族集结在一起，直到公元前 1600 年后的某个时间赫梯人摧毁了巴比伦为止；而美索不达米亚在从四面八方涌入的竞争对手面前再次分裂。

巴比伦第一帝国最鼎盛时期统治了从苏美尔、波斯湾向北直到亚述、上美索不达米亚的大片地区。汉谟拉比统治了底格里斯河流域的尼尼微（Nineveh）和尼姆鲁兹（Nimrud），以及幼发拉底河上的马里，并且控制了幼发拉底河最接近阿勒颇（Aleppo）的那块地区；大约有700英里长、100英里宽。在那个时候，这是一个庞大的国家。由于乌尔帝国已经没落，因此，巴比伦在当时事实上是最庞大的国家。巴比伦帝国有一套完整的行政结构，作为法律的《汉谟拉比法典》名贯古今，实至名归，尽管在一定程度上要把它的声望归功于机遇。

如同更早期的判例和法规集成（它们仅有残篇存世）一样，汉谟拉比的法典被刻在石头上，并且竖立在寺庙的庭院中供大众查阅。但是比起早期的法律，《汉谟拉比法典》更为详实和有序，包含了282条法规，内容涉及很多领域：薪金、离婚、医疗费用以及其他许多方 62
面。这不是立法，而是将现存法律公之于众。不将这一点牢记，“法典”（code）一词的使用可能会使人误解。汉谟拉比并没有重新制定法律，只是整理了已经存在的法律规则。这部“习惯法”成为美索不达米亚历史延续的主要部分之一。

家庭、土地和商业似乎成为这部法律汇编的主要关注点。它描绘了一个已经远离宗族、地方社区和村庄头人共治的社会。到了汉谟拉比时期，司法程序已经从宗教中独立出来，没有僧侣的法庭成为定制。主持这些法庭的是当地城镇的显贵，进一步的上诉则经由他们送达巴比伦和国王那里。汉谟拉比石碑（这个石柱上刻着他的法典）清楚地表明，其目的是通过颁布法律来确保正义：

> 让那些有冤屈的人
> 来到我的石碑面前
> 仔细阅读我刻在石碑上的内容

在其他方面，例如法律中涉及女性的部分，苏美尔传统被巴比伦保存了下来。遗憾的是，与更古老的苏美尔传统相比，处罚措施在这部法典中似乎变得更加严苛。

这部法典涉及财产方面的条款还包括有关奴隶的规定。巴比伦，像所有其他古典文明和许多近代文明一样，建立在奴隶制基础之上。奴隶制出现的最大可能是源于征服。对于早期历史战争中的任何失败者以及他们的妻子和孩子，沦为奴隶是必然的。但是到了巴比伦第一帝国时期，固定的奴隶市场已经出现，并且奴隶有着稳定的价格，这暗示了存在一种相当定期的贸易。来自某一地区的奴隶，因其可靠的品质而被特别出价。尽管奴隶主对奴隶拥有绝对的控制权，但是一些巴比伦的奴隶们仍然享有明显的独立性，能够从事商业甚至是通过自己的努力拥有奴隶，而且他们在一定范围内有法定权利。

我们今天理所当然地认为将奴隶视为财产是不合理的，但我们却很难评价，在一个并不存在上述前提假设的世界里，奴隶制在实践中意味着什么。有证据表明，奴隶所做的事很可能是多样化的，因此任何概括都很难成立。如果说他们大部分人过着艰难的生活，那其实或许大多数自由人的生活也是如此。当然，当我们在从公元前第 3 千纪中期乌尔的“金色旗帜”到 1500 年后刻画亚述人征服活动的浮雕等众多纪念碑上看到，就在获胜的征服王者前面，一群群战俘沦为奴隶，心中涌起的只能是阵阵同情。古代世界文明建立在残酷的人剥削
63 人的制度之上，即使他们认为这并不十分残酷，这只是表明他们想象不出其他的治理方式。

巴比伦文明在适当的时候成为一个伟大传奇。现存的有关其城市生活的伟大景象之一，就是极其奢华和无与伦比的、被称为“空中花园”的奇观。这是巴比伦留下的一份遗产，它证明了这个文明的规模和富有。尽管这主要与其后期有关，然而，有丰富的遗产保留下来，

其中甚至包括巴比伦第一帝国时期的，这使人们能看到这个神话背后的现实。马里宏伟的宫殿是一个典型的例子：40 英尺厚的宫墙围绕着庭院，300 多间房子构成一个整体，其中有 30 英尺深的、沥青的、排列整齐的排水系统；它涵盖大约 150 码 × 200 码这么大的一片区域。可见，这是君主拥有权力的最好证明。同时在这个宫殿中发现大量的泥板，上面的文字揭示了这一时期政权的职权范围及其详细情况。

巴比伦第一帝国残存的泥板比它之前和后继的王朝要多得多。这些泥板提供的细节使我们对这一文明的了解比对 1 000 年前某些欧洲国家的了解还要深入。它们也提供了巴比伦精神生活的证据。《吉尔伽美什史诗》的现存版本正是这样流传下来的。巴比伦人给予楔形文字以音节形式，从而大大增加其灵活性和实用性。他们的占星术推动了对大自然观察的发展，也留下了另外一个谜团，即迦勒底人智慧之谜——那些迦勒底人有时被误认为是巴比伦人。巴比伦人希望通过观测星象来了解自己的命运，因此创建了一门学科——天文学，并开始进行一系列重要的观察。这些是巴比伦人文化主要遗产的另一部分。从乌尔时代开始，巴比伦文化经历了几个世纪的积累，到公元前 1000 年的时候预测月食成为可能；又过了两三个世纪之后，根据确定不变的星座位置，能够非常精确地绘制出太阳和其他行星运行的轨迹。这种科学传统反映在巴比伦人的数学之上，他们将苏美尔人的六十进位制传递给我们，让我们知道一圈有 360 度，一个小时有 60 分钟。巴比伦人还制定了数学用表和在实践中有很大作用的解析几何；而且，已知最早的测量时间流逝的仪器日晷似乎也是他们发明的。

天文学产生于寺庙之中，主要预测天体的移动并宣布收获和播种的重要节日的到来。巴比伦的宗教信仰与苏美尔的传统紧密联系在一起。像其他古代城市一样，巴比伦有一个自己的神，称为马尔杜克 64

(Marduk)，他渐渐超越了美索不达米亚众神竞争者而居于首位。这一过程经历了很长时间。汉谟拉比曾意味深长地说，苏美尔的神阿努和恩利尔把美索不达米亚万神殿首领的位子授予了马尔杜克，因为众神命令他统治好所有世人。其后，时代的变迁（有时伴随着入侵者掠夺其雕塑的行为）遮掩了马尔杜克的地位，但是在公元前 12 世纪以后它的地位已不可撼动。同时，苏美尔传统保持十足的活力进入公元前 1 千纪，苏美尔语以他们喜爱的众神的名义，广泛使用在巴比伦的礼拜仪式之中。对宇宙起源的解释方面，就像苏美尔人一样，巴比伦人在水的淤泥中创造世界（有一个神的名字意思就是“淤泥”），最终人类作为众神的奴隶被制造出来。另外一种解释是，众神造人就像造砖一样，是从泥土的模具中制造出来。这是一幅完全适用于专制君主国家的世界图景，国王在这样的国家里像神一样对人民行使权力，而人民辛苦地建造宫殿，供养官员和大人物们组成的特权阶级。这些画面在天界也得到了体现。

汉谟拉比的成就在其死后留存的时间并不久。在美索不达米亚北部发生的事件表明，甚至在他建立帝国之前就出现了新的国家。在乌尔拥有霸权的末期，汉谟拉比推翻了一个在亚述建立的阿摩利人王国。这是暂时的胜利。紧接着大约 1 000 年的时间里，亚述成为战场和一个兵家必争之地；虽然原先它是从巴比伦分离出去的，但它最终超越了巴比伦。美索不达米亚历史的重心最终从古代苏美尔向北方转移。在公元前第 3 千纪最后四分之一时间里，赫梯人在安纳托利亚建立了自己的国家，并在接下来的几个世纪里缓慢地向前发展。在这段时间里，他们接受了楔形文字，应用于自己的印欧语系之中。到公元前 1700 年，他们统治了叙利亚和黑海之间的土地。然后，一个国王向南发展，去对付一个已经衰落并且退缩至阿卡德旧地的巴比伦。这个国王的继任者继续执行这个计划直到完成：巴比伦被侵占、洗劫，汉谟拉比王朝及其成就最终走到了尽头。但另一方面，赫梯人撤退了，在神秘的 4 个世纪里有别的民族在统治和争夺美索不达米亚，对此我们知道得很少，除了知道在此期间比较重要的是亚述和巴比伦最终分裂，此事在下一个千年中产生了重大影响。

公元前 1162 年，马尔杜克的雕像再一次被埃兰征服者从巴比伦掳走。从那个时候起，一个非常混乱的时代开启，并且世界历史的焦
点已经离开了美索不达米亚。亚述帝国的故事仍然在继续，但它的背 65
景是公元前 13 和前 12 世纪的移民新浪潮。这次移民浪潮对苏美尔后人的影响相对较小，而更直接、更深刻地牵扯到其他文明。不过，那些继任者、征服者和代替者，依然都是以苏美尔为基础建立起来的。在公元前 1000 年，近东卷入了世界政治（这个术语在那个时候还不是很准确）的漩涡，这个地区在技术、思想、法律、宗教等方面仍然带有最早文明创造者的痕迹。它们的文明经过奇特的蜕变，以新的形式又传给了其他文明。

第 3 章 古代埃及

66 美索不达米亚不是唯一孕育出文明的大河流域，但在早期创造的文明中，美索不达米亚的文明具有持久的影响力，只有埃及能够与之相媲美。在尼罗河文明消逝数千年之后，该河谷最早文明的物质遗迹仍然吸引着世人的注意，并激发人们的想象。甚至是希腊人也被那片土地神秘、智慧的传说所迷惑，神的形象在那里面是半人半兽的。人们也仍旧在花费精力去体会金字塔建造所包含的超自然意义。古代埃及一直是我们从古老历史中所获得的最大的可见历史遗产。

我们之所以对埃及的历史知道得要比美索不达米亚多，原因之一在于埃及文明留下了丰富的遗产。另一个原因在于，这两种文明之间存在着很大的差别：苏美尔文明先出现，埃及文明可以从它的经验和先例中受益。这里的确切含意，长期存在争论。美索不达米亚的贡献体现在早期埃及艺术作品的主题中，体现在最初的埃及文献中出现的圆柱形印章上，体现在采用相似技术用砖建造大型建筑上，也体现在早期苏美尔文字对埃及图形化文字、象形文字的影响上。在埃及早期和美索不达米亚之间有着无可争议的重要联系，但是尼罗河流域的人们和苏美尔人最早的接触如何、是在什么时候发生的，似乎人们从来就不知道。考古发现，他们接触的最早证据来自公元前第 4 千纪。埃及第一次感受到苏美尔文明的影响，可能是借助来到尼罗河三角洲生活的人们的传播。这发生在尼罗河的北端；而这条河本身既是埃及史前史的核心，又是其历史的核心，正是它把埃及人的历史完全与其他所有文明中心的历史区分开来。

尼罗河及其两侧的沙漠和绿洲划定了埃及的范围。在史前时期，
那里是一片很大的沼泽地，有 600 英里长，并且除了在三角洲以外，
宽度从来没有超过几英里。一开始，河水的定期泛滥成为经济运行的
基础，在岸上演奏出基本的生活韵律。渐渐地，农业在年复一年积淀 67
越来越高的河床上扎下根。但是早期社会一定是不稳定的，人们生活
在近水的环境之中，大部分人被赶到三角洲的河床地带去生活。早期
遗留下来的只是一些人们制造并且使用的物品。这些人生活在洪水泛
滥地区的边缘，或者生活在临时的岩石洞穴里面，或者在河谷边上。
在公元前 4000 年以前，他们开始遭受一次重大气候变迁的影响。沙
子从沙漠地区吹来，土地变得干燥。在基本农业技术的防护下，这些
人向下游迁移，在洪水冲积平原的沃土上耕作。

因此，从一开始，尼河罗就是埃及生命的哺育者。它是一个仁慈的神，它的恩惠令人感激不尽，而不是被视为凶猛洪水发生的险恶并且危险的源头。它提供了一种环境，农业（尽管其建立要比黎凡特和安纳托利亚晚）在这种环境之下给予了迅速而丰富的回报，或许使人口“爆炸”成为可能，而这种爆炸释放了人力和自然资源。公元前 4000 年埃及人和苏美尔人接触的迹象虽然表明苏美尔的经验或许是作为埃及文明的养料来使用的，但是不能说它是决定性的。在尼罗河流域一直存在着一股产生文明的潜力，并且它可能不需要外部的刺激便可以释放。至少有一点是显而易见的，当埃及文明最终出现的时候，它就是独一无二的，完全不同于我们在其他地方发现的文明。

考古学和后来的传统勾勒出这个文明最深刻的根基。它们揭露了新石器时代在上埃及（就是埃及南部地区，也即尼罗河上游）定居的人民。大约在公元前 5000 年，这些人就打猎、捕鱼、采集作物，并且最终在河谷中开始有目的的耕种。他们居住的村庄围绕着中心的集贸市场，似乎分属不同的部落，这些部落把动物作为标志或者图腾刻

在陶器上。这样逐渐形成了日后埃及政治结构的基础，这种组织结构以部落首领的出现为开端，部落首领统治着居住区内的拥护者。

在早期阶段，这些部族已经取得了一些重要的技术成就。虽然埃及人不像古代近东其他地区的人们那样是拥有高超耕作技术的农民，但他们知道如何制造纸莎草船，如何加工硬质材料如玄武岩，如何用铜打制小的生活用品。换言之，在有文字记载的曙光来临之前，这些出自专业工匠之手的物品做工精良，通过他们的珠宝来判断，明确显
68 示出阶级、地位的差别。而后，大约在公元前第 4 千纪中期前后，外界的影响首先在三角洲北部地区加强，与其他地区尤其是与美索不达米亚的贸易和联系明显增多，美索不达米亚的影响开始体现在这一时期的艺术方面。与此同时，打猎和偶然的农耕让位于精耕细作。在艺术方面，出现了浅浮雕，它在后来的埃及传统中占据着重要地位；青铜物品也更多了。几乎没有任何前兆，一切事物似乎是突然间一下子出现的，未来国家的基本政治结构也是这个时代的产物。

在公元前第 4 千纪的某些时间里，形成了两个王国，一个在北方，一个在南方；或者说一个在下埃及，一个在上埃及。引人关注的是，与苏美尔相比，这里没有城市国家。埃及似乎从史前文明时代直接过渡到大区域的政府时代。埃及的早期“城镇”是农贸市场，农村公社和部族合并形成后来行省的雏形。埃及早于美索不达米亚 700 年成为一个政治实体，但甚至后来，它也仅有有限的城市生活体验。

直到公元前 3200 年，关于上下埃及国王们的历史我们知之甚少，但是可以猜想，他们是几个世纪的政权统一战争的最后胜利者。大约与此同时开始出现文字记录，在权力巩固方面起到很重要的作用。由于在埃及历史开始的时候书写就已经产生，所以与苏美尔文明相比，埃及文明有一些更像是连续性的历史记录从而得以构成一个整体。在埃及，文字从出现时候起便不仅仅是行政管理和经济活动的便利工

具，而是为了在建筑和遗迹上记录发生的事件以求流传下来。

记录告诉我们，大约在公元前3200年，上埃及一个伟大的国王美尼斯（Menes）征服了北方。因此，埃及成为一个沿河绵延600英里的庞大的统一国家，向上延伸至阿布辛拜勒（Abu Simbel）。此后，它甚至更进一步扩张，顺其心脏地带——尼罗河延伸得更远。它也将不断地面临着分裂的考验，但实际上，这是一种文明的开端，一直延续到古希腊罗马时代。在将近3 000年的时间里——相当于基督教历史的一倍半——埃及是一个历史的实体，因为大部分时间里埃及都是创造奇迹的源头和人们钦佩的焦点。在如此长的一段时间里发生了很多事情，我们并不能详细知道，然而，更引人注目的是埃及文明的稳定性和保守力量，而非其历史变迁。

大致说来，这一文明最辉煌的时期大约结束于公元前1000年左
右。在此之前，埃及历史可以很容易地被分为五个阶段。其中的三个 69
阶段分别称为：古王国、中王国和新王国；它们之间被两个称为第一和第二中间期的阶段分开。大体上，三个“王国时期”是兴盛时期或是至少有统一的政府；而那两个中间期在内部和外部因素的作用下，是软弱的并且是分裂的间歇。整个进程可以看作是一个夹层蛋糕，在口味不同的三层蛋糕中间夹着两层某种不定型的奶油。

这绝不是理解埃及历史的唯一方法，也不是所有方法中最好的。许多学者喜欢依据31个王朝列出古埃及的年代表，这在获得客观尺度方面有着极大优势，它避免了那种看似完美恰当但在一些地方存在分歧的状况。例如，第一王朝应该归入“古王国”时期还是作为一个独立的“早期”时代单独陈列？又比如分期线应画在中间期开始还是结束的时候？尽管如此，如果我们再区分出一个早期序幕的话，那五部分的分期方式也足以满足我们的要求。近期归纳出的一个年代分期表如下：

王朝年代表

第 1—2 王朝	早王朝时期约公元前 3000—前 2686 年
第 3—8 王朝	古王国时期公元前 2682—前 2160 年
第 9—11 王朝	第一中间期公元前 2160—前 2055 年
第 12—14 王朝	中王国时期公元前 2055—前 1650 年
第 15—17 王朝	第二中间期公元前 1650—前 1550 年
第 18—20 王朝	新王国时期公元前 1550—前 1069 年

顺着这个年代分期表，我们最后来到这样一个时期，和美索不达米亚一样，此时埃及的历史由于受到一系列源自外部边界的侵扰而出现某种程度的断裂。这种状态很适合用被过度使用的词“危机”来形容。虽然，直到几个世纪之后，古埃及历史才真正结束，一些现代埃及人仍然坚持着一种从法老时代开始就一直存在于埃及人之间的身份认同感，然而，公元 1 千纪开始的某个时候应是将古代与现代历史断开的合适地方。这纯粹是因为，到此时为止，埃及人为后人创造的伟大成就已告终结。

埃及最主要的成就以君主制国家为核心，并且是这一体制的产物。国家形式本身就是埃及文明的表现。它最早集中在孟斐斯（Memphis），那儿曾是古王国的首都，其建筑开始兴建于美尼斯统治
70 时期。之后，在新王国统治下，虽然有一段时间首都在哪里是不确定的，但通常是在底比斯（Thebes）。孟斐斯和底比斯是伟大的宗教中心，也是宏伟建筑的集中地，但它们并没有真正发展成为城市。在早期，城市的缺乏也有很大的政治意义。埃及国王并没有像苏美尔国王那样，起初获得授权管辖某个城邦社区，后来渐渐崛起为社区中的“大人物”。他们也并不像其他普通人一样，要服从于统治着所有人的大小诸神。国王是臣民们和神秘力量的中介。在埃及，宫殿和寺庙之

间的张力消失了。当埃及王权出现的时候，它就是至高无上的。法老要成为神，而不是为神服务的奴隶。

只有到新王国时期，“法老”这个名称才用来特指国王。在此之前，它只用来指代国王的宫殿和朝廷。然而，在早期阶段，埃及的君主已经拥有了在古代世界看来非常显赫的权力。这种权力，在早期的纪念碑上通过夸大君主身材伟岸程度的方式得到了体现。这种权力基本上是他们从史前国王身上继承而来的；史前国王们具有特殊的神圣权力，因为他们能够确保农业丰收带来繁荣。这种权力至今还被非洲一些唤雨国王所拥有；在古代埃及则集中在尼罗河。法老被认为控制着每年的潮涨潮落；对于在河岸地区的人们而言，生活也正是这样的。我们所知道的最早有关埃及王权的宗教仪式就是关于丰产、灌溉和土地开垦的。美尼斯最早的雕像展现了他正在开挖一条运河。

在古王国时期，出现了国王是土地绝对主人的观念。之后，国王作为神的后人、土地原有的主人而被崇拜。国王变成了一个神——奥西里斯（Osiris）的儿子荷鲁斯（Horus）获得强大而可怕的特性。这些特性是属于神圣秩序制造者的。他的敌人的身体要么被描绘成像猎得的鸟一样一排排挂着，要么是跪着祈求以免（像不够幸运的敌人那样）脑袋在仪式中被砍去。公正是“法老所喜爱的”，邪恶是“法老所憎恶的”；法老像神一样无所不知，并且不需要法律的指引。此后，在新王国统治之下，法老们被描绘成同时期其他文明中伟大战士般的英雄形象；他们被描绘为战争中驾驭战车的勇士，践踏了他们的敌人，满怀信心地屠宰猛兽。或许在这方面能够推断出一种世俗化变化的程度，但这并没有改变埃及王权神圣不可侵犯的宗教地位。在大约公元前1500年，法老的一位主要文官这样写道：“他是一个神，每个人靠他而生活，他是所有人的父母，他是独一无二的。”直到中王 71

国时期，只有国王有值得期盼的来世。埃及比其他青铜时代的国家更强调国王是神的化身，甚至是当新王国和铁器时代到来，生活的现实让这一观念逐渐破灭之时。最后，因外族入侵，灾难降临埃及，人们无法继续相信法老是全世界的神。

但是早在新王国之前，埃及的国家已经形成了另外一个公共机构的形式和框架——一套详细而严格的官僚等级制度。这一制度的最高等级是维齐尔（viziers），即行省总督和主要来自贵族阶层的高级官员。这些重要人物中，有些人的葬礼规模可以比得上法老。而没那么显赫的家庭则提供了数千名政府所需的书吏，接受主管大臣的领导，为这套精细官僚制度服务。这种官僚制度的精神特质能够从文学作品中得以了解，在这些作品中列出了一个合格书吏所要具备的品德：好学、自我约束、谨慎，对上级的尊重，对权力、法律、土地财产和司法组织的神圣崇拜。书吏们都在底比斯的一个学校里接受培训，那里教授的不仅仅是传统历史、文学，还有不同的文书格式，而且似乎将测量、建筑、会计学也包含在内。

这个官僚集团所统治的是一个以农民为主的国家。农民们不能过着完全舒适的生活，因为，他们不仅要养活在这个君主政体下处理大量公共事务的人员，还要创造盈余以支撑贵族阶层、官僚和一个巨大的宗教机构。幸而，埃及的土地是肥沃的，并且靠着前王朝时期所发明的灌溉技术，土地越来越能从人所愿（这些可能是最早表现古埃及及其政府调动集体力量卓越能力的证明之一，这种能力将成为埃及政府的标志之一）。蔬菜、大麦、小麦是这个地区沿着灌溉渠道分布开来的主要作物；对埃及的饮食加以补充的还有家禽、鱼类和野生动物（所有这些在埃及艺术中得到充分展现）。牛被用在耕地上最早开始于古王国时期。由于古埃及农业变化微小，直到现代这种农业形式仍是埃及生活的基础。这足以使埃及成为罗马的粮仓。

72

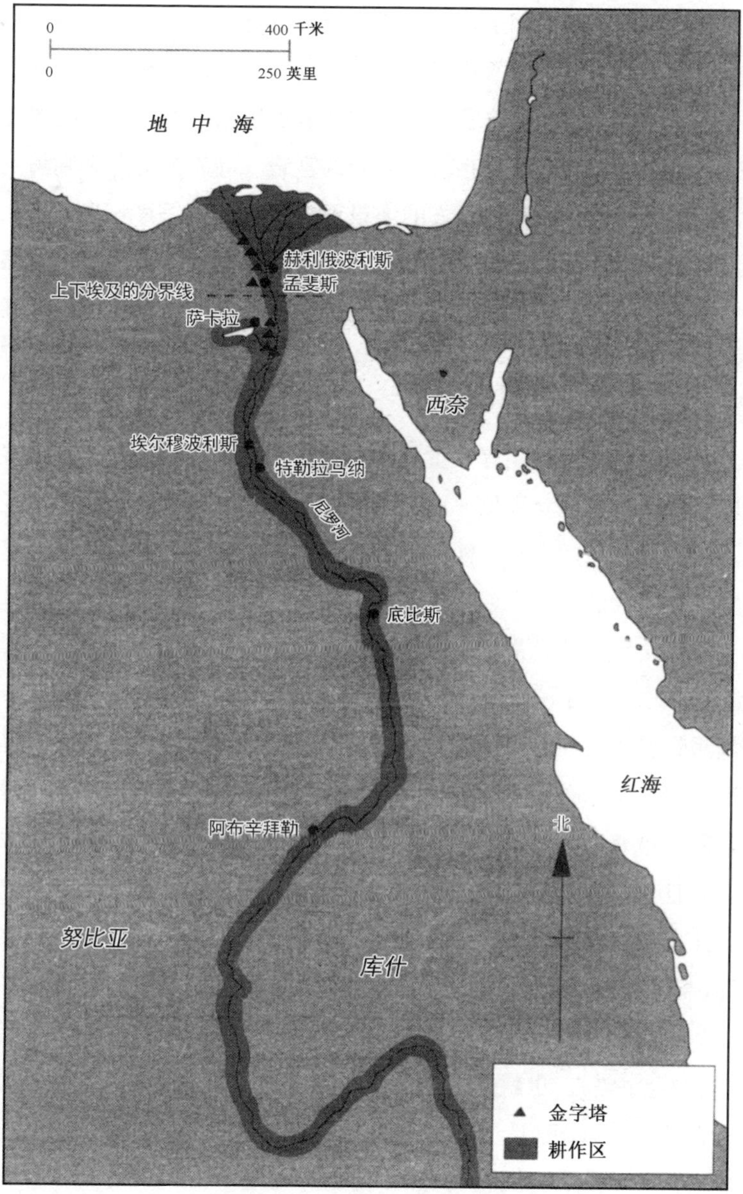
0
400 千米
0
250 英里
地 中 海
赫利俄波利斯
孟斐斯
上下埃及的分界线
萨卡拉
西奈
埃尔穆波利斯
特勒拉马纳
尼罗河
底比斯
红海
阿布辛拜勒
北
努比亚
库什
金字塔
耕作区

古代埃及

在农业剩余的基础上，产生了埃及人自身特殊的、引人注目的铺张性消费，即一系列用石头建造的伟大公共工程。这在古代世界是无与伦比的。在王朝时代以前，古代埃及的房屋和农场建筑使用泥砖来
73 建造，并不打算要亘古流存。法老们的宫殿、寺庙和纪念碑则另当别论，是由尼罗河流域某些地方的大量石头建造而成。尽管先用铜、再用青铜装饰，并常常经过精雕细琢，但是利用这种材料的技术算不上很复杂。埃及人发明了石柱，但他们取得的伟大建筑成就并不像在社会和管理上的成就那么多。其伟大之处是，依靠前所未有并且几乎是无法超越的对人类劳动的集合来完成建造工作。在文官的指挥下，成千上万的奴隶，有时还有大量的士兵，被调动起来把那些大量的庞大建造材料切割、推动到位。以当时的水平，没有绞车、滑轮、滑轮组或者滑车可以使用，唯一能借助的工具就是杠杆和长橇，以及在地上建立一个巨大的斜坡。就这样，他们制造了一系列惊人的建筑。

这些宏伟的建筑最早出现于第三王朝。其中最著名的是位于孟斐斯附近萨卡拉（Saqqara）的金字塔群。其中的“阶梯式金字塔”，是伊姆霍特普（Imhotep）的杰作，他作为国王的大臣，是第一个留名史册的建筑师。他的作品给人深刻印象，以至于他后来被神化成药神，同时被尊称为天文学家、牧师和圣人。石制建筑的发明要归功于他，并且人们很容易相信，能史无前例地建造出高达 200 英尺的金字塔，无疑证明他拥有神一般的力量。金字塔建筑的出现，在当时的埃及无出其右者，因为当时的大众仍旧住在泥土建筑中。一个世纪之后，每块重达 15 吨的石头被用于建造齐奥普斯（Cheops）金字塔（即胡夫金字塔）。也就在这个时候（在第四王朝期间），最大的金字塔在吉萨（Giza）建造完成。齐奥普斯金字塔的建造历时 20 年，传说雇佣了 10 万人来建造。虽然目前看来是夸大其辞，但一定雇佣了几千人，因为大量的石头（500 万—600 万吨）是从 500 英里之外的

地方运来。这座巨大的建筑朝向正东，它的每一条边长是 750 英尺，相差至多 8 英寸，差别比例大约只有0.09%。这些金字塔之后被认为是世界七大奇迹之一，并成为这些奇迹中唯一留存下来的。它们是法老国家权力和自信的最好证据。当然，它们并不是埃及唯一的巨型建筑物，它们中的每一个仅仅是一个伟大建筑群的主要部分，而这些建筑群共同组成了国王死后的居所。在另外一个遗址帝王谷中，有很多大型寺庙、宫殿和国王们的陵墓。

这些庞大的公共工程从实体和象征定义上都是埃及人留给子孙后代的最大财富。这些建筑使得一种观念变得不那么令人惊讶，那就是 74
后来埃及人被普遍认为是伟大的科学家。人们无法相信，这些巨大纪念物的建造没有依靠精确的数学计算和科学技术。然而，事实上这一推论不是正确的，而是错误的。虽然埃及人的测量技术非常娴熟，但直到今天，较高的数学运算技巧才成为工程学必不可少的一部分。可以肯定的是，这种运算技巧对于建造金字塔并不是必需的，必需的是杰出的测量和某些计算体积和重量公式的处理能力。不论后世的崇拜者们如何大加猜想，埃及人的数学程度也仅止于此。现代数学家认为埃及的理论成果没什么大不了，埃及人在这方面肯定比不上巴比伦人。埃及人以十进位计数乍看起来很现代，但他们对后来数学计算的唯一贡献可能是发明了分数单位。

毫无疑问，平庸的数学运算是埃及人在天文方面没有取得成绩的部分原因。矛盾的是，在这个领域里，后人也把许多成就都归功于埃及人。埃及人的观测是准确的，足以对尼罗河的上涨作出预报并布置仪式中建筑物的排列，这是真的，但是他们的天文学理论毫无价值，远远落在了巴比伦人的后面。记录下埃及人天文学的碑文或许可以得到占星家们几个世纪的敬畏，但是，它们的科学价值很低，并且它们的预测效力是相对短暂的。真正基于埃及天文学发展起来的一项实质成就是历法。埃及人是第一个创建一年是 $365\frac{1}{4}$ 天太阳历的民族，他们将一年分为 12 个月，每个月 3 周，一周 10 天，在年末另加 5 天。值得注意的是，这种日历在 1793 年差点复活，当时法国的革命派试图用一个更合理的历法取代基督教纪年。

埃及的这个历法在很大程度上归功于对星体的观测，也反映了其间接的起源，即埃及人生活的关键动力——尼罗河的泛滥。它给埃及农民设定一年 3 个季节，每个季节大约 4 个月左右，一个季节耕种，一个季节洪水泛滥，一个季节收获。但是，尼罗河无止境的循环还在更深的程度上影响了埃及的发展。

古埃及宗教生活的结构和完整性极大地影响了其他民族。希罗多德认为，希腊人从埃及引入了诸神的名字。他是错的，但有趣的是他这么想。后来，对埃及神明的崇拜被罗马帝国视为一种威胁而被禁
75 止，但罗马人最终还是包容了它们，这就是其吸引力之所在。在 18 世纪，带有埃及韵味的巫师和江湖骗子依然能够被有教养的欧洲人所接受。对古代埃及神话迷恋的一种有趣和无知的表现，在近期的圣地兄弟会（Shriners）的仪式上仍然能够看到，这是一种由受人尊敬的美国商人组成的兄弟会组织，这些人盛大节庆时分在小镇的街道上游行，不合时宜地戴着土耳其帽，穿着宽松的裤子。事实上，正如埃及文明的其他方面一样，埃及宗教具有持续的活力，比持久庇护它的政治形式存活的时间更长久。

然而，埃及宗教也留下了一些特别难理解的问题。使用“活力”这个词来形容它会导致误解。古埃及的宗教与其说是一种独立的结构，就像后世人们理解的教会，不如说它是一种无处不在的、犹如我们习以为常作为人体循环系统一样的东西。当然，埃及也有神职人员，他们与特定的宗教和宫殿联系起来；在古王国统治时期，一些祭司人员就已经有了极高的地位，足以确保死后安葬在高贵的墓地。但

他们的寺庙除了是宗教核心，也是经济控制中心和存储中心，许多当时及以后的祭司们都兼有宗教、书吏、管理人员及皇家官僚的职责。他们实在不像后世人们所认为的神职人员。

最好不要将埃及宗教视为一种不断增长、充满活力的社会力量，而应将其视为一种方式：通过管理一个恒定不变的宇宙中的各个部分，来应对现实。然而即使这么说，也是有条件的。我们不得不记住，那些我们在评价（甚至谈论）其他时代时理所当然使用的概念和特征，对于我们试图去洞察其思想的那时的人来说并不存在。例如，宗教和巫术的分界线对古埃及人来说几乎并不重要，尽管他可能很清楚这两者各有其适用的功效。据说巫术就像某种痼疾一样经常出现在埃及人的宗教之中，虽然这么说可能有些言过其实，但却体现了某种密切的联系。另一种区分则是我们大多数人会不由自主作出，但古代埃及人却不会的，这就是名称和事物的区别。对古埃及人而言，名称就是事物。因此其他符号可能也是这样。埃及人生存在象征的生活里，就像鱼生活在水里，这都是理所当然的事，因此我们必须冲破一种极端非象征主义文化的假设去理解他们。

因此，埃及人的全部世界观都关涉在理解宗教对古代埃及的作用与意义上。一开始那里就有很多埃及宗教重要性的绝对证据。几乎在埃及文明的整个时期，古埃及人都显示出一种异乎寻常的一致性，即
通过宗教寻找一种透过变动不居的日常经历洞察一个永恒世界的方 76
式。那个永恒世界可以通过生活在那里的人们——死者的生活得到最好的诠释。或许在那里还可以发现尼罗河周而复始的动力，每年它都将旧的一扫而空再做新的，但循环本身却一再复现，永不变更，体现了一种宇宙的节奏。威胁人类的最大变化就是死亡，这最好地表达了埃及人共同经历的衰退和变迁。埃及宗教从一开始似乎就对死亡着迷。其最熟悉的表现是在博物馆中保存的在墓室中发现的木乃伊和陪

葬品。在中王国统治时期，所有人都相信，并不仅仅是国王，其他人也可以期待在另一个世界生活。因此，通过宗教仪式和象征，通过为在冥界判官前将接受的审判做准备，一个人满怀信心地安排来世生活，他原则上相信能够实现永恒的幸福。因此，埃及人对来生的态度并不像美索不达米亚人那么悲观失望，人们可以乐在其中。

如此多的人历经众多世纪努力确保这一结果，这赋予埃及宗教一种英雄特质。这也解释了埃及人极度精心修建陵墓、把死者安放在永久栖息地的行为表现出来的最终目的。其最杰出的表现就是建造金字塔和制作木乃伊。在中王国统治时期，要花 70 天的时间去完成葬礼仪式和国王木乃伊的制作。

埃及人相信，一个人死后将在奥西里斯面前接受审判。如果裁判结论是好的，他将在奥西里斯的王国里生活；如果裁判结论是不好的，他将被遗弃给一个半鳄鱼半河马形态的邪恶毁灭者。不过，这并不意味着人类在一生中需要做的仅仅是取悦奥西里斯，因为埃及人信仰的神很多，大约有 2000 位，许多都是起源于史前时代的动物神明，并有许多重要的崇拜仪式。鹰神荷鲁斯也是王的守护神，它可能是随着公元前第 4 千纪神秘敌人的入侵而来到埃及的。这些动物经历了一个缓慢却不完整的人格化过程：艺术家们将动物头颅安在人的身体上，其后这种像图腾的生命又会以一种新的形式重新组合，这取决于法老们试图通过合并对多神的崇拜来实现政治目的。以这种方式，荷鲁斯崇拜与对太阳神阿蒙（Amon-Re，法老即其化身）的崇拜合并，这就是金字塔建造时期的官方崇拜。而这并不是历史的终结。后来荷鲁斯又经历了一次转变，作为国家祭祀的核心人物奥西里斯和其配偶
77 伊西斯的一个后代出现。伊西斯是生育和爱之神，很可能是所有神中最古老的，它的起源就像其他埃及神明一样，要追溯到史前时代。它源自一个普遍存在的母性之神，整个新石器时代，近东地区都存在这

位神的痕迹。伊西斯存在了很长时间，并被刻画成怀里抱着婴儿荷鲁斯的形象，这种形象一直保留到基督教圣母玛利亚的形象之中。

埃及宗教是极为复杂的。不同地方有着不同的崇拜对象，并且教义和理论时而发生变化。这当中最著名的是公元前 14 世纪一位法老企图建立阿吞（太阳神的另一个代表）崇拜，这已经出现了最早的一神教痕迹。然而，在崇拜合并后还存在着一种不断发生的对抗情绪，这常常是王朝或政治利益的表达。如果我们可以作出解释，埃及宗教历史的主体一定是一部关于主要崇拜衰落和变迁的历史——事实上更多的是政治因素而不是宗教。

不仅仅是法老对宗教问题很感兴趣，维护这些信仰的机构掌握在世袭的祭司阶层手中，只有他们才有权接触仪式所涉的圣所内部，而这是一般宗教崇拜者根本看不到的。除了祭司外，其他人很少能见到在寺庙神龛上的宗教雕像。随着时间的推移，祭司们获得了重要的既得利益，这驱使他们大力维护本宗教崇拜仪式的普及程度和兴旺发达。

在古埃及的艺术中，神是一个重要主题，但还包含着其他更多的内容。它以一种基本的自然主义表现为基础，尽管受到传统语言和行为的约束，但这种自然主义首先给予 2 000 年的古典埃及艺术朴素之美。随后在一段更衰微的时期，古埃及艺术展现了讨喜的魅力和亲和力，它允许对日常的生活加以现实主义的描绘：展现了农耕、捕鱼和打猎等农村生活主题，表现了手艺人忙于制造产品和文吏工作时的画面。然而，最终在古埃及艺术中最突出的特点既不是内容也不是技术，而是经久不衰的风格。大约在 2 000 年的时间里，艺术家们都满足于在古典传统的范围内创作。古埃及艺术的起源在某些方面可能要感谢苏美尔，它也展示了对外部影响的接纳，然而其本民族传统的强大与坚固却从来没有动摇过。对于古代到访埃及的访客来说，其看到的印象最深刻的特征之一可能是：他见到的一切是如此风格一致。如果排除了我们知之甚少的旧石器时代晚期的作品，那古埃及艺术在整个艺术史上是最长久并且是最稳固的传统。

78 古埃及艺术的可移植性并没有被证实过。圆柱在埃及起源于泥浆和熟石灰包裹的芦苇束，能让人想起这种关联的遗迹是柱上刻下的凹槽。或许希腊人从古埃及引入了圆柱。但除此之外，很明显的是，尽管埃及的纪念物连续不断地吸引着其他地区的艺术家和建筑师，甚至他们根据自己的目的对其进行成功的借鉴，但创造的作品常常是肤浅的、有异国情调的。古埃及艺术风格从古到今虽然不断地以装饰形式突然出现——圆柱、家具上的狮身人面像和蛇的形象、这里的方尖碑、那里的剧场等等，但从未在任何地方扎根。埃及艺术只对未来艺术作出了一项具有重大整体意义的贡献，即为那些巨大的雕刻和陵墓中的彩绘形象制定了传统的人体比例标准。这一标准通过希腊人传到了西方艺术中。直到达·芬奇时代，很多欧洲艺术家们对此仍然很着迷，尽管此时这些贡献只是理论而非艺术风格上的了。

另外一个与埃及相关的艺术成就并不限于埃及，但在此体现得尤为重要，这就是用于书写的文字。埃及人似乎特意接受了苏美尔人表音而不表意的发明，但是拒绝了楔形文字。取而代之的是，埃及人发明了象形文字。他们特意选择栩栩如生的小图画或者类图画来，取代美索不达米亚形成的、以不同方式排列相同基本模型的图案系统。比起楔形文字，象形文字更具装饰性，但也更难掌握。第一个象形文字出现在公元前3000年前，而最后一个我们所知道的象形文字写于公元394年。将近4000年的时间对于一种书写方式来说是一段相当漫长的岁月，但是在它消失后的14个半世纪里，缺乏相应知识的人仍然不能够读懂它，直到一位法国学者解读了“罗塞塔石碑”铭文为止。罗塞塔石碑是随同法国军队远征的科学家们在埃及发现并带回法国的。没有一个描写埃及的古代作家曾经读懂过象形文字，尽管他们对此表现出极大的兴趣。然而，现在看来，象形文字在世界历史上的地位和其在埃及历史上的地位一样重要，因为它是公元前 2000 年产生的闪米特字母的原型，从而成为我们这个时代传遍世界各地的现代拉丁字母的始祖。

在古代埃及，阅读象形文字的能力是通向祭司阶层地位的关键，因此也就成为这个阶层中严守的秘密。从前王朝时期开始，草纸的发明便被用于记载历史，早在第一王朝时期就为大量的历史记载提供了方便。草纸的制作是将芦苇皮横竖层层叠放，捣成一张质地均匀的
纸。对世界而言，草纸的发明比象形文字具有更大价值。草纸比兽皮 79
（制造羊皮纸的材料）更便宜，比泥板或者石板更方便（尽管更容易腐坏）。在近东地区直到基督教时期，它仍是通信和记录的最普遍基础，此时，尽管纸（甚至纸的名字也源于草纸）已经发明，开始从远东传到地中海世界。在草纸出现后不久，作家们开始将其黏到一起形成一长卷，因此埃及人发明了书，我们的祖先在这种材料上面书写并留给我们手迹。这可能是我们从埃及人那里得到的最大收获，因为我们所知道的大部分的内容都是直接或者间接地通过草纸获得的。

毫无疑问，传说中埃及宗教和巫术开创者们杰出的才能，以及在艺术和建筑中得到卓越体现的超凡政治成就，都说明了埃及拥有长久声望的原因。然而，如果相对地看待，埃及文明似乎既不非常丰富，也不非常敏感。虽然技术并不是一种极其可靠的检测方法，也是一项不容易解释清楚的方法，但是它暗示出，一个民族一旦充满活力地跃入文明，其采纳技术的速度就变慢了，进行革新也不主动了。在文字产生以后的很长一段时间里，石头建筑是唯一的主要创新。尽管在第一王朝统治时期草纸和轮子就已被人们所熟知，在其使用井（放眼望去，那个时候在很多河谷地区已经用井来灌溉土地）之前 2 000 年埃

及和美索不达米亚就已经建立了联系，但埃及发明的水钟这一基本机械在随后的诸文明中得到了长时间的研究改进。

或许常规压力是无法抑制的，这种不变的背景是由尼罗河提供的。尽管埃及的艺术作品中记录了工人们按照制造程序的不同组成小组，成为现代工厂的隐约先兆，但许多重要的设备进入埃及比其他地区晚得多。没有确凿的证据证明陶轮在古王国之前出现，因为一直到公元前 2 千纪，金匠、铜匠和青铜制造的技能都没有出现，而镟床更是等到希腊化时代才出现。对于大多数埃及工匠而言，弓钻几乎是唯一能用来增加和传递能量的工具。

埃及只在医学上取得了无可争议的独创性成就，而且至少可以追溯到古王国时期。到公元前 1000 年，埃及人在这方面的卓越成就得到了国际公认。虽然埃及的医学并没有与巫术完全分开（巫术的药方和护身符大量保存了下来），但是它包含着一定的合理性内容和纯粹
80 经验主义的观察结果。它甚至还知晓一些有关避孕的知识。无论它在当时的功效有多大，其对后来历史的间接贡献是巨大的。我们关于药物和药物种植的很多知识最早是由埃及人建立并且从他们那传播开来的，最终通过希腊人传给了中世纪欧洲的科学家们。例如开始使用海狸油这样长效的药物就是一件值得注意的事情。

至于根据医学成就能对古埃及人的健康状况作出怎样的推论，则是另外一回事。古埃及人看起来并不像美索不达米亚人那样担心酗酒过度，但是从中很难推断出什么结论。一些学者认为，那里的婴儿死亡率极高，并且有确凿证据表明成年人有一些疾病。但是无论如何解释，保留下来的许多木乃伊并没有身患癌症、佝偻病或梅毒的例子。另一方面，那种在今天的埃及也很流行的引起人身体虚弱的血吸虫病，似乎在公元前第 2 千纪已经在埃及肆虐了。当然，这并没有让我们更清楚地了解古埃及的医学实践。不过，埃及给我们提供了最古老

的医疗著作，其所留下的处方和治疗建议的证据表明，埃及医生可以提供一系列治疗方法，与当代以前任何其他文明中心所采用的治疗方法相比，水平基本差不多（似乎长期强调清洗和灌肠）。尽管可能是由于那里特殊的气候条件，但防腐技术的发展在很大程度要归因于木乃伊的制作。奇怪的是，用医疗手段处理成的木乃伊，后来自身又被视为有治疗价值；几个世纪以来，在欧洲，木乃伊的粉末被用于治疗许多疾病。同样有趣的是，埃及人发明和使用了一些基本的避孕方法，但它们在减少人口过剩风险上起到多大的作用，以及由于此种原因是否造成了婴儿死亡，还完全不为人知，也难以估量。

大多数埃及人是农民，结果造成埃及的城市化程度低于美索不达米亚。埃及文学和艺术提供的生活图片展示了，居住在乡村的人们并没有把小镇和庙宇当作住所，而是当作服务中心。埃及在大部分古代时期是一个拥有不少诸如底比斯和孟斐斯这样的崇拜和行政中心的地区，其余的地方就是村庄和市场。对于穷人而言生活是艰辛的，但并非一直都这样。最主要的负担是被征召服劳役。当法老不要求他们做这些的时候，当他们在等待尼罗河泛滥为其服务的时候，此时的农民是非常悠闲的。农业基础是非常雄厚的，同时也足以支撑一个由大量的手工艺人组成的复杂、多样的社会。与美索不达米亚手工艺人的生 81
活相比，主要得益于那些石雕和绘画，我们对埃及手工艺人的生活知道的要多得多。这个国家人与人之间最大的区分标准是受没受过教育，受过教育的能够进入国家机构服务。奴隶制也很重要，但是作为一种制度，在埃及它不像在古代近东其他地方表现突出。

较晚时期的文明传统曾评论过埃及妇女的魅力和亲切。借助一些证据的帮助，我们可以对埃及社会形成这样的印象：比起其他地方，妇女在更大程度上是独立的，享有更高的地位。毫无疑问，这些在艺术中得到了充分体现：宫女们穿着埃及人纺织的、精致的、袒胸露肩的亚麻裙，发型和珠宝精美考究，妆容精细。埃及商业对这些东西的供应给予了极大关注。我们不应该在这一点上花费更多的精力，但我们对埃及统治阶级妇女们形成的这种印象是很重要的，因为这反映出了尊严和独立。法老及其妻子和其他贵族夫妇也常常以一种亲密的基调被描述，这在公元前第 1 千纪以前的古代近东艺术中是完全找不到的。这使人联想到一种真实的情感平等，这种表现不可能是偶然性的。

出现在许多绘画和雕塑中美丽而迷人的女人，可能也反映了她们在这里享有别处缺乏的某种政治重要性。王位在理论并且在实际运作中常常是以母系来传承的。一位女继承人可以为她的丈夫带来继承权。因此公主们的婚姻非常令人担忧，许多王室婚姻是兄妹之间结婚。但似乎也没有产生令人不满意的明显基因影响。一些法老和他们的女儿结婚，或许是为了避免其他人和她们结婚，而不是为了保持神圣血统的连续性（这可以通过纳侧室实现）。这种情况势必使得王室女性凭借自身的实力成为有影响力的重要人物。一些妇女掌握着重要的权力，甚至有人登上了王位，她们戴着假胡子、穿着男装出席仪式，接受法老的封号。当然，这是一种创新，但是并未得到完全认可。

在埃及的神灵中也有很多女性，特别是对伊西斯的崇拜，颇具代表性。文学和艺术强调了对妻子和母亲的尊重，这种尊重超出了显要人物圈子的界限。总的来说，爱情故事和家庭生活的场景揭露了什么被认为是整体社会理想的标准，它强调温柔的性爱，轻松而不拘礼
82 节，以及男性和女性情感的平等。一些妇女受过教育。埃及甚至有一个文字专指女书吏，我们也确实发现两名真实存在的女书吏。但是，除了女祭司和妓女外，女性能从事的职业并不太多。不过，如果她们家境富裕，就能够拥有自己的财产，她们的合法权益在很多方面看起

来有点类似苏美尔传统中的妇女权利。要对埃及这么长的一段文明作出概括并不容易，但是从古埃及留下了的证据中我们获得了这样一种社会印象：这个社会中存在着妇女自我表达的潜力，而这在前现代时期后来的许多民族中未曾发现。

回想起来，令人难忘的是古埃及文明的稳定性和内容的丰富性。其稳定性是如此明显，以至于和美索不达米亚相比较，我们更难查知其与外部世界的联系或在尼罗河河谷内的权力斗争。要解释的时间跨度实在太大，就算仅关注古王国时期（几个时期中最短的一段），其历史的长度也有美国的1.5倍。在这么长的时间里，发生的事情实在太多，因此，想抓住一个中心来讲述往往不大可能。其困难在于确定发生了什么，重要性何在。在美尼斯之后大约1 000年的时间里，埃及的历史实质上被认为是处于孤立状态之中。它应该作为一段法老统治无法取代的稳固时期加以回顾，然而在古王国统治时期，埃及的社会政治权力已经分化，各省的官员表现出了日益增强的重要性和独立性。法老虽仍然要戴两个王冠，死后被埋葬两次，一次在上埃及，一次在下埃及，但事实上分裂依然存在。尽管到古王国末期，埃及发动了一系列针对巴勒斯坦地区的民族的远征，但与邻国的关系依然没什么好说的。随着第一中间期的到来，相反的情况又出现了，埃及遭到入侵，而不再是一个侵略者。毫无疑问，埃及的软弱和分裂，使亚洲入侵者在尼罗河下游的河谷地区定居下来。有一种不寻常的评论称："出身高贵的人满怀悲叹，但是出身卑贱的人却喜气洋洋……肮脏、混乱遍布整个国家……陌生者已经闯入埃及。"埃及的竞争者出现在现代开罗的附近，孟斐斯的掌控力开始减弱。

埃及历史的下一个伟大时代是中王国时期，由强大的阿蒙涅姆赫特一世（Amenemhet Ⅰ）成功开创，他从首都底比斯开始重新统一了国家。在公元前2000年后的250年时间里，埃及经历了一个恢复期，其名声可能在很大程度上受到中间期留给人的恐慌印象（我们通过记载了解到这些）的影响。中王国统治时期，秩序和社会凝聚力有了新的加强。神圣法老的地位发生了细微变化：他不仅仅是神，更强
83 调是神的后裔，并将得到众神相随。在一段令人产生怀疑的黑暗时期之后，永恒的秩序将保持不变。可以肯定的是，这一时期出现了扩张和物质增长。尼罗河沼泽地巨大的开垦工程已取得成功。在南方，埃及征服了第一和第三瀑布之间的努比亚，并将其金矿全部开采。埃及人的定居地甚至建到了更远的南方地区，后来那里出现了一个被称为库什的神秘黑非洲国家。与以往任何时候相比，贸易留下了更多的详细痕迹，而且此时西奈的铜矿再次得到开采。神学的变化也随之而来，各类崇拜在对阿蒙神的崇拜中统一起来，反映了政治的联合。然而最终中王国因政治剧变和王朝斗争终结。

第二中间期大约持续了 200 年，以另一次更危险的大规模外族入侵为特征。这些外族人是喜克索人（Hyksos），可能是一个亚洲民族，用铁制二轮战车的军事优势在尼罗河三角洲建立国家，底比斯王朝偶尔向他们朝贡。关于他们的情况所知不多，看上去他们继承了埃及人的习俗和生活方式，甚至在最初阶段保留了现存的官僚，但是并没有导致同化。在第十八王朝统治时期，埃及人通过一场民族战争驱逐了喜克索人，这是新王国的开始。新王国第一项伟大的成就是在公元前 1570 年取胜以后的数年里乘胜追击，直捣喜克索人位于迦南南部的根据地。最后，埃及人占领了叙利亚和巴勒斯坦的大部分地区。

新王国在极盛时期的成功得到了广泛的承认，并且留下了丰富的物质财富。不难想象，喜克索人的统治一定为其提供了养分。第十八王朝统治时期几乎是艺术的复兴时期，通过吸收诸如二轮战车等亚洲人的装备实现了军事改革，并且出现了一个高度集中的王权。也就在这时，一位名叫哈特谢普苏特（Hatshepsut）的女性第一次登上王

位，统治着一个以商业扩张而闻名的国家，至少神庙的记录差不多是这么写的。在接下来的一个世纪，帝国和军人带来更多的荣誉，在哈特谢普苏特的配偶和继承者图特摩斯三世（Thotmes Ⅲ）的统治下，埃及推进到幼发拉底河，达到了帝国的顶峰。纪念碑记录了贡品和奴隶的到来、与亚洲公主的联姻，这些与埃及神庙内出现的新的丰富的装饰和圆顶上的雕塑等国内成就交相辉映。圆顶上雕刻的半身像和全身像通常被认为是埃及艺术成就的顶峰。在这个时候，埃及也受到了来自克里特的外国艺术的影响。

到了新王国末期，埃及与外国交往增加的迹象开始表现出另外一 84
些东西：埃及的权力环境发生了重大改变。最关键的地区是黎凡特沿岸，图特摩斯三世征服这一地区花了 17 年的时间。他没能征服一个庞大的帝国，即由占领着叙利亚东部和美索不达米亚北部的米坦尼人（Mitanni）统治的帝国。图特摩斯三世的继承者改变了策略。一个米坦尼的公主嫁给了法老，并且为了保护埃及在这片地区的利益，新王国开始依赖公主来获取那里人民的友善。埃及被迫从长期孤立状态中走了出来。但是米坦尼人承受的来自北方赫梯人的压力不断增加，在公元前第 2 千纪的后半叶，近东世界最重要的民族之一赫梯人的野心和动作越来越多地搅乱了近东世界。

关于新王国在这个过程早期阶段的关注重点，我们知道得很多，因为它们被记录在历史上最早的外交文书之一上，其所录为阿蒙霍特普三世（Amenhotep Ⅲ）和四世（大约公元前1400—前 1362 年）统治时期的相关情况。前一位阿蒙霍特普开创了最伟大的底比斯时代，使埃及的威信和繁荣达到顶峰。阿蒙霍特普很自然地被埋到了为国王准备的最大的一个陵墓中，尽管这个陵墓除了后来希腊人称为门农（Memnon，传说中的一个英雄，埃及人认为他是埃塞俄比亚人）巨像的碎片之外，什么都没有留下。

阿蒙霍特普四世于公元前 1379 年继承父位。他试图进行一场宗教改革，用太阳神阿吞的一神教崇拜来替代古老宗教。为了表明他的认真，他改名为埃赫那吞（Akhnaton），并在底比斯以北 300 英里的地方建了一座新城阿玛纳（Amarna）作为新宗教的中心，其中有一座神庙的圣殿没有屋顶，直接向阳光敞开。虽然无需质疑埃赫那吞目的的严肃性及其个人的虔诚，但考虑到埃及宗教的保守主义，他的企图从一开始就注定是失败的。而他坚持这么做的背后可能也有政治动机，或许是为了夺回被阿蒙神的祭司们篡夺的权力。无论怎么解释，埃赫那吞的改革激起了反对力量，削弱了他在其他方面的力量。同时，赫梯人的压力使得埃及的附属国显示出明显的紧张迹象。埃赫那吞无法解救米坦尼人。公元前 1372 年，米坦尼人在幼发拉底河西岸的全部领土都被赫梯人占领，并且陷入了国内战争；这场战争预示了这个国家约 30 年后的消亡。埃及的领土正在瓦解。后人从官方的国王名册中删除了埃赫那吞的名字，除了因其改革宗教招致怨怒外，可能还有其他原因。

85 埃赫那吞继任者的名字，可能是古埃及最广为人知的一个。阿蒙霍特普四世改名为埃赫那吞，因为他希望清除对旧的太阳神阿蒙崇拜的记忆。他的继任者和女婿图坦卡吞（Tutankhaton）却改名为图坦卡蒙（Tutankhamon），以表示恢复旧的太阳神崇拜。宗教改革尝试失败了。为了表示感谢，图坦卡蒙在结束其平凡而短暂的统治后，被相当隆重地葬在了帝王谷内。

图坦卡蒙死后，新王国又延续了两个世纪，但除了偶然的间断外，它在稳步走向衰亡。反映这种趋势的代表事件是，图坦卡蒙的遗孀嫁给了一个赫梯王子（尽管他在婚礼举行前被谋杀）。后面的国王们努力收复失地，偶尔也取得了成功。曾有一位国王仿效前辈与外族联姻的形式，娶了一位赫梯公主。但是，征战的浪潮在巴勒斯坦地区来回拉锯，还有更多的新敌人出现，以至于与赫梯的联盟也不再是一种保障。爱琴海正处于骚动之中，根据埃及人的记录，海中诸岛上的各族“倾巢出动”，“所向披靡”。这些海上的居民最终被击退了，但战斗十分艰难。

在这些年中随之而来还发生了一段对后世有重要意义的插曲，其精确的事实和历史已经不能确定。根据许多世纪之后编写的宗教文献得知，一小撮被埃及人称为“希伯来人”的闪米特人离开了三角洲地区，他们在领袖摩西的带领下走出埃及进入西奈沙漠地区。从公元前1150年左右开始，内部失序的迹象也不断显现。拉美西斯三世死于后宫的阴谋，他是在抵制不断上涨的灾难方面采取有力措施的最后一个国王。关于他继任者的统治，我们听到的是罢工和经济困难，抢劫底比斯皇家墓地，而这种亵渎神灵事件的发生成为一种不祥征兆。法老失去了控制祭司和官员的权力，到第二十王朝统治的末期，拉美西斯十一世实际上已成为自己宫殿内的囚犯。埃及的王权时代结束了。实际上，这也是赫梯帝国和其他帝国在公元2世纪末的命运。不仅仅是埃及那种不容置疑的强大在消逝，就连作为它的荣耀背景的整个世界也都如此。

毫无疑问，埃及的变化影响着整个古代世界，人们必定会进行大量的研究去探寻埃及的衰落。然而，人们很自然会产生这样一种感
觉，新王国最后几个世纪所暴露的弱点，从埃及文明一开始就出现 86
了。第一眼要看清这些是很不容易的。埃及的纪念性建筑和不能以一个世纪而要以千年来计算的辉煌的历史遗产，动摇了人们的批判意识，阻止了人们的怀疑。然而，埃及文明的创造性最终看来似乎被奇怪地用错了地方。在那些以任何时代标准衡量均属杰出的公职人员的指导下，巨大的劳动力资源得到聚集，最终却创造了举世无双的伟大墓葬。高品质技术的采用，其杰作却是古墓中的陪葬品。这里虽有识

文断字水平高超的精英阶层，他们能够充分地使用一种复杂而微妙的语言和非常便利的书写材料，却没能为世界贡献出堪与希腊人或者犹太人的哲学或宗教思想比肩的成果。我们很容易发现这一熠熠生辉杰作的内在贫乏。

以另外一个标准来说，古埃及文明拥有绝对的持久力。毕竟，在很长一段时间它产生的影响是一个不争的事实。尽管至少经历了两次相对混乱的阶段，但是它似乎都没有发生改变地恢复过来。在这种情况下，生存下来是一个伟大的物质与历史的成功。仍然不清楚的是，为什么它要在那里停止。与世界其他文明相比，埃及的军事和经济实力几乎没有永久性差异。它的文明从未成功地向外传播。或许这是因为其文明的生存在很大程度上依赖于环境。如果如此快地创建各种制度是一个积极成功的话——这些制度维持了这么久而基本上也没有什么变化，那么大概对外界有着如此强大免疫力的任何古代文明都可以做到这一点。中国也展现了令人印象深刻的连续性。

再一次回顾早期社会和文化是如何潜移默化地发生变化，也是很重要的。因为我们习惯于变化，我们一定很难察觉到那种几乎在之前任何时代的成功社会制度中都具有的强大惯性（社会制度是一个能够让人们和物质、精神环境作有效斗争的制度）。在古代世界，改革的动力与现在相比要少得多，并有着更多的偶然性。如果我们回顾史前时代，那么古代埃及历史前进的步伐是非常迅速的；但如果我们想到在美尼斯和图特摩斯三世之间长达 1 500 年的时间里，在这段相当于罗马人离开不列颠至我们当代这么长的时间段里，日常改变是那么少，那么其速度又是非常缓慢的。显著的变化只源于突发的巨大自然灾害（而尼罗河又是一位可靠的安全卫士），或者入侵、征战（而埃及长期居于近东各民族战场的边缘，仅仅是偶尔受到他们来来去去的影响）。技术或经济力量只能微弱地对变化产生我们所认为的

压力。至于智力刺激，在整个文化传统都导向日常谆谆教导的社会， 87
这几乎不可能变得强大。

关于埃及历史特性的思考，总是存在这样一种诱惑，最终让你转向强大的尼罗河的自然形象。因为尼罗河总是具体地呈现在埃及人眼前。尼罗河是如此巨大，以至于其巨大而突出的影响被掩盖，因为没有比尼罗河河谷更广大的地区需要考虑。而同时，在肥沃新月地带长久以来不断发生的令人费解的战争背景之下（其结局是世界的形成），古埃及历史延续了数千年，这事实上是不屈不挠的、慈善的洪水和尼罗河沉积的作用；尼罗河两岸心存感恩而又消极的人们，则收获它所带来的富饶。在尼罗河面前一切都显得微不足道，因此，在埃及人看来，人生真正所必需的一切就是：为来世做好适当的准备。

第 4 章　闯入者与侵略者：古代近东的黑暗时代

88 美索不达米亚和埃及为有文字记载的历史奠定了基础。在很长一段时间内，这两个伟大文明中心的故事占据着人类文明史的主体地位，并且或多或少地处于独立发展的状况。但显而易见，它们的历史并不是古代近东地区的全部历史，更不能代表整个古代世界。公元前2000年后不久，其他民族的运动就已经将这种局面打破，从而形成了新的格局。1000年以后，其他地区出现了别的文明中心，我们也进入了新的历史时期。

对历史学家而言，不幸的是，即使在肥沃新月地带，尽管这里仍然比世界其他地区表现出更多的创造力和活力，这里的历史在很长一段时间内也不是简单且显而易见的统一体。这里只有混乱无章的混沌状态。从公元前第2千纪以后到公元前9世纪，一系列最早的新帝国兴起。散布在这种混乱中的各种巨变与重组连轮廓都难以说清，更难以解释清楚。幸运的是，在这里不需要阐明它们的细节。历史在飞快地前进，文明准备给人类提供新的机会。与其将我们自己淹没在洪水般的历史事件中，不如尝试着去把握一些主宰变动的力量。

纷繁复杂的世界

主宰世事变革最主要的力量仍然是移民。在公元前2000年后的一千年里，这种民族迁徙的基本形式以及民族特征没什么太大变化，其基本的动力来自从东到西的印欧民族对肥沃新月地带的压力。这些

民族的种类和数量在不断增长，尽管他们中的一些民族可以让我们想
到希腊人的遥远起源，但是在这里我们不需要记住他们的名字。与此 89
同时，闪米特民族与印欧民族在争夺美索不达米亚流域；埃及和神秘的“海上民族”在争夺西奈半岛、巴勒斯坦和黎凡特。另外，北方民族的一支在伊朗定居，并且最终在这里形成了古代世界最伟大的帝国——公元前6世纪的波斯帝国；另外，还有一支进入印度。这些移民活动在一定程度上解释了几个世纪以来这些帝国和王国不断变迁的原因。以现在的标准衡量，一些王国的统治时间较为长久。从公元前1600年起，一个来自高加索地区称为加喜特（Kassites）的民族在巴比伦统治了4个半世纪，相当于大英帝国的全部历史。然而，以埃及人的标准来衡量，这样的构架组织只是一瞬间的事，昙花一现而已。

如果这些帝国和王国最终并没有那样的不堪一击，那才会让人吃惊。因为，许多其他力量也在同时发挥作用，这些力量扩大了民族迁徙的革命性影响。这些力量留下的痕迹之一便是军事技术的提高。公元前2000年，美索不达米亚的防御工事和围城技术都已达到了相当高的水平。这些技术保卫了一些新的文明族群，其中有一些就在不久之前还是游牧民族。或许正是因为这些原因，虽然他们在很长一段时间里不擅打围城战，但是他们能够在战场上革新战术。他们将四轮战车和骑兵引进了战争之中。据史书记载，苏美尔士兵靠笨拙的驴拉四轮战车前进；这可能是将军们或者领导者前往战场的一种简单方式，便于矛和斧在战场上发挥作用。真正的战车是由马拉的两轮战车，通常由两个人操作，一个人驾车，另一个人将战车作为发射武器的平台。一般的武器是一种由尖角制成的复合弓。加喜特人可能是最早将马用在战场上的民族，而他们的统治者可能属于印欧人。进入肥沃新月地带北部和东部的高地草原，使他们在游牧之地拥有众多的马匹。最初在河谷地区的马是很稀少的，被看作是国王和将领的财产，因此

野蛮入侵者在军事和心理上拥有极大的优势。最终，近东地区所有王国在军事中都使用了战车；作为极有价值的武器，战车不再被忽略。在埃及人驱逐喜克索人时，除了其他武器，埃及人使用的武器还有当年喜克索人入侵时使用的战车。

90 骑术也改变了战争。一个骑兵不仅能骑在马背上前进，更能在马背上作战。这种骑术需要花很长的时间去训练，因为骑马的同时拿着弓或者矛并不是简单的事。骑术源于伊朗高原，早在公元前2000年那里就有骑马训练。在此后的1 000年间，骑马传遍了近东地区和爱琴海诸岛。公元前1000年后，出现了武装骑兵，凭借其绝对的负重和冲击力，担负着内部防御的责任，凌驾于步兵之上。于是，一种以骑兵为主要战斗力的漫长时期开始了。然而，只有在几百年之后，在马镫的发明给骑手们更大的控制力之后，骑兵的价值才得到充分的体现。

自公元前第2千纪起，战车的某些部件就由铁制作而成；不久铁就用来打造车轮。铁这种金属在军事上的用途十分明显，因此可以毫不奇怪地发现，铁这种金属在近东得到广泛使用，并且传播到更远的地区，虽然拥有铁的民族试图去限制它的传播。最初使用铁的民族是赫梯人。他们衰落之后，铁加工广泛传播，不仅仅因为它是一种非常实用的制作武器的材料，还因为尽管铁矿石稀缺，它仍然比铜矿石或者锡矿石丰富。铁器除了引发军事改革以外，还刺激了经济。在农业方面，使用铁的民族能够耕种原先木器或者燧石器耕种不了的硬土地。但是，这种新金属并没有很快得到广泛应用。作为人类使用的工具，铁器是作为青铜器的补充出现，就像青铜器和黄铜器曾作为石器和燧石器的补充出现一样；而这种过渡在一些地区快一些，在另一些地区则慢一些。公元前11世纪，塞浦路斯已经使用铁来制造武器（有些人认为这里产生出了钢铁）；公元前1000年后不久，铁的使用从塞浦路斯传到了爱琴海。这一时间可以被看作是青铜时代和铁器时代大致的分界线，但这仅仅是为了便于记忆。虽然铁的应用在此后变得更加广泛，不过那些我们称为“文明世界”的部分地区仍然长期处于青铜时代的文化之中。同样，在部分地区青铜时代与“新石器”也共存。进入公元前第 1 千纪的时候，青铜时代仍然在产生影响，如同柴郡猫脸上的笑容一样慢慢消退。毕竟，在很长一段时间里只有很少的铁器可供使用。

冶金的需求有助于解释另外一个变化：新的、日益复杂的跨区域长途贸易正在逐渐增长。公元前第 2 千纪末，在这个世界即将解体之际，使其连成一个整体的内部作用力极为复杂，长途贸易便是其中之一。例如，锡是如此重要的一种商品，必须从美索不达米亚、阿富汗以及安纳托利亚运到我们现在称为“制造业中心”的地区。塞浦路斯的铜是另外一种广泛贸易的商品。而对于铜的寻求也使得欧洲在古代历史的边缘占据一席之地。甚至在公元前 4000 年前，南欧巴尔干半 91
岛上就已经有了采矿的竖井，能够深入到地下 60 到 70 英尺开采铜。因此，也许并不让人感到意外的是，一些欧洲民族后来有着高超的冶金技术，尤其在打造巨大的青铜板和铸铁方面（比起青铜，铁更难达到所需的冶炼温度）。

远距离商业活动依赖于运输。最初，货物的运输依靠骡子和驴子。公元前第 2 千纪中期，骆驼的驯化使得亚洲驼队贸易以及后来被视作永久的古老阿拉伯半岛驼队贸易成为可能，他们开启了穿越至今都未能穿越的沙漠之地的旅程。对于非游牧的民族而言，早期道路质量不高，车辆运输仅仅在当地发挥作用。早期车辆是由牛或者骡子拉的，它们发挥作用的时间分别是：公元前 3000 年左右出现在美索不达米亚，公元前 2250 年左右出现在塞浦路斯，而两三百年后出现在安纳托利亚，到了公元前 1500 年左右出现在希腊本土。

对大批货物来讲，水路运输比陆路运输更便宜和简单。水路运输成为经济生活中恒久不变的部分，一直维持到蒸汽火车的出现。早在商队开始将南部阿拉伯沿海的树胶和树脂运输到美索不达米亚和埃及之前，船队便将货物运到了红海，商人们也借助商船来往于爱琴海。可以理解的是，在运输中取得了最重要的航海技术的进步。

我们知道，新石器时代人们就能够利用独木舟在江河上进行长距离的航行，甚至从公元前第 7 千纪起就有了一些明显的航海证据。埃及第三王朝在航海的船上安上了帆，中央的桅杆和风帆是航海不依靠人力的开端。在随后的 2000 年里，帆具的改进缓慢地向前发展。据说，制作了一些接近纵向的帆具，这些帆是船依靠风航行时所必需的。当然在很大程度上古代的船是横帆的。由于这一点，主导风向在海上交通中起着决定性作用。另外一种能源是人力：桨的发明很早，它不仅为短途旅行提供动力，也为海上的长途航行提供动力。虽然，在军舰中经常要用到划桨手，但驶出海港的这些人在很早之前可能被称为商人。到公元前 13 世纪，能够承载超过 200 个紫铜锭的船只已经行驶在东部地中海上，一些船并在几个世纪后已经装有密不透水的甲板。

92 即使在近代，物物交换依然存在，因此，毫无疑问对于古代大部分时期而言，这就是贸易的含义。然而货币的发明迈出了伟大的一步。货币可能出现于公元前 2000 年之前的美索不达米亚，那里物品的价值就是用谷物或者银子来衡量的。青铜时代晚期，紫铜锭是整个地中海的货币单位。第一个官方盖印的交易方式源于公元前第 3 千纪后期卡帕多西亚（Cappadocia）出现的银锭交易方式，这是一种真正的金属货币。然而，虽然货币是一项重要的发明，并且它将广泛传播，但我们不得不等到公元前 8 世纪才迎来亚述人的第一枚钱币。改良的货币手段可能有助于推动贸易（美索不达米亚在早期就有了信贷制度和交易账单），但这并不是必不可少的。在古代世界，没有货币人们也能够相处。传说中精明过人的腓尼基商人在公元前 6 世纪以前并没有使用货币；埃及作为一个中央集权控制的经济体有着惊人的财富，但在货币出现 200 年以后才开始使用它；欧洲的凯尔特人尽管从事金属贸易，可是直到 200 年以后才开始铸造货币。

与此同时，尽管很难说清楚这究竟是怎么一回事，当时人类没用货币从事交易活动。虽然货物在世界范围内的流动不断上升，然而在公元前 1000 年左右，并不是所有的货物流动都能用我们现在所讲的“贸易”称谓。在古代世界很长一段时间里，经济组织的含义是模糊的。一个专门的职业，例如陶瓷制作，意味着一个机构；这些机构一方面分配了它的产品，另一方面通过重新分配其生存所需的食品和其他物品以确保专业人员的生存。但是，这些东西都是不需要“交易”的，甚至连物物交易也不需要。据考证，历史上许多民族都是通过他们的首领来进行分配。首领们掌管公共储备，从某种意义上说，“拥有”村社的每一样东西，并且通过分发来保持社会的稳定。这可能就是隐含在苏美尔寺庙中货品集中供给制背后的原因；这也能够解释货物记录和密封存放的重要性，以及此后书面记录和记账间的最早联系。

至于村社之间的经济交流，有关这一最早阶段的确切概括很困难。自有史料记载以来，我们可以看到很多涉及商品交换的活动发生，但并不是所有的交换都是为了经济目的。供物、统治者之间象征 93
的或外交性的礼物、还愿用的捐献物，都是其中的一些形式。我们不应该急于定论。直到 19 世纪，中国还把对外贸易想象成外部世界对它的进贡；根据埃及墓室的绘画来判断，法老们对于爱琴海的贸易也有着类似的理解。在古代世界，这种交易可能包含着标准物品的转让，例如一定重量的鼎或者统一规格的环等，这些物品代表着一些早期货币的某些特征。有时候，这些东西有其本身的用途；有时候，它们仅仅是符号。所以，可以肯定的是，商品流通的日益增加，其大部分的增长最终变成为盈利而交易的手段，我们现在将之称为商业。

新城镇也为贸易作出了贡献。部分原因很可能是因为人口的增长，这些城镇遍布古代近东地区。它们标志着农业的成功开拓，但也纵容了寄生思想的发展。在《圣经·旧约》中就记录着在城市疏远乡下人的文化传统。然而城市生活也提供了一种新文化创造的力度。大约在公元前2000年，文字主要局限于江河文明及其影响到的地区：楔形文字已经传遍美索不达米亚，且有两三种语言用楔形文字来书写；埃及纪念碑的铭文是用象形文字书写的，日常写在草纸上的文字是一种象形文字的简化形式僧侣体。1 000多年以后，情况发生了变化，识字的民族遍布近东地区，在克里特岛和希腊半岛也随处可见。楔形文字成功地被更多的语言所采用，甚至埃及政府也用它作为外交语言。同时也发明了其他文字。在克里特岛，其中一种文字将我们带到了现代边缘，因为它揭示了公元前1500年左右一个使用希腊文的民族。随着闪米特字母的使用，公元前800年就出现了腓尼基文字，第一部西方文学作品便是用这种文字写成的。后来所称的荷马史诗，是使用腓尼基文字的最早例证。

这些主题使年代表变得没有什么价值；如果历史太过专注于某个特殊国家，那么它会让人忽略其记录的变化。然而，各个不同的国家及其人民尽管同样受到各种普遍作用力的影响，且彼此之间的接触也越来越频繁，但也变得越来越有自身特色了。文字约束了传统，而传统表达了群体的自我意识。可以推断，部落和民族一直能意识到其本
94 身的特征，但当国家以更持续、更制度化的形式出现时，这种意识变得更强烈。从苏美尔时期到现代，帝国分裂成更易生存的单位是非常熟悉的事情，但一些形式如持久传统的核心，一次次地出现。甚至在

公元前第 2 千纪，国家已经变得很稳定且显示出其坚韧的力量，但仍然不能对其人民实现广泛而连续的控制，直到现代这种可能性才充分展现出来。然而，甚至在最古老的记载中，似乎也有一个未经核实的倾向：政府更规则化，政权更制度化。国王周围环绕的是为更大的野心寻找资源的官僚政治和税收制度，法律成为一种被广泛接受的观念，无论如何，法律开始在各处渗透，尽管一开始并不明了，但是对个人权力的限制使立法者的权力得到扩展。更重要的是，国家在军力上也越来越强大，例如常设职业军人的补养、装备和管理等问题在公元前 1000 年就解决了。

当这些事情发生时，统治阶级和社会制度的规则开始从早期文明普遍规律中脱离出来。尽管简单的交往和联姻使一个新的全球化概念成为可能，但是不同的群体采取了不同的道路。精神生活方面，差异性最显著的表现是宗教。虽然在前古典时期已经能够看到一种简单化的、一神论的趋势，但当时最明显的事实是，各地都有庞大而多样的地方神祇，其各司其职，绝大多数能够和平共处，只是偶尔提到一个神嫉妒另一个神的高贵。

文化的其他表象也出现了新的差异。在文明未开始以前，艺术就已经作为一种独立的活动而存在，它并不一定与宗教或者巫术发生联系（尽管人们一直认为艺术与宗教、巫术存在这样的联系）。最初的文学作品已经提及，我们也开始从文学的记录中看到其他东西。娱乐可能已经存在，棋盘游戏在美索不达米亚、埃及和克里特出现。人类可能已经开始赌博。国王和贵族们酷爱打猎，他们的宫殿有作为娱乐的音乐和舞蹈。在运动方面，拳击可能要追溯到青铜时代的克里特岛，那里还流行一种独特的跳牛运动。

在这种情况下，很明显的是，我们不需要在年代表上花很多心思，一些特别的日期即使能够得到肯定，也没有必要。在我们目前所关注的这片土地上，单个文明的观念越来越不起作用。对于个别文明而言，比起埃及和苏美尔时代，它需要承受更多相互作用带来的影响。大约在公元前 1500 年到公元前 800 年之间，这里发生了一些重大变化，我们绝不能让这些巨变从捕捉最初两个文明历史的网眼中悄
95 悄滑过。公元前 1000 年前后的几个世纪之中，动荡的近东以及东地中海地区，正在形成一个不同于苏美尔和古埃及王国的新世界。

早期的爱琴文明

不同文化的相互作用给近东周边民族带来许多改变，但同其他地区文明一样，文明根植于爱琴海岛屿是在新石器时期。发现于希腊的第一个金属物品是一颗公元前 4700 年的铜珠，这可能受到欧洲和亚洲的影响。克里特岛是希腊最大的岛屿。公元前 2000 年的几个世纪之前，生存在新石器时代克里特岛的一个先进民族，建立了一座有规划的城镇。他们可能受到了安纳托利亚的影响，造就了非凡的成就，但这并没有明确的证据。他们也可能是自身发展到了这种程度。无论如何，在大约 1 000 年里，依照其文明建造的房屋和坟墓不同于其他文明，但在风格上没有多大的变化。到公元前 2500 年左右，沿海很多重要城镇和村庄是用石头和砖建成的；土著居民惯做金属物件和生动的标志物及首饰。应该说，在这个时期，克里特岛人与希腊本土和小亚细亚文化相差无几，他们与其他爱琴海部落进行着商品交易。此后，变化发生了。大约在 500 年以后，克里特人开始建造一系列宏伟的宫殿，这便是我们称为“米诺斯”文明的纪念物。这些建筑物中最壮观的是克诺索斯宫（Knossos），大约建于公元前 1900 年。当时其他地方没有出现像这座宫殿那样给人深刻印象的建筑物，因此克里特岛几乎成为整个爱琴海地区的文化领导者。

米诺斯是一个奇怪的名字，它源自米诺斯国王的名字，这位国王

只在传说中被称颂，但可能根本不存在。后来，希腊人相信或者认为他是克里特岛一位伟大的国王，住在克诺索斯宫，与诸神谈判过，与太阳的女儿帕西淮（Pasiphae）结婚。他有一个畸形的后代，即米诺陶（Minotaur），住在克里特岛迷宫的中心，吞食从希腊进贡的作为祭品的青年男女；而英雄忒修斯（Theseus）成功地闯入迷宫，杀了他。这是一个回味无穷又富有暗示性的传说，让学者感到兴奋，认为这个传说能解释克里特文明。但的确没有证据可以证明米诺斯国王的存在。也许正如传说本身所暗示的，可能那里不止一个米诺斯；或者他的名字是许多克里特岛统治者的称呼，并无特指。他像亚瑟王一 96
样，是一个充满魅力的人物，仅仅存在于历史之外，存在于神话之中。

如此，米诺斯仅仅意味着生活在青铜时代的克里特文明，没有其他的含义。这个文明持续了将近600年，但只有重要的历史事件流传下来。这些事件反映了居住在相互关联城镇中的一个民族，由克诺索斯宫的君主统治。在三到四个世纪的时间里，这里的人们享受着繁荣，与埃及、小亚细亚和希腊本土进行商品贸易，以本国农业维持生存。这可能解释了米诺斯文明飞跃前进的原因。与今天一样，那时克里特岛比希腊本土和其他岛屿更适合种植橄榄和葡萄，这是后来地中海农业的两种主要作物，并且似乎牧养了大量的羊并且出口羊毛。无论其形式是什么样的，克里特岛在新石器时代晚期经历了一场农业改进，不仅使谷物产量增长，更主要的是引入了橄榄、葡萄的种植。这两种植物可以在谷物难以生长的土地种植，它们的发现改变了地中海生活的可能性。紧接着，人口随之增长。因为有新的人力资源可以利用，所以在此之后建立了更多的生活区域，但是也因此对组织和管理、对更复杂的农业及其生产的规范化提出了新的要求。

无论怎样，米诺斯文明于公元前1600年达到顶峰。大约一个世纪以后，米诺斯的宫殿被毁坏了。这种神秘的毁灭令人捉摸不透。差不多在同一时间，爱琴海诸岛上的主要城镇在大火中也毁灭了。也许这次毁灭是由地震所致。近代学者们认为在那个时候，锡拉岛（Thera）发生了剧烈的火山爆发；而 70 英里以外的克里特岛可能还遭到海啸和地震的袭击，火山灰的降落毁灭了克里特岛的田地。另一些人倾向于认为，对统治者的反抗导致了克里特的毁灭。还有一些人观察到了一个新入侵者的痕迹，或者是假设了一些来自海上的突然袭击，这些袭击者带着战利品和大批俘虏扬长而去，没有给这里带来新的居民，从而导致了政权的颠覆。这些推测都不能最终确定，只能推测发生了什么事情。最无根据的观点则认为，在锡拉岛曾发生了一场自然灾难，摧毁了米诺斯文明的基础。

不管是什么原因，这并不是克里特岛早期文明的终结，因为在接
97 下来的几个世纪里来自大陆的人们居住在克诺索斯。但是，虽然又出现过相当繁荣的时期，克里特岛文明的上升期已经过去。似乎，克诺索斯仍然兴旺过一段时期，随后，在公元前 14 世纪也毁于大火。这种情况之前也发生过，但这一次克诺索斯没能重建起来。早期克里特文明因此结束。

幸运的是，克里特文明的显著特征比其他历史细节更易于理解，最明显的就是克里特岛与大海的密切关系。1 000 多年以后，希腊有这样的传说：米诺斯时期的克里特拥有强大的海上力量，并且借助其舰队对爱琴海进行政治领导。现代学者强烈反对这种说法，因为他们想要降低这种所谓的年代错误观念的传播，同时也是因为这种说法容易让人产生误解，很容易将当时克里特的海上力量与公元前 5 世纪雅典的或 19 世纪大英帝国的海上力量等同起来。米诺斯人可能真的拥有不少船只，但在那么早的时候，船不可能有专门的用途，而且即便在青铜时代，也没有根据用途将贸易、海盗以及抵制海盗的船只区分

开来。就公共机构意义而言，根本没有永久的克里特船队。虽然如此，米诺斯人非常肯定海洋给予他们的保护，对海洋的信任可以从他们控制天然海港入口的能力上看出来，这些港口大部分都位于北部海岸。米诺斯人居住的城镇没有设防，这些城镇建造在临海且稍高于海面的平地上。我们并不需要在他们的防御队伍中寻找一位克里特的纳尔逊（Nelson），如果这么做，将是愚蠢的。不过，我们倒是可以想象一位克里特的霍金斯（Hawkins）或者是杜雷克（Drake），他开展贸易，掠夺他人，同时也保卫家园。

米诺斯人对海洋的这种开发利用同其他民族对自然环境的开发利用一样，其结果是物品和思想的交换。这再一次证明了不同民族的交流如何使文明加速发展。早在公元前1550年之前，米诺斯人便与叙利亚保持密切联系，他们甚至与遥远的西西里或者更远的地区进行贸易。有些人将货物带到亚得里亚海，更重要的是对希腊的渗透。米诺斯可能是最重要的并且是唯一的通道，借助它将早期文明的物品和思想传输给青铜时代的欧洲。公元前2000年后，埃及出现了克里特产的物品，那时埃及是克里特的主要出口地，而这个新兴王国的艺术也印证了克里特的影响力。一些学者甚至认为，当时一些埃及人在克诺索斯住过一段时间，可能是为了考察那里已经建立起来的行业。也有
人提出米诺斯人曾与埃及人一道抵抗喜克索人，小亚细亚的许多地方 98
都发现了克里特生产的花瓶和金属制品，这些都是流传下来的物品。而且曾有人断言，米诺斯还提供了大范围的其他物品，包括木材、葡萄、油、木制品、金属花瓶甚至鸦片。作为回报，克里特人从小亚细亚带回了金属，从埃及带回了雪花石膏，从利比亚带回了鸵鸟蛋。至此，形成了一个复杂的贸易世界。

除了在农业上的丰硕成果，贸易更是巩固了这一文明，使之能如同克诺索斯宫重建一样，在自然灾害后重生。宫殿虽是米诺斯文明留

下的最精美遗产，然而城镇的建设也非常好，拥有完善的管道排水系统。这是很高的技术成就，早在克诺索斯建立一系列宫殿的时候，沐浴和卫生设施就已经达到了相当高的水平，而直到罗马时代这种水平才被超越。其他文明成就没有什么实用性，尽管其艺术性超越了智慧性。米诺斯人可能从埃及人那里学会了算术，但是没有什么提高。他们的宗教也没达到埃及人的高度，因此对后世也没什么影响。但米诺斯文明对希腊本土另一种文明风格的形成作出了巨大贡献。艺术具体呈现了米诺斯文明的最高层次，并留下最灿烂的文化遗产，其精髓就是绘画。这种艺术在宫殿壁画中达到了顶峰，展现出惊人的活泼与灵动。这是一种真正的原始风格，其影响力漂洋过海到了埃及和希腊。总之，加上其他一些宫殿艺术，尤其是宝石和贵金属的加工工艺，米诺斯的艺术影响了其他地区文明风尚的形成。

写实艺术风格为我们部分揭示了米诺斯的生活方式。米诺斯人一般衣着暴露，女性大多袒胸露乳，男性不留胡须。那里花草茂盛，表明这个民族深深地、欣然地感谢大自然的赐予。米诺斯人并没有发现世界是一个不友好的地方。按照古时标准来看，他们比较富裕，在宫殿里发现的成排巨大、漂亮的油坛证明了这一点。他们追求舒适。同时在米诺斯王后的居室内装饰着海豚和百合，也清楚地表明了他们的另一种追求，对此我们不得不称之为高雅。

考古发现为米诺斯的宗教世界提供了证据，但因缺乏文字记载，我们不能深入了解。虽然我们掌握了一些关于克里特诸神的记载，但是要确定他们究竟是谁仍然很困难。我们也无法深入体验他们的宗教仪式，只能通过统计发现，他们经常提到祭坛、建在高处的圣殿、双头斧，以及米诺斯人崇拜的中心人物是一名女神（尽管她与众神的关
99 系仍然是个谜）。这位女神可能在新石器时期代表着生育，就如同后来一再出现的那种代表女性魅力的神祇，比如后来的阿斯塔特

（Astarte）和阿弗洛狄忒（Aphrodite）。在克里特，女神穿着高贵的裙子，袒露胸部，站在两头狮子之间，手里握着蛇。那个时候是否有男神存在，不很清楚，但牛角出现在许多地方，也出现在高贵野兽的壁画中，是否在暗示我们有个男神与后来的希腊神话有关（米诺斯的母亲欧罗巴［Europa］曾被化作公牛的宙斯诱奸；米诺斯的妻子帕西淮曾与一头公牛交媾，生下了半牛半人的米诺陶），或者与跳牛这一模糊却又肯定非常重要的仪式有关？我们清楚的是，祭祀在米诺斯人的宗教仪式中非常重要，他们以此达到与神灵的交流。一些存在争议的证据表明，祭祀的受害者是人类甚至是小孩，可能是用他们的肉作为宗教仪式的祭祀品。然而更值得注意的是，不论米诺斯神是什么样子，克里特的宗教并没有使米诺斯人变得阴郁；那些运动或者舞蹈的绘画，精美的壁画和陶器，并没有显示米诺斯人是不快乐的民族。

我们并不清楚米诺斯社会的政治安排。宫殿不仅是王室的居所，在某种意义上还是一个经济中心、一个大集市。对此最恰当的解释是，当时处于发达贸易形式的顶峰，而这种形式基于首领的重新分配。宫殿也是一个庙宇，但不是堡垒。在它的完备时期，它是一个具有高度组织性的结构中心，其灵感可能来自亚洲。对这个从事贸易的民族来说，他们已经知道了像埃及和美索不达米亚这样有文化的国家。我们对米诺斯政府的了解来源之一是收集起来的成千上万的石板，上面刻的是他们的管理记录，叙述了其严格的等级制度和系统化的管理，但并未记录如何实际操作。无论如何，从这些记录中唯一能够肯定的是，其渴望一个有效的政府，这是一个与后来的希腊世界所想象的统治非常接近，又更复杂的监督制度。如果问同时期是否存在与此类似的政府，那么只能算上亚洲的王国和埃及。

目前来讲，这些石板能告诉我们的只有米诺斯文明的最后阶段，因为大多数石板我们是读不懂的。今天学术界的意见倾向于几年前提出的那种观点，即在克诺索斯发现的大多数石板是希腊文写成的，大约写于公元前 1450 至前 1375 年间，书写的字体被称为“线形文字 B”。但更早些的文字记录首先是用象形文字书写的，其中一些符号来自埃及。而后又使用了另一种字体，被称为“线形文字 A”（至今尚未释读），它可能在公元前 1700 年就开始使用了。几乎可以肯定的是，这种文字绝不是希腊文。一些人认为入侵的希腊人夺取了早期存
100 在的米诺斯政权，然后以自己的语言模仿已有的记录，用希腊文字记录下来，因此，更早些的石板记录的信息可能与后来的内容相差无几。如果是这样的话，它们记录的是尚未被侵占的克里特，此后，入侵者统治了米诺斯文明的最后阶段直到神秘终结。

来自大陆的成功侵略本身就是一个征兆，预示了青铜时代末期的动荡年代使米诺斯文明得以持续的可能性正在消失。克里特岛在长时间内没有任何对手威胁它的海岸线——可能是因为埃及无暇顾及，北部也长期没有遭遇可能的威胁。但渐渐地，北部的安全环境一去不返。活跃于大陆上的正是已经在我们的历史中出现多次的印欧民族。他们中的一部分在克诺索斯最终毁灭之后再次进入克里特岛。他们显然是成功的殖民者，在克里特岛开垦低地并将米诺斯人及其破碎的文明驱逐到了一些偏远的避难小镇；在那里，米诺斯人从世界历史舞台上消失了。

具有讽刺意味的是，仅仅在此之前的两三百年里，克里特文明的影响曾经几乎笼罩着希腊。在希腊思想里，克里特一直神秘地萦绕在他们心中，而且是一块遗失的黄金宝地。米诺斯文明对大陆的直接渗透最早是通过阿卡亚人（Achaean，通常指早期说希腊语的民族）实现的，他们南下到阿提卡和伯罗奔尼撒，并于公元前 18 世纪到前 17 世纪期间在那里建立了村社和城镇。他们来到的这片土地与亚洲有着悠久的联系，那里的居民将城中的高地防御起来成为卫城，这成为希

腊生活的长期标志。这些新来的民族在文化上远远不如被征服的民族，尽管他们带来了马匹和战车。与克里特人相比，他们是野蛮人，没有属于自己的艺术，然而他们比岛上的居民更清楚暴力和战争在社会中的作用（这是毋庸置疑的，因为他们不能享有海洋带给的保护，而且不断地感受到所占领国施加的压力），因此他们加强城市防御，并建起城堡。他们的文明充满了军事风格。他们选择的地方后来有些成了希腊城邦的中心，其中就有雅典和派罗斯（Pylos）。这些城市并不是很大，最大的至多也只能容纳几千人。其中最重要的城市之一是迈锡尼，公元前 2 千纪中期前后，以其命名的文明最终传遍了青铜时期的希腊。

迈锡尼文明由于其丰富的黄金资源而留下了一些华丽的遗迹。因受到米诺斯艺术的强烈影响，它也是希腊文明和半岛本土文明的真正
结合。迈锡尼文明社会制度的基础好像扎根于父权制思想，但除此之 101
外它还有更多其他东西。克诺索斯碑铭以及从伯罗奔尼撒西部的派罗斯发现的公元前 1200 年前后的碑铭，揭示了迈锡尼文明对官僚政治的强烈愿望，表明了从克里特回流到本土的改革浪潮。每个有一定规模的城市就有一位国王。迈锡尼国王早期可能是某种同盟王国的领袖，统治着拥有土地的骑士社会，这些骑士们的佃户和奴隶都是土著人。赫梯人的外交记录表明希腊在迈锡尼时代存在着一定程度上的政治统一。派罗斯碑铭展现了一种对社会生活的严密监督和控制，在国王下面，官员之间存在区分，在奴隶和自由民之间存在更基本的区别。我们无法知道这些不同在现实中意味着什么。与克里特一样，我们无法详细了解迈锡尼文明根植其上的、处于王室中央集权之外的经济生活。

不论其物质基础是什么，在迈锡尼表现得最淋漓尽致的那种文化，到公元前 1400 年时已传遍希腊本土和大部分岛屿。它成为一个

整体，尽管直到古典时代希腊方言中仍保持着根深蒂固的不同以区别各民族。迈锡尼以其自身的贸易取代了克里特在地中海的贸易霸权地位。它在黎凡特设有贸易站，并被赫梯国王们视为需要认真对待的一股力量。有时迈锡尼取代米诺斯成为陶器出口国，甚至有事例表明米诺斯的定居地也被迈锡尼人占据了。

迈锡尼帝国，如果可以这么称呼的话，在公元前 15 世纪至公元前 14 世纪达到了顶峰时期。有一阵子，埃及的衰落和赫梯权力的瓦解帮助了它。当大国没落的时候，一个依靠贸易富裕起来的小民族获得了与自身情况极不相称的重要地位。迈锡尼的殖民地建在小亚细亚的海滨地区，并与其他亚洲城镇进行贸易，因此繁荣起来。位于黑海入海口的特洛伊正是其代表。但是公元前 1300 年前后出现了一些衰退的迹象。战争似乎是其原因之一：在这个世纪末对埃及的进攻中阿卡亚人发挥了重要作用，在公元前 1200 年左右发生了一场在今天被称为“不朽的特洛伊之围”的伟大奇袭。这些事件的背景则是迈锡尼城自身一系列复杂的王朝剧变。

被称作爱琴文化黑暗时期的时代正在临近，这同当时近东所发生的事情一样令人费解。当特洛伊沦陷后，新的对希腊本土的蛮族入侵已经开始。正是在公元前 13 世纪末期，伟大的迈锡尼文化中心可能
102 因地震而毁灭了，最早的希腊分裂成为几个互不相连的地区。因此，迈锡尼文明的统一体消失了。但不是所有的迈锡尼定居点都被遗弃了，尽管它们此后所取得的文明成就已不那么高。王室财产没有了，宫殿没有重建。在一些地方已经定居的民族成功地坚持了几个世纪；其他地方的民族则成为来自北方新征服者的奴隶或被驱逐出去。这些征服者，在特洛伊陷落之前的一个世纪就一直在迁徙。这些新民族看上去似乎并不想在他们掠夺的土地上定居，但他们将原有的政治结构一扫而光，新的结构则建立在他们的亲缘关系而不是迈锡尼的社会制

度之上。作为爱琴文明黑暗时期的混乱画面不断深化，只有在临近公元前 1000 年时才出现了一些新结构的迹象，这便是古典希腊时代的草图。

有关这一阶段的传说大都属于新来者中的同一个群体，即多利安人（Dorians）。他们充满活力、英勇无畏，被认为是赫拉克勒斯（Heracles）的后代。尽管根据后来出现的希腊方言来倒推早期入侵者属于哪个特定小群体是很危险的，但传统使他们成为多利安语的使用者，这种语言一直留存到古典时期，作为区分他们的一种方言。在这方面，学者们认为传统是公正的。在斯巴达和阿戈斯（Argos），多利安人建立了自己的村社，这便是后来的城邦。但是其他民族在这个令人费解的时期也推动了一个新文明的成型。最成功的是后来说“爱奥尼亚语”（Ionic）的希腊人，即黑暗时期的爱奥尼亚人。他们从阿提卡出发（在阿提卡，雅典人要么幸存，要么被迈锡尼的入侵者同化），在基克拉迪群岛（Cyclades）和爱奥尼亚（即今天的土耳其爱琴海沿岸）很多材料扎根下来。在此他们以移民或海盗的身份建立或夺取城镇。这些城镇要么建在岛上，要么通常建在海岸或海岸附近，而这些就是后来航海民族的国家。他们所选择的地点常常已经被迈锡尼人所占领，有时候他们就把较早定居的希腊人赶走，比如在士麦那（Smyrna）。

这最多是一幅混乱的画面，而且其中的大部分只有零星的证据留存。然而，从这种混乱中，渐渐地重新出现了青铜时代爱琴文明所享有的文明的统一。不过在一开始，还是经历了几个世纪的分裂和排他主义。曾经四海一家的世界，经历了地方主义的新阶段。贸易萎缩了，与亚洲的联系也不那么紧密了，代之而起的是地域上的民族迁徙，有时要耗费几个世纪去建立新的定居格局。但是最终，未来希腊世界的版图出现了。

文明生活曾出现过巨大倒退，这使我们想到古代文明生活是何等
103 脆弱。最显著的标志就是公元前1100至前1000年间的人口减少。这种减少如此广泛和凶猛，以至于一些学者们要在突发的大灾难中寻求解释。这些灾难包括瘟疫，或可能是气候变化——这种变化使巴尔干半岛和爱琴海的少量可耕地突然而迅猛地减少。无论原因究竟是什么，可以看到在精致和技术方面的退步：硬宝石的雕琢、石壁画的绘制以及精巧陶器的制作都面临停滞。在当时所能允许的文化的延续，大部分可能是精神上的，类似歌谣、神话和宗教思想一类的东西。

这个混乱时代的面貌只有很少一部分隐约、间接地反映在吟游诗人传唱的史诗中，后来以书面形式记录在《伊利亚特》和《奥德赛》中。其中包括代代口耳相传的素材，并源自与这些事件几乎同时代的传统对事件的描述，尽管后来这一切都被归功于一位诗人——荷马。虽然人们对史诗表现的确切内容的看法很难达成一致，但目前的共识是，史诗所描述的内容在迈锡尼文明时代并不重要，对其后的时代稍有影响。《伊利亚特》记述的中心是攻打特洛伊，虽然故事反映了阿卡亚人在小亚细亚定居地的真正优势，但在此并不重要。除此之外，剩下值得关注的是诗歌附带提到的少量社会和思想信息。尽管荷马对迈锡尼国王所具有的、某种特别突出形象的描述给人以深刻印象，但史诗中包含的信息是公元前8世纪之后的，是从“黑暗时期”开始恢复过来的后迈锡尼时代爱琴海的信息。它揭示了这样一个社会：盛行的权力逻辑是野蛮军阀式的，而不是像亚洲那样由国王统领常规军或管理官僚。荷马时代的国王们是大贵族中最大的，是家族首领，他们所获得的权威受到与其地位相近的好斗者切实享有的权势的制约，而且要依靠他们强力贯彻自身意志的能力来保证。他们的生活是不安而苛求的。整个气氛充满了个人主义和无政府主义色彩，他们更像是一群北欧海盗的头目，而不是迈锡尼碑铭中记录的统治者。不论较早时

期保留下来的那些历史细节是什么（这些细节的准确性被发掘出来的遗迹所证实），也不论这些诗歌最终包含了多少反映后来社会状况的信息，诗歌仅仅断断续续地描绘了一个初级社会，仍然处于混战之中，或许已经稳定下来；但这个社会既不像迈锡尼那样先进，甚至也没有对未来希腊社会稍加预示。

从几个世纪的混乱中最终出现的新文明，在很大程度上要归功于与东方交往的继续。希腊人（Hellenes，名字专指的是希腊的入侵 104
者，以此将他们与其前辈相区别）向岛屿和亚洲本土扩张很重要，他们为两种文化提供了许多接触的机会。但他们并不是亚洲和欧洲间相互联系的唯一渠道，文明的种子常常通过世界历史中的中介人——伟大的商人们传播。

这些从事贸易的民族之 又是一个航海民族，尽管并没有传说中说的那么长，但它确实有着一段漫长而纷扰的历史。腓尼基人声称自己约在公元前 2700 年的时候就来到了推罗。对待这种说法，可能需要像对待多利安国王声称自己是赫拉克勒斯的后裔一样。但是，当公元前 2 千纪埃及人从他们那里获得雪松时，他们已经在现代黎巴嫩海岸边定居下来。腓尼基人是闪米特人的一支。正如红海的阿拉伯人一样，他们之所以成为一个航海民族，是因为地理条件要求他们关注海外而不是内陆。他们生活在狭长的海岸边，那里是沟通非洲和亚洲的历史性海峡。在他们的背后是一片浅滩地区，农业资源贫乏，从大山脉绵延到海边的丘陵切断了内部之间的联系，以致沿海的定居地很难实现统一。这同后来希腊人的经历有着相似之处，他们都在类似的情况下向大海方向发展，其结果都是不仅发展了贸易，而且推动了殖民化。

内部的虚弱使他们轮流受到希伯来人、埃及人和赫梯人的侵扰。腓尼基人只有在埃及、迈锡尼和赫梯帝国强大时期过去之后，才从别人的历史阴影中走出来。这并不全是偶然的。他们也是在其他文明衰落的时候繁荣起来的。只有到公元前 1000 年以后，当米诺斯贸易的兴盛时代过去很久之后，比布罗斯（Byblos）、推罗和西顿（Sidon）这三个腓尼基城市才迎来短暂的黄金时期。刻在所罗门圣殿建筑上有关它们的那部分《圣经》内容证实了其重要性。“你知道，”所罗门说道，“在我们中间没有人像西顿人善于砍伐树木。”他还适当付了点钱（《列王纪上》5：6）。这可能是古代也存在一项大型公共工程合同的证明。然而还有丰富的材料表明，后来腓尼基人事业持续的重要性。古代作家常常强调他们作为贸易商和殖民者的名声，他们甚至和大西洋欧洲的野蛮人进行贸易，因此他们必定具有远距离航海的能力。腓尼基的染料久负盛名，甚至一直延续到古典时代。毫无疑问，商业需求激发了他们的创造力；正是在比布罗斯（希腊人用这个名字命名书籍），后来被希腊人采用的字母表发明了。这迈出了伟大一步，它使文字的广泛传播成为可能，但卓越的腓尼基文献没有幸存下来。此
105 外，腓尼基人的艺术倾向于反映他们作为中介人的作用。可能是出于顾客的需要，他们从亚洲和埃及人那里借用或者复制。

贸易是腓尼基人关注的重点。起初并不需要建立海外定居地，然而他们还是逐渐地把自己安置在越来越多的殖民地或贸易站上，有时是在迈锡尼人早期开展贸易的地方。其最远的贸易站位于地中海的入海口外缘，他们在今天的加的斯（Cadiz）所在地建立了加迪尔（Gadir）。它连接地中海和大西洋的贸易，保证了银和锡的供应。结果，在地中海各处共有约 25 个这样的贸易点，最早的一个建于公元前 9 世纪末期，位于塞浦路斯的基提翁（Kition，现代的拉纳卡［Larnaca］）。一些殖民地可能随着这个地区腓尼基人的商业活动而发展起来。它们同样也反映了在公元前第 1 千纪初短暂的独立阶段之后出现的腓尼基城市受到突然侵扰的令人烦恼的年代。公元前 7 世

纪，西顿被夷为平地，推罗国王的女儿们被掠夺成为亚述国王亚述巴尼巴（Ashurbanipal）的妻妾。因此腓尼基只剩下在地中海其他地方的一些殖民地，除此之外的势力范围极小。但这种殖民动向也反映了对希腊人在地中海西部掀起的殖民化浪潮的焦虑。这种浪潮威胁了金属的供给，特别是威胁到了不列颠的锡和西班牙的银。这能够解释一个世纪前腓尼基人建立迦太基的原因；它成为比推罗和西顿难对付得多的城市并继续建立起自己的殖民链。再往西，过了直布罗陀海峡，腓尼基人此时已经知道了加的斯，他们是在寻找更北的大西洋贸易点时来到这里的。

腓尼基人是文明世界中最重要的贩运者之一，但其他民族在无意中也扮演了这一角色：迈锡尼人通过传播他们的文化，希腊人通过搅乱爱琴海世界的族群构成。克里特人则更胜一筹，作为真正的开创者，他们不仅向已有的文化中心学习，而且在再次传播之前把学到的东西重新打造。这些民族有助于一个更加快速变化的世界的形成。一个很少被人提到的很重要的附带作用是对欧洲大陆的刺激。为了寻找矿藏，开拓者和勘探者越走越远，来到了未知的地区。在公元前第2千纪，已经有了关于复杂未来的最早萌芽。在迈锡尼发现的珠子项链是用波罗的海的琥珀在不列颠制作的。贸易常常缓慢发生作用，吞食孤立地区，改变各民族间的联系，把新格局强加给世界。但是我们很难把这段历史和爱琴海各族间闹成一锅粥的历史联系起来，更不用提将其与自公元前2000年以来亚洲大陆纷纷扰扰的历史相联系了。

混乱时期的近东

“混乱”是某种视角，如果我们从世界历史角度看，从克诺索斯王朝末期开始的近800年里，近东历史确实是非常混乱的。其实质是，为了争夺对这片古代世界最精良农业区缓慢增长的财富的控制权 106

（前后出现的王国都不能在近东边缘沙漠和荒原地区中发现资源蕴藏，获取资源是他们四处征讨的合理目的）。可每一次征服后就再无下文。侵略者们迅速地进进出出，他们走后留下一些新部族，这些部族建立新国家来取代所推翻的王朝。这很难被一些人所理解。对这些人而言，当（比如）他们的房子被烧毁、妻女被强奸、儿子被抓去当奴隶；或者更现实点，当他们发现新统治者在征收更高的赋税时，这些事件仅仅是偶然或者突然地发生在家园里。没有必要使用一个更激烈的词语，我们可以说，这些事件已足够令人苦恼了。另一方面，数百万的人仍必须在那个时代生活下去，他们并没有认识到有比他们村子里第一次出现铁剑或者镰刀更戏剧性的变化，成百个村社在几代人都不变的思想方式和制度中生活。这是一个重要的保留。当我们强调从青铜时代向铁器时代转化过程中近东历史上出现的王朝和残酷时，一定不要忘记从爱琴海地区的民族立场去考虑一个已经存在的时代。

在大陆，游荡民族在一定的区域内迁移，该区域有建立已久的政府和人口中心，有强大持久的政治结构，有许多专门的行政管理阶层，有宗教和知识。这就部分地解释了为什么新进入的民族对这一地区已有成就的破坏要比在爱琴海地区少。另一种保护力量是，这一地区的大多数蛮族已经和文明发生了接触，因此他们想要的不是摧毁文明，而是享受文明的成果。这两种力量最终推动文明向更远的地方传播，并创造了一个越来越巨大和混杂的、世界主义的、但又是文明而互相连接的近东。

近东文明的历史开始得很早，有些地方可以追溯到公元前第2千纪初年赫梯人来到小亚细亚时。或许他们和克里特岛的米诺斯人属于同一民族，和米诺斯文明上升到其巅峰同时。无论如何，他们在安纳
107 托利亚定居了下来。他们远不是原始蛮族，他们有自己的一套法律体系，并从巴比伦人教授的知识中吸取了很多。在亚洲，他们事实上享

有对铁的垄断地位，这不仅因为他们的农业有很重要的地位，更在于他们凭借着对要塞和双轮战车的控制，占据了军事优势，给埃及和美索不达米亚以重创。公元前1590年前后推翻巴比伦似乎是第一赫梯“帝国”发展到顶峰的标志。接着就是一段消退和黑暗时期。然而在公元前14世纪上半叶，又出现了权力的复兴。第二次更辉煌的时代展现了一种赫梯霸权，它在很短一段时间内从地中海沿岸延伸到波斯湾。它统治了除埃及以外的整个肥沃新月地带；并且当迈锡尼处于无休止的战争时，它成功地迎接了甚至是强大军事国家的挑战。但和其他帝国一样，大约一个世纪之后它衰落了，于公元前1200年左右走向终结。

在黑暗时代开始时的希腊和爱琴海地区，巨大凝聚力的跌宕起伏有两个有趣的特点。第一个特点是这时赫梯人对铁不再享有霸权。公元前1000年前后近东随处都可以看到铁的使用，它的传播一定是反赫梯势力扩张故事的一部分。另外一个有趣的特点是它与移民运动的节奏一致。打铁技术的主要传播者是印欧各民族，而正是这些民族大约从公元前1200年起将世界历史搞得一片混乱。消失的特洛伊——该城再也没有从希腊人的破坏中恢复——被认为有战略上的重要意义；这座城市直到这个时候还在小亚细亚的国家同盟中扮演着领导的角色。这一同盟形成了抵抗北方蛮族人的防御线，在它消失以后，再没有出现新的抵抗中心。赫梯势力的最后消失和埃及人记载的“海上民族”的进攻，两个事件发生的时间离得很近，有些人认为这太过明显不可能仅仅是巧合。赫梯人的征服者是来自色雷斯地区一个被称为弗里吉亚（Phrygians）的民族。

“海上民族”是这个时代巨大民族运动的又一个表现。有了铁器装备，从公元前12世纪初起，他们开始入侵地中海盆地、劫掠叙利亚和黎凡特的城市。这些海上民族中的一些人可能是曾经从迈锡尼城市迁出，首先到了多德卡尼斯群岛（Dodecanese），然后又去了塞浦路斯的“避难者”。他们中的一支非利士人（Philistines）于公元前
108 1175 年定居在迦南，人们仍以源自其的现代名字来纪念他们，即巴勒斯坦。但埃及人是海上民族的主要受害者。就像 2 000 年后的北欧海盗们一样，出生在海上的入侵者和劫掠者们一次次地冲入这片三角洲地区，不会因为偶然失败而灰心，甚至一度从法老手中夺取该地区的统治权。埃及处于巨大压力之下，于公元前 11 世纪早期分裂为两个国家，并且彼此之间存在着争斗。海上民族并不是埃及唯一的敌人。在某个时期，利比亚的舰队好像突袭了这一三角洲地区，尽管后来它撤走了。在南部，努比亚边界还没出现问题，但是到了公元前 1000 年左右，苏丹出现了一个独立的王国，它后来成为一个麻烦。就像对迈锡尼时代的希腊人那样，蛮族入侵的浪潮推翻了近东的旧制度。

至此，在这些事件起伏中我们对历史已经足够深入，以致很清楚地表明我们已经进入了一个对平铺直叙来说既太过复杂又太过模糊的时代。值得庆幸的是，在混乱中很快出现了两条线索：一条线索是旧主题的延续，即持续不断的美索不达米亚传统将要进入最后的阶段；另一条线索相当新，它开始于一个我们无法确定发生时间，只是从几个世纪后传说中略知一二的事件。这一事件可能发生在埃及人受到海上民族影响的某个时期。无论它何时发生、如何发生，当一个埃及人称其为希伯来人，世界后来称之为犹太人的民族从埃及民族中分离出来时，世界历史面临着一个转折。

对许多民族来说，基督教创立之前的很多世纪里，人类历史是犹太人的历史以及由他们所描述的其他民族的历史。这些都记录在犹太民族神圣的经典《旧约》中，后来由于基督教传教士的推动和印刷术的发明而在世界范围内以多种语言传播。他们是第一个得出上帝的抽

象概念并且禁止使用具体形象来代表上帝的民族。没有一个民族曾从如此细微的起源和资源中产生出更大的历史影响。事实上，这些起源是那么微不足道，以至于关于犹太人我们仍然所知不甚详尽。

犹太人起源于阿拉伯的游牧民族——闪米特民族中，其史前和历
史时期的趋势就是进入离发源地最近的肥沃新月地带当中最肥沃的土
地。他们最早值得关注的历史阶段是氏族时期，当时的传统体现在
《圣经》有关亚伯拉罕、以撒和雅各的记载中。要否认这些强大的、
传说中的人物的原型确实存在，看来没有什么好的理由。如果他们真
的存在，那么他们大约生活在公元前 1800 年左右，其历史是乌尔王
国结束之后混乱时期的一部分。《圣经》上称亚伯拉罕从乌尔来到迦 109
南，这貌似非常可信，和我们所知道的此后 400 年中阿摩利人和其他
部落的散布并不矛盾。在那些被认为是亚伯拉罕的后裔中，一部分最
后演变成“希伯来人”；该词原意为“流浪者”，在公元前 14 世纪或
公元前 13 世纪的埃及记录和碑刻中才出现，此时距他们最早定居在
迦南已过去很久。尽管这种称呼不完全令人满意，但它可能是指称我
们此处关注的这些部落的最好名字。这是一个比“犹太人”更好的区
分这个群体的称呼。而且，由于几个世纪以来普遍使用这个词，因此
从它所蕴涵的所有历史联系来说，最好还是保留它（就像学者们常做
的那样）来指称一个比氏族社会晚很多的时期。

正是在迦南，亚伯拉罕的人民第一次在《圣经》中凸显出来。他们被描写成牧人，以部落形式组织在一起，因水源和草场而与邻居和亲属发生争执；由于干旱和饥饿的压力，仍然容易受到近东的影响。我们被告知，可能在公元前 17 世纪早期，他们中的一支南下进入埃及，在《圣经》中是作为雅各家族出现。正如《旧约》中所揭示的历史，我们知道雅各的大儿子约瑟在法老的官吏中很受器重。关于这一点，我们可能要寄希望于埃及记录的帮助。记录表明这发生在喜克索

人占优势的时期，因为在大量困扰中只有这一段时期可以解释在埃及官僚机构中一个外族人的、不大可能的突出地位。或许就是这样，但没有证据来证明或反驳它。只有传统，就像直到公元前 1200 年前后为止，对所有的希伯来历史来说都只是传统。这种传统体现在《旧约》中，其文本直到公元前 7 世纪才形成现在这种模式——这可能是在约瑟的故事发生之后的 800 年，尽管其中可能已经发现了更古老的成分。作为证据，《旧约》在表现与犹太人起源之间关系的地位上有点像荷马史诗对于希腊人一样。

如果不是因为 1 000 至 3 000 年之后发生的事，《旧约》当中没有什么显得非常重要，当然除了专业学者外也不能吸引任何人。然而整个世界的命运都受到了基督教文明和伊斯兰教文明的影响，这两种文明都根植于一种细小的、不容易被察觉出来的闪米特民族宗教传统。几个世纪以来，美索不达米亚和埃及大帝国的统治者们几乎都不能从许多类似的流浪者中区分出这种宗教传统。这是因为希伯来人以某种方式达到了一种独特的宗教境界。

在整个古代近东世界都能看到使一神教的观点更有吸引力的力量
110 发挥着作用。巴比伦第一帝国之后，在对巨大动荡和该地区经常肆虐的疾病的思考之后，地方诸神的力量似乎受到了怀疑。埃赫那吞的宗教改革和马尔杜克崇拜的壮大，都被看作是对这种挑战的回应。但只有希伯来人和那些与他们有共同信仰的民族才能把这个进程深入推进，超越多神教和地方主义，达到一种一致而坚定的一神教。

我们很难确定一神教出现的时间，而这一进程中的关键步骤在公元前 8 世纪之前尚未完成。能被确定的最早时期的希伯来宗教，它可能是多神教，也可能是一神教。也就是说，与其他闪米特各族一样，犹太人的始祖部落也相信有许多神存在，但只崇拜自己的那一个。精简的第一步是认为以色列民族（对雅各后裔的称呼）拥有对耶和华唯一忠诚想法的产生。耶和华是一个部落神、一个排他的神，他曾与自己的人民签订了一份契约，许诺再次将他们带到希望之乡。迦南是耶和华从乌尔城中分出来给亚伯拉罕的，至今它一直是种族斗争的焦点。立约是一种伟大的想法。以色列民族得到保证，如果它依约行事，那么期望中的东西就会紧随而至。这和美索不达米亚或埃及的宗教氛围十分不同。

耶和华排他的要求打开了通往一神教的道路。因为当这一时刻到来的时候，以色列人对别的神不再感到畏惧，而这些神可能成为这种演进中的一种障碍。但这也不是全部。在早期，耶和华的特征就已经和其他部落神不同了。没有他的雕刻形象，这是其崇拜最突出的特点。有时，他像其他神那样出现在固有的住处，诸如人工建造的神庙甚或在自然现象中。但随着以色列宗教的发展，他被视为至高无上的神：

> 耶和华在他的圣殿里，耶和华的宝座在天上，他的慧眼查看世人。
>
> （《旧约·诗篇》，11： 4）

一首赞美诗这样唱道。他创造了每样东西，独立于其创造物而存在，他是一种普遍的存在体。

> “我往哪里去，躲避你的灵？我往哪里去，躲避你的面？”
>
> （《旧约·诗篇》，139： 7）

耶和华的创造能力是另一项使犹太传统与美索不达米亚传统相区分的东西。两者都认为人类起源于大水的混沌之中。《创世记》中这样写 111

道："地上空虚混沌，渊面黑暗。"但对于美索不达米亚人来说，这不是纯粹的创造；从某种意义上说，某些东西往往已经存在，诸神只是对它们进行组合安排。因此，他们的认识不同于希伯来人。希伯来人认为耶和华制造了混乱本身，对以色列人而言，他是后来基督教教义中所描述的"万物的创造者，所有的东西都是他创造的"。更重要的是，耶和华以自己的形象创造了人，把人当成同伴，而不是仆人；人是他创造力的顶峰和最高启示，与耶和华自己一样能从邪恶中知道友善。最后，人类在根据耶和华自身特点设定的道德世界中流动。只有耶和华才是公正的，人类制定的法律可能反映也可能没有反映他的意愿，但他是权利和公正的唯一创造者。

此类思想的内涵，要花费几个世纪的时间才能提炼出来，而要充分表达出其丰富的含义则要花费几千年时间。最初，它们被很好地隐藏在部族社会企图在战争中寻找上帝恩惠的臆想中。它们大部分反映了居住在沙漠地区民族的特殊经历。后来的犹太传统在其人民大批离开埃及过程中十分重视起源。《出埃及记》是一个主要讲述伟大神秘人物摩西的故事。显而易见，当希伯来人来到迦南时，他们已经是一个有独立意识的民族，以耶和华崇拜为中心组成。《圣经》上有关在西奈游荡的记载可能记录了这个民族的意识形成的关键时期。但是《圣经》传统再次成为其所能依赖的东西也是因其后来的记录。非常可信的一点是，希伯来人最终从别人的粗暴压迫下逃走了。举个例子，这种压迫能从庞大的建筑工程所施加的重压中反映出来。摩西是一个埃及名字，这位领袖因为策划了出埃及并使希伯来人在荒野间团结起来，在《圣经》故事中占有突出的地位。在传统记载中，他在与耶和华的会面中得到了十诫，并因此创立了律法。这是耶和华与其在西奈山上的人民制定新契约的时刻。这也可以被看作是游牧民族传统的一次正式回归。当他们长期旅居在尼罗河三角洲时，其教派曾遭到削弱。不幸的是，这个伟大的宗教改革者、民族领袖的确切作用无法确定，直到他死后很久，十诫本身确立的时间还不能准确知道。

尽管《圣经》的记载因为它的立场并不能被接受，但它应该被尊奉为有关犹太人大部分历史的唯一证据。其中有许多内容能够与其他地方所知道或推测的联系起来。只有当希伯来人到达迦南后，考古学 112
才对历史学家产生帮助。《圣经·约书亚记》中有关征服的历史与公元前 13 世纪迦南遭摧毁的痕迹相符合。我们知道迦南人的文化和宗教也与《圣经》中有关希伯来人与当地的教派活动及普遍的多神教进行斗争的记载相一致。巴勒斯坦在整个公元前 12 世纪就处在两种宗教传统和两个民族的冲突中。显然这再次说明了埃及统治的瓦解，因为这个关键地区不可能留下来作为少数闪米特民族的牺牲品，闪米特民族使君主的权力还在发挥作用。现在看来似乎希伯来人获得了其他游牧民族的支持，而检验同盟的标准就是对耶和华的忠诚程度。尽管部族间相互争吵，但他们在争端解决后继续信奉耶和华，而且一段时间里这曾是他们唯一团结的力量，因为以色列只有部落这一种政治结构。

希伯来人在破坏的同时也在学习。他们在很多方面明显不如迦南人的文明程度高，因此他们继承了迦南人的文字。他们尽管常常没有达到其前辈那样水平的城镇生活，但他们借鉴了前辈的建筑实践。耶路撒冷在很长时间里是一个污秽、混杂的小地方，远没有达到很久以前米诺斯人城镇生活达到的水平。然而以色列种下了后来大部分人类历史的种子。

定居在巴勒斯坦本质上是一次军事行动，接下来军事必定会激起这个民族的持续统一。看来是非利士人（他们显然是比迦南人更凶猛的对手）的挑战促成希伯来王权统治在公元前 1000 年前后出现。随之出现的是另外一种制度。因为是先知撒母耳（Samuel）为第一位国王扫罗（Saul）和他的继承者大卫施礼的（事实上是特派的），所以现在他在这种制度中有特殊的地位。扫罗统治时，《圣经》告诉我们以色列没有铁制武器，因为非利士人关心的是不能因为允许他们使用铁器而影响自身的统治地位。无论如何，犹太人还是从他们的敌人那里学会了使用铁器；希伯来单词“小刀”和“头盔”都有非利士语的词根。犁头还不存在，如果有的话，它们可能会被打制成剑。

扫罗赢得了胜利，但他最终死于自己之手，他的事业则由大卫来完成。在所有《旧约》的篇章中，大卫都因其优缺点而成为突出的人物。虽然没有考古学的证据证明他的存在，但他仍是世界文学中的伟大人物，是两千年中国王之典范。尽管文字记载混乱，却具有难以抗
113 拒的说服力。文字记载描绘了一个心灵高尚但有缺点的所有人的英雄，他结束了非利士人造成的威胁，重新统一了扫罗王死时曾分裂的王国。耶路撒冷成为以色列人的首都，然后大卫又将统治强加给邻近的民族，他们当中有曾经帮助他打败非利士人的腓尼基人。这也是推罗作为一个主要独立国家的结束。

大卫的儿子兼继承者所罗门是第一个取得主要国际地位的以色列国王。他以战车武装军队，发动了对以东人（Edomites）的远征，并与腓尼基人结成同盟建立海军。征服和繁荣随之而来。

> 所罗门统管诸国，从大河到非利士地，直到埃及的边界……所罗门在世的日子，从但到别是巴的犹太人和以色列人，都在自己的葡萄树下和无花果树下安然居住。
>
> （《圣经·列王纪上》4： 21，25）

这听上去又像是当极盛时期衰退时，适用于弱者开拓的可能性出现了。以色列在所罗门统治下的成功是古老帝国衰败的进一步证明，它

可以与叙利亚和黎凡特如今已被人们遗忘的民族的继承者所取得的成就相匹敌。《旧约》记载的众多籍籍无名的斗争中描述了由这些人组成的政治世界的情形。他们中大部分是古阿摩利人繁衍的后代。所罗门是一位有巨大活力和驱动力的国王，他统治时期的经济和技术进步也是值得注意的。因此他是一位一流的创业统治者。“所罗门国王宝藏”的传说据说反映了最早的炼铜活动，在近东地区存在着有关这方面的有争议的证据。当然神庙建筑（以腓尼基人的为模型）只是许多公共工程之一，虽然可能是最重要的。大卫给了以色列一个首都，以及由此增强的政治上集中的趋势；并且设计了一座神庙，当所罗门建筑它时，对耶和华的崇拜被赋予了一种与此前相比更宏大的形式和永久的焦点。

希伯来人的部族信仰成功地抵制了早期农人们信仰的丰产仪式和多神教带来的玷污危险，而希伯来人正定居于迦南的这些农人中间。但可能损害所订契约的堕落危险自然存在，其他危险也随着成功而来。王朝意味着宫廷、外交和约，在所罗门时代，还意味着拥有信仰自己教派神灵的外族妻子。先知们的首要作用就是谴责因追随非利士人的多产神而出现的背离律法的罪恶。新兴的奢华风气也是他们的社会关注点之一。

先知们把以色列人的上帝观念发挥到极致。和近东地区已有的预 114
言家们不同（尽管这可能是培养了最早的两个伟大先知撒母耳和以利亚［Elijah］的传统），他们是布道者、诗人、政治和道德的评判者。他们的地位主要依靠在其自身和他人那里所能具有的信任度，这是上帝的旨意。很少有传教者能获得如此成功，因此以色列最终被后人所纪念不是因为国王们的伟大功绩，而是先知们倡导的道德标准。他们在宗教和道德间建立了联系，这不仅控制了犹太教，还影响了基督教和伊斯兰教。

先知们把耶和华教派发展成对万能上帝的信仰；这个上帝是公平仁慈的，对罪恶严厉惩罚，但愿意接受悔改的犯罪者。这是近东宗教文化的高潮，也是宗教信仰能从地方和部族中分离出来的时刻。先知们也严厉打击社会的不公正行为。阿摩司（Amos）、以赛亚（Isaiah）和耶利米（Jeremiah）在特权僧侣等级出现后也这么做，他们谴责直接面对人民的宗教官员的傲慢。他们宣称在上帝面前人人平等，国王们不能只做他们愿意做的事情。他们宣布了一种是既定的事实，独立于世俗权力之外的道德准则。因此，以色列人相信遵守道德法则的布道是上帝赐予的，它也成为对世俗政治权力进行评判的基础。由于法律不是由上帝在人类的代理人所指定的，所以它不是从那种权力的表面体现出来。先知们常常在反对国王和僧侣时，既能诉诸神的意志，又能诉诸法律。可以不过分地说，如果政治自由主义的核心是那种认为权力应该在独立于它之外的道德机制内发挥作用的信念，那么根源就是先知们的教诲。

撒母耳以后的大多数先知们公开反对这种让人担忧的背景，他们用证据称之为倒退和瓦解的迹象。当各王国以飞快的速度来回更迭的时候，以色列在类似强权的消失中繁荣起来。公元前 935 年所罗门死后，希伯来的历史起伏跌宕，但从大的趋势来说转入一个最坏的阶段。反抗已经存在，很快王国便分裂了。以色列成为一个北部的王国，由 10 个围绕着首都撒玛利亚（Samaria）的部落组成。在南部，便雅悯（Benjamin）和犹大的部落仍然控制着犹大王国的首都耶路撒冷。亚述人于公元前 722 年消灭了以色列，在大规模的流放中 10 个部落从历史中消失。犹大王国存在得要长一点。在众多大国中它比较小而且弱，它一直存在到公元前 587 年巴比伦军队入侵耶路撒冷城和神殿之时。然后，犹大王国的人民也遭到了驱逐，他们中许多人是被巴比伦人赶走的；对流亡者的大部分经历来说，这是一段如此重要和残酷的时期，以至于以后我们可能要适当地说说“犹太人”——作为一种传统的继承者和传达者，他们依然存在并且不难找到。大帝国又 115
一次在美索不达米亚建立了他们的统治，并给了其文明最后的辉煌。有利于犹太国家出现的环境消失了，对犹太人来说，幸运的是犹太教派确保了环境消失并不意味着民族身份的消亡。

从汉谟拉比时代起，美索不达米亚河谷的民族就受到迁移民族恶意地压榨。长期以来，相对危险的是赫梯人和米坦尼人，但其他民族也时不时统治过亚述和巴比伦。尽管这样的说法隐藏了很多东西，但也不失合理的一面：当赫梯人也瓦解时，古老的美索不达米亚直到公元前 9 世纪一直军事纷争不断。公元前 11 世纪早期，一个亚述国王短暂地控制了叙利亚和巴比伦；但很快又被一群称为阿拉姆人（Aramaean）的充满干劲的闪米特部落扫除，他们是从沙漠向肥沃土地扩张的古老传统的追随者。他们和巴比伦加喜特国王们的新一代一起，构成为潦倒的亚述国王们棘手而易怒的邻居，一直持续了 200 年左右的时间，和美国存在的时间差不多。虽然这些闪米特民族之一被称为迦勒底人，然而最终它的名字有点误解地给了巴比伦人。在这段历史中没有太多可以铭记的，除了那些进一步证明古代世界政治结构脆弱性的证据。

只有当公元前 9 世纪美索不达米亚恢复时，亚述帝国的形状才开始在混乱的事件中重新出现。然后，《旧约》告诉我们，亚述的军队再次不停地抗击叙利亚和犹太国家，经历一些成功的反抗之后，亚述人一次次地重来，最后成了征服者。这是近东历史上一个新的、重要的、令人不快阶段的开始，一个新的亚述帝国正在形成。公元前 8 世纪它发展到了巅峰期，位于底格里斯河上游的首都尼尼微取代了古代亚述的中心，和巴比伦时一样成为美索不达米亚历史的焦点。在某种意义上，同其他大帝国相比，亚述帝国是一个整体。它不是建立在使别的国王成为附庸和创造附庸国基础上的，相反，它扫除了各国的统治者并设置了亚述人的统治。它也常常清除当地的人民。它的一个特殊手段就是大规模地放逐，以色列的10个部落是记忆最深的受害者。

亚述的扩张因不断的、决定性的胜利而推进。最大的胜利发生在公元前729年，巴比伦被灭。不久以后，亚述的军队又摧毁了以色列。埃及也受到入侵，埃及法老的势力局限在上埃及，三角洲地区被
116 抢占了。此时，塞浦路斯屈服了，西里西亚（Cilicia）和叙利亚则被征服了。最后在公元前646年，亚述发动了最后一次征服，占领了埃兰（Elam）的部分土地，其国王则拖着征服者的战车穿过尼尼微的街道。这些结果对整个近东来说具有重大意义。统一的政府和法律体系遍布了整个地区。征募的军队和放逐的人口在其范围内移动，削弱了地方主义。阿拉姆语（Aramaic）作为一种通用语言被广泛传播。亚述时代以后，新的世界主义成为可能。

亚述人强大权力的形成，记录在公认的、威严的纪念物上。萨尔贡二世（Sargon，公元前721—前705年）在尼尼微附近的豪尔萨巴德（Khorsabad）建筑了占地半平方英里，装饰着一英里多浮雕的宏伟宫殿。征服而来的财产为建造一个富裕而豪华的宫殿筹措了资金。亚述巴尼拔（Ashurbanipal，公元前668—前626年）也留下了他的纪念物（包括从底比斯运到尼尼微的方尖碑），但他是一个喜欢学问和古迹的人，他最好的遗物是为其图书馆编制的大量泥板，汇集了所有能发现的有关古代美索不达米亚的记录和文学作品，其中一些留存至今。我们许多关于美索不达米亚的文学知识都要归功于这些文本，包含从苏美尔人那里翻译过来的《吉尔伽美什》史诗的完整版本。因此，推动这一文明的思想最终可以从文学作品以及其他来源中去理解。亚述国王经常以猎人形象出现，这可能是勇敢的国王形象的一部分；但也可能构成了传说中国王是自然征服者的有意识认同，他们是

遥远的苏美尔人历史上的英雄。

记载亚述国王伟大业绩的石头浮雕，同样单调地重复着另一个关于劫掠、奴役、围困、酷刑和最后以大规模放逐来解决问题的传说。亚述帝国有其进行征服和威胁的残酷基础，这可能是由当时所建最好军队做到的。军队由征召入伍的男性组成，装备铁制武器，还有用来攻击当时坚不可摧的城墙的攻城炮，甚至还有一些盔甲骑兵。它是所有力量调和后的力量，或许其中也包含了特殊的宗教热情。传说中，当他们出战时，可以看到亚述的神灵在军队上空盘旋并向国王报告战胜无信仰者的消息。

无论亚述人成功的基本原因是什么，它很快衰退了，可能是因为亚述帝国的人力资源不足。亚述巴尼拔死后的那一年，帝国走向瓦解，最早的迹象就是巴比伦的起义。反叛者们得到迦勒底人的支持。一个强大的新邻居米底（Medes）王国即今天伊朗的主体民族也支持这次起义。米底人作为历史舞台上一支主要力量的出现标志着一次重 117
大转折；很久以来，他们总受到干扰，要对付来自北方另一个蛮族斯基泰人入侵的浪潮。斯基泰人从高加索（与此同时又沿黑海海岸到了欧洲）涌入伊朗。他们是轻骑兵，在马背上以弓作战。实际上，这是世界历史中的一股新生力量。直接来自中亚的游牧民族在西亚第一次重要爆发。公元前 7 世纪与他们达成协议耗费了一定的时间。和其他主要的入侵一样，斯基泰人的前进推动了其之前其他民族的移动（弗里吉亚王国就是被这些民族中的一支所推翻的）。同时，近东地区以原先高加索居民为基础建立的最后的政治组织，也被斯基泰人、米底人或亚述人吞没。所有这些用了一个多世纪的时间，这基本上是一个十分清楚的阶段。肥沃新月地带边缘地区的动荡和分裂对亚述人非常有利；但当斯基泰人和米底人加入之后，这种情况终止了。这推动了边缘地区的亚述人，并给了巴比伦人又一次独立。公元前 612 年，亚述人因为米底人洗劫了尼尼微而退出历史舞台。

尼尼微被洗劫并不是美索不达米亚传统的终结。亚述的崩溃使肥沃新月地带向新主人张开了双臂。北方被米底人侵占，他们长驱直捣安纳托利亚直到吕底亚（Lydia）的边界，并最终把斯基泰人赶到了俄罗斯。一位埃及法老则夺取了西部和黎凡特，但被巴比伦国王尼布甲尼撒（Nebuchadnezzar）打败。尼布甲尼撒给美索不达米亚文明带来了最后的辉煌，巴比伦成为给后人深刻印象的最后一个帝国：它的边界沿着苏伊士、红海到叙利亚的美索不达米亚和古埃兰王国（当时由被称为阿契美尼德王朝的伊朗王朝所控制）。如果不考虑别的，尼布甲尼撒将是一个伟大的征服者。他在犹太人起义之后于公元前587年摧毁了耶路撒冷，并把犹太人囚禁起来。就像对待别的俘虏那样，他利用犹太人进行装饰都城的工作，他的“空中花园”被认为是世界七大奇迹之一。他是当时最伟大的国王，可能也是到他为止历史上最伟大的国王。

帝国的荣耀开始集中在对马尔杜克的崇拜上。这一崇拜正处于顶峰时期。在每年举行的隆重的新年庆典上，所有美索不达米亚的神（地方神殿中的偶像和雕像）顺着大河和运河而下，到首都的神庙中听取马尔杜克的意见，并承认其至高无上的地位。他们排成长四分之三英里的队伍（我们被告知，这可能是古代最华丽的队伍）或从离神
118 庙较近的幼发拉底河登岸，然后与一尊巨型神像合为一队。根据希罗多德两个世纪后的记载，这座雕像是用2.25吨黄金塑造的。毫无疑问，他夸大其词了。但毋需质疑这是壮观的。然后，以这座神庙为中心的整个世界的命运受到诸神的摆布，并决定了另一年的命运。因此，神学反映了现实的政治。“创世记”之剧的重新上演是对马尔杜克永恒权力的认可，而且这也是对巴比伦绝对君主制的一种承认：保证世界秩序的责任委派给了巴比伦，因此政权也落到了巴比伦手里。

马尔杜克崇拜是美索不达米亚传统最后的辉煌，并很快结束了。在尼布甲尼撒后继者统治下，越来越多的行省被侵占。此后，公元前539年，发生了由阿契美尼德率领的来自东方的新征服者波斯人的入侵。从举世瞩目的壮观宏伟到崩溃，过程是突然发生的。《但以理书》用一个动人的结束场景——伯沙撒（Belshazzar）的盛宴来概括说："在那个晚上，"我们读到，"迦勒底王伯沙撒被杀害。"（《但以理书》5：30—31）不幸的是，这段记载是300年后写的，事实并非如此。与《但以理书》上所记载的不同，伯沙撒既不是尼布甲尼撒的儿子，也不是他的继承者，而攫取巴比伦的国王是居鲁士。不过，对犹太传统的强调具有生动的、心理上的真实性。就古代的历史要有一个转折点而言，一个源于苏美尔的独立的美索不达米亚传统结束了，我们站在了新世界的边缘，这就是全部意义。一个犹太诗人在《以赛业书》中兴奋地对此作了总结，在书中，居鲁士作为犹太人的解放者出现：

迦勒底的闺女啊，你要默然静坐，进入暗中，因为你不再称为列国的祖母。

（《旧约·以赛亚书》47：5）

第 5 章　东亚文明的开端

119 从历史开端到现在，世界史的重心通常是在大西洋与伊朗之间的地域徘徊。然而（直到现在也是一样）那里所发生的变化对于其他地区并没有产生任何直接影响。世界其他地区的发展实际上一直没有受到那里文明的影响。其中有两个国家在这一点上表现得尤为突出：印度与中国。公元前 1000 年之前，这两个国家的文明已经开始发展，尽管与外界有着交流，但它们是独立于近东地区之外的。它们创造了精彩悠久的文化传统基础，这两国的文化比美索不达米亚文化、埃及文化都要更加持久，也各自产生了巨大的影响力。

古代印度

从相当直接的意义上说，古代印度至今仍然是我们可以看见、可以接近的。20 世纪初，一些印度群落仍和我们的原始祖先一样以狩猎和采集为生。今天许多村庄仍能见到的牛车和陶工旋盘，同 4 000 年前使用的完全一样。大约在公元前 1000 年所建立的种姓制度的主要系统，仍被用来管理数百万人的生活。许多村庄神龛中供奉着的诸神和女神，对其的膜拜可以追溯到石器时代。

在某种程度上，不同于其他古代文明，古代印度仍然与我们同在。然而，虽然在印度生活中因循守旧的例子到处都是，但同样也包容着很多其他东西。20 世纪初的狩猎和采集者，同其他经常坐火车旅行的印度人是同时代人。印度人的生活差异巨大，从其国土辽阔和生活背景多样性来考虑，是完全可以理解的。毕竟，分布于次大陆的印度国土和欧洲面积大致相同，按照气候、地形和农作物的不同划分成了若干区域。北方有两河流域——印度河和恒河水系。两河之间是 120
沙漠和干燥平原。南方是大部分为森林覆盖的德干高原山区。从有文字记载的历史开始，印度种族的复杂性也已经相当突出了。学者确定有六个主要种群。许多其他种族是后来才出现的，他们也在印度次大陆和印度社会中定居。所有这一切使我们难以找到一个中心。

然而印度历史具有统一性，这一事实体现在它有巨大力量吸引并改变外来影响。这就为我们提供了一条线索，引导我们通过考古学和长期以来只是口头流传的文本，找到印度早期历史阶段拼凑而模糊的启示。其基点可以从另外一个事实中找到：印度由于地理原因在很大程度上同外界隔绝。虽然幅员辽阔、地域差异很大，但在 16、17 世纪各大洋开始开发以前，印度同外族的接触不多，尽管它经常与不可抵御的入侵进行斗争。印度北部和西北部受世界最高山脉保护，东部有热带丛林。次大陆庞大三角地带的其他两边向外延伸，进入浩瀚的印度洋。这种天然屏障不仅沟通同时也限制着印度同外界的联系，并且给印度带来特殊的气候。印度大部分地区并不位于热带地区，却依然是赤道气候。高山挡住了中亚袭来的寒风。漫长的海岸线使大洋上空滚滚而来的积雨云长驱直入，却无法进入北方山地。气候循环的规律是每年一次的季风。季风在每年最热的几个月中带来雨水，至今仍是农业经济的主要依靠。

虽然在进入现代社会之前，印度在某种程度上一直难以被外力侵入，但它的西北边境比起其他地区更加对外开放。从 17 世纪以来，俾路支（Baluchistan）地区和边境关口是印度接触其他民族最主要的地区。在文明时期，甚至印度同中国的接触最早也是通过这条弯道进行的（虽然它并不像我们所知的墨卡托［Mercator］投影地图所表现的那样蜿蜒曲折）。印度西北地区不时地遭受外族控制，这对于我们审视印度早期文明很有启发作用。我们并不十分了解印度文明是如何形成的，但我们知道苏美尔和埃及文明先于印度。阿卡德萨尔贡一世时美索不达米亚的记载中，记述了同“美路哈”（Meluhha）的交往，学者们现在认为那就是印度河流域，这个冲积平原是旅行者进入印度
121 后遇到的第一个自然区。正是在那儿，在森林覆盖的富饶乡村，出现了印度早期文明。也是在这个时候，在更远一些的西部地区，开始出现起到历史杠杆作用的印欧语系民族大迁移。对印度文明起刺激作用的因素可能不止一个。

历史遗迹表明，农业进入印度晚于近东。印度农业最初可以追溯至次大陆西北角。考古证据显示，俾路支早在公元前6000年就驯养动物了。还有迹象表明，公元前3000年，这里的冲积平原上就有了定居生活，并且开始出现和其他流域文化大致相同的情况。坯轮制的陶瓷器皿和青铜器开始发现。这些迹象表明，如同埃及和苏美尔的情况一般，农业定居逐渐集中，直到真正的文明开始出现。但是，在此之后可能有美索不达米亚的直接影响。最后，来自北方的新种群至少对正在形成的印度的未来产生了合理影响。虽然对此作出断言未免太过草率，但印度人口的复杂种族结构早就暗示了这一点。

当有关文明生活毋庸置疑的证据终于出现，其变化之显著令人吃惊。一位学者称之为文化“爆炸”。可能有过一种至关重要的技术水平：烧砖的发明（同美索不达米亚以太阳晒干的泥砖相对）。这使缺少天然石块的平原有可能控制洪水。不管用什么方式制砖，结果是出现了一个引人瞩目的、连绵25万平方英里的印度河流域文明，面积比美索不达米亚和埃及都大。

“哈拉帕”文明因位于印度河支流哈拉帕城（Harappa）的伟大遗址而得名，类似的遗址在摩亨佐·达罗（Mohenjo-Daro）还有一个，而其他的则正在发现过程中。这些遗址共同揭示，人类已经高度组织起来，能够周密地管理集体工作，其规模同埃及和美索不达米亚一

样。城市里有大谷仓，度量衡似乎也已在广大区域内统一起来。很显然，到公元前2600年，一个高度发达的文化已经建立并延续了大约600年，几乎没有什么变化。

哈拉帕和摩亨佐·达罗是印度文明的两大城市，各有人口3万多。这说明当地农业高度发达，能够供养这样两座城市。当时这个地区远非后来变成的干旱地区。摩亨佐·达罗和哈拉帕的城市周长约为2至2.5英里之间，建筑物统一而复杂，表现了相当高的组织管理技术。两城各有一个卫城和一个住宅区，街道的房屋都是棋盘式布局，用统一规格的砖建成。两城精心设计而有效的排水系统和 122
房屋内部设计表明，人们对沐浴和清洁极为重视。在哈拉帕城的一些街道上，几乎每一幢房子都有一个浴室。从这里也许可以看出日后成为印度宗教永久特征的某些最初表现形式。洗澡和宗教沐浴对于印度人至今仍很重要。

这些城市的贸易范围很广，居民们过着一种比较复杂的经济生活。在摩亨佐·达罗以南400英里处的洛塔尔（Lothal），有一个大船坞与一条1英里长通往大海的运河相连，由此可以想象通过波斯湾直到美索不达米亚的对外贸易的重要性。哈拉帕各城市还有遗迹证明，专业工匠从各地获得材料，而后将他们的技术产品运往四面八方。哈拉帕文明生产棉花（我们有最早的棉布证据），足以包裹成捆的出口货物，捆包带上盖有在洛塔尔发现的印章。这些印章是有关哈拉帕文字（及其使用）的部分证据。陶器碎片上的一些铭文则补充说明了这一点，并提供了印度文字的最早遗迹。大约有2 500个印章留存至今，为我们提供了了解哈拉帕思想的最好线索。印章上的象形文字从右排到左。印章上经常出现动物，可能代表划分的一年的6个季节。印章上的许多“字”尚未被释读，但现在看来至少可能是一种语言的组成部分，同印度南部现今仍在使用的达罗毗荼语很相近。

123

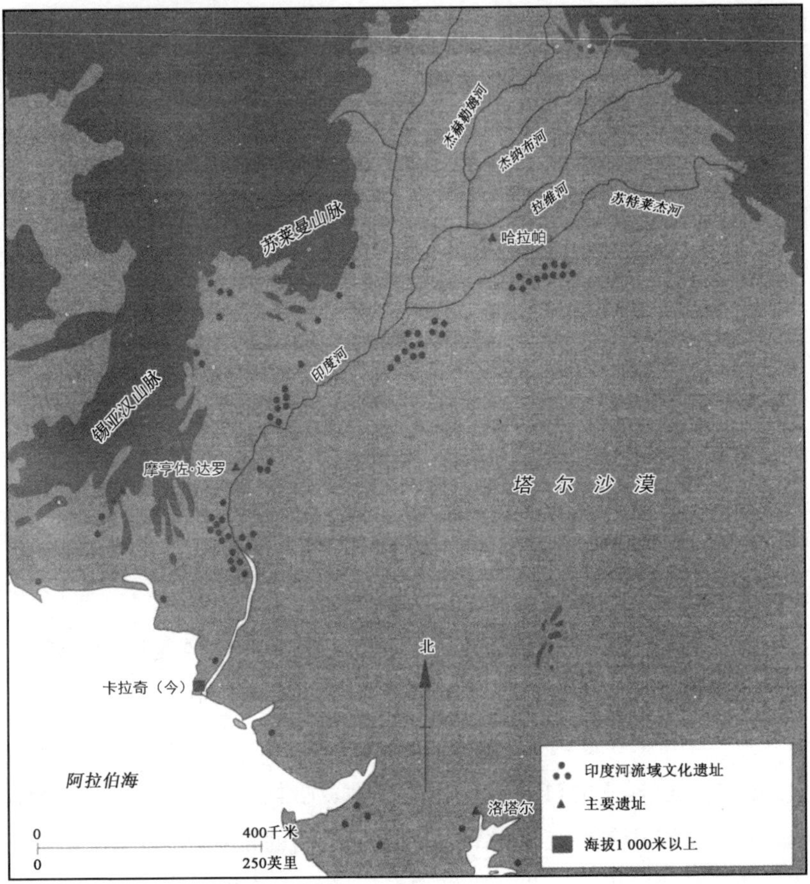

印度河谷

来自印度河的思想和技术在信德和旁遮普广为传播，直达古吉拉特西岸。这一过程历时数百年，而考古为我们提供的画面太过混乱，不足以展现统一的模式。在哈拉帕文明影响没有到达的恒河流域（另一个富有肥沃淤泥的可以大规模居住的地区）和东南地区，经历了不同的文化进程，但都没有留下任何（像哈拉帕文明）如此璀璨的内容。一些印度文化可能源自其他地区，有受到中国影响的迹象，但并不确凿。例如，印度恒河流域开始种植水稻，我们不知道它源自何处，一种可能是来自中国或东南亚，那里的沿海地区大约在公元前 3000 年就开始种植了。两千年后，米饭成为印度北方大部分地区的主食。

尽管它们消失的年代大致可以断定，但我们不知道印度早期文明为什么会开始衰败。一种可能是印度河洪水的破坏；另一种可能是印度那不可控制的河水改道，破坏了两岸农业微妙的平衡。为了给哈拉帕建筑所依赖的砖窑提供燃料而砍伐树木，森林遭到毁坏。但是也许还有其他因素在起作用。摩亨佐·达罗街道上发现的人类的尸骸，很可能是阵亡的将士。哈拉帕文明似乎大约于公元前 1750 年在印度河流域结束，这同印度历史上最富有创造力的一支侵略力量雅利安人的入侵时期相吻合。不过学者们并不赞成外族入侵破坏了印度河流域城市的看法，也许入侵者进入的是一片已经被过度开采和自然灾害破坏了的土地。

严格来说，“雅利安”像“印欧”一样，是一个语言学术语。然而，这个词被习惯地、方便地用于界定印欧人中的一个族群。雅利安人的迁徙成为推动公元前 2000 年以后旧世界其他地区古代历史（发
展）的一股巨大动力。大约在公元前 1750 年的某个时候，在其他印 124
欧人涌入伊朗的同时，雅利安人开始大量从兴都库什山脉进入印度。这只是延续数百年的移民浪潮的开端。移民越来越深入地进入印度河流域和旁遮普，最后到达恒河上游。虽然印度河流域文明崩溃了，但他们没有消灭当地土著。毫无疑问，雅利安人引发了许多暴力，因为他们是武士和游牧民，装备着青铜器武器，还有马和战车。然而雅利安人定居下来了。大量迹象表明，当地土著和他们共同生活，仍然保持着自己的信仰和习俗。诸多考古证据还表明，他们同哈拉帕人的生活方式相融合。不管融合程度如何，这是文化同化的早期例子，这种

同化一直是印度社会的特征，最终形成古典印度教惊人的消化力。

很显然，雅利安人没有给印度带来哈拉帕那样先进的文化。这类似于印欧人进入爱琴海地区的情况。比如，文字消失了，直到公元前10世纪中叶才重新出现。城市也必须重建，而重新出现的城市不如印度河流域先人所建的那么精致和有序。然而，雅利安人似乎慢慢地放弃了他们的游牧习性，定居下来过起了农业生活，并将最初散乱的定居村落向东和向南扩散。这个过程历时数百年，直到铁的出现和恒河流域得到开垦才结束。铁制工具使文明传播得更为容易。与此同时，伴随着北方平原自然环境的开发，雅利安文化对印度历史、对印度的宗教制度和社会制度作出了两个决定性的贡献。

雅利安人奠定了日后成为印度文明核心内容的宗教基础。它围绕祭祀理念形成。通过祭祀，诸神在鸿蒙初开时的创造过程将不断被重复。火神阿耆尼（Agni）极其重要，因为人们是通过其祭火同神联系。重要而显赫的还有主持这些仪式的婆罗门祭司。诸神中最重要的是天神婆楼那（Varuna）和战神因陀罗（Indra）。前者控制自然秩序并体现公正；后者年复一年地宰杀一条龙，使得天水能再次在雨季降临人间。我们通过《黎俱吠陀》（*Rig-Veda*）了解了这一切。《黎俱吠陀》是祭祀时咏诵的一部颂歌集，收有1 000多篇赞美诗，最早大
125 约在公元前1000年进行第一次收集，但在以后许多世纪中逐步增加。《黎俱吠陀》不仅是我们了解印度宗教史，而且是了解雅利安社会史最重要的资料之一。

《黎俱吠陀》似乎反映的是在定居印度过程中形成的雅利安文化，而不是较早时期存在的雅利安文化。《黎俱吠陀》同《荷马史诗》一样由口头流传最后形成文字，不同的是它较易用作史料，因为它表述的情况确凿得多。由于《黎俱吠陀》本身所具有的神圣性，必须以确切的形式进行记录。虽然《黎俱吠陀》直到公元1300年才成文，但

它的初始形式几乎没有遭到破坏。《黎俱吠陀》同后来的吠陀颂歌和散文一起，成为我们了解雅利安印度的最好史料。而对雅利安印度的考古却长期难以展开，因为当时城市和寺庙用的建筑材料不如印度河流域城市所用的砖那么结实历久。

《黎俱吠陀》揭示的世界又一次使我们联想起荷马时期的世界，那是青铜器时代的野蛮人的世界。现在有一些考古工作者相信，他们能够从这些颂歌中推测出哈拉帕城市毁灭的情况。颂歌中没有提到铁，铁似乎直到公元前 1000 年以后才进入印度（关于铁究竟何时出现或来自何地，还存在着争论）。颂歌产生于印度河西岸到恒河的广袤地区，那里居住着雅利安人和黝黑皮肤的土著。这些人构成了以家庭和部落为基本单位的社会，但他们遗留下来的东西没有像后来逐渐形成的一种雅利安人社会组织模式那么持久；葡萄牙人曾把这种社会组织模式称为“种姓”（caste），我们沿用至今。

关于庞杂的种姓制度的早期历史及其意义，我们无法确凿论断。种姓规则一经成文，结构严谨，不容变化。然而，这种情况是在种姓存在数百年之后才出现的，在此以前它仍然是灵活多变而不断发展的。种姓制度的根源看来是对已确立的农业社会基本阶级划分的一种认可。武士贵族刹帝利、祭司婆罗门和普通农人吠舍，这些是人们现今观察到的雅利安社会最早的等级划分；似乎并没有明确的界限，他们之间可以相互流动。早期唯一不可逾越的似乎是非雅利安人和雅利安人之间的障碍。雅利安人用来表示印度土著居民的一个词是 dasa（达萨），后来意指“奴隶”。对非雅利安人，后来又增加了与职业相关的第四种姓，这显然是基于维护种族完整的愿望。这一种姓便是无法阅读或聆听吠陀颂歌的首陀罗，或称“贱民”。

种姓结构后来变得越来越精细。当社会变得更加复杂时产生了进 126
一步的分级和再分级，最初的三重结构内也发生了变动。在这个结构中，婆罗门是最高等级，起着关键作用。地主和商人开始同农人区别开来，前者称作吠舍，首陀罗则成为耕种者。婚姻和饮食禁戒被编集成法典。这一过程逐渐演出了我们今天所看到的种姓制度。大量的种姓和亚种姓逐渐加入这一制度，其义务和要求最终成为印度社会的主要调节器。到了近代，出现了数千个迦提（*jatis*）。这是一种地方种姓，其成员只能在种姓内部通婚，只能吃同种姓人做的食物，遵守规章制度。种姓制度还往往限制某种姓的人只能从事某一行业或职业。由于这个原因（也由于传统的部落家庭和地区纽带及财产分配），直到今天，种姓制度在印度社会权力结构中的作用仍大于正式的政治机构和中央集权。

早期雅利安部落社会摒弃国王。国王后来的出现无疑是因为军事技术的缘故。一些国王渐渐获得了诸如神圣制裁之类的权力，虽然这必须始终依靠同婆罗门种姓保持良好的关系。但这并不是唯一的政治模式，并非所有雅利安人都接受这种演变。大约在公元前600年，当一些关于早期印度政治史的详细情况通过大量的传说和神话最终开始出现端倪时，有两种政治社会可以被识别出来：一种是在多丘陵的北方继续存在的非君主制社会，一种是建立在恒河流域的君主制社会。这反映了雅利安人对东部和南部数百年的持续压力。当时，和平定居和通婚似乎同武力征服起着同样大的作用。与此同时，雅利安印度的重心逐渐从旁遮普转移到恒河流域，因为雅利安文化已经被在那儿居住的各民族接纳了。

当我们进入吠陀王国的边缘地区，印度北方显然已经形成了一种文化上的统一。公元前7世纪，恒河流域是印度人口的重要中心。这也许是那里种植水稻的缘故。印度城市的第二时期就是在那儿开始的，最先建立的城市是市场和制造中心，这可以从其集中了专业工匠判断出来。各大平原，连同大规模发展的军队和精良装备（听说使用

了大象），有利于更大的政治组织的巩固。到公元前 7 世纪末，印度 127
北方建立了 16 个王国，虽然这种情况是如何发生的，各王国彼此之间的关系又如何，我们仍难以从神话中找到答案。然而，铸币的存在和文字记载的开始，说明这些王国有可能建立了越来越稳固的政府。

王国出现的过程在一些有关印度历史最早的文献资料中有所涉及，即雅利安文化开始统治恒河流域时创作的《梵书》（*Brahmanas*，大约在公元前 800—前 600 年）。而有关各王国及其显贵的更多资料，可以在之后的文献，尤其是印度的两部伟大史诗《罗摩衍那》和《摩诃婆罗多》中找到。它们的现存文本是约公元前 400 年到公元 400 年间不断修改的结果。据了解，它们在公元 400 年时第一次以我们今天所知的形式编纂成文，因此很难释读，至今也仍难以了解背后的政治状况和行政管理的实际情况（比如以南方比哈尔［Bihar］为基础的摩羯陀王国，虽然它最终成为主导力量，成为印度历史上最早一批帝国的核心）。另一方面（可能是更重要的方面），历史证据充分表明，恒河流域已经初步定型，成为帝国的所在地，其文化优势确保它成为印度文明的中心、未来的印度斯坦。

后来的吠陀文本和丰富的雅利安文献记载，使人们极容易忘却另一半次大陆的存在。文字记载倾向于把这一时期（甚至以后）的印度历史局限为北方历史。考古学和历史学的研究成果也反映并进一步解释了把注意力集中在印度北方的原因。但这只是由于我们对古代北方的了解比南方多而已。当然，之所以这样强调同样也存在着较好的、并非偶然的理由。例如，考古证据说明，古代印度河水系和印度其他地区（可以指出的是，都以河流命名）之间存在着清晰而连续的文化差距。启蒙（如果可以这样说的话）来自北方。在南方现代的迈索尔（Mysore）附近，和哈拉帕差不多同时代的定居点，虽然有驯养牛和羊的遗迹，但没有出现使用金属的迹象。青铜器和铜器只是在雅利安人进入北方以后才开始出现。此前除了印度河水系之外，没有同时代的金属雕刻和印章，几乎没有赤陶俑。尽管在克什米尔和孟加拉东部，有充分证据表明，当地存在着与中国南方文化有密切关系的石器时代文化，但至少有一点是清楚的，那就是，无论这些印度各地的文化具有怎样的特征，又受到怎样的地理环境制约，在历史上起主导作
128 用的首先是哈拉帕文明，而后是雅利安文明。这两种文化逐渐向孟加拉和恒河流域显示自己的影响，直至古吉拉特西岸和次大陆中部高地。这是黑暗时代的模式，当我们接触到这一时期的历史时，并没有更多的补充线索。南方遗传下来的达罗毗荼诸语言表明，这一地区长期与世隔绝。

地形学充分解释了这种隔绝现象。丛林覆盖的温迪亚山脉（Vindhya）始终把德干高原同北方分割开来。南方内部同样地势崎岖多丘陵，不利于建立北方辽阔平原上那样的大国。与此相反，由于彼此间难以接近，印度南方始终支离破碎。南方一些民族继续保持部落时代的狩猎和采集文化，其他民族则由于碰巧处于另一种地理环境中而转向海洋；但他们均截然不同于农业占主导地位的北方各帝国。

数百万人受到上述种种变化的影响。众所周知，对古代人口的估计是不可能确切的。据估计，印度人口在公元前 400 年时约为 2 500 万，大约占当时世界人口总数的四分之一。但是，印度早期历史的重要性在于它创立了一种生活模式，至今仍影响着大多数人，而不仅仅是古人。这就是以上所述的印度宗教。古典印度教形成于公元前第 1 千纪。第一个世界性宗教佛教同样形成于当时的印度，最后主导着亚洲广大地区。人们的举止是按照他们的信念而形成的。印度历史的活力在于创造了一种文化而不是创造了一个国家或一种经济。宗教是这种文化的核心。

印度宗教和哲学的结合是根深蒂固的。当今印度人崇奉的众多神

祇中，首屈一指的是湿婆（Shiva），许多早期膜拜都集中于此。摩亨佐·达罗一个印章上的图像看上去就像一位早期湿婆。哈拉帕各城市中发现了类似现代寺庙里的林伽（lingam）① 的石块，生殖崇拜则是湿婆的特征。因此可以从中大致推定，对湿婆的膜拜可能是世界上现存最古老的宗教崇拜。虽然湿婆吸收了雅利安人的许多重要特征，但其出现于雅利安人入侵之前，并以具有的多面力量继续存在着，至今仍是崇拜对象。湿婆并非远古印度文明的唯一幸存者。其他哈拉帕印章也可以使人联想到一个以大母神和公牛为中心的宗教世界。公牛流传至今，即在信奉印度教的印度各地无数村庄神龛中供奉的难底（Nandi，其在 20 世纪又焕发出新的活力，化身为国大党的大选标识）。

毗湿奴（Vishnu）是现代印度公众礼拜的另一个中心，其在很大 129
程度上是雅利安人的神灵。同数百个地方神和女神一起，毗湿奴仍是今日印度寺庙供奉的众神之一，受人膜拜。然而，对毗湿奴的膜拜并不是雅利安人对印度教作过贡献的唯一或最好证据。不管古代哈拉帕（甚至哈拉帕之前）留下了什么，印度教主要的哲学和思想传统源自作为雅利安人遗产的吠陀宗教。在当今世界，梵文是宗教学习要用到的语言，它超出了种族划分。无论是在说达罗毗荼语的南方，还是北方，梵文都为婆罗门（僧侣）广泛使用。梵文是伟大的文化黏合剂，它所表述的宗教也是如此。吠陀颂歌为一个比原始的泛灵论更加抽象、更具有哲学内涵的宗教思想体系提供了核心内容。雅利安人与地狱和天堂相对应的观念是“泥土之屋”和“父辈之地”，由此逐渐演化成这样一种信念：人世间的行动决定人的命运。一种博大的、包容一切的思想架构渐渐出现，这是一种世界观，认为万物都联系在一个

① 男性生殖器。——译者注

巨大的生命网中。在这个巨网中，灵魂可以在不同生命体之间转换，变成更高或更低等的生命体，例如，在种姓之间或甚至在人类世界和动物世界之间转换。这种关于从生命到生命转换的思想，其形式由正当的行为决定；它同涤罪和重生思想，同信奉可从瞬息、偶然而充满表象的世界中解脱，以及同信奉梵天中关于灵魂和绝对生命的最终认同的创造原则，都有联系。信徒的责任是遵守达摩（Dharma）——一种事实上无法解读的观念。但这种观念体现了西方有关公正的自然法则的某些思想，体现了人们尊敬和恪守其地位和所应有的责任的思想。

这些发展经历了很长时间。原始吠陀传统开始进入古典印度教的过程是模糊而复杂的。处于早期进化中心的是婆罗门（僧侣）。婆罗门长期控制着宗教思想，因为他们是吠陀宗教祭祀仪式上的关键角色。婆罗门阶层似乎运用宗教权力以强调自己的威严和特权。杀害一个婆罗门很快就成了最大罪行，甚至连国王也不能以自己的权力同他们抗争。然而，他们似乎很早就接纳了一个更古老世界的诸神。据推测，可能正是因为早先非雅利安人宗教崇拜的祭司渗透进了婆罗门阶层，这才保证了湿婆的膜拜保存下去并不断普及。

130 神圣的《奥义书》大约在公元前700年就编纂成文，标志着印度文明向着更具哲学性宗教的方向又进展了重要的一步。《奥义书》由大约250条祈祷句、颂诗、箴言以及圣人有关传统宗教真理内在含义的见解编纂而成。《奥义书》不像早先的文本那么强调人格化的神和女神，但同样包括一些最古老的苦行教谕；这些教谕后来成为印度宗教的一个显著特点，尽管能做到的只有一小部分人。《奥义书》满足了一部分人的要求，他们想从传统结构以外找到宗教满足感。似乎有人对祭祀原则产生了怀疑，新的思维模式在有文字记载的历史时期开始时就已经出现。而对传统信念的不确定后来在《黎俱吠陀》的颂歌中也有所表述。在这里提及这些发展情况是恰当的，因为离开雅利安人和前雅利安人的历史就无法理解这些发展。古典印度后来体现了诸多思想的综合，如《奥义书》中说明宇宙一元观的种种思想，以及婆罗门所代表的信奉多神的公众传统。

抽象思辨和苦行往往得到了抛弃物质欲望而转向虔诚修炼和敛心默祷的修道生活的支持。这种修炼出现于吠陀时期。一些修道士投身苦行实践，其他人则竭力思辨。我们现在拥有的资料证明，当时存在以彻底的决定论和唯物论为基础的智识体系。耆那教是一种非常成功的教派，它不要求信奉诸神，表达了与婆罗门教形式主义的对立。耆那教在公元前6世纪由一位导师所创，主要宣扬尊重动物生命，这与农业和畜牧业格格不入。所以耆那教徒往往是商人，耆那教社团成为现代印度最富有的社团之一。但显然最重要的创新体系是佛陀的说教。佛陀之名“Buddha”可译作“觉者”或“悟者”。

普遍认为佛陀如同其他宗教创始人一样，出生于恒河平原北部边缘地区的一个国家，在那里，他处出现的正统的君主政治模式并不存在。此时正值公元前6世纪初期。乔达摩·悉达多不是婆罗门，而是武士阶级的一个王子。他在舒适、高贵的环境中长大后，感到对自己的生活不满意而离家出走。他首先求助的是苦行主义。7年的苦行生活证明他误入歧途，于是他开始转向布道和说教。反思导致他提出一
种苦行的、道德的教义，其目标是通过达到较高的意识状态以摆脱苦 131
难。这同《奥义书》的说教有相似之处。

在佛教中起着重要作用的瑜伽，后来成为印度哲学中的“六度”（Six Systems）之一。“System”一词含义很多，但在这里大致可以翻译成“方法”或“技术”。这种哲学力图通过禅思，在完全、完美地控制人体之后得道。这种控制据认为是要揭示人性幻觉，这就像上帝所创造的世界中的其他一切事物一样，仅仅是流——是事件的流

逝——而非本质。这个“度”同样已经在《奥义书》中得到概述，后来成为印度宗教留给欧洲游客最深刻的印象之一。佛陀教导门徒要以这样的方式摆脱七情六欲，使得灵魂可以无碍地进入涅槃的有福境界，脱离无穷尽的生命轮回和转化。这种教义要求人们不要有所为，而要有所成——以便达到无为境界。要做到这一点，方法是奉行完善道德和精神的“八正道”。所有这一切意味着一场伦理大革命和人道大革命。

佛陀显然具有高超的修炼和组织才能，再加上他无可非议的个人品德，很快成为一位广受欢迎、成功的大师。他对婆罗门教采取回避而不是反对的态度，这必然使他的道路更为畅通。佛教僧侣群体的出现为佛陀的事业提供了一种在他死后依然存在的制度背景。他也对那些不满传统做法的人，尤其是妇女和低种姓的人具有影响力，因为在他看来种姓是无关紧要的。最后，佛教是不崇尚仪式的、单纯的和无神的。佛教不久便增添了内容。对此有人会说是一种理论的混合。与各大宗教一样，佛教吸收了先前存在的信仰和做法，其结果使佛教得到广泛的传播。

然而，佛教并没有取代婆罗门教。大约有两个世纪，佛教仅局限于恒河流域相当小的范围内。公元1世纪后不久，印度教最后成为胜利者，而佛教则衰退成为印度少数人的宗教。但佛教后来成为亚洲传播最广的宗教，在世界历史上具有举足轻重的影响。佛教成为历史上第一种传播到诞生地社会之外的世界性宗教，因为更为古老的以色列传统要等到公元1世纪后才成为世界性宗教。在印度，在伊斯兰教形成之前，佛教一直是重要的宗教。因此，佛陀教谕的传扬，标志着印
132 度历史上一个公认的时代，值得我们以此来为历史分野断代。直到佛陀出现之时，至今仍活力无穷、依然保持强大的同化能力的印度文明才以其最本原的方式完整地表现出来。这是一个非常重要的事实，它

将把印度同世界其他地区区分开来。

早期印度文明的许多成就依然是无形资产。有一尊在摩亨佐·达罗出土的漂亮舞女的著名雕像保存至今，但在佛陀时代之前，古代印度并没有产生美索不达米亚、埃及或米诺斯克里特那样的伟大艺术，更不要说他们伟大的纪念建筑了。印度的技术成就并不突出。虽然比其他文明晚多少很难准确说明，文字也产生得较晚。然而，印度早期历史的诸多不确定性掩盖不了一个事实：印度的社会制度和宗教延续的时间比人类思想的其他伟大创造都更加持久。即使我们对以下观点加以猜测也显得鲁莽：这些伟大创造物通过所宣扬的观点，几个世纪以来以纯粹或非纯粹的形式传播开来，产生了怎样的影响？对此，只有消极的教条主义才是稳妥的。一套如此包罗万象的世界观，种种对个人如此淡漠的制度，对无情的生命轮回如此确信的哲学，在对善恶责任的任何归咎上又如此缺乏，这样只能产生一种迥然有别于闪米特文明传统所培育的历史。而这些观点大部分是在公元前1000年之前形成并固定下来的。

古代中国

中国历史悠久，举世瞩目。中华民族使用汉语已经长达3 500余年。尽管其间有分裂和骚乱，但政府至少在名义上作为唯一的管理机构一统天下。中国文明源远流长，只有古埃及文明可与之相媲美，这种连续性是中国历史认同的关键。中国的国民性既是文化的，也是政治的。印度历史表明文化可以比政府更重要，而中国历史却是以不同方式说明了同样的道理。在中国，文化使统一的政府管理变得容易。中国某些恒久制度和观念在很早时候就已形成，由于其适应环境所以能够很持久。某些制度和观念甚至超越了20世纪的革命。

我们必须从国土本身开始说起。乍一看来，中国的地域并不利于国家统一。中国地域辽阔，比美国还要大，现在拥有的人口是美国人133 口的4倍。保卫北方边境的长城由蜿蜒2500至3000英里的防御工事组成，且从未完整勘测过。从北京到几乎是正南方的香港，直线距离为1200英里。这个幅员辽阔的国家拥有多种气候和多个温度带，总之，北方和南方差别很大。夏季，北方炎热干燥，南方则湿润多洪水；冬季，北方荒芜多风沙，南方则总是郁郁葱葱。中国早期历史的一大主题是传播文明，有时通过人口迁徙，有时通过从北至南的传播。征服和政治统一的趋势与传播文明这一方向趋同。同时，来自外部，即蒙古和中亚的潮流对北方文明不断地刺激和浇灌。

高山和河流将中国内陆切割开来，三条大河流域大致从西向东穿越。从北往南，分别是黄河、长江和珠江。令人惊讶的是，一个如此广袤、如此割裂的国家，居然完成了统一。然而，中国也是与世隔绝的，这个国家从更新世开始就自成一体。中国大部分地区多山，除了最南端和东北部，中国边界顺山脉和高原走向延伸。长江源头，如湄公河源头一样，都发源于西藏北部高耸的昆仑山脉。这些高原边界是隔离的大屏障，高原山脉所形成的弧线只是在黄河从内蒙古向南流入中原处才断裂掉。也正是在黄河的两岸，开始了中国文明的故事。

黄河绕鄂尔多斯沙漠而行，另一个山脉把它同戈壁荒原隔开，呈漏斗形流向中国北方。人群和土壤顺着黄河移动；北风铺就了黄河流域肥沃而易于耕种的黄土地，使黄河流域成为中国最早的农业基地。这个地区曾经森林覆盖，灌溉条件良好，但是，在一次继原始社会大变迁之后而来的气候变化中，变得寒冷而且更为干燥。当然对于中国史前历史而言，还有着比一条大河流域更大的背景。“北京人”，一种直立人，据考证大约在60万年前就使用火了。三大流域都有类似尼安德特人的遗迹。从这些先驱者到新石器时代早期继承人的各种依稀可辨的文化遗迹，把我们引向一个已经分裂成两个文化区域的中国，

而黄河是它们的交汇处和混合处。要解开当时已经察觉到的文化连接
的纠缠状况是不可能的。但当时并没有出现朝着统一或统一文化平稳 134
发展的趋势。我们知道，甚至在早期的历史时期，“整个中国……充满着新石器时代的遗物”。从这一多变的背景产生出稳固的农业，游牧民和定居者在中国共存，直至今日。在公元前 1000 年的不久前，中国北方还在猎取犀牛和大象。

和世界其他地区一样，农业的诞生意味着一场革命。据考证，早在公元前 1 万年，生活在东南亚和中国南方亚热带沿海地区的各民族就在砍伐森林开垦荒野了。当然，他们开采植被是为了给自己提供衣着和食物，这还是一个有待继续深入研究的课题。公元前 8 千纪以前，水稻已经在长江流域种植。在地面刚刚高于黄河洪水水平面的地区，大约同一时间也开始出现农业（可能是种植小米）的迹象。同远古埃及情况相近的是，中国最早的农业似乎是消耗型或半消耗型的。土地被开垦使用了若干年后变得贫瘠，然后就归还自然，而耕种者的注意力也转向其他地区。从被称为“华北核心区”的农业中可以看出，后来农业是从这里传播到了东北地区和南方地区。不久这一地区出现了复合的文化，把农业同玉雕、木雕、养蚕以及后来成为传统形式的礼器制作，甚至同筷子的使用结合起来。换句话说，后来在有史时期的中国许多传统特点，在新石器时代就已经在这里形成了。

古代作家认同这种革命性变化的重要性，以及农业是由一位特定创造者推动的传说；然而关于这一阶段的社会组织还几乎没有确凿或清晰的推断。也许正因为如此，中国人中一直有使之理想化的倾向。在私有财产广泛推行之后的很长时间里，人们还认为“普天之下，莫非王土”，这可能反映了早期的一些想法，认为全部土地属于社会整体。中国的马克思主义者一直坚持这一传统看法，他们从考古证据中了解到，在进入奴隶社会和封建社会之前曾经有过一个原始共产主义

的黄金时代。争论不可能以一种或别种方式说服那些对这问题感兴趣的人，但我们更有理由认定，氏族结构、图腾以及禁止族内婚出现在这个时代。这种形式的血缘关系几乎可以看作是有史时期保存下来的
135 第一个重要制度。陶器遗物同样也暗示社会角色中出现了新的复杂变化。有些陶器显然已经不再是粗糙、笨拙的日常生活用品。等级社会似乎在我们进入有史时期之前就已出现。

这个阶段出现了未来中国的一个重要标志：小米的广泛食用。小米是一种很适合在干旱的北方地区种植的谷物，后来成为中国人的基本主食，直到将近 1 000 年前都是如此。小米维系着中国古代社会，在某个时候出现了文字，出现了建立在难度很大但先进技术之上的伟大的青铜器铸造艺术，能够制作世界上最精美的陶器。最重要的是，出现了一个有序的政治和社会制度，构成中国历史第一个主要阶段的特征。但是，我们必须再次记住，使这一切成为可能的农业，在很长一段时期内局限在中国北方，这个泱泱大国的许多其他地方直到有史时期以后才开始进行耕作。

要全面追溯远古历史是极其困难的，但加以概述则是有把握的。普遍认同的看法是，中国文明史始于一个史称商的部族统治时期。商是第一个具有独立证据表明它属于传统王朝年表的名称。这一王朝年表在相当长的时间里一直是中国编年史的基础。从公元前 8 世纪后期开始，我们有了更准确的日期；但我们仍没有确切的年表，也即是说像埃及那样完整的中国古代历史年表。比较肯定的是，大约在公元前 1700 年（允许有前后 100 年的误差幅度），一个称作商的部落，凭借双轮战车的军事优势，凌驾于黄河流域广大地区诸邻国之上。最后，商的领地大约占了河南北方 4 万平方英里，仅比现代英国小一些。正如来自遥远的中国南方、新疆和东北沿海的证据显示的那样，商文化的影响大大超出周边地区。

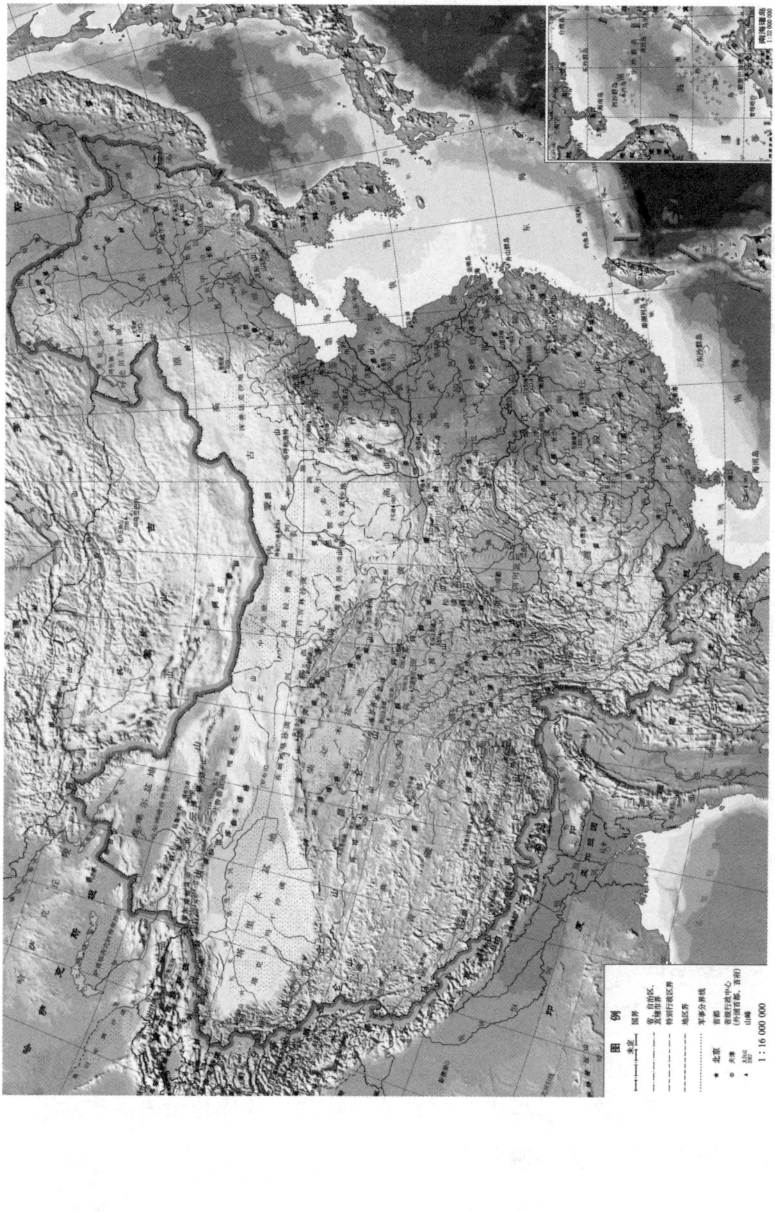

中国地形

商朝国王死后的生活同生前的生活状况是一样的，奴隶和殉葬的人们被一起埋葬在既深邃又奢侈的陵墓中。商王宫廷中有档案保管员和文书，这是美索不达米亚以东第一个真正有文字的文化。这也是区别商文明和商王朝影响范围的理由之一。商文化势力的影响大大超出了其政治范畴。商朝领地的政治安排似乎依靠的是拥有土地与对国王的义务的结合；关键人物是作为武士的土地所有者，他们是拥有半神话化起源的贵族世系中的主要成员。然而，商王朝相当先进，足以使用文士，并且有标准化的货币。商王朝的鼎盛表现在有能力动员大量劳工建造防御工事和城市。

商统治下的中国最后屈服于来自黄河流域西部的另一个部落——周。时间大约在公元前 1150 至公元前 1120 年之间。在周朝统治时期，从商朝继承下来的许多已经相当复杂的政府和社会结构得到保护
137 和进一步完善。葬礼、青铜器制造技术和装饰艺术也几乎毫无变化地保存了下来。周朝时期的伟大成就是巩固并传播了这份遗产，从中我们可以觉察到此后延续两千年的根深蒂固的中华帝国制度。

周朝认为自己周围布满蛮族，这些蛮族期待着从周王朝的安定中获得恩泽（要指出的是，这种想法在两千年后仍使中国的官员拒绝视来自欧洲的人为外交使团，而是视作表示敬意的进贡者）。周朝的霸业实际上建立在战争上，但从中也涌现出了许多文化成果。商朝统治时期，不存在真正意义上的中央集权政府，而周政府代表着程度的变化而非类型的变化。管理周政府的通常是一群显贵与诸侯，他们较之他人更多地依赖王朝。他们至少在适当的时候表示对王朝最高权力的正式承认，并且越来越多地分享一种共同的文化。政治中国（如果用这个术语是适当的话）建立在大地产基础上，有着足够的内聚力使其长期生存。而在这一过程中，原先的封建领主变成统治者并被称作国王，下级官员为其提供服务。

这种制度在公元前770年开始崩溃。崩溃始于蛮族入侵把周人从祖先居住的中心地区驱赶到了东部新的家园——河南。周朝最后亡于公元前256年，下一个可以明辨的时期是公元前481至前221年，史称战国时期。在这一时期，通过战争来改变历史变得愈加激烈。大鱼吃小鱼，直到只剩下最后一条为止。中国的土地第一次全部由一个大帝国即秦王朝来统治，国家由此而得名。这是以后要讨论的问题，这里要说的是它记录了中国历史新纪元。

在中国的传统历史典籍中查阅这一时期的相关事件，稍稍会有一种全然摸不着门道的感觉。而对那些不是专门从事中国研究的历史学家们来说，如果他们不能从这段1 500余年的历史中，从有关国王和显贵之间那种复杂难测的斗争记述中理出有用线索的话，是应该得到原谅的。毕竟，学者们尚未提供一条线索。不过，虽然其详细情况尚未揭示，但这一时期的大部分经历了两个基本过程，它们对于未来极其重要，并给这个时期带来了某种统一。其中第一个基本过程是文化从黄河流域持续不断地向外传播。

起初，中国文明似未开化大海中的几座小岛。然而，到公元前
500年时，中国文明是分散在北方可能多达数百个的所谓“国家”所
共同拥有的，而且还传播到了长江流域。长江流域一向气候湿润、林 138
木茂盛，与北方大不相同。住在那儿的是更加原始的部族。周朝的影
响（部分是由于军事扩张）启蒙了这个地区，帮助当地孕育了长江流
域第一个主要的国家和文化——楚文明。楚文明虽然主要归功于周王
朝的影响，但有着许多自己独有的语言、书法、艺术和宗教特征。至
战国时期结束，我们已经可以看出，中国历史舞台将要扩大了。

在商朝和周朝统治下持续的基本过程之二是，那些将一直留存到近代的诸种体制已大体确立。其中包括把中国社会分成地主贵族和平民的根本区分。平民大多为农民，占人口绝大多数，他们为中国文明

和国家权力建设付出了全部代价。我们对他们难以计数的生命知之甚少，甚至少于其他每一个古代文明默默劳作的大量苦工。关于这一点有很好的理由加以解释：中国农民的生活是一种不断更替的生活。他们冬季住泥屋，夏天则露宿在外，保护并照料地里长着的庄稼。除此之外，没有留下很多遗迹。其余时间，他们似乎消失在那个无名的群体中（他们不属于某个氏族）。他们被束缚在土地上，偶尔被带离土地去履行其他义务，如在战争或狩猎中为主人效力。现代史学分类把他们头顶上的那个国家的商周时期称为“奴隶社会”，继之而来的是“封建社会”。

虽然中国社会至战国时期结束时已经发展得更复杂，但平民和贵族之间的差别依然存在，造成严重的结果。例如，对平民实施的刑罚如肉刑等不施于贵族。这种做法一直流传到后来。平民经常受鞭笞，而贵族却可以避免（虽然他们可能因更重的罪行而受到适当的、甚至极端的惩罚）。长期以来贵族实际上还拥有了对财富的垄断，远比早期对金属武器的垄断更为持久。尽管这样，这还不是重要的地位差别。差别还存在于其他地方。贵族通过垄断某些仪式拥有特别的宗教
139 身份。只有贵族可以享受膜拜，并处在中国人家族观念的中心地位。只有贵族属于某个家族，这意味着他有祖先。虽然在远古时期似乎不是很多人的祖先被认为可能会进入冥界，但对祖先的尊敬和对祖先亡灵的抚慰在商以前就存在了。唯一有幸可以这样做的是显贵的亡灵。当然最有可能的是统治者自己；据称，他们原本就源自天神。

家庭的出现是氏族的合法提炼和细分，而周朝是这一进程中最重要的时期。当时约有百余个氏族，各氏族都禁止内婚。各氏族都认为自己是某个英雄或神创造的。氏族家庭和部落的首领行使特别权力，都有权主持氏族的宗教仪式，从而祈求亡灵并使之代表氏族行使控制宇宙的权力。这些做法后来成为对人们有权拥有土地或担任公职的资

格认证。在这一层面上氏族提供了一种民主机会：氏族成员都能够担当氏族内的最高领导，因为凭借出身于神的重要血统他们都有资格。在这个意义上，国王只是“同侪中居首位者”（primus inter pares）而已，也即众显贵中稍显突出者。

家族占去了大量的宗教感情和精力，家族宗教仪式费力又耗时。不得参与其间的平民则从对自然神的膜拜中找到宗教寄托。这些同样始终受到社会上层的注意。因为从早期起，崇拜山川和抚慰亡灵就是王室的一项重要义务。但其对中国思想主要发展的影响小于其他宗教的类似观念。

宗教对政体有着相当大的影响。统治家族声称要人们服从的核心理由就是它的宗教优势。统治家族通过保持宗教仪式以便接近无形力量的善意，该意图可以从占卜中得知。这些占卜一经解释，指挥社会农业生活就有了可能。因为占卜规定了诸如播种或收割的时间等事宜。因此，有很多事情取决于国王的宗教立场，这是国家的头等大事。这反映在周朝既在军事上又在宗教上取代了商朝这一事实当中。周时盛行这样一种思想：有一个高于王朝祖传神的神，王朝统治受命于该神。据称，神现在已下令统治权应易手。自此，中国政府观念中
另一个基本的思想诞生了。它将同历史循环思想密切联系在一起，而 140
王朝不断崛起又不断灭亡正好说明了这一点。不可避免的是，它引起了对根据何种迹象委任者才能被接受的思考。忠孝之道是其一，在这种程度上守旧原则是绝对的。但是，周朝的文人还提出了另外一种思想，用英语中的“virtue”（美德）一词还难以确切表达。很显然，这种思想的内容依然是不固定的，因而意见不一和争论是可能的。

中国最早的“国家”形式（在很长时期里人们应想到的一定是共存的若干国家），似乎只不过是统治者的财产与维持宗教仪式和祭祀必要性的一种抽象思想。虽然也有迹象表明周王（同囚犯劳工一起）

进行广泛的农业拓殖，但文献记载中没有给我们留下繁忙君主的印象。除了关于和平或战争等特别决定，履行宗教义务、狩猎和提出早在商朝就开始的皇宫建筑工程外，国王似乎无所事事。在很长一段时间里，中国早期统治者没有庞大的官僚机构，以后渐渐出现了一个官僚阶级管理朝廷生活。国王是地主，在很大程度上他需要的只是法吏、监督官和一些文职官员。毫无疑问，国王生命的大部分时间都花在了巡视他的土地上面。国王的活动中另一项需要人才支持的是与超自然力量打交道方面。由此引发了许多事情，尤其是中国统治和决定时间与历法之间的密切关系。在农业社会中，这两者都是非常重要的。其基础是天文学，虽然后来它渐渐以观察和计算为基础并值得推崇，但最初源自巫术和宗教。

商朝的一切重大决定以及许多不太重要的决定都是通过占卜作出的。方法是在龟甲或某些动物的肩胛骨上刻上文字，然后用加热的青铜针压在上面使其背面产生裂纹，接着便根据与这些文字有关的裂纹方向和长度，巫师对国王解读出卜文。用历史学家的观点来看，这种做法有着极其重要的实践意义；由于这类占卜大多作为记载而保存，从而为我们提供了汉语基础的证据，因为占卜甲骨（以及一些早期青铜）上的文字基本上是早期汉语。虽然并非所有文字都能释读，但目前已知，商朝大约有 5 000 个这样的文字。这些文字的书写原则表明了独一无二的一致性：当其他文明放弃了象形文字而采用音标方法
141 时，汉语在不断发展和进化，基本上保持在象形文字的框架中。此外，商朝已经出现了现代汉语中的语言结构——单音节，依靠词的顺序而不是词的曲折变化来表达意思。实际上商朝已经在使用某种形式的汉语。

书法在中国艺术上一直居于重要地位，并且一直保留着对伟人虔诚敬意的痕迹。这表明在许多世纪里，书写一直是社会精英谨慎守护

的特权。占卜的释读者，即所谓的“士”，是后来士大夫阶层的初级形态，他们是不可或缺的人才，掌握着神圣且神秘的技能。他们的垄断地位后来传给了庞大得多的士大夫阶层，因此语言文字一直是相当小一部分精英的交流方式。他们不仅把自己的特权植根于拥有语言文字中，而且还热衷于保护语言文字使之免遭腐蚀和异化。作为一种统一和安定力量，语言文字极其重要，因为书面语成为一种官方语言和文明语言，超越了方言、宗教和地区的区分。士大夫通过使用书面语把国家联合到一起。

就这样，至周朝结束时，若干决定中国将来历史的重大因素已大致定型。周朝是在不断增强的社会变化标志影响到了主要制度运行之后结束的。这并不奇怪。中国一向以农业为本，而变化经常是由人口对资源的压力引发的。这就说明了铁的出现所造成的广泛影响，铁大约在公元前 500 年使用。和其他地方一样，随之而来的是农业生产（而后又是人口的）大幅度增长。迄今发现最早的铁制工具出现在公元前 5 世纪。铁制武器的出现要稍晚一些。早期的铁制工具同样是浇铸而成的，制作镰刀口的铁制铸模的发现可以追溯到公元前 4 世纪或前 5 世纪。所以在那么早的时候，中国人所掌握新金属的加工技术已经相当先进了。不管是通过铸造青铜，还是通过能够产生高温的陶窑实验，中国人大约在懂得如何锻铁的同时就能够铸铁了。哪个在先并不重要，值得注意的是其他地方在以后的 1 900 余年中还实现不了铸铁所需要的足够高的温度。

周朝后期另一个重要变化是城市的发展。城市往往位于靠近河道 142
的平原上，但最早的城市可能就是在地主将领地中的寺庙作为产业管理的中心地带时逐渐成形的。由于人群逐渐向这里聚集，新的献给大众膜拜的神灵的寺庙也在这里建起来。后来，在商朝统治下，一种新的政府等级开始出现。我们发现了压有印迹的泥城垣、贵族和宫廷的专有场所以及巨型建筑物的遗址。公元前 1300 年的商都安阳，不仅有宫殿和皇陵，还有金属铸造厂和陶窑。至周朝后期，首都王城周围的长方形土墙每边长约 3 英里。

至公元前 500 年，已经出现众多的城市，城市的流行意味着社会越来越多元。许多城市划分为三大区域：贵族住的小区，有一技之长的手艺人和商人居住的大区，城墙外供养着城市的土地。商人阶层的出现是另外一个重要发展。地主也许对他们不屑一顾，但公元前 1000 年以前将珍贵的贝壳作为货币来使用，表明了经济生活中新的复杂性和专门从事商业的人的出现。商人和手艺人与贵族的住处由围绕后者的土墙和墙堡隔开，但前两者也同样处于城墙里面。这表明越来越需要保卫。战国时期的城市商业街上，不仅有出售珠宝、古董、食物和服装的商店，而且也有酒店、赌场和妓院。

然而，中国社会的心脏节拍仍是缓慢的农村节奏。周朝即将结束时，拥有土地的特权阶层明确无误地表现出越来越独立于国王的征兆。地主们原先有义务为国王提供士兵，而战争手段的发展有助于增加他们自己的独立性。贵族一直垄断着武器，这在商朝中国兵器大多局限于弓和青铜戟时就已经显得非常重要了。随着时间的推移，只有贵族买得起更加昂贵的武器，盔甲和战马越来越多地用于战争。士兵将两轮战车作为射箭平台，而后在战斗最后阶段下车用青铜武器进行决斗。到基督教诞生前的最后几个世纪，逐步发展为由两三个披戴盔甲的武士同六七十个随员和卫士组成一队一起行动，还伴有一辆战
143 车，战车上装有笨重的盔甲和战场上需要的诸如弩和长铁剑等新式武器。在早期这种制度下，贵族仍保持着早先的关键角色。

由于历史记载越来越清楚，可以看出经济优势源于强有力和意义深远的习惯保有权。财产的拥有——从理论上讲都是国王授予的——不仅扩大到土地，而且扩大到了车、家畜、工具，尤其是人。劳役者

可以任意买卖、交换或抛弃，这是贵族日益独立的另一个基础，但也对地主阶级内部的区分赋予了新的意义。从原则上说，地主是根据他们与王朝家族的关系，以及与神灵世界的密切程度，而得以在王国领地的同心圆范围中得到封地。大约到公元前 600 年，国王实际上已经减少了对最大诸侯的依靠，出现了保卫王宫的卫士。但国王要抵制这些东方博林布鲁克们（Bolingbrokes）和沃里克们（Warwicks）的侵犯，仅能依靠下列两点：一是他们中任何一个人的胜利不可避免地引起其他人的嫉妒，二是国王的宗教威望依然对小贵族起很大作用。周朝晚期的特点是严重动乱和日益增多的怀疑，然而对统治权标准的认可则日趋同一。对于争夺中国的诸侯们来说，生存的代价是精心组织更有效的政府和武装力量，因此他们往往欢迎准备抛弃传统的革新者。

在周朝不断衰败和战国时期（公元前 481—前 221 年）最后几个世纪深刻而漫长的社会和政治危机中，突然爆发了对政府和道德观念基础的思索，这就是著名的“诸子百家”时代。当时，学者们周游列国宣扬自己的学说。这种新发展的一个征兆是一个史称“法家”的学派出现。法家竭力主张立法权应取代宗教仪式作为国家组织的原则：法应该面向所有人，由一个统治者制定并有力执行。他们这样做的目的是要建立一个富裕而强大的国家。这在许多反对者看来只不过是一种愤世嫉俗的权力学说而已，但法家在以后的几个世纪中大获成功，因为至少国王们喜欢他们的思想。这场争论持续了很长时间。在这场关于国家组织的争论中，法家的主要反对者是中国所有思想家中最著名的孔子的门徒们。孔子出生在公元前 6 世纪中期，距他出生两千年后，17 世纪的欧洲人将其中文称谓“孔夫子”拉丁化，称为 144
“Confucius”。孔子后来在中国受到的尊重远远超过其他任何哲人，他所说的——或据说是他说的——哲理在两千多年里形成了他的同胞们的共同思想。

孔子出身于一个士大夫家庭。他是一个小贵族，有一段时间出任过鲁国的大臣，掌管过粮仓。但他可能从未官运亨通。当他找不到一个统治者能把他关于公正政府的建议付诸实践时，便转向沉思和教学。他的目的是要提出一种他所认为的处于传统实践中心的更纯粹、更抽象的学说，并以此复兴个人的廉正和统治阶级的无私服务。孔子是一个提倡改革的保守主义者，努力向弟子传授一个被世俗物质化、颠倒的道的基本事实。孔子认为，历史上有过一个神话时代，那时人人都知道自己的位置和责任，回归那个时代是孔子的伦理目标。他倡导秩序原则：在整体大实践中一切都回归到正确位置。对这种思想的实践表述是孔子的强烈愿望：支持能确保秩序的家庭、等级制度、辈分，以及对人和人之间许多美好责任和义务应有的尊重。

这种学说可能使个人尊重传统文化，强调良好形式和规范行为的价值，并在履行责任中努力实现其道德义务。孔子很快获得成功，表现在他的许多弟子赢得了声誉并取得了世俗上的成功（虽然他的学说更主张温良谦让，而谴责有意追求这样的目标）。但是，在更重要的意义上他同样大获成功，因为一代又一代的中国文官后来都被灌输了他所制定的行为准则和管理戒律。孔子提出的“文、行、忠、信”四条戒律作为政府管理的指导方针，在长达几百年里有助于培养可靠、有时是无私、甚至是人道的文职官员。

孔子的著作后来被尊奉为圣典。他的名字给任何与他相关的事物带来极大声誉。据说他把一些著作汇编成集，后人统称作“十三经”，直到公元 13 世纪才最后定型。如同《圣经·旧约》，十三经汇集了各种旧诗、编年史、早期国家文献、道德说教和一部史称《周易》的古
145 代宇宙演化学。但在很多世纪里，十三经中被认为已经得到孔子认可的戒律，被统一和创造性地用来塑造中国历代文职官员和统治者（同

《圣经》的使用情况如出一辙，至少在新教国家中是这样，令人惊讶)。根据传统说法，十三经是孔子编的因而具有权威性，因此其中一定包含吸收了孔子学说的文献。十三经同时也随之大大强化了中文的使用，因为这些著作是用中国知识分子的通用语言写成的。文集是另外一条纽带，它以一种共同的文化把一个庞大而多样的国家牵引到一起。

令人惊讶的是，孔子对于超自然力量几乎没有涉及；从这个词的普遍意义上讲，他不是一个“宗教”大师（这可能说明了为什么其他大师在民众中获得更大成功)。孔子实质上关心的是现实责任，这是他同公元前 5 或前 4 世纪的其他一些中国大师共同强调的一点。这可能是由于当时这种文化印记就已深深烙下，中国思想受现实实际痛苦的不确定性，或个人超越实际可能性的困扰，要少于其他更纠缠于这些问题的传统。过去的教训、前人的智慧以及良好秩序的维护，远比思索神秘莫测的神学问题或在隐秘的诸神环抱中寻求保证更重要。

孔子虽然影响很大，但不是中国知识分子传统的唯一创建者。在某种程度上，中国知识分子的生活基调也许不能归因于任何个人的学说，而是和其他东方哲学共同创建的。它强调的是思辨和反省的方式，而不是欧洲人更熟悉的有条理、质疑的方式。通过思想上有系统地质询有关自身力量的性质和范畴所反映的知识，并没有成为中国哲学家的一种典型行动。这并不意味着他们喜欢超俗和幻想，因为孔子的儒家学说强调的是实践。与犹太教、基督教和伊斯兰教的道德圣贤不同的是，中国圣贤们总是倾向于探索现世，他们探索的是实际问题和世俗问题，而不是神学和玄学。

这同样也符合各种同儒家思想相竞争的体系，它们也在逐渐演化，以满足中国人的需要。公元前 5 世纪，思想家墨子的学说就是其中之一。墨子倡导的是一种博爱的积极信条，认为人们要像热爱自己的亲属一样热爱他人。墨子的一些门徒强调他学说中的这一面。另一些人

146 则强调一种宗教热情，鼓励人们崇拜神灵，因而对民众更具吸引力。另一位大师老子（虽然他的盛名掩盖了我们实际上对他一无所知的事实），被认为是后来称作道教的哲学体系的主要文献的作者。道教显然是儒学的更大竞争者，因为它主要断然摒弃儒学坚持的许多东西，例如尊重既定秩序、礼制，恪守传统礼仪和仪式。道教主张归顺中国思想中一种现有的、为孔子所熟悉的观念——“道”。道是一种普遍存在并维系着和谐有序世界的宇宙原则。道教原则的实际结果可能是政治的淡泊和清心寡欲。道教实践者追求的理想是，一个村庄因为早晨听到鸡鸣，知道其他村庄的存在，但不应对他们产生进一步的兴趣，不应同他们经商，不应同他们建立使彼此结合的政治秩序。这样一种朴素而贫困的理想化境界，同儒学所推崇的帝国和繁荣是完全对立的。

中国哲学的所有派别都要重视儒家思想，因为其威望和影响是如此巨大。随后一个圣贤是公元前 4 世纪教导人们寻求人类幸福的孟子。他认为，遵循建立在这项原则基础上的道德准则，将会确保人类的善良本性。进一步而言，如果一个统治者遵循儒家原则，就将统治全中国。最后，儒学同佛教（战国后期还未进入中国）、道教一起，习惯上被称作中国文化基础的“三大学说”。

这些观念的总体影响难以估量，但肯定是巨大的。我们很难说有多少人直接受这些学说的影响。就儒学而言，它影响最大的时期乃是孔子去世后的遥远未来。然而，儒学对于指导中国精英的重要性是巨大的。儒学为中国领导人和统治者制定了标准和理想，直到今天仍难以消除。此外，儒学的一些戒律，例如孝道，通过故事和传统的艺术主题渗透进大众文化。这样，儒学进一步巩固了文明，这种文明的许多显著特征在公元前 3 世纪就已牢牢确立。的确，儒家学说在中国统治者中强调注重过去，导致对中国史学的特别偏爱，它同样可能对科学探索产生了破坏作用。历史证据表明，提供预报月食的天文观测传

统在公元前5世纪以后逐渐衰退了。一些学者把儒学的影响看作是解 147
释这一现象的部分原因。

中国各大伦理学派引人注目之处在于，中国文明几乎所有范畴都和欧洲的传统范畴不同，甚至不同于我们所了解的其他任何文明的范畴。中国文明的唯一性，不仅表现在相对与世隔绝，还表现在它的活力。这两者在中国艺术中都有所体现，成为现在最具直接感染力和受欢迎的古代中国遗物。商朝和周朝建筑遗留下来的不多，通常是木建筑，其墓地也没有揭示很多状况。另一方面，城市的发掘揭示了建造大型建筑物的能力。周朝一个首都的城墙使用夯实的泥土建成，高30英尺，厚40英尺。

遗留下来的古代小件文物则非常丰富，揭示了中国文明甚至在商朝时就具备制造世界上无与伦比的精美器具的能力。尤其是制陶业，其传统可以追溯到新石器时代。中国更值得骄傲的地方无疑是庞大的青铜器系列。青铜器制作始于商初，持续至今没有间断过。祭器、盆罐、酒尊、武器和三足鼎的铸造技术，早在公元前1600年就已登峰造极。一些学者认为，使新成就成为可能的“金属脱蜡铸造”技术在商朝时就有了。青铜冶铸出现如此之突然、造诣如此之高，使得人们长期寻求用从外面引进技术来加以解释。但并没有这方面的证据。最有可能的是，中国的冶金术起源于新石器时代晚期数百年间当地不断发展的技术。

在早期没有一个中国青铜器流传到外面世界，至少在别处没有发现可以追溯至公元前1千纪年中叶的中国青铜器。也没有在中国境外发现许多引起中国艺术家注意的古物，例如把石头和硬玉雕刻成美丽复杂的图案。除了向游牧邻国吸收的一些东西以外，中国直到有史时期之前几乎没有向外界学过什么，也没有理由认为外部世界——如果知道有外部世界的话——想从中国学到很多东西。

第 6 章　古代其他地区

148 到目前为止，本书几乎还没有提及世界其他几大区域。虽然非洲在人类进化历史和传播中居于领先地位，并且人们进入美洲和大洋洲也值得注意，然而但凡提到那些遥远的故事，我们对历史起源的注意力总是集中于其他地区。主导人类文明历史创造性文化的故乡是近东、爱琴海地区、印度和中国。公元前 1 千纪的某些时候，这些地区的文明节奏出现了意味深长的中断。这些中断并没有明显的分界线，但大致是同步的，这使得我们能够合理地划分该地区的历史进程。但就我们还未谈及的其他广大地区而言，这个历史年表并没有完全将历史发展展现出来。

这主要是因为这些地区还没有达到公元前 1000 年地中海和亚洲文明所达到的水平。西欧和美洲当时已取得显著的成就，然而在进行适当性评价时，就复杂性和文献而言，它们同那些有着持续传统的古代文明社会依然存在着质的差距。人们对这些地区古代历史的兴趣并不在于其留下的遗产，而在于其说明了通往文明道路的多样性，通过不同的环境挑战可以得到不同的答复。通过一两个实例，它们可以使我们重新开启有关“文明”构成的争论，但就我们到现在为止所涉及的时期而言，非洲、太平洋地区各民族、南北美洲和西欧的故事还不是历史，依然是史前史。它们的节奏同近东或亚洲很少或者根本不一致，即使在彼此交往的时候也是如此（就像非洲和欧洲的那样，虽然南北美洲的情况不同）。

非洲是一个很好的起始地，因为人类故事最早就是在那儿开始的。非洲史专家喜欢强调非洲在史前的重要作用，对于研究对象的任何轻视或想象中的轻视，都会使他们很敏感。如本书前文所展现的那样，这样做是非常正确的，最早原始人类生命的大多数迹象是非洲人，从这里传播到欧亚大陆和更远的地区，最早的人类随之依次出现。但在旧石器时代晚期和新石器时代，焦点转到了其他地区。非洲继续发生许多事情，但它对世界其他地区最具创造性影响的时期结束了。

非洲的影响力为什么会逐步下降，我们说不上来，但极有可能是因为气候发生了变化。即使在晚近时期，比如大约公元前3000年时，撒哈拉还哺育着许多动物，诸如现在那儿消失已久的大象和河马。最值得注意的是，撒哈拉本是放牧牛、绵羊和山羊的牧人的家乡。现在撒哈拉是世界上增长最快的沙漠，而现在的沙漠和干旱峡谷曾经是茂盛的草原，由流向尼日尔河的数条河流和另外一条750英里长的通往乍得湖的水系在这里交汇和排灌。住在这些河流源头山上的各族群，在岩石画和雕刻上留下了生活记录，这与欧洲早期石窟艺术有很大不 149

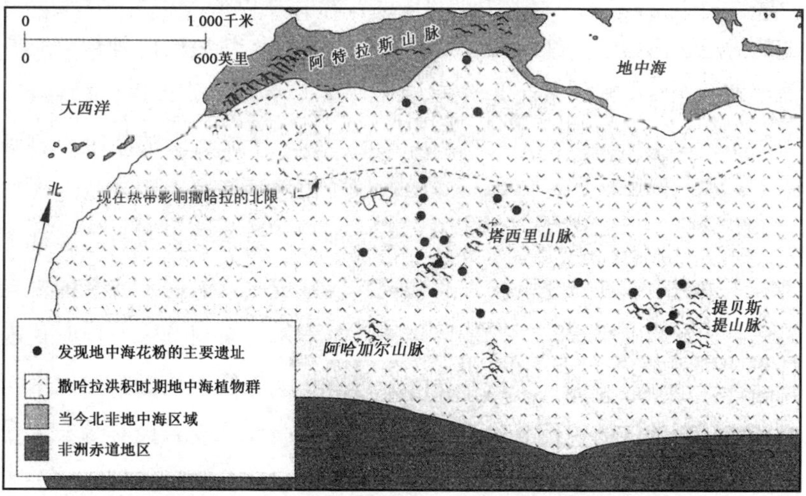

撒哈拉的气候变化

同，后者主要描述动物生活，只是偶尔触及人类。这些记录表明，撒哈拉当时是尼格罗人（Negroid）和一些后来所说的欧罗巴人的聚汇处，欧罗巴人可能是后来柏柏尔人（Berber）和图阿雷格人（Tuareg）的祖先。其中有一个民族似乎是骑马驱车从的黎波里来到这里并征服了当地牧人。不管事实是否如此，他们的出现（就像撒哈拉尼格罗人的出
150 现一样）表明非洲当时的植被同后来大相径庭，因为马是要吃草的。然而当我们进入有史时期，撒哈拉已经变得干燥，一度繁荣民族的旧址遭到遗弃，动物四处离去。

也许非洲其他地区的气候变化使我们重新回到埃及是非洲历史开端的看法。然而，埃及在尼罗河流域以外几乎没有产生什么创造性影响。虽然埃及同其他文化有所交往，但要渗入那些文化谈何容易。埃及记录中的利比亚人大概是撒哈拉石窟绘画所描绘的驱着双轮战车的那种人，但我们并不确凿知道。公元前5世纪希腊史学家希罗多德开始撰述非洲时，他感到埃及以外发生的事没有什么可写的。希罗多德笔下的非洲（他称为利比亚）是一片由尼罗河界定的土地，他认为尼罗河大致同红海海岸线平行往南延伸，然后向西延伸。尼罗河以南，在他看来，东面是埃塞俄比亚人，西面是无人居住的沙漠。希罗多德得不到任何有关资料，虽然他提到一个旅行者的故事中讲到一个操巫师职业的矮人民族。考虑到他所掌握的资料有限，从地形构造学角度看，这种构建绝非没有一定道理的，但希罗多德只了解这个种族三分之一或四分之一的真实情况。埃塞俄比亚人同上埃及的古老民族一样，属闪米特族。闪米特族是人类学家后来划分的石器时代晚期非洲三个族群中的一个。另外两个分别是大体住在从撒哈拉以南至好望角开阔地带的现代桑人（San）的祖先——桑人曾被贬称为布须曼人（Bushmen），以及最后在中部森林和西非占优势的尼格罗人（关于第四个族群俾格米人［Pygmies］的起源和特点，存在分歧意见）。根

据石器工具判断，同闪米特人或原始闪米特人相联系的文化似乎是农业到来之前非洲最先进的文化。除埃及以外，这是一个缓慢的进化过程。非洲史前的狩猎—采集文化同农业并存直到近现代。

和其他地区开始大量生产食物从而引起人口模式变化一样，非洲农业发展很快改变了其人口模式。先是使尼罗河流域的密集定居成为可能，这是埃及文明的开始。接着是公元前2000至前1000年尼格罗人在撒哈拉南部沿着分隔沙漠和赤道森林的草地逐步发展。这似乎表明农业由北向南推广。同样，这表明了一些比尼罗河流域盛产的小麦和大麦更适合赤道环境和其他土壤种植的富有营养的庄稼。这就是热带稀树草原的小米和稻子。森林地区一直没能开发，直到来自东南亚，最后是来自美洲的其他更适合生长的植物的到来。这一切都发生 151
在公元1世纪以后。这就构成了非洲历史的一个主要特点，即大陆内文化倾向的差异。

公元1世纪前，铁已经进入非洲，并已促成非洲铁矿的首次开采。这发生在我们所了解的埃及之外非洲的第一个独立国家，即尼罗河上游喀土穆（Khartoum）地区的库什王国。这里早先一直是埃及人活动的最边境地区。继吞并努比亚之后，在其南面的这个苏丹公国被埃及人占领。大约在公元前1000年，库什作为一个独立王国出现，但显示出很浓的埃及文明特点。库什居民很可能是含米特人，首都就在第四瀑布下游的纳帕塔（Napata）。至公元前730年，库什王国强盛，征服了埃及及其5个国王。这些国王是史称二十五王朝或“埃塞俄比亚”王朝的法老们。然而，库什人无法阻止埃及的衰落。当亚述人向埃及袭来时，库什人建立的埃及王朝走向终结。虽然埃及文明继续存在于库什王国中，但在公元前6世纪早期，埃及下一个王朝的一位法老入侵了库什。此后，库什人也开始把边界向南推进，这样一来，他们的王国经历了两个重要变化：其一，库什王国更加尼格罗化，其语言和文学反映出的埃及倾向减少。其二，库什王国把领土扩大到既有铁矿又有炼铁所需燃料的新疆域。冶炼技术是从亚述人那儿学到的。库什人在麦罗埃（Meroe）的新首都成为非洲的冶金中心。铁制武器使库什人在邻国中占有过去北方各民族曾在埃及占有的优势，铁制工具扩大了可耕种地区。在此基础上，在晚些时候库什人建立了延续约300年的苏丹繁荣和文明，但这晚于我们目前正在讲述的年代。

很显然，人类在南北美洲的历史比在非洲，甚至比在世界任何地区都短得多。大约2万年前，蒙古人从亚洲进入北美。此后几千年，蒙古人缓缓向南方渗入。秘鲁安第斯山脉穴居者的足迹可以追溯到1.5万年前。南北美洲气候和环境复杂多变，因此，考古证据表明由于那儿的狩猎、食物采集和捕鱼机会不同，生活模式大相径庭，也就不足为怪。他们相互学到些什么可能无法发现，但无可争议的是，其中有些文化达到了不依赖其他古代世界而发明农业的水平。

152 关于美洲农业发明的确切时期倒可以争论一番。这是因为，矛盾的是，关于早期植物种植我们知道得很多，尽管当时的规模还不足以有理由称作农业。然而，这种变化晚于肥沃新月地带。大约在公元前2700年，墨西哥开始种植玉米。到公元前2000年时，中美洲改良了我们今天所知的玉米。这种变化使建立大的定居群落有了可能。再往南，土豆和木薯（另外一种含淀粉块茎植物）也大约在这一时期开始出现。稍后，有迹象表明玉米从墨西哥向南推广。虽然各地都逐渐发生变化，但要谈到作为突发事件的“农业革命”，南北美洲远不如近东适宜。然而它拥有真正革命性的影响力，不仅仅在时间上，而且超越了美洲自身。墨西哥和中美洲的土产甘薯，在殖民时期被欧洲舰队带到非洲、印度洋和菲律宾群岛之前，已经穿越太平洋传播出去，供养岛上的农业社区数世纪。

公元前第2千纪之前，中美洲相继出现了农耕、村庄、织布和陶器。在这1000年的末期出现了第一个令人振奋的文化，产生了第一个公认的美洲文明，即东部墨西哥沿海的奥尔梅克文明（Olmecs）。这似乎集中体现在庞大泥制金字塔的重要礼仪遗址上。在这些遗址都发现了巨型纪念雕塑和精美人物玉雕。这些雕塑风格非常独特，主要表现人和美洲豹的形象，有时将两者融合。公元前800年后的几个世纪里，这种雕塑似乎盛行于中美洲，向南甚至到现在的萨尔瓦多。这一文明似乎毫无前因和先兆地出现在潮湿的森林覆盖地区，这使人们难以从经济方面作出解释。除了热带地区开放的土地，依靠全年可靠的降雨和适宜的温度，玉米一年四熟。为什么其他地方的文明需要大河流域，而美洲文明居然产生在这种并不肥沃的土地上，我们还没有找到有助于解释这一点的证据。

奥尔梅克文明对后人也有影响，因为后来的阿兹特克人（Aztecs）的众神是奥尔梅克人众神的后裔。也有可能中美洲早期象形文字体系源于奥尔梅克时期，虽然这些语系最早的文字残片仅仅是公元前400年奥尔梅克文化消失后大约一个世纪出现的。同样，我们也不知道这一切是为什么以及如何发生的。再往南一些，秘鲁也出现了一个生存时间长于北方的奥尔梅克文明的查文文化（Chavin，得名于一个伟大礼仪遗址）。查文文化同样有着高水平的石头加工技术，并且积极地向外推广，直到神秘消失。

很难看出这些文明的发展会朝着什么方向。不管其对于未来的意义是什么，不管这些文明的起因是什么，它们比其他地区出现文明晚了千年。西班牙人在奥尔梅克文化消失近两千年后登上新大陆，他们发现当地大多数居民仍用石制工具劳动。他们还发现各种复杂的群体（以及其他群体的废墟）已经创造了相当先进的建筑奇迹和组织奇迹，远远胜过如非洲在古代埃及衰亡后所能提供的任何东西。唯一清楚的是，这些事物中并不存在打不破的连续性。

153
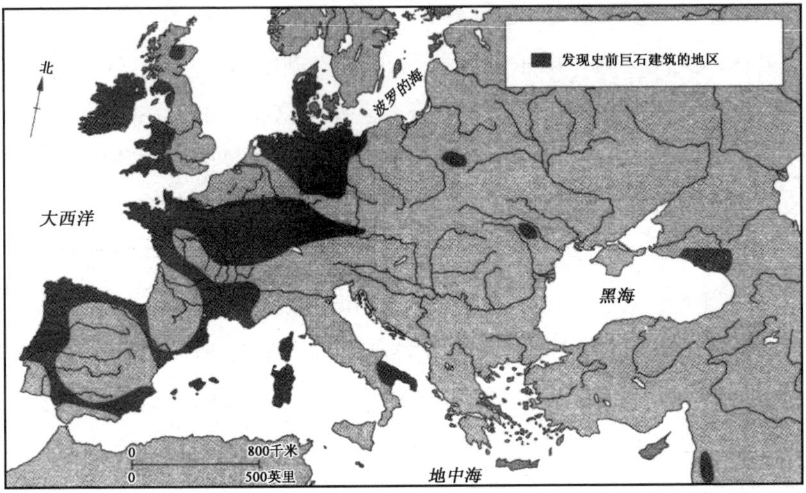

欧洲使用巨石的遗址

在石头加工方面取得惊人水准的其他地区只有西欧。狂热者由此声称西欧是另一个早期“文明”所在地，仿佛西欧居民是需要恢复历史名誉的贱民阶层。欧洲已经被视为古代近东金属制品的供应商。然而，我们现在发现诸多令人感兴趣的事情都发生于史前，但并没有提供给人深刻印象或惊人的故事。在世界历史上，史前欧洲除了可作为
154 佐证外，几乎无重要性可言。欧洲同近东大河流域文明的兴旺和衰亡大都不相关。欧洲有时受外界影响，但它对历史进程变化的贡献仅仅是边缘的、断断续续的。与之相似的可能是后期的非洲：只对自己的利益感兴趣，而不对给世界历史的积极贡献感兴趣。直到很久以后，人们才能理解到存在过一个与后来欧洲看法相对应的地理统一体，文化统一体的概念就形成得更晚了。对于古代世界，在来自北方土地的蛮族到达色雷斯之前，古代世界与北方土地并无关系（而且他们大多数可能来自更东面的一些地区）。西北内地是唯一重要地区，因为这一地区有时成为亚洲和爱琴海地区所需商品的流通地。

因此，关于史前欧洲可谈的并不多。但为了得出正确认识，有一个问题值得注意：两个欧洲必须加以区分。一个是地中海沿岸及其各民族的欧洲。它的范围大致以橄榄树种植区线为界。这条线以南的地区在进入铁器时代后，迅速出现了文字和城市文明，显然是同先进地区建立了直接联系而出现的。至公元前800年，地中海世界的西方已经开始同东方世界有着持续交往的经历。这条线以北和以西的另一个欧洲情况就不同了。在那里，古代从未出现过文字，很晚以后，征服者才将文字强加于它们。那里长期抵制来自南方和东方的文化影响，或至少不乐于接受。两千年来，欧洲的重要性不在于自身，而在于与其他地区的关系。其作用不完全是消极的。当地民族迁移、自然资源和技术都不时对其他地区事件产生一些影响。但到公元前1000年——这里只是随意举了一个时期——或甚至在公元纪元开始时，欧洲除矿产外，没有什么自己的东西可以向世界提供，也没有什么能作为文化成就同近东、印度或者中国达到的程度相媲美。欧洲时代还没有到来。欧洲时代将作为最近的伟人文明而出现。

文明并不是因为欧洲大陆没有得天独厚的自然条件而比其他地方晚出现。欧洲不成比例地拥有着世界上天然适合耕作土地中的一块广袤地区。如果这不能有利于早期农业发展，那将是令人吃惊的。考古证据也证实了这一点。欧洲的简单农业比较容易操作，这可能对社会进化产生了消极的作用。在各大河流域，人们要生存就必须集体劳动以控制灌溉和开垦土地；而在欧洲大部分地区，个体家庭就能自食其
力，勉强糊口。但此处没有必要对西方个人主义的起源陷入过度的推 155
测，以为能就此识别有些非常独特、也可能非常重要的东西。

现在学界普遍认为，农业和炼铜技术（最早的冶金技术）是从安纳托利亚和近东到达并穿越欧洲继续传播的。色萨利和希腊北部在公元前7000年后就出现了农业区。到公元前5000年，最西的农业区在

法国北部和荷兰也出现了，随后又出现在大不列颠岛，其传播的主要途径是依靠巴尔干半岛及其河谷地区。然而与此同时，地中海的岛屿上也出现了农耕，并且沿着南欧海岸线最西传到了安达卢西亚(Andalucia)。到了公元前4000年，铜已经在巴尔干半岛开始使用。因此，我们不能再认为，这两种技术都是在欧洲自然而然出现的；虽然他们很快就模仿了那些给他们带来这些技术的移民。不过，欧洲人要花上数千年的时间才从近东地区获取了主要的谷物。

公元前3000年左右，欧洲西北部和西部大多数地区被曾称作西地中海人的民族所占领，这些民族在公元前3千纪期间被来自东方的其他民族逐渐排挤出去。大约到公元前1800年，由此产生的文化似乎支离破碎，但还足以使我们从中清晰地认出凯尔特人的祖先。他们是史前欧洲最重要的民族，他们是一群武士，而不是商人或勘探者。凯尔特人拥有装着轮子的运输工具。一群有魄力的凯尔特人进入不列颠诸岛。凯尔特人的影响可以追溯多远，对此存在很大分歧，但如果我们想到欧洲大约在公元前1800年曾分成三个族群的话，分歧不会影响事实真相。那时，凯尔特人的祖先占据着现代法国、德国、低地国家和奥地利北部大部分地区。他们东面是未来的斯拉夫人，北面（在斯堪的纳维亚）是未来的条顿部落。欧洲以外，在斯堪的纳维亚北方和俄罗斯北方是非印欧语系的芬兰人。

除了在巴尔干和色雷斯，这些民族的迁移对古代文明中心的影响范围取决于其资源运送的范围。这首先是矿产和技术问题。随着向近东文明的索取不断增加，欧洲的重要性也相应增加。随着欧洲第一个冶炼中心在巴尔干半岛出现，到公元前2000年，冶金技术在西班牙南部、希腊、爱琴海地区和意大利中部地区也相继发展起来。青铜器时代晚期，金属制造发展到了很高的水平，即使在不产矿地区也是如
156 此。出现了最早一批以特别资源为基础的重要经济地区。铜和锡形成

了对欧洲以及欧洲沿海和河流航运的渗入，因为这些商品是必需的，但这些商品在近东的供应量很小。欧洲既是古代冶金世界的初级生产地，也是主要制造地。欧洲金属制造在爱琴海时代很久之前就达到了相当高的水平，能够生产精美器具。但一种可能是反对在历史上过分推崇物质因素的论点认为：即使在来自迈锡尼的需求消亡后，金属制造技术与更大的金属供应量结合起来时，也没有使欧洲文化达到完全、复杂的文明程度。

当然，古代欧洲还有另外一个给人深刻印象的艺术形式，那就是保存至今的数千座史前巨石遗迹。这些遗迹从马耳他、撒丁岛和科西嘉开始，大致经西班牙和布列塔尼，呈弧线形向不列颠诸岛和斯堪的纳维亚延伸。史前巨石遗迹不是欧洲特有的，但在欧洲存量巨大，而且似乎在欧洲建立的时间大约始于公元前第5千纪，要早于其他大陆。“巨石”一词源自希腊文，意思是“大石头”，建筑所用的许多石头的确巨大。这些遗迹有的是墓穴，顶上和四周排列着大石板；有的是单独或成群矗立的石块；有的是组合成型，穿越田野延绵数英里；其他的就像树丛围绕小块地而立。最完整、最惊人的史前巨石遗迹是英国南部的巨石阵，据推测于公元前2100年建成，花费了900年的时间。这些地方最初是什么模样，现在很难猜测或想象。它们现在质朴、风化的外观很可能令人产生误解，但人类常去造访的圣地在使用过程中不会是这样的。这些大石头很可能曾涂抹过赭石和血，挂上皮革和各种偶像。史前巨石建筑看上去往往像图腾柱，而不是我们今天所看到的庄严、沉闷的形态。除了做墓穴，很难说这些建筑的目的是什么。虽然有人说，有些巨石是巨钟或巨大的太阳观测台，用来校准太阳、月亮和星星在天文年主要转折点上的升起和下降；仔细观测是这些工作的基础，即便它们远不如巴比伦和埃及天文学家的工作那么周到而精确。

史前巨石遗迹体现了劳动力的高度集中，说明社会组织高度发达。圆形石林拥有许多每块重达 50 吨的巨石，这些石头需运送约 18
157 英里到建筑工地再竖立起来。有 80 余块 5 吨重的石头来自约 150 英里外的威尔士山区。建造巨石柱的人们没有轮车的帮助，就像那些建造精心排列的爱尔兰墓穴、布列塔尼成行的巨石、丹麦的石板墓的人一样；他们都能建造同古代埃及规模相近的建筑，只不过不如埃及的精巧。除了这些伟大建筑本身，也没有任何方式记录下他们的建筑目的或意图。这种技术，再加上这些遗迹呈长链状分布在离海较近地区内的事实，表明了解释可能就在于从流动石匠那儿学到的东西。这些石匠来自东方，很可能来自克里特、迈锡尼或基克拉迪群岛，那里装点和处理这些石块的技术是众所周知的。但是，最近年代鉴定的提前再次去除了这一貌似合理的假说。因为巨型石头于公元前 4800 至前 4000 年间就在布列塔尼和伊比利亚（Iberia）西部存在，早于地中海或者近东类似重要建筑的出现；圆形石林可能完成于迈锡尼时期以前；西班牙和布列塔尼的史前巨石墓穴先于金字塔；而马耳他的神秘墓穴，连同硕大的雕刻建筑石块，于公元前 3000 年之前就矗立在那儿。各巨石遗迹同样无需成为某种分布序列或大西洋奇观的组成部分。它们可能都或多或少是独立完成的，由四五个比较小、比较简单、互相联系的农业社会构成的文化分别进行。它们的建筑目的和时机可能极不相同。如同欧洲农业和冶金术一样，史前欧洲的工程和建筑是独立于外部世界兴起的。①

尽管古代欧洲人取得了相当大的成就，但在最后同先进文明取得经常接触时，似乎异常奇怪的消极和不抵抗。他们的忧郁和不确定性，可能同其他原始人后来遇到先进社会的情况相似，例如 18 世纪

① 原文如此，似与原书第 155 页（本书边码）的说法相矛盾。——编辑注

的非洲人。但不管怎样，经常接触只在公元前不久才开始。在那以前，欧洲各民族似乎把精力消耗在同自然环境的斗争中。满足适度需要虽然容易做到，但充分开发还有待铁的到来。虽然欧洲人较之在美洲，或非洲尼罗河流域以南地方的同时代人要先进得多，但欧洲从来没有达到城市化阶段。欧洲最大的文化成就是装饰和机械。古代欧洲人为其他文明需要的服务，充其量不过在冶金术方面。除此之外，他们只能为以后接受文明印记提供材料。

只有一群西方野蛮人对未来作出了比较积极的贡献。在橄榄树种植区线以南，意大利中部一个铁器时代的民族，已经在公元前 8 世纪
同意大利南部的希腊人以及腓尼基建立了商业联系。我们根据其中一 158
个他们居住过的遗址，将其称为维兰诺瓦人（Villanovans）。在以后的 200 年间，他们采用希腊字符来书写自己的语言。在那时，他们都被组织在城邦中，生产高质量的工艺品。这些便是伊特鲁里亚人(Etruscan)。而他们的城邦之一，日后将被称为罗马。

第 7 章　古代世界的终结

159 对于印度和中国正在发生的事情及其对未来的重要性，地中海和近东各民族的统治者们知之甚少。他们中一些人通过商人的讲述，可能对蛮族的北欧和西北欧有一种朦胧的感觉，但对撒哈拉以外和南北美洲发生的事则一无所知。然而他们的世界在公元前第 1 千纪迅速扩张。同样，甚或更加明显的是，随着内部沟通越来越复杂和有效，他们的世界越来越成为一个整体。一个由几个极具特点、几乎独立的文明组成的世界，将让位给另外一个世界，在那里越来越多的地区分享同样的文明成就，如文字、政府、技术、有组织的宗教和城市生活，并在这一切的影响下发生越来越多的变化，因为不同传统之间的相互作用将继续不断地增加。重要的是不要把这一切想得过于抽象、夸大。古代世界不仅留下了艺术和理论思想，而且还留下了更加现实的东西。大大小小的事情都表明了这一点。公元前 6 世纪，埃及军队的希腊雇佣军在尼罗河上游 700 英里处的阿布辛拜勒城中雕像的腿上刻字，记录下他们来到如此遥远的地方而产生的由衷豪情，就像 2500 年后英国郡县兵团将他们的徽号和名字刻在开伯尔山口（Khyber Pass）岩石上一样。

对于这个日益复杂的世界，我们划不出清晰的年代界线。如果曾经有的话，那么在我们进入西方古典时代前夕，这条线已经交叉过好几次了。美索不达米亚人及其继承者们军事、经济上的活动，印欧人的迁移，铁的到来和文字的传播，早在地中海文明（即欧洲的摇篮）出现之前，就已彻底融合成一度清晰的近东模式了。然而，有一种看法认为，早在公元前 1 千纪时代，显然有一条重要的分界线在什么地方交叉。古代近东民族大迁移引发的大动乱当时已经结束。青铜时代晚期在那儿建立起来的模式，仍将随着当地的殖民和征服而修正，但绝不是各民族大融合的另外一个千年。古代留下的政治结构成为世界 160
历史下一个时代从直布罗陀海峡延伸到印度河地区的杠杆。这个地区的文明将越来越成为一种相互影响、仿效并且是四海一家的状况。公元前 1 千纪中叶的政治大变化，为一个新的国家即波斯帝国的兴起以及埃及和巴比伦-亚述传统的最后垮台，提供了框架。

埃及的故事最容易概括，因为除衰退外，它没有留下什么记录。埃及一直被称为“一个不合时宜的青铜器时代国家，身处在与其差距越来越大的世界中”。埃及的命运似乎可以用没有变化的能力或不能适应变化来解释。埃及经受了使用铁器民族的最早进攻，在混乱时代开始时击退了海上各民族，然而这是新王国取得的最后的伟大胜利。此后的特征显然像一台停止运转的机器。在国内，国王和祭司争权夺利；在境外，埃及的宗主权消失殆尽。在一段多个王朝并立相争时期后，埃及重新获得统一，埃及军队再次进入巴勒斯坦，但至公元前 8 世纪末，库什人入侵者建立了自己的王朝；公元前 671 年，亚述人把他们逐出了下埃及。亚述巴尼拔洗劫了底比斯。而随着亚述力量日益衰退，重新出现了埃及历史上梦幻般的“独立”时期。这一次，埃及对新世界作出的并不止是政治让步，这从以下事实可以得到证明：它要为希腊译员办一所学校，并且给在尼罗河三角洲诺克拉底斯（Naucratis）建立的希腊贸易领地提供特权。以后，埃及在公元前 6 世纪第一次败在尼布甲尼撒军队手中（公元前 588 年）；60 年后又败在波斯人手中（公元前 525 年），沦为波斯帝国的一个行省。波斯帝国将要为一个新的综合体设置疆界，同地中海地区出现的新势力争夺世界霸权长达数百年之久。这还不完全是埃及独立的结束，但从公元前4世纪到公元20世纪，埃及一直受外国人或移民王朝的统治，不再被认为是一个独立国家。埃及最后几次的复苏都没有表现出固有的生命力。这几次复苏表达的是压力的暂时解脱。埃及一直受这些压力的制约。波斯人的威胁是最后一次，也是致命的一次。

迁徙又一次成为起点。在现代伊朗中心的高原上，公元前5000年就有了定居点，但“伊朗”一词（直到公元600年左右才出现）最古老的含义为“雅利安人的土地”。大约在公元前1000年的某个时
161 候，随着北方雅利安部落的入侵，波斯帝国的历史开始了。在伊朗，如同在印度，雅利安人的影响被证明是抹不掉的。雅利安人建立了恒久的传统。雅利安人部落中有两个部落特别强大有力，他们以自己的“圣经”名字流传史册：米底人（Medes）和波斯人。米底人向西和西北进入米底，他们的伟大时代是公元前6世纪初推翻了邻国亚述之后。波斯人向南进入海湾地区，在胡齐斯坦（Khuzistan，位于底格里斯河和古埃兰王国的边缘）和古代波斯的法尔斯（Fars）定居。

口头传说保存了一个有关传奇国王们的故事，与其说它揭示了历史，不如说是阐明了后来的波斯人对王权的看法。然而，统一波斯（尽管这个词还不合时宜）的第一个国王就是阿契美尼德波斯王朝的后代。他就是居鲁士，巴比伦的征服者。公元前549年，居鲁士迫使米底人最后一个独立王国俯首称臣，征服的边疆由此向外延伸，吞并巴比伦，穿过小亚细亚向海上挺进，逐步深入叙利亚和巴勒斯坦。只是在东方，居鲁士才发现难以使自己的疆界稳固（他最后是在那儿同斯基泰人的战斗中阵亡的），虽然他穿过兴都库什山脉，并在杰赫勒姆河（Jhelum）以北的犍陀罗地区建立了某种霸权。

到那时为止，这事实上是最大的帝国。这个帝国的风格不同于前辈的风格，亚述人的野蛮习性似乎消失了。至少官方艺术不再称颂野蛮行为。居鲁士小心谨慎地尊重新臣民的风俗习惯，结果建立了一个

多样化的帝国，而且是一个强大的帝国，获得了前任国王没能获得的忠诚。当时产生了一些值得注意的宗教征兆。居鲁士为获得巴比伦王位而寻求马尔杜克的保护。在耶路撒冷，居鲁士组织人重建神殿。一个犹太先知从居鲁士的胜利中看到了上帝之手，把他称作救世主，并对宿敌巴比伦的命运幸灾乐祸：

> 现在，让占星家、天文学家、预言家出面，将你从苦难中拯救出来。
>
> （《以赛亚书》17：13）

居鲁士的成功在很大程度上得益于王国的物质资源。波斯王国矿产资源丰富，尤其是铁，并在河谷流域的高山牧场上保留着大量的马和骑兵。然而这也不能抹杀这样一种结论：个人天赋同样起着很大作用。居鲁士是一个有世界影响的历史人物，得到后来几个世纪中努力仿效他并意欲成为征服者的人的承认。居鲁士以行省总督为基础建立政府，行省总督就是后来的波斯总督的前身。居鲁士通常要求各边远隶属行省缴纳黄金，这使波斯国库充盈，还得到其忠顺。

帝国就此开始，虽然挫折重重，但在近200年间为近东提供了一个框架，保护了一个滋生于亚洲和欧洲大陆的伟大文化传统。波斯帝国统治时期，许多地区的和平时期长达数百年之久，而且帝国文明在很多方面都是美丽而高雅的。希腊人已经从希罗多德那儿得知，波斯人爱花，郁金香可以使我们很多事情变得容易，我们为之得感谢它。居鲁士的儿子把埃及也囊括到帝国之中，然而，他没能同觊觎王位者抗衡便去世了；而觊觎者的图谋鼓励了米底人和巴比伦人去寻求恢复自己的独立。恢复居鲁士传统的是一个自称阿契美尼德王朝后裔的年轻人——大流士。

162

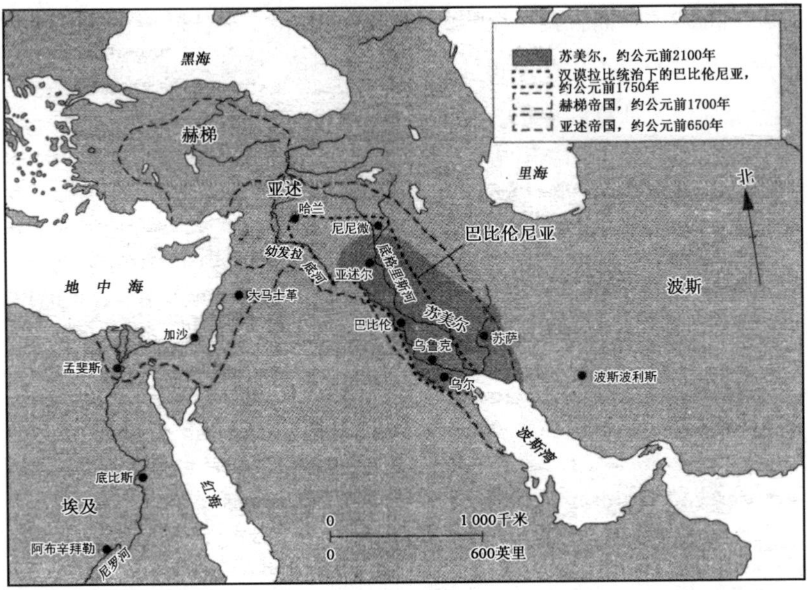

近东地区的文明

大流士一世（公元前522—前486年在位）并未一切如愿以偿，然而，他的成就堪与居鲁士相媲美。大流士在自己的墓碑铭文上记录了他平定叛乱的胜利，他所做的一切很能支持他刻下的铭文：“朕，大流士大王，众王之王，波斯王。”他采用了一种古代吟诵的称号来
163 自夸。帝国疆界向东延伸至印度河流域。在西方，进入了马其顿，虽然在那儿受到遏制。在北方，大流士和以前的居鲁士一样，在抵制斯基泰人的战争中取得很大成就。帝国内部则进行了一项值得注意的巩固工作：权力分散。他把帝国分成20个行省，每个行省设立一个总督，出任者或是王子或是上等贵族。王室巡视官检查总督们的工作，而总督的管理机制由于设立了一个处理同各行省联络的王室秘书处而变得容易。亚述帝国的通用语阿拉姆语成了行政语言。阿拉姆语很适合事务处理，因为它的书面语不是楔形文字，而是腓尼基字母。官僚

机构依靠的是以往从未有过的良好沟通，因为各行省的贡金大都投在了道路建设上。波斯帝国全盛时期，通过这些道路传送消息一天可达200英里。

标明了波斯帝国所取得伟大成就的一块丰碑，是一个伟大的新首都波斯波利斯（Persepolis），大流士本人就葬于当地悬崖中凿出的石陵中。这里计划建成颂扬国王丰功伟绩的圣地，至今仍给人以深刻印象，即便它看上去未免过于浮华。波斯波利斯最后成为一种集体创造，后来的国王们纷纷在这里建造自己的宫殿，使这里体现了帝国的多样性和世界性。亚述人的巨像、人头牛和狮守护着首都的大门，就像过去守护尼尼微的大门一样。运送贡物的石雕武士像，行进在城门阶梯上；比起早先刻板雕刻的亚述人来，他们稍显得不那么呆板，但也仅是稍稍而已。装饰石柱使人想起埃及，然而这是埃及人设计并通过爱奥尼亚石匠和雕刻家流传下来的。在浮雕和装饰中可以发现希腊风格的细微之处，而在不远处的王室陵墓中也可以发现引起联想的类似混合装饰。其构思使人回想起帝王谷，而十字形入口则说明这是另外的建筑。居鲁士本人的陵墓在帕萨尔加德（Pasargadae），也是由希腊人设计的。一个崭新的世界即将诞生。

这些纪念性建筑恰当地表达了波斯文化的多样性和兼容性。波斯文化始终对外来影响开放，并将继续这样。波斯不仅采用被征服民族的语言，有时还接受他们的思想。吠陀宗教和波斯宗教在犍陀罗融合在一起，但两者都成为雅利安人的宗教。波斯宗教的核心是祭祀，以火为中心。到了大流士时代，波斯宗教的膜拜已经进化到后来所称的琐罗亚斯德教；一种二元宗教，它解释有关善神和恶神斗争中的罪恶问题。对该教的先知琐罗亚斯德，我们所知极少，但似乎他教导门徒 164
以宗教仪式和道德行为坚持光明之神的事业；人死之后是救世主的审判、死者的复活和审判之后的永生。在波斯统治下，这一个宗教信仰很快在西亚传播开来，尽管可能始终只不过是少数人的膜拜。这种信仰将影响构成基督教基础组成部分的犹太教和东方教派；基督教传说的天使和等待邪恶之人的地狱之火的观念，都来自琐罗亚斯德。

现在谈亚洲和欧洲的相互影响还为时过早，但却极少有比标志古代世界结束的各种力量之相互作用，更能说明交流能产生的影响了。我们可以开辟一个新纪元了。在旧世界的各处，波斯突然把各民族推入一种共同的经历。印度人、米底人、巴比伦人、吕底亚人、希腊人、犹太人、腓尼基人和埃及人第一次由一个帝国统辖，这个帝国所奉行的折中主义表明文明已经走得相当远了。文明蕴于不同历史主体之中的独立发展时代在近东结束了。对于人类早期文明的直接继承者来说，他们分享太多、传播太多，已无法各自独立书写世界历史。印度雇佣兵在波斯军中作战，希腊人在埃及军中作战。城市生活和文字在近东各地广泛传播。人们也住在地中海大部分地区的城市中。农业技术和冶金技术甚至超出了这一范围，向更远的其他地区传播开去，就像阿契美尼德人把巴比伦的灌溉技术传到中亚、把印度的水稻带到近东种植一样。当小亚细亚的希腊人开始使用货币时，他们的货币是以巴比伦的六十进制计算法为基础的。未来世界文明的基础正在酝酿之中。

卷三

古典时期的地中海

导　论

用年代来衡量的话，这个有关文明的故事到公元前 500 年左右就 165
已经讲完一大半了。与第一批文明化的祖先相比，我们仍然比他们更加接近公元前 500 年左右的人。在这大约 3 000 年的时间里，人类已经走过漫长的道路；然而在此期间人们的日常生活已经缓慢地改变了，苏美尔和阿契美尼德波斯之间在性质上已经发生了巨大的变化。到了公元前 6 世纪，伟大的创建时代和加速时代已经结束了。从西地中海到中国沿海地区，多元的文化传统已经自行建立起来。各种独特的文明生根发芽于这些地方，其中一些足够坚固并深植于社会中，一直存活到我们生活的时代。其中一些持续存在，甚至在数百年甚至千年之后只有一些细微的表面变化和策略性的变化。由于它们几乎处于隔绝状态，对本区域之外的人类共享生活贡献甚微。在大多数情况下，即使是最伟大的文明中心，在巴比伦陷落之后至少 2 000 年的时间里对其领域之外的事物也是漠不关心的，除非被一场偶尔的入侵造成动乱之时。只有一个文明在公元前 6 世纪已经初露端倪，实际上表明它在发源地地中海东部之外传播的潜力。它是这些文明中最年轻的，但将会非常成功，延续一千多年而没有中断。尽管和更早的文明相比，它并没什么特别的，但它却是孕育了塑造我们仍居住的这个世界几乎所有充满活力部分的发源地。

第 1 章　一个世界的起源

167 地中海东部一个新文明的出现要更多归功于更久远的近东和爱琴海传统。从一开始我们就遇到了由希腊语、闪米特字母、起源于埃及和美索不达米亚的思想，以及迈锡尼往事组成的混合物。这个文明即使在成熟的时候，仍旧显示了起源的多样性。它从来都不是一个简单的、统一的整体，到头来看它确实是非常复杂的。对于所有将它整合在一起并且赋予其统一性的一系列相似文明来说，它一直是很难定义的。这些文明围绕着地中海和爱琴海，边境区域向外延伸至亚洲、非洲、未开化的欧洲和俄罗斯南部。即使地中海文明与它们之间的界限是明确的，其他传统始终演绎着地中海文明并从中吸收很多。

随着时间的变化，这种文明也发生变化。它比以往任何文明都表现出强大的进化力量。即便经历了重大的政治变革，它们的体系仍旧保持根本上的完整。地中海文明展现了一些种类繁多的短暂政治形式和尝试。在宗教和意识形态方面，地中海文明始于一个本土的信仰，结果却以屈服于一个异国的舶来物——将会成为第一个全球性宗教的改良的犹太教——基督教收场。其他传统反而倾向于在没有剧烈变化和突变的情况下发展，因为宗教和文明实际上是相互联系的，两者同生共死。这是一个巨大的变化，它改变了这一文明影响未来的可能性。

在所有促使它成型的力量中，最根本的是自身的环境——地中海盆地。它同时是汇集和发源的地方；来自旧文明大陆的动向很容易传播到这里，并从这个中心容器逆流回各自的发源地，同时向北进入到那些未开化的大陆去。虽然领土广阔，包含着各种不同的民族，这个盆地的一般特征还是定义明确的。它的大部分海岸都是狭窄的平原地
带，平原后面很快出现相当陡峭和封闭的山脉，这些山脉又被一些重 168
要的河谷分割开。那些居住在海岸人们的视线往往顺着这些河谷的流向漂洋过海，而不是关注背后的腹地。这与他们享受的气候相结合，使得本就是为富有进取精神的人准备的思想和技术传播到了地中海。

罗马人理智地称地中海为“伟大的海”。这是他们世界中显著的地理现实——古典地图中的中心位置。地中海海面对于那些知道如何利用它的人们来说是一个重要的帮助形成联合的力量。到公元前500年，航海技术的长足发展使得这一切都成为可能，但冬季除外。大风和洋流决定了那些只能靠风帆和船桨提供动力的船舶的准确航行路线，但地中海的任何一个地方都可以通过水路到达另一个地方。其结果是沿海文明的诞生，为数不多的几种语言在其中被广泛接受。它有专门的交易中心，海洋贸易使物质交换比较容易。但这里的经济主要依靠种植小麦、大麦、橄榄和葡萄，而且主要供当地消费。经济发展所需要的日益增多的金属也可以从外面带进来。通往南方的沙漠进一步受到来自海岸的牵制，因此我们猜想在数千年之前北非比现在更富裕，拥有更茂盛的森林、更好的灌溉、更肥沃的土地。相同类型的文明因而往往出现在地中海地区。非洲和欧洲之间的如此区别，我们也理所当然地认为是直到公元500年之后才存在的。

这种向外寻求发展的沿海文明民族创造了一个新世界。他们征服了那些伟大的河谷文明，但并没有使之成为殖民地。河谷文明的人民内心面对的是满足当地独裁统治者的有限目标。许多后来的社会，甚至在古典世界内部都发生了同样的事情，但从一开始就有一种发展速度和潜力显而易见的变化，希腊人和罗马人最终在俄罗斯种植了谷物，使用来自康沃尔（Cornwall）的锡，修筑开进巴尔干半岛的道

路，并享用来自印度的香料和中国的丝绸。

关于这个世界我们之所以能够知道那么多，部分是因为遗留下来大量的考古遗产和碑铭遗产。然而，最重要的是彼时刚刚出现了丰富的文字记载材料。通过这些文字材料，我们进入了一个完全文字化的时代。特别重要的是，我们首次面对了真正的历史著作；大量的犹太人留下的大量本民族的记录——一个民族在漫长岁月中的朝圣之旅，所构建的是庞大的戏剧般的叙述，不过这些并不是严肃的历史。无论如何，这些材料通过古典地中海世界而到达我们手中。如果没有基督教，这些材料的影响将被局限于以色列；而通过基督教，犹太民族所呈现的神话和提供的可能意义将被融入到一个有 400 年历史的世界
169 里。我们认为这是一个有历史批评精神的世界，尽管犹太人历史早于这个世界。然而，更加重要的是，古代历史学家的著作仅仅是记录的一小部分。公元前 500 年后不久，我们要第一次面对着那些完整的伟大文学作品，从戏剧到史诗、抒情颂歌、历史和警句，但它们最后剩下的却仅仅是很小的一部分，例如，这其中最伟大悲剧作家的 100 多部作品仅仅保存下来 7 部。尽管如此，它们还是使我们能够了解一个文明的精神，而我们却不能以同样的方式进入先前的那些文明世界。

当然，即使在这种文化的源头希腊，关于其自身的书面记录也是不充分的，更不用说古典世界里其他地区和较偏远的地方了。考古是绝对必要的，但它越发倾向于增进知识，因为书面的原始资料比以往早期能够得到的任何东西都全面。书面提供给我们的记述大多是用希腊文或者拉丁文书写的，地中海文明智力的流通借助了这两种语言。今天最广泛使用的英语，其中有很多单词就是从它们当中流传下来的。对于其后继者来说，这也是这种文明重要性的最充分证明。正是通过用这些语言完成的作品，后来的人们才能了解这个文明；并且人们在这些作品中察觉到了被他们简单定义为“古典世界”的那种文明

的特质。

这是一个完全正确的表述，但我们需要记住，创造这个表达术语的人们是这个传统的后人，他们是自这个传统内部来审视它并接受了（或许还受困于）它的前提假设。其他传统和文明也有自己的古典时期。这个意思就是说，人们可以在本民族过往历史中找出一段，它为后来的时代订下了标准。许多后来的欧洲人都被古典地中海文明的力量和魅力所折服。一些人虽也认为他们生活在其中的文明和时代是特殊的，但并不是总能找到令人信服的证据。而地中海文明是特别的，充满活力并寻求变化，它为将要建立的广阔未来提供标准和理想、技术和结构。从本质上讲，那些钦慕地中海传统的人们所关注的遗产是精神层面的。

不可避免的是，在一些后来的研究成就和对古典思想的运用中，有很多年代出错的伪造，而且也有很多对逝去时代的传奇化描述。然而，尽管这时在它之外还有伟大的亚洲帝国，即使当这些不被重视，当逝去的古典时代经历了学者持怀疑态度的审查时，仍然有很大一部
分智力成果的坚固残留以某种方式存在我们的心智之中，尽管伴随着 170
诸如此类的困难和产生误解的可能性，古典时代的思想在某种程度上是我们可以辨认和理解的，而对此前的文明我们却没法做到这一步。有人说得好：“这个世界的空气是我们能够呼吸到的。”

希腊人在帮助世界发展上的作用是杰出的，因而我们要展开关于他们的故事。他们对世界活力和世界上神秘而鼓舞人心的遗产的贡献比其他任何人群都要多。希腊人对卓越的追求为后世民族界定了何为卓越，他们的成就很难被夸大。这就是早期古典地中海文明的核心进程。

第 2 章　希 腊 人

171 公元前 8 世纪下半叶，自青铜时代末期起笼罩爱琴海世界，让它变得晦暗不明的乌云已经开始渐渐消退。一些进程，甚至一些事件都变得更加明显。甚至有那么一两个日期，其中一个在文明自我意识的发展过程中具有重要意义：公元前 776 年，根据后来希腊历史学家的记载，举行了第一届奥林匹克运动会。几个世纪之后，希腊人开始从这一年纪年，就像我们从基督的诞生开始纪年一样。

参加奥林匹克运动会以及其后相同性质节日的人们认识到，这样做能够共享相同的文化。这建立在一种普遍的语言之上：多利安人、爱奥尼亚人、伊奥里亚人都说希腊语。而且，这样的情况已经持续了很长一段时间；这种语言现在得以用书写记录的方式获得它的意义。这是一个极其重要的发展，当前的条件也创造了这种可能，例如对传统口头诗歌的记录，据说这曾是荷马的工作。我们发现的第一份保存下来的希腊铭文被刻在一个公元前 750 年的陶罐上，它显示了爱琴海文明的复兴有多少归功于亚洲。这篇铭文记录的是一篇改编的腓尼基剧本；希腊人直到他们的商人把腓尼基字母带回本土才摆脱不识字的状况。它似乎最先是在伯罗奔尼撒半岛、克里特岛和罗德岛上使用的，这些地区可能是在黑暗时代结束之后第一批从与亚洲交流中获益的。这个神秘的过程可能再也无法重现，但无论如何，促进希腊文明成型的因素乃是与东方的接触。

有哪些讲希腊语的民族参加了第一届奥林匹克运动会？虽然借助这个称呼他们及其子孙更能被人知晓，但他们却没被叫做希腊人；这种叫法是几个世纪以后罗马人赋予的。他们当时使用的字母用英语拼写的话就是“Hellenes”。它首先被用来指侵入希腊半岛的外来者，以与当地的早期居民相区别，后来才变成适用于整个爱琴海上讲希腊语的人们。这是自黑暗时代以来出现的新概念和新名称，它具有的意义超出了文字的范畴。它表达了一个群体意识的产生，以及一个仍然 172
在形成中并且准确含义可能一直无法确定的民族。许多希腊演说家在公元前 8 世纪已经在希腊定居了很长时间，他们的来源随着青铜时代侵入时的混乱丢失了。还有一些是比较近期的移民。来到这里的人们都不是希腊人，他们因为生活在这里的爱琴海各地而变成希腊人。语言成为识别和联系他们的新纽带；连同共享的宗教遗产和神话，它是作为希腊人最重要的构成因素，而这个范畴本身总是且首要是指共享文化。

然而，这种联系从未在政治上起作用。他们不可能走向联合，因为希腊历史舞台的规模和形态都不是我们现在所称的希腊；恰恰相反，是整个爱琴海。米诺斯文明和迈锡尼文明在早期文明时期的广泛传播已经预示了这一点，因为爱琴海数量众多的岛屿和接近它们的海滨在一年中的大多数时间是容易航行的。关于希腊文明出现的解释大多把原因归于这种地理情况。过去肯定也有一些有价值的东西，但是米诺斯和迈锡尼留给希腊的比盎格鲁—撒克逊英格兰留给其后大英帝国的东西要少。这个背景比历史记录更重要，因为一些为求便利的经济团体使用共同语言，不仅使得相互间的合作交流更加容易，而且与近东古老文明中心的联系也变得紧密。像古老的河谷一样——除了特殊情况之外——爱琴海的确是适合文明形成的地方。

希腊人定居在爱琴海的大部分地方，是由于他们在陆地上遇到的机会和限制造成的。只有极少数地方的土地和气候相结合能为农业种植提供机会。在大多数情况下，种植局限于冲积平原的狭窄地带，这种种植无疑是旱作，因为这里多为多石且长满灌木的丘陵。矿物非常稀少，不产锡、铜和铁。一些河谷直接奔腾到海，它们之间的交流通常也比较困难。所有这些使得阿提卡和伯罗奔尼撒的居民倾向于把视线投向海洋，在大海上活动比在陆地上更加容易。毕竟，没有人生活在离大海超过 40 英里的地方。

这种倾向早在公元前 10 世纪早期就得到加强，因为人口的增加给可利用的土地带来了巨大压力。这最终导致了伟大殖民时代的到来。殖民热潮结束时的公元前 6 世纪，希腊世界的延伸已经远远超出了爱琴海，东方从黑海到巴利阿里群岛（Balearics），西至今天法国和西西里岛，南至今天利比亚。但这是多个世纪作用的结果，在此期

173

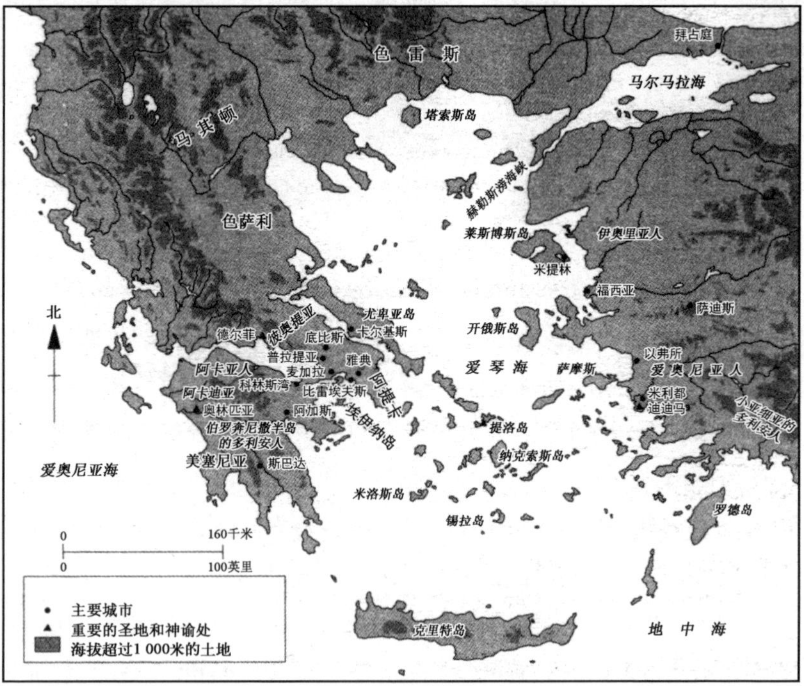

爱琴海的希腊世界

间人口以外的压力也一直在起作用。当色雷斯被寻求土地的农夫开拓为殖民地的时候，其他希腊人为了贸易而定居在黎凡特或南部意大利；无论是它所带来的财富还是它向希腊人提供的所需金属，在希腊都没有。一些黑海的希腊城市之所以存在，是由于它们的贸易；还有一些是因为它们的农业潜力。商人和农民并不是唯一传播希腊文化和帮助希腊人了解外部世界的中介。其他国家的历史记载表明，从公元前 6 世纪之前开始，希腊就向外提供雇佣兵（他们被埃及雇佣来防备亚述人）。所有这些事实在希腊本土都具有重要的社会和政治影响。

尽管在外国军队中服役，彼此之间也激烈争吵，而且也珍视传统及情感上彼奥提亚人（Boeotian）、多利安人或爱奥尼亚人之间的区分，但希腊人一直都自觉他们不同于其他民族。这可能具有重要的现实意义。例如，希腊战俘在理论上并不是奴隶，不像“蛮族”。“蛮族”这个词表达了希腊文化本质中的自觉意识，但比它在现代语言中使用时更具包容性，更少轻视意味；蛮族是指世界上其他地方那些并 174
不使用清晰明了的希腊语讲话，而“巴巴巴巴”说着希腊人听不懂的声音的人。在希腊一年中重大的宗教节日，来自不同城市的人们聚集到一起，但只有说希腊语的人才被允许参加这种场合。

宗教是希腊身份认同的另一个基础。希腊众神是非常复杂的，由许多群体创造出来的大量神话混合物在不同时期内遍及广大的区域，它们常常是不合逻辑或自相矛盾的。直到后来整理有序，才使思想合理化。一些神话是舶来品，例如关于黄金、白银、青铜和铁器时代的亚洲神话。在这种传说下的本地迷信和信仰是希腊宗教体验的基石。然而这种宗教具有彻底人性化的倾向，这与其他民族的宗教非常不同。希腊的男神和女神，尽管有着超自然的地位和力量，却是非常明显的人类。虽然这些来源于埃及和东方，但希腊神话和艺术常常把自己的神表现得像好人或坏人、男人和女人。这个世界远离亚述和巴比伦的怪物，或远离有许多手臂的湿婆。这是一场宗教革命，它的反面即暗示着人类可以像神一样。这在荷马史诗中表现得很明显；也许他和其他人一样用这种方式来整理希腊的超自然，并没有给流行的宗教更多空间。荷马描写众神在特洛伊战争中站在某一方的姿态太像人类，并且相互竞争；当波塞冬折磨英雄奥德赛的时候，雅典娜取代了他的位置。后来的希腊批评家抱怨荷马将一切在人类看来是可耻的和应当受到谴责的行为归于神的名下：盗窃、通奸和欺骗。那是一个会像现实世界一样运作的世界。

前文已经谈到《伊利亚特》和《奥德赛》，因为它们给史前史带来一线光明；它们同时也是未来的塑造者。对于一个民族的尊严来说，它们乍一看是难以理解的对象。《伊利亚特》描述了大量源自一场传奇的伟大战争的小插曲；《奥德赛》则更像小说，叙述了所有文学作品中最伟大的人物之一奥德修斯的漫游记，即他在参加完同一场战争后回家途中的经历。从表面看来，这就是其全部内容。但后来它们被推崇为圣书。如果我们认为这一切是合理的话，那么早期副本的保存率则被认为是相对受欢迎程度的真实反映。它们比任何其他希腊文学文本都更经常被复制。大量的时间和笔墨被花费在争论它们是如何组成的。现在看来，它最有可能是在略早于公元前700年的爱奥尼亚成形的。希腊人并没有把它们的作者定义为“诗人”（他在他们眼中的地位已经有足够的象征意义），而有些人更是通过这两首史诗中
175 的一些蛛丝马迹判断它们是不同人的作品。从我们的目的考虑，荷马究竟是不是一个作者并不重要，重要的是有人拿着这些4个世纪以来吟游诗人传诵的材料并将其编排成一种已被人们所习惯的稳定形式。从这个意义上讲，这些作品是希腊盛行英雄史诗时代取得的最高成就。虽然它们可能是写在公元前7世纪，但直到公元前6世纪这些诗歌才有能被接受的标准版本；那时它们已经被视为希腊早期历史的权

威、道德和模范的来源，以及文学教育的主要内容。因此它们不仅成为希腊自我意识的第一份文献，同时也是古典文明根本价值观的具体体现。后来它们的价值更甚于此，和《圣经》一起成为西方文学的源头。

尽管荷马史诗中的神很像人类，但希腊世界一样对超自然和神秘充满了深深的敬意。人们常以预兆和神谕的体现形式来认识它们。德尔菲（Delphi）的阿波罗神殿或者小亚细亚的迪迪马（Didyma）神殿都是人们朝圣的地方和想获得神秘意见的尊崇之源。体现神秘性的宗教仪式，重演了随着季节更替而发芽和生长的伟大自然过程。民间宗教在书面的资料中并不是非常突出，但它从来没有完全与“值得尊敬”的宗教分离。重要的是，考虑到稍后的古典时代希腊精英阶层取得的成就是如此令人印象深刻地倚重于理性和逻辑为基础，记住这种非理性的根基就更显得重要了。这种非理性一直存在，并且在早期，也就是本章提到的形成时期，作用十分突出。

如果凡事不求精确的话，书面记录和公认传说也反映了一些关于早期希腊社会和（如果这个词是恰当的）政治机构的情况。荷马向我们展示了一个有国王和贵族的社会，但当他描述之时早已将它变换了时代。王的头衔有时还会存在。在一个叫斯巴达的地方，那里曾一度总有两个国王，它暗示着一个模糊的现实——存在过一度曾是有效的但又是历史现实的权力——这样的权力在几乎所有希腊城邦里都开始从君主转移到贵族那里。雅典的战神山议会（Areopagus）就是许多地方严格限制王权的例子。这种统治精英从根本上讲来自本土，他们的成员是财产的完全所有者；这些财产不仅提供他们的生计，而且剩余部分可以用来支付统治者在战争中需要的昂贵武器和马匹。荷马描述了这些贵族独立于他们的国王而自行其是，这些可能反映了他所处
时代的事实。贵族是唯一显得重要的人物，其他社会群体在这些诗歌 176

里微不足道。忒耳西忒斯（Thersites）可能就是因为逾越了贵族和其他人之间的严格界限而被惩罚。

一个军事上的贵族专注于勇气也可以解释在希腊公共生活中一直存在的自信和独立品质。阿喀琉斯，在荷马的描述中是一个像中世纪男爵那样易怒的人。直到今天，一个人在他同辈眼中的地位一直是许多希腊人更在意的事情，而且也往往可以从希腊的政治活动中反映出来。这也证明了，在古典时代个人主义往往扼杀了合作行动的可能性。希腊从来没有产生过一个持久的帝国，因为它只能采取一些较小的从属措施以实现较大的利益，或者依靠大家自愿接受例行的为公众服务义务。这可能并非坏事，只是意味着拥有希腊自我意识的希腊人甚至不能团结自己的家园成为一个国家。

早期城邦在贵族阶级之下的其他阶层属于一个平静又不太复杂的社会。自由人在自己的土地上劳作，有时候也替其他人工作。财富并不容易迅速易手，直到货币出现才将它变成一种比土地更容易转移的形式。荷马用一头牛的方式来衡量财富，而且似乎设想着黄金和白银只是作为礼物赠送仪式中的因素，而不是作为交换手段。这是后来贸易和低贱工作都被轻视的观念产生的背景；而贵族的态度一直如此。这也有助于解释为什么在雅典（或许其他地方），商业一直长期掌握在外邦人手中，外国定居者并不享受公民特权，提供给希腊城邦公民的服务也并不会提供给这些外邦人。

奴隶制当然是理所当然的，尽管围绕这个制度还有许多不确定因素。这显然可以由许多不同的原因来解释。古时候，如果正如荷马史诗中反映的那样大多数奴隶都是妇女，这是胜利的一种奖赏，但后来对于男性俘虏的屠杀也渐渐地转变成奴役。大型种植园中的奴隶制，例如罗马或者现代欧洲殖民地的那种，都是不寻常的。公元前 5 世纪的许多希腊自由民都会拥有一到两个奴隶，并且我们估计在雅典最繁荣时期四分之一的人口都是奴隶。奴隶可以获得自由；一个公元前4世纪的奴隶就成了重要的银行家。他们还经常能够得到良好的待遇和偶尔的爱戴。其中一个著名的例子就是伊索。但奴隶并不自由。希腊人认为绝对依赖他人的意愿对于自由民来说是不能容忍的，但他们几乎没有发展出对奴隶制正面批评的体制。如果对此表示惊奇将是不合时宜的。希腊之外的整个世界也是按照奴隶制度会继续下去的原则来组织的。这样一种当时流行的社会制度，即使当各地开始进入基督教时代也没有销声匿迹。它几乎没有引起任何评论，因此，希腊人把它 177
视为理所当然。没有工作也就没有办法维持奴隶制度，因此从农业劳作到教学都有奴隶的存在（我们的词"教员"原来就是指一个陪同出身良好的男孩去上学的奴隶）。一个著名的希腊哲学家后来试图通过争辩一些人其实生而为隶这样的事情证明，奴隶提供如此功能是因为适合他们的只是为更多聪明人的目的而服务。用现代思想来看这并不是一件令人印象非常深刻的争论，但在使用这种方法的背景下希腊人这样思考很自然，并且那里的人们倾向于更多的思考而不是简单地将偏见合理化。

当文明在爱琴海重现之后，希腊人仍然通过很多渠道不断地受到近东的影响。奴隶可能是其一，而外国居民则肯定是渠道之一。荷马已经提到工匠（*demiourgoi*）。外国工匠一定把不只工艺技术还包括其他陆地上的图案和风格带到了希腊的城邦中。晚些时候，我们听闻希腊的工匠定居在巴比伦，并且有许多例子讲述希腊士兵作为雇佣兵服务于外国国王。当波斯在公元前525年侵略埃及的时候，希腊人为双方作战。其中有些人会返回爱琴海，带来新思想和观感。与此同时，始终持续的商业和外交往来也存在于亚洲的希腊殖民城市及其邻居之间。

源自希腊各种事业中的日常交易，复杂得使得我们很难区别本土和外国对古风时代希腊文化的贡献。其中一个吸引人的领域是艺术。正如迈锡尼反映了亚洲的模式；在这里，希腊青铜器上装饰的动物图案，或阿弗洛狄忒等女神的姿态，都令人回想起近东艺术。后来，希腊纪念性建筑和雕塑模仿埃及，并且埃及塑造物品风格的古老方式被希腊工匠用在了诺克拉底斯。虽然作为最终产品，古典时期希腊的成熟艺术是独一无二的，但是其根源却远溯到公元前8世纪重建与亚洲关系之时。我们不太可能很快描述出来的是后来文化相互影响的缓慢辐射过程，在公元前6世纪左右这种文化的相互影响一直以两种方式作用着，因为希腊在当时既是学生也是老师。例如吕底亚（Lydia），传说中世界上最富有的克罗伊索斯（Croesus）王，受到依附它的希腊城市的影响而希腊化，采用了来自这些希腊城邦的艺术，并且可能更重要的是，字母也间接经由弗里吉亚获得的。因此，亚洲再次获得了其曾经给予的东西。

早在公元前500年，这个文明就是如此复杂以至于很难在一特定
178 的时间里判断事件的精确状况。按照同时代的标准，早期希腊是一个快速变化的社会，并且它的一些变化比其他社会更容易看出来。临近公元前7世纪晚期时，一个重大变化似乎是第二次并且更重要的殖民化浪潮的到来，通常始于东部希腊城市。其殖民活动是对本国农业困难和人口压力的一种反应。随后而来的是一股商业浪潮。随着与非希腊语世界之间的贸易变得更容易，新的经济关系出现了。部分证据就是白银流通的增加。吕底亚人是第一个打造新钱币的民族——标准重量和打印了标记的代币。并且到公元前6世纪，钱币开始广泛地应用于外国和国内的贸易，只有斯巴达反对引入。专业化成为应对本国土地短缺的可能对策。雅典通过专门从事大量陶器和橄榄油的出口来确保所需粮食的进口。希俄斯岛出口橄榄油和葡萄酒。有的希腊城邦明显变得更依赖于外国的谷物，特别是来自埃及或希腊在黑海殖民地的

谷物。

商业扩张不仅意味着土地已经不再是财富唯一的重要来源，而且还意味着更多人可以购买对确立地位如此重要的地产。这开始了军事和政治方面的革命。古代希腊战争的理想形式是单打独斗，这种战斗形式对于每个武士都是贵族的社会是理所当然的。他们骑马或驾战车前往战场对抗他们的对手，装备稍微差一点的下级则为他们而战。新贵族则有能力负担起盔甲和武器来装备一个更好的军事手段“重甲步兵”（hoplites）——装备着重型武器的步兵一直是希腊军队两个世纪以来的骨干，并且是其优势。他们依靠部队纪律的凝聚力取胜，而不是依靠个人蛮勇。

步兵装备着头盔和护甲，并且携带盾牌。他的主要武器是长矛，并不是用来投掷，而是为了在混战中稳定自己有序地跟随在矛兵方阵的后面。这样的战术只能在相对水平的地面上进行，而这样的土地往往是希腊战争中争夺的对象，因为一个希腊城邦赖以生存的农业会因为被夺取了河谷中少有的平原而破坏，城邦中的大部分粮食都种植在这块平原上。在这种地形上，重甲步兵可以集体向前冲，通过他们的冲击力扫除防卫者。他们完全依靠自己的力量作为一个有纪律的整体来行动。这不仅最大化了向前冲的作用，而且使得他们在随后的肉搏
战中能够取胜，因为每一个步兵不得不依靠他右边同伴的盾牌来获得 179
保护。保持一个有序的队形是至关重要的。斯巴达人因为在执行初步变阵中表现出来的专业能力特别受到钦佩，初步变阵在这样一种偶然相遇中领先，一旦混战开始能够保持作为一个群体的凝聚力。

共同行动的能力是新战争的重点。虽然现在更多的人参与到战争中，但数量不再是所有因素中最有价值的了，因为 3 个世纪以来希腊对亚洲军队作战的胜利都证明了这一点。纪律和战术技巧开始变得更为重要，它们多少意味着定期的训练，以及社会中武士阶层的扩大。

更多人分享权力，这种权力来自对行使权力手段的近乎垄断。

这些不是当时唯一重要的创新。正是在那时，希腊人发明了政治：通过在公共场合的讨论，合理地选择定义现实中集体关注的概念。他们语言中大篇幅使用的内容我们现在仍然在用，“政治”和“政治的”都是来源于希腊语中描述城邦的术语。这就是希腊生活的框架。它不仅仅是为了经济原因生活在同一个地方的人们单纯的聚合，更多的内容可通过希腊人说话方式的转变来解释：他们没有提到雅典做这个，或底比斯做那个，而是雅典人和底比斯人的行为。尽管有严重的分歧，城邦——或者为了方便可以被称为城市国家——可能通常是指一个团体—— 一个分享利益和共同目标的人类意识的整体。

这样的集体协议是这种城市国家的本质；那些并不喜欢自己所在城市的人们可以到其他地方寻找替代。这有助于产生高度的凝聚力，但也是狭隘的一种。希腊人从来没有超越过对地方自治权（另一个希腊词）的偏爱以及城市国家特有的对外部世界的抵触和不信任。逐渐地，希腊人拥有了自己的保护神、自己的节日礼仪和戏剧，这些戏剧将现存的人们与过去联系起来并且用自己的传统和法律来教育他们。因此，这种有机的生活常常跨越几代人。但它的根源是重甲步兵理想的纪律，以及人们与他的邻居肩并肩的合作行动，依靠他们去支持共同事业。早期公民机构——也就是说构成了政治上有效团体的那些机构——都仅限于重甲步兵，也即那些有能力参与到城市防御队伍中的人们。后来希腊那些担心政治极端主义结果的改革者在寻求稳定时，都会把希望转向步兵集团来解决城邦的基础问题，也就不足为奇了。

180 城邦的根基还建立在其他事实上：地理、经济、亲属关系。其中许多城邦都成长于非常古老的土地上，建立于迈锡尼文明时代。有些则较新，但几乎总有一个城邦的领地是在可提供足够生活物资的狭窄河谷地带。一些城邦是幸运的，如斯巴达就坐落于一个广阔的山谷中。而有些就明显有缺憾，如阿提卡的土地非常贫瘠，雅典最后只有依靠进口粮食来养活其市民。方言强化了因为山林阻隔而造成的城邦与邻居间的潜在独立意识。这些方言保留了普通意义上的部落起源，依靠公众教派这些部落团结起来。

历史时期开始的时候，这些势力就已经产生出强烈的关于社区和个性的感觉，这就使得希腊人不可能超越城邦：一些希望不大的组织和联合是没有指望了。城市里市民对城市生活的参与是紧密的；我们可能会发现这种参与几乎有些过分了。然而，由于城邦的规模小，就算没有官僚机构也能够运作；市民团体总是比总人数少得多，因而可以总在一个会议地点集合。所以，一个城邦哪怕渴望对各项事物进行一分钟的官僚制管理，也是不可能的；类似于此的事情会超出它的政府机构的能力。如果我们依据雅典的证据作出判断——我们对这个城邦了解如此之多是因为它在碑铭上留下的记录很多——行政机构的区别：审判和法律制定都远非我们所知的那样，因为在中世纪欧洲，一个执法行为可以被视为对法院判决的法律解释；正式来说，法院只不过是市民集会的一个场景。

这个团体的规模和对本团体成员资格的限定，决定了这个国家的宪法性质。或多或少，它依靠的是日常管理当局，不论是地方行政官还是法院。这些和现代永久的公民服务一点都不一样。的确，笼统地概括这些问题仍旧不妥当。希腊有超过150个城邦，而我们对大多数一无所知；其余的我们也仅仅知道一点。很显然各城邦在处理事务的方式上有重要的差异。公元前4世纪，亚里士多德就城邦的行政机构做了一项工程浩大的收集整理，除非这些机构之间有较大的区别，否则一个政治学家来做这些事情可能就不会有太大意义了。但它们如何运作的细节很难看出来，甚至是在我们拥有良好信息来源的少数情况下也是如此。

至于政治制度的历史，起源常常藏在传说中，就像亨吉斯特（Hengist）和霍萨（Horsa）的故事对于英格兰的历史一样。甚至荷马对于城邦也是没有帮助的；他几乎没有提到它，因为他描述的主题
181 是勇士阶层。然而，当历史发端之时城邦就在那儿，被贵族统治着。决定其后来演变之大概轮廓的力量已经涉及。新的财富意味着新的人群，并且新兴的阶级会驱逐现有的精英来获得成为公民的许可权。那些取代国王的贵族自己变成了竞争和攻击的对象。随着政府对传统利益缺乏尊重，新派试图取代其位置，这样就形成了一个被希腊人称作僭主统治的时代。僭主往往非常富有，但他们为自己辩护说那是因为他们受民众欢迎；他们是撤销贵族阶层的强硬派。后来关于“僭主”这个词的负面含义那时还不存在，许多僭主必须伪装成仁慈的专制君主。在社会斗争有可能因为陆地上压力带来的新危机而增强之后，他们带来了安定。受惠于和平的是经济增长；同样地，僭主也享受彼此间经常保持的良好关系。公元前7世纪是僭主的黄金时期。然而这种制度并没有长期存在，很少有僭主能够持续两代。公元前6世纪，趋势变成几乎所有的地方都倾向于集体政府：寡头政治、宪法政府，甚至开始出现早期的民主政体。

雅典是一个突出例子。很长一段时间里，阿提卡看起来虽然很穷，但却拥有足够的土地帮助雅典避免社会压力，而这种社会压力在其他城邦导致了殖民运动。在其他方面也是如此，其早期经济表现出特别的活力；甚至在公元前8世纪有陶器表明雅典是一些商业和艺术方面的领先者。虽然在公元前6世纪，雅典也因为贫富之间的冲突而饱受折磨。不久，一个传奇的法律制定者，梭伦，禁止富有的债权人奴役债务人（这会让上层阶级变得更加依赖动产，而且债务奴役也没法保证劳动力）。梭伦还鼓励农民专门化。橄榄油和葡萄酒（及其容器）成为雅典主要的出口项目，而粮食则保留在本土。同时，一系列

改革（也得益于梭伦）给予旧的地主阶级和新贵之间平等的地位，并且提供了一个新的民众会议去准备所有市民的大会——公民大会（ecclesia）的事情。

这种变化并没有马上平定雅典的分歧。僭主时代在公元前510年
最后一个僭主被驱逐才算结束。然后，其矛盾的产物是希腊最民主政
府的体制终于在那里运作，虽然它是一个比其他城邦拥有更多奴隶的
地方。所有政治决定都是采取多票表决的公民大会形式（也选出了重
要的法官和军事指挥官）。独创性的布置为公民组织形成一个团体做 182
好了必要的安排，这种公民组织会防止城市居民代表反对农民或者商
人的派系斗争。这是一个伟大时代的开始，这是一个繁荣的时代，雅
典有意识地在城市以外促进节日和宗教的发展，并且给所有希腊人提
供一些东西。这就是可以竞选领导阶层。

雅典和它强大的对手斯巴达之间已经存在多方面的竞争。不同于雅典，斯巴达面对压力不是通过改变政府机构而是抗拒改变。斯巴达用最保守的方法来解决问题，很长时间里都是通过在国内实行严格的社会纪律，及对邻国实行征服计划，这使它能够满足其他人对土地的需要。一个相当早期的结果是社会结构的僵化。因此传统的约束出现在斯巴达。据称它是传说中的法律制定者，莱库古甚至禁止以书面形式记录下它的法律。我们所理解的它的想法就是，斯巴达人无论年轻人、男孩还是女孩，都要经历严格的训练。

斯巴达没有僭主，其有效政府似乎是由老年人组成的会议和5个被叫做“监察官”（ephors）的行政官来分享的，而两个世袭的国王都拥有特别的军事力量。这些寡头是对斯巴达的公民大会（根据希罗多德的记录，公元前5世纪的早期大约有5 000人）负责的最后手段。因此，斯巴达拥有最大的贵族阶层，古代作家也同意这些贵族是步兵阶层。斯巴达社会保持着农业化，不允许商业阶层的出现；并且在公

元前600年左右，当希腊其他城邦开始使用货币的时候，斯巴达坚持只允许铁质货币在国内流通。斯巴达应该是一直到公元前4世纪才允许使用金币或银币。斯巴达甚至躲开殖民运动，仅仅建立了一个这样的殖民地。

这产生了某种被后来的清教徒尊崇的军事化平等主义，以及某种符合老式愿望的强烈暗示性氛围，适合良好的和病态的、还有品格高尚的寄宿学校。尽管时间的推移和国王的姿态稍稍软化了斯巴达的实践，斯巴达人明白财富和舒适之间没有太大的区别。直到进入古典时代，他们都避免衣着不同并且一起吃大锅饭。他们的生活条件用一个词来说就是“简朴”，这反映了理想化的军事美德和严格的纪律。这些细节通常不仅特别让人不快而且看起来很古怪。例如，结婚典礼上，新娘的头发被剪得乱七八糟而且穿得像个男孩。随后会有一场模
183 拟的强奸；而这之后夫妇并不生活在一起，男人继续和同伴们生活在男性宿舍并且实行共餐。有趣的是，斯巴达向希腊其他城邦输出育婴女佣（以后类似的情况将展现给读者）。斯巴达没有什么艺术或文化成就值得谈论，并且其国内的政治一直保持神秘。

斯巴达公民公社和其他人之间的划分可能是斯巴达最严重的问题了。这个问题可能使斯巴达政治简化或者失声。住在斯巴达城邦中的大部分居民并不是公民。其中一些是自由民，但大部分都是奴隶、奴隶般的工作者；他们被束缚在土地上，与自由农民一起共同承担供应斯巴达公社食堂的食物生产工作。起初奴隶来自被多利安入侵之后奴役的当地居民，但他们像后来的农奴一样束缚于土地而不是成为个人所有者的动产。当然后来由于征服活动，他们的数量大大增加了，尤其是通过公元前8世纪兼并美塞尼亚平原，这个平原作为一个独立的城邦已经从希腊历史上消失了300多年。结果，一片阴影笼罩了斯巴达的成就，那就是对奴隶反叛的恐惧，这被其他希腊人所评论。这束

缚了斯巴达人与其他城邦之间的关系。渐渐地，他们担心国家军队在外，惟恐军队的缺席会引发国内革命。斯巴达始终警惕并且恐惧的敌人就在国内。

斯巴达和雅典在公元前 5 世纪的冲突是致命的，这导致了它们一直被视为古代希腊政治世界中的两极。当然，它们不是唯一有效的模式，而这正是希腊成功的秘诀之一。是否会借鉴这一丰富的政治经验 184 和资料，远比直到这时在这个世界中看到的任何事情都有用。这种体验提供了对法律、责任和义务这些重大问题首次系统的反思。从那时起，这些问题就已经锻炼了人们的思维，大部分以条款的形式由古典希腊保存下来。在前古典时期，关于这种主题的思考几乎是不存在的；风俗的重要性和本地经验的局限性充分说明了这一点。

城邦共享了希腊的经验和遗产，它们是通过贸易过程中所做的接触才知道了其他类型的政治组织，因为希腊的许多殖民地在这一对比中彻底显现了自己的本性。希腊世界拥有边界区域，在这里冲突很可能发生。在西方，这个世界曾经看起来几乎是在无限地向外扩张，但大约在公元前 550 年，当伊特鲁里亚和迦太基的力量施加限制的时候，持续了两个世纪的惊人扩张就结束了。第一个殖民地——再一次位于数个世纪之前米诺斯和迈锡尼有时曾定居的地方——表明，在希腊的社会基础中，贸易和农业一样频繁。他们的主要力量在西西里岛和意大利南部，一个在古典时代晚期被称作“大希腊”的地区。这些殖民地中最富有的是叙拉古，它在西西里拥有最好的港口，于公元前 733 年由科林斯人建立，并且最终成为称霸西部的希腊城邦。除了这个殖民地区，在科西嘉岛和法国南部（在马西利亚［Massilia］，也就是后来的马赛），当许多希腊人和伊特鲁里亚人、意大利中部的拉丁人生活在一起的时候，定居点也建立了起来。希腊商品在远至瑞典的地区也被发现，并且希腊的风格在公元前 6 世纪巴伐利亚的防御工事中被发现。更多无形的影响难以确定，但一个罗马研究专家认为，希腊第一个教化野蛮人的例子就是后来的法国人；不仅教他们耕种土地，而且教会他们培植葡萄。如果真是这样，欧洲后代子孙确实多多受益于希腊的贸易。

这种充满活力的发展似乎引起了腓尼基的妒忌和模仿，致使腓尼基人建立了迦太基，以及迦太基人在西西里岛西部的立足。最终，他们阻止了希腊人在西班牙的贸易活动。然而，他们无法将希腊定居者驱逐出西西里岛，就像伊特鲁里亚人不能将他们从意大利赶走一样。在公元前 480 年的决定性战役中，叙拉古人曾派遣了一支迦太基部队。

对于希腊与亚洲之间的关系来说，这是更重要的一个时期。小亚细亚的希腊城邦经常与亚洲的邻居发生冲突。它们受到最多的是吕底
185 亚的袭击，直到它们向吕底亚国王、拥有传奇般财富的克罗伊索斯王臣服并且进贡。在此之前，希腊已经影响了吕底亚的风尚；一些克罗伊索斯王的继承人向位于德尔菲的神庙奉献贡品。现在，吕底亚的希腊化变得更快。但一个更为强大的对手在更遥远的东方崛起——波斯。

希腊和波斯的战争是希腊早期历史中的高潮部分，并且开创了希腊古典时期。由于希腊更多关注与波斯之间的长期冲突，就很容易忽视与对手之间的很多联系。波斯舰队——以及在较小的程度上来说，波斯军队——发动伯罗奔尼撒战争，至少有数以千计主要来自爱奥尼亚的希腊人为他们服务。居鲁士雇佣了希腊采石工和雕塑家，而大流士聘请了希腊医生。不管希腊人声称他们多么反感一个将国王当作神来对待的国家，事实上也许这场战争不仅是既有敌意的爆发，也制造了很多增加敌意的事情。

战争的根源在于波斯阿契美尼德王族成员领导下的重大扩张行

为。大约在公元前 540 年，波斯人毁灭了吕底亚（这是克罗伊索斯王统治的结束，据说他由于对德尔菲神谕表达内容的轻率理解发起了对波斯的进攻。神谕中说，如果他发起与波斯的战争，那么他将毁灭一个伟大的帝国，虽然并不知道是哪一个）。这使得波斯和希腊直接碰面。在别处，波斯征服的脚步一直在往前推进，当波斯占领埃及时他们损害了希腊在那里的商业利益。接下来，波斯进犯欧洲并且占领了远至马其顿的海岸城市。穿过多瑙河后，他们失败了，并且很快从斯基泰撤退。此后是一段间歇期。接着，在公元前 5 世纪的第一个十年，或许是受到大流士征服斯基泰人失败的鼓励，亚洲的希腊城市起义反对波斯的宗主权。本土的城邦，或者是其中的一些，决定提供援助。雅典和埃雷特里亚（Eretria）向爱奥尼亚派出了舰队。在接下来的发展中，希腊人烧毁了吕底亚形式上的首都以及波斯帝国在西部的总督辖地萨迪斯（Sardis）。但反抗最终失败了，并且使得希腊本土的城市面临着激怒对手的境地。

在古代世界里，事情通常不会发生得很快，并且大规模的远征活动需要很长时间来准备。但爱奥尼亚起义刚被镇压下去，波斯就派出舰队进攻希腊；只是越过阿托斯圣山（Athos）之后舰队就失事了。第二次进攻发生在公元前 490 年，波斯洗劫了埃雷特里亚，但随后就在雅典人手中遭遇失败。这场战斗的名字已经变成了一个传奇，即马拉松战役。

虽然这是雅典的胜利，但下一阶段与波斯斗争的领导者是斯巴达 186
这个陆地上最强大的城邦。伯罗奔尼撒联盟目的是通过防止将军队送往国外从而确保斯巴达的未来，但它移交给斯巴达的一些重要事务使其好像民族的领导者。当十年之后波斯再次来犯时，几乎所有的希腊城邦都接受了这一点——甚至因舰队力量增强在海上联盟中拥有压倒性力量的雅典也是如此。

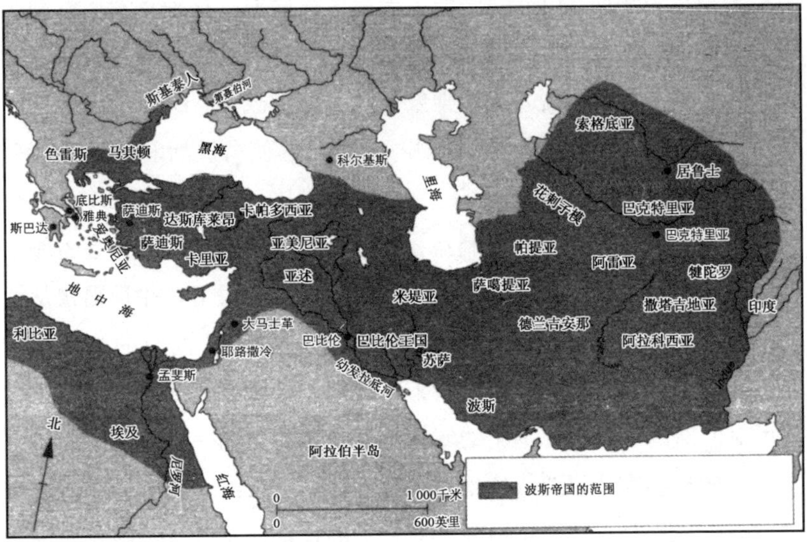

阿契美尼德王朝时代的波斯帝国

希腊人声称，并且毫无疑问地相信，再次来犯的波斯人数以百万计（公元前480年，穿过色雷斯）。即使（就现在来看更可能是）事实上来犯的波斯军队还不到10万（其中还包括数千名希腊人），这对于希腊城邦的守卫者们来说仍然是具有压倒性不均衡的力量对比。波斯军队缓慢地沿着海岸向伯罗奔尼撒半岛前进，随行的还有一支强大的护卫舰队。然而希腊拥有的重要优势是良好的装备和训练有素的重装步兵，以及使波斯骑兵优势和士气沮丧的地形。

这一次决定性的战役发生在海上。它伴随着另一个传奇性的插曲，斯巴达国王李奥尼达（Leonidas）带领他的三百勇士在温泉关战役中全军覆没，之后希腊人不得不放弃阿提卡，给了波斯。希腊人退到科林斯峡谷，他们的舰队集中在靠近雅典的萨拉米斯（Salamis）海湾。但时机有利于他们。此时正是秋季；而让波斯人措手不及的冬季即将来临，希腊冬季是非常严寒的。波斯国王抛弃数量上的优势，在狭窄的萨拉米斯海湾中进攻希腊舰队。他的舰队被歼灭之后，开始了一场前往赫勒斯滂海峡的漫长撤退。第二年，他留下的军队在普拉提亚（Plataea）被击败；同一天，希腊在爱琴海另一边的米卡尔（Mycale）赢得了另一场伟大的海上战役。这宣告着希波战争的结束。

这是希腊历史上的伟大时刻，也许是最伟大的。斯巴达和雅典荣耀加身。随后，亚洲的希腊城邦获得独立。它开创了希腊人强大自信的时代。希腊向外扩张的动力一直持续到一个半世纪后马其顿帝国的鼎盛时期。希腊人身份认同的感觉达到顶点，当人们回首那些英勇的日子，或许会想，是否当时本来有一些绝好的机会把希腊联合起来成为一个国家，但却被永远地错过了。或许，这还是一件更值得重视的事情，因为希腊自由民击退了亚洲专制君主，从而播下了常常被后来的欧洲人提及的反差的种子；而在公元前 5 世纪它就存在于少数希腊
人的脑海中了。神话中包含了未来的事实，数个世纪之后其他人会时 187
空错置地回望马拉松和萨拉米斯，视其为欧洲面对野蛮人并赢得许多胜利的开端。

第 3 章　希腊文明

188 对抗波斯的胜利开启了希腊历史上的伟大时代。许多人开始议论"希腊奇迹"，因为极高度的古典文明成就开始出现。然而，这些成就的背景是一个如此痛苦和遭受毒害的政治历史时期，因此它结束在庇护希腊文明的机构——城邦消失的时候。尽管它的细节是复杂的，但这个情况还是可以简单地概括出来。

普拉提亚和米卡尔战役之后的 30 年，与波斯的战争仍在断续进行，但它已成为一个更重要主题即雅典和斯巴达之间尖锐竞争的背景。生存得到保证，斯巴达人带着宽慰返回国内，也许此时更加忧虑的是国内的希洛人。这使得雅典成为那些渴望推进波斯统治下其他城市解放的城邦毫无争议的领袖。提洛同盟形成了，这个同盟支持一支对抗波斯的共同舰队，而它的指挥权属于雅典。随着时间的推移，同盟的成员提供的不再是船只而是金钱。一些城邦因为波斯的威胁已经下降，不想再支付这笔费用。雅典的干预确保了违约的城邦不再增加拖欠费用，并且对同盟城邦的要求变得更加苛刻。例如纳克索斯岛（Naxos）试图离开同盟，但因为被围困又返回同盟。这个同盟逐渐纳入了雅典帝国，标志就是总部从提洛岛转移到了雅典，城邦捐助的金钱都被拿来满足雅典的目的；雅典在各城邦强驻官员，重要法律案件都移交给雅典法庭。公元前 449 年与波斯达成和平共识时，这个同盟还在继续，虽然它的借口已经消失了。在同盟的巅峰时期，超过 150 个城邦向雅典支付金钱。

斯巴达欢迎这一过程的第一阶段，它高兴看到其他城邦信守承诺保持在其边界之外。和其他城邦一样，斯巴达仅仅是逐渐意识到形势的变化。而它意识到这一点，与雅典霸权越来越多地影响到希腊城邦的内部政治这个事实有很大关系。它们常常就联盟产生分歧，有钱
人、纳税的市民厌恶这种捐贡，但穷人并不反对，因为没有钱来支付 189
捐贡。有时雅典干预之后的城邦会发生国内革命，结果往往是产生了雅典体制的仿制品。雅典自身经历过平稳向民主政治发展的斗争。到公元前 460 年，雅典国内问题真正解决了，因此它在外交方面的动向很快就有了意识形态的色彩。其他事情也可能增加其他城邦对雅典产生不满的机率。雅典是一个巨大的贸易城邦，另一个大商业城市科林斯觉得自己受到了威胁。彼奥提亚人也是雅典人攻击的对象。这些问题积累起来导致一个反对雅典的联盟，斯巴达通过参加始于公元前 460 年的反对雅典之战争最终成为联盟领袖。随后 15 年内，并不坚决的战争带来了一个可疑的和平。不过也仅仅过了 15 年，公元前 431 年，一场大规模的内部斗争开始了，将让古典希腊元气大伤，这就是伯罗奔尼撒战争。

这场战争断断续续打了 27 年，直到公元前 404 年。本质上这是一场陆地对海洋的战争。一面是斯巴达联盟，包括彼奥提亚、马其顿（不可靠的盟友）和斯巴达最重要的支持者科林斯，掌握着伯罗奔尼撒半岛和将雅典与希腊其他部分隔离的陆上地带。雅典的盟友散落地环绕在爱琴海海岸，爱奥尼亚的城市和岛屿，这片地区从提洛同盟时期起就由雅典掌控。战略取决于有效的手段。斯巴达军队显然最擅长占领雅典的领土，然后强迫其投降。雅典人在陆地上无法同敌人抗衡，但他们拥有更好的海军。这在很大程度上归功于一个开创世纪的雅典政治家和爱国者、政治煽动家伯里克利。在舰队的基础上他实行了一项策略，就是放弃每年都被斯巴达侵扰的雅典乡村——无论如何它从未有能力养活它的人民——并且将居民撤退到城市里和港口比雷

埃夫斯，这两处是由两堵长超过5英里、宽200码的墙体连接的。在那里，雅典可以对战争袖手旁观，不会被攻击或者袭击打扰，因为这些已经超出了希腊军队的能力。雅典的舰队仍然控制着海洋，通过进口谷物确保其在战争中的供给与和平时期一样，所以封锁并不会奏效。

由于城市中的瘟疫以及公元前429年伯里克利去世之后领导阶层的缺乏，事情没有预期的那样好，但战争的第一个十年里基本不劳神的僵局状况完全是依靠这个战略来维持。它在公元前421年带来了暂时的和平，但并没有持续下去。雅典的挫折感最终找到了出路，即通过一个计划将战争推向远方。

190 坐落在西西里岛的富有城市叙拉古是科林斯的重要殖民地，同时也是雅典最大的商业竞争对手。占据叙拉古将会重伤敌人，毁灭伯罗奔尼撒一个主要粮食供应商，并带来丰富的战利品。有了这笔财富，雅典就有希望建立和掌控一支更大的舰队，从而实现决定性而又无可置疑的希腊世界之霸权——也许是掌握迦太基的腓尼基城市和西地中海的霸权。其结果是公元前415年到前413年灾难性的西西里远征。它具有决定性意义，但受到致命打击的不是对方，而是雅典的野心。雅典损失了一半的军队和所有的舰队，又在国内遭遇了政治动荡和分裂时期。最终，雅典的战败使对手们的联盟更加巩固。

斯巴达现在寻求并获得了波斯的帮助；作为回报，它秘密许诺，亚洲大陆上的希腊城邦都将再次成为波斯的附庸（就像它们在波斯战争以前一样）。这使它们能够组建起舰队，帮助那些想要摆脱帝国控制的雅典附属城邦。陆军和海军的失败打击了雅典的士气，公元前411年，一次不成功的革命使寡头政治暂时取代了民主政权。然后，随之而来的是更多的灾难，雅典舰队被俘虏，并最终被封锁。这一次失败是由饥馑决定的。公元前404年，雅典提出和解，其防御工事被夷为平地。

形式上来说故事到此就结束了，因为随之而来的是在这痛苦的数年里，希腊世界领先的城邦对双方都造成了明显的物质和精神上的损害。接下来是斯巴达的短暂霸权。在统治期间，斯巴达试图阻止兑现波斯人关于希腊亚洲城市的约定，但当一场战争让雅典的海军力量复苏和长墙重建后，斯巴达只得对波斯让步。最后，斯巴达和波斯因在防止雅典力量复苏上拥有共同的利益，于公元前 387 年达成和解。和解协议包括对除亚洲以外希腊所有其他城市共同的保障。讽刺的是，很快斯巴达变得和雅典一样令人厌恶。底比斯成为反对斯巴达力量的领导者。公元前 371 年，令其余希腊人震惊的是，在留克特拉（Leuctra）战役中斯巴达军队被击败了。这标志着一个精神和军事上的新时代，在某些方面与两千年之后普鲁士历史上的耶拿战役类似。实际结果也使这点更加明了：一个在伯罗奔尼撒建立起来的新联盟与斯巴达相抗衡，而且公元前 369 年复苏的美塞尼亚的建立成为另一个打击。新联盟的建立是一种新迹象，表明城邦时代已经过去。尽管接下来的半个世纪将看到城邦几乎消失，但公元前 369 年已经足够让我们认识这是一个重要的时刻。

此类事件在任何国家的历史上都是悲剧性的。从与波斯作战的辉 191
煌时期，到波斯人差不多不费吹灰之力就收回他们损失的时期，主要是因为希腊的分裂。这是一个必须有丰富想象力才能把握的循环的戏剧性事件。人们对其倾注强烈兴趣的另一个原因是一本不朽著作——修昔底德的《伯罗奔尼撒战争史》。这是当时的第一部历史著作，也是第一部科学的历史作品。但没有发生较大战争的这几年如此吸引我们的根本解释是，因为我们觉得，在战争、阴谋、灾难及荣耀交织的中心仍然潜藏着一个令人着迷的不解难题：米卡尔战役之后真正的机会是否浪费掉了？或者这个长期的下降趋势仅仅是一种幻觉的消散，其现实情况并没那么好，只是看起来充满希望而已？

战争年代也有另一个惊人的方面，在此期间文明方面结出的丰硕成果在世界上未曾出现过。政治和军事活动在某些方面达到一定成就，最终限制和决定了它们将来应该如何继续发展。这就是为什么这个小国家百多年的历史（其中最核心的是那些战争岁月），与千年古代帝国一样值得重视。

首先，我们应该回顾有限的基础是如何支持希腊文明的。虽然，希腊有很多城邦，分散在爱琴海广阔的区域内，但即使把马其顿和克里特岛包括在内，希腊土地面积和不包括威尔士或者苏格兰的英国面积大致相当——并且希腊只有大约五分之一的土地可以耕种。大部分城邦是很小的，一般不会超过 2 万人，最大的可能有 30 万人。城邦之中只有少数精英能参与公民生活并且享受现在被我们认为是希腊文明的成果。

另一件需要一开始就说清楚的是这个文明的本质。希腊人远没有看轻感官的舒适和愉悦，他们留下来的物质遗产确立了两千年来很多艺术品方面的审美标准。然而，最终希腊人是作为诗人和哲学家被后人铭记；他们的思想成就最值得我们关注。这一点在“古典希腊”这一理想概念中得到承认，但这个概念是后代人创造而不是希腊人自己的。虽然，一些生活在公元前 5 到公元前 4 世纪的希腊人认为他们拥有优于其他民族的文化，但从后人的观点来看，古典典范的力量在于回顾希腊并建立评估它自身的标准。后人最主要认为这些标准存在于
192 公元前 5 世纪与波斯作战取得胜利之后的那段时期里，但这存在着一定的失真。在这个观点上也有雅典人的偏见，因为公元前 5 世纪是雅典文化成就的最高峰。不过，区分古典时代的希腊和之前——通常称为“古风时代”或“前古典时代”——是有意义的。公元前 5 世纪在客观上是一个统一体，因为即使这个文明与过去的历史有着根深蒂固

的联系，并持续深入到未来，波及整个希腊世界，这个时代见证了希腊文明所达到的高度与密度。

这种文明仍根植于相对简单的经济模式；在本质上，是先前时代的产物。自从货币引入之后就没有什么伟大的革命来改变它，并且大约 300 年左右的时间里希腊贸易只有渐进的或细节的变化。一些市场开放了，一些市场关闭了，工艺安排随着时间的流逝慢慢变得更加复杂精细，但仅此而已。国家和城邦之间的贸易是最先进的经济成分，在这个水平之下，希腊经济一点也不像现在想当然的那样复杂。例如，易货交易一直存在于日常用途中，直到铸币时代来临。这种交易也存在于因消费者的有限要求而形成的相对简单的市场中。这种交易的生产规模也很小。据称，雅典最好的陶器厂在巅峰时期也没有超过 150 名工匠工作。我们面对的不是一个世界性的工厂，很多工匠和贸易商可能只带领少数雇工和奴隶独立作业。即使是庞大的建筑工程，例如雅典的修饰工作，也只是转包给数个小团体的工人去做。唯一的例外可能是在采矿业，尽管其具体的工作安排方式仍然不得而知（只知道矿山属于国家并以某种方式转租给别人），阿提卡的劳里昂（Laurium）银矿有数以千计的奴隶在工作。几乎所有地方的经济核心都是自给自足的农业。尽管有雅典或米利都（在一定程度上享有作为一个羊毛生产商的名声）的专门需求和生产，典型的社会还是依靠小农生产供给国内市场需要的谷物、橄榄、葡萄和木材。

这样的人是典型的希腊人。有些人是富有的，但其中大多数用现代的标准来看可能还是穷人，即使现在地中海的风气仍使得相对较低的收入比其他地方更容易接受。任何规模的商业以及其他各类企业的活动，都可能主要集中在外邦人手中。他们可能有重要的社会地位并且常常是富有的人，但未经特别许可他们不能获得土地，比如在雅典，尽管他们也有服兵役的责任（这为我们提供了一些关于他们人数的信

193

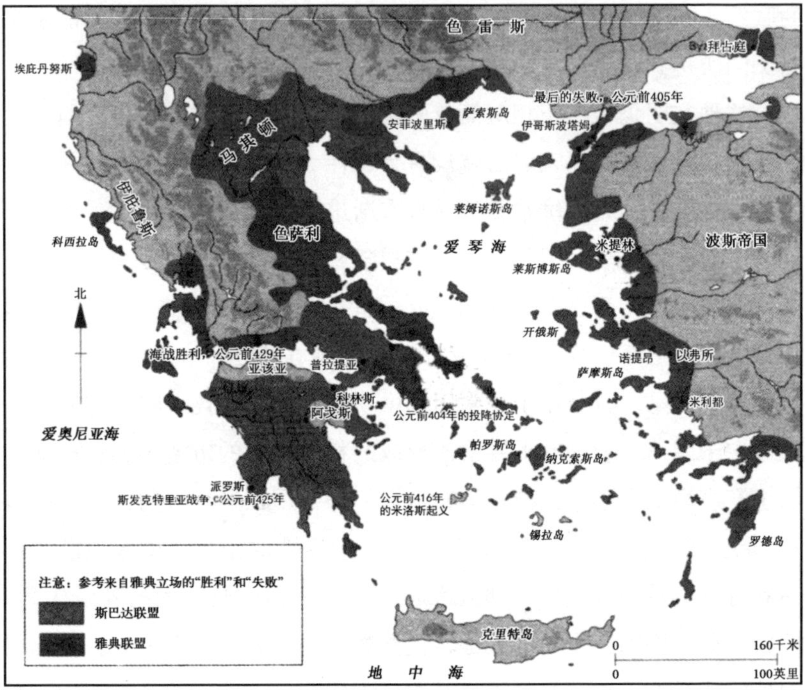

伯罗奔尼撒战争

息。因为在伯罗奔尼撒战争之初，约有3000人有能力负担重装步兵的武器和装甲）。城邦里其他不是市民的男性居民要么是自由民，要么是奴隶。

虽然妇女也被排除在公民资格之外，但更深入地总结她们的合法权益是冒险的行为。例如在雅典，她们既不能继承也没有自己的财产。虽然在斯巴达对于女性来说这两种都有可能，但如果牵涉到超过一蒲式耳谷物价值的商业交易，她们都不能进行。离婚时妻子的诉讼，虽然是事实，对雅典妇女来说是有效的，但机会似乎十分稀有，而且与男人相比几乎很难获得，男人看起来相当容易就能摆脱妻子。书面文献表明妻子的生活不同于那些富人；对她们中的大部分来说，都是干苦力的日子。社会制约对所有妇女的行为规范都有十分严格的管理；即使是上层阶级的妇女大部分时间也都在家中隐居。如果她们冒险外出，必须有陪同；出席宴会被认为有损于她们的体面。艺人和 194
妓女是唯一能够正常期待公共生活的女性；她们能够享有一定的知名度，但体面的女性则不能。值得注意的是，古典希腊时代的女孩子被认为不值得受教育。这种态度表明她们成长的社会源自先前的原始氛围中；也就是说，这个社会不同于米诺斯时代的克里特岛，也不同于后来的罗马。

根据文学作品中所揭示的，希腊人的婚姻和亲子关系能够产生深厚的感情，一男一女之间相互信任程度很高，就像我们现在的社会一样。而其中的一个要素，在现在很难准确衡量，就是包容、甚至浪漫化了男同性恋。习俗调整了这一切。在许多希腊城邦，年轻上层男性与年长男子之间的风流韵事是可以被接受的（有意思的是，希腊文学作品中很少有证据表明有年龄相仿的男同性恋）。但这不意味着他们以后就不再有资格缔结异性恋婚姻。当然，这可能一定程度上是希腊社会中的一种流行趋势。虽然所有社会都能够提供同性恋关系的例子，因这种关系适合很多男性生活的某一阶段；但古希腊人的同性恋已经引起了过分的关注。这也许是因为，其他社会都会设立一些禁止和控制措施，使得同性之爱的表达显得不合规范、不正当，但在希腊社会中并不存在。这还可能是因为，希腊文明太声名显赫，人们于是倾向于对它的一些小瑕疵视而不见。归根到底，同性恋可能只有隔离和局限自由妇女生活的限制功能。

在这件事情以及其他所有事情上，我们知道更多的是精英阶层的行为而不是大多数希腊人的行为。公民在实际上必定涉及不同的社会阶层，其范畴太大而不能轻易概括出来。我们可以从存世文献中谈到的人，这类在公共生活中获得一定声望的人，即使在民主的雅典人中，也因此常常是一个土地所有者。他不太可能是一个商人，也不太可能是一个工匠。一个工匠在公民大会中作为所属集团的成员可能是重要的，但是他很难成为领导阶级。商人可能会由于上层社会的希腊人长期根深蒂固的偏见而受到妨碍，他们认为贸易和产业对于一个绅士来说是不太合适的职业，作为一个绅士应该过着一种理想的建立在自己所有土地收益上的有教养的安逸生活。这样一种观点带着重要的影响融入到欧洲传统中。

社会史因此模糊地融入到政治中。希腊人对政治生活的关注——城邦的生活——及古典时代希腊可清晰地由两个不同时代来框定的事实（即波斯战争时代和一个新的马其顿帝国时代），可以让我们很方便地意识到希腊政治史对于文明的重要性。然而在任何完整的意义上
195 重建它是不可能的。许多，也许是大部分英国教区的记录比我们能重新获得的大部分希腊城邦的资料都丰富。资料中发现最多的是雅典的历史，还有不少其他少数城邦的历史，但更多的城邦没有留下什么材料；也可以发现城邦之间相互关系的描述比较全面。联系起来，这些事实提供给我们一幅相当清晰的有关古典时代希腊文明政治环境的画面，但关于它的许多细节就不太清楚了。

雅典在这幅画面中居于主要地位，因此从雅典那里主张何为典型的事物是相当冒险的。通常我们认为自己知道最多的东西是最重要的，而且因为公元前 5 世纪很多伟大的希腊人物都是雅典人，并且雅典是伯罗奔尼撒战争伟大故事中的一方，所以学者们对它的历史给予了巨大关注。然而，我们也知道雅典（仅举两个特点）规模大，又是一个商业中心；因此，在很多重要的方面它并不都具有典型意义。

但高估雅典文化重要性的企图并不是十分危险。毕竟，这样的卓越地位在那时就已经被意识到了。尽管一些伟大的希腊人物不是雅典人，并且很多希腊人反感雅典人宣扬自己的优势，但雅典人仍视自己

为整个希腊的领导者。只有希腊人中间最审慎的一些人不愿使用提洛同盟的贡赋来装饰其领导城市。因此，雅典建造了像帕特农神殿和卫城山门这样的建筑，废墟至今仍位居雅典卫城顶端，显然，之所以筹集到这些建筑费用是因为有许多希腊城邦认为雅典仍旧是最高权威。这一事实记录在贡赋的名单上。伯罗奔尼撒战争前夕伯里克利告诉他的同胞雅典是希腊其他地方的模范时，他虽是刻意在做宣传鼓动，但他说的话也确实不错。

习惯上赋予雅典重要性的充分理由，事实上也应该根据地理学上的基本事实来推定。雅典的地理位置让人回顾起古老传统，即雅典在爱琴海和小亚细亚的爱奥尼亚农场发挥着不明确但看来很重要的作用。因为容易接近这个地区，加上自身贫瘠的农业资源，使雅典早在公元前 6 世纪就拥有一支贸易和海上力量。也正因为如此，雅典成为希腊最富有的城邦。公元前 6 世纪末，在劳里昂发现的银矿床，带给雅典一笔用来建设萨拉米斯舰队的意外之财；由于这支舰队，雅典在爱琴海取得了无可争议的主导地位并且因此在公元前 5 世纪用贡赋充实了国库。雅典的权力和财富在伯罗奔尼撒战争前夕达到顶峰，那些年国内的创造活动和爱国热情也达到了巅峰。帝国扩张带来的荣耀与当时真正为人们所享受的文化成就紧密地联系在一起。

商业、海军、自信和民主思想作为不可分割的、传统的主题交织 196
在公元前 5 世纪的雅典历史中，就像后来 19 世纪英国的情况一样，尽管是以非常不同的方式。那时候人们已经普遍认识到，一个最终需要超过两百名以上舵手才能使其出航的舰队既是帝国力量的工具，也是民主制度的保证。重装步兵在一个海军国家的地位相比其他地方显得不太重要，而且对于一个划船手来说昂贵的护甲也不需要——他们是由联盟的贡赋或取得胜利的战争收益来供养的，正如它被期望的那样，例如西西里岛远征就将证明。帝国主义在那些期望分享远征收益的雅典人之中相当盛行，即便只是间接的和集体的，而且并不需要个人承担它的责任。这就是被评论家们给予大量关注的雅典民主的一个方面。

对雅典民主的攻击很早时候就已开始，并且一直持续着。其表现出的对历史的误传，与对同一套制度过分热情和理想化的捍卫所体现出的误传一样多。受惊吓的保守主义者因为之前从未见到类似的事情，所以他们的惊惧是可以理解的，因为雅典民主政治的出现是意想不到的，而且在一开始几乎未被注意到。其根源在于公元前 6 世纪的政制修改，它以地域组织原则取代了亲属关系组织原则；至少在理论和法律上，对地域的忠诚变得比对所属的家族更加重要。这是一个看起来在希腊已经普遍化的发展，并且它把民主建立在从那时起就有的地方化体制之上。其他变化紧随其后。因此到公元前 5 世纪中叶，所有的成年男性都有权参加公民大会，并通过它参加主要行政官员选举。战神山会议的权力在持续下降，公元前 462 年之后，就只是个对一定犯罪行为拥有审判权的法庭。同时其他法院也通过向陪审团提供报酬的制度，因而更容易受到民主政治的影响。因为法院也进行大量的行政业务，这意味着在日常生活中有相当数量的民众参与到城市运行中来。刚刚结束了伯罗奔尼撒战争，日子还很艰难，出席公民大会还能得到薪水。最后，雅典人相信抽签选举，将之用于地方行政官选择以反对世袭声望和权力。

这种体制的根源来自根深蒂固的对专业知识和权威的不信任，以
197 及对集体常识的信心。毫无疑问，这导致雅典人表现出对严格法律体系相对缺乏兴趣——雅典法院中的争论充斥着非常多的动机问题、立场问题、实质问题，而不仅仅是法律问题——以及对演讲技能的重视。雅典有影响的政治领导人都是善用其语言煽动市民的人。无论我们称呼他们是煽动者还是演说家都没有关系，他们是一批通过说服力

寻求力量的政治家。

公元前5世纪近尾声时，虽然不太常见，还是有一些这样的人不再来自传统意义上的统治阶级家庭。虽然旧政治家庭持续的重要性仍然是民主政治系统的重要限制。这个世纪之初的狄米斯托克利（Themistocles）和战争开始时的伯里克利都是旧家庭的成员，出身使得他们即使是在保守派眼中也是出任领导的恰当人选；因为他们确有资格上位，使得旧统治阶级发现接受民主政治更容易。19世纪英国贵族勉强接受辉格党改革与此颇为相似；雅典政府就像维多利亚时期的英国一样仍然长期掌握在这些人手中，他们的父辈在贵族时期期待着统治这个国家。另一个干预条件来自政治对时间和金钱的要求。尽管陪审团和公民大会成员可能会有报酬，但出席的费用很少。它似乎也暗示需要确保法定人数，不过这并不表明公民大会认为让大部分市民参与是容易的，他们中很多人住得太远。据计算，普通的法定会议只有不超过八分之一的法定人员出席，而这些法定会议中的40个每年都会举行会议。雅典民主政治的谴责者和理想化者都倾向于忽略这一事实，而它在一定程度上解释了其明显的温和性质。税收不多，并且很少有区别对待的法律来针对有钱人，就如我们现在将要和民主政治统治相结合的法律；并且正如亚里士多德所说，这将是穷人统治的必然结果。

即使是在雅典民主政治的危急关头，它在外交政策上仍是以冒险和进取著称的。普遍的要求是支持亚洲的希腊城市起义反对波斯的原因。稍后，由于可理解的理由，它使得外交政策带着反斯巴达的偏见。与最高法院的斗争是由狄米斯托克利领导的，他是雅典萨拉米斯舰队的缔造者，从波斯战争结束之后他就察觉到了来自斯巴达的潜在威胁。因此，伯罗奔尼撒战争和雅典内讧加剧的责任，以及希腊所有其他城邦之间的分歧，都摆在了民主制度面前。批评家指出，这不仅 198

给雅典自身带来灾难，除此之外还导致或者至少唤醒了所有希腊城邦内讧和社会冲突的苦难。寡头政治两度在雅典恢复——这并未有助于解决问题——并且那个世纪结束时雅典民主的信仰已经被严重削弱。修昔底德的历史仅仅叙述到公元前 411 年，他以对母邦持疑惑和幻灭的形式结束了那段历史——他的母邦曾放逐过他——雅典在公元前 399 年处死柏拉图的老师苏格拉底而让雅典民主政治蒙上了污点，这让柏拉图对民主政治的印象难以磨灭。

如果雅典民主把妇女排除在外，外邦人和奴隶也一样在这个范围内，这与民主政治之间的关系非常不和谐。用现代眼光观察，它看起来既是狭隘的，也是灾难性的失败。然而，我们不应该因此就认为雅典没资格被后人尊重。人们太容易做一些不合时宜和无效的比较。雅典不能和两千年之后仍旧没有被完全实现的理想型相比较，而只能和同时代的国家比较。尽管杰出家庭的影响还有残留，尽管在实际操作上大多数成员能够参加公民大会任何特别会议是不可能的，但雅典人从事自治活动的人数比其他国家要多。和任何其他制度相比，雅典民主政治把人从亲属关系的政治约束中解放带来的自由是最多的，这也是雅典达到的伟大成就之一。许多在其他地方无法担任公职的人们，都可以在雅典体验作出负责任决定的政治教育，这是雅典政治文化的核心。并不出众的普通人能够帮助那些培植和保护雅典伟大文明成果的机构顺利运行。他们听从富有高度和思想的观念，这使他们不太可能仅仅把这些当作修辞；他们有时必须认真思考这些观念。正如古希腊城邦之间的分裂培养了不同类型的实践，这最终导致天授神权的世界被打破，并且抓住了政治组织可以是有意识的选择这样一种思想。因此，古典雅典时期参与政治活动的人数达到了空前规模，这样的刺激不仅仅表现在公民大会中，而且也表现在准备商业活动的民众委员会的日常会议中。即使不是所有的公民都有参政资格，雅典民主政治也依然是到那时为止最伟大的政治教育机构。

我们必须在这种背景下来看待雅典政治的错误、虚荣心和判断不公。我们不会因为20世纪大多数民主政治的肤浅和腐败而放弃珍惜英国政治文化的伟大成就。和其他政治体系一样，雅典可以通过它处 199
在最好状态时的运作来评判；在伯里克利领导下它是杰出的。雅典留给后代个人为自己政治命运负责的神话。在政治上我们需要神话，并且仍然在寻找更好的。

在任何情况下，雅典人或许对许多针对他们民主的现代评论都不感兴趣。后来的捍卫者和攻击者常常陷入另一种不合时宜的境地，他们曲解了希腊人认为值得去实现的目标。例如，我们知道希腊民主政治远不像我们今天这样受团体合作神话的控制，他们乐意在破坏性上付出的代价之高远非今人所能想象。荷马史诗中明显展现了希腊生活中的公然竞争。希腊人钦佩胜者，并且认为人们应该努力取得胜利。人类最终释放的力量是巨大的，但也是危险的。希腊人常用的一个词语（我们不太恰当地翻译为“美德”）中所表达的理想，生动地说明了这一点。当希腊人使用它的时候，除了我们在现代观念里的公正或者有原则外，同时还指人们是有能力、强壮的、反应敏捷的。荷马史诗中的英雄奥德修斯常常表现得像个流氓，但他勇敢聪明并且取得了成功，因此是值得钦佩的。展示这样的品质是好的，有时候社会成本较高也没有关系。希腊人非常关注形象；其文明教导他们要避免耻辱而不是过失，他们对耻辱的恐惧近乎公众掌握其犯罪证据的恐惧。希腊政治中派系斗争激烈，这也是部分原因；但这是他们愿意为此付出的代价。

总而言之，雅典民主政治所孕育的一切必须首先被重视，因为这一系列文化成就即使在希腊文明历史上也处于巅峰。这显然是事实。雅典艺术被许多人称赞并继承；但悲剧不是通过一个售票处的收入来衡量，而是通过生动地再现公共体验来判断。雕刻家菲迪亚斯（Phidias）美化城市的工作并不是出于个别人的赞助。看起来，民主政治的衰落，也是艺术敏感度的衰退。这是整个希腊的损失。

使得希腊成为欧洲导师的成就实在是太丰富了，即使花费很长时间的近距离研究也很难概括，因此想用大约一页纸来总结是不可能的。但有一个突出的主题在其中出现：对理性的、有意识的探索研究越来越受到重视。如果文明正朝着理性地控制心态和环境的方向演进，那么希腊人在这方面的作为超过了他们的前辈。他们发明的哲学质询法，成为所有时代中一种最伟大传统习俗的重要部分，是能够发现关于事物连贯并符合逻辑的解释，是认为这个世界不会最终取决于
200 神或者恶魔无意义的武断命令。当然，这样的看法不可能会被全部或者大多数希腊人所理解。这是一种不得不在一个充满着无理性和迷信的社会中保持自己的表达方式。不过，它是一种革命性和有益的想法。它期待一个可能的社会发展，在这个社会中这种思想将会得到普及；甚至柏拉图，虽然他认为大多数人分享它是不大可能的，但他也在自己构想的理想国中将理性思考的任务赋予了统治者，以此作为他们享受特权和严于律己的理由。希腊人挑战了非理性因素对社会和智力活动的影响，前所未有地磨炼了他们的力量。虽然，此后人们对这种力量多有夸大和神秘化，但中肯地说，它带来的解放效果在数千年里不断体现出来。这是希腊最伟大的成就。

这是爱琴海地区思维模式上的一场伟大革命，但其影响的范围和程度是模糊的。希腊知识分子们的著述太过伟大，揭示了太多，因此，想让这些思想成就普遍渗入曾孕育了他们的那个世界的大众价值观里，需要艰苦的努力。考虑到这样的革命从未彻底完成过，那似乎可以让这个任务显得没那么艰巨。我们看到事情的另一面是，大多数希腊人继续生活在传统的无理性和迷信的束缚中；甚至那些能够明白

一些推测的人们也是如此。这些推测开启了一个很少接受暗示的全新的精神世界。人们对旧的公众正统说法还有持续的尊重。例如，在公元前 5 世纪晚期的雅典，拒绝信仰众神是不虔诚的表现。一位哲学家认为，太阳是一个炽热的圆盘；而当他这样说的时候，即便他是伯里克利的朋友也没办法受到保护，他最后不得不逃亡。也是在雅典，西西里岛远征前夕，神秘而又不吉利的某些公共雕塑被损坏，如刻有赫尔墨斯头像的方形石柱或者赫尔墨斯半身雕像，民众的意见因此被动摇了。随之而来的灾难也归因于对圣物的亵渎。雅典哲学家苏格拉底成为智者的象征要感谢他的学生柏拉图，他曾留下这样的格言：“未经审视的生活是毫无价值的。”但当他冒犯了他的国家时，他的同胞谴责他应以死谢罪；他也同样因为质疑已被广为接受的天文学而受到谴责。虽然似乎其他地方并没有类似的审判，但这已经暗示了一个大众迷信的社会背景，这才是典型的希腊社会，并未因苏格拉底的出现而改变。

如果不考虑此类重要历史遗存，希腊思想比以往任何早期文明的思想都更能反映出关注和方式的变化。这些思想来自其自身的活力， 201
它不屈服于自然与社会，但也不会一直导致与自然和社会较大的斗争；有时候也会遇到死胡同并迷失方向，发展成异国情调和奢侈的幻想。希腊思想并非完全统一的，我们不应该认为它是一个团结所有部分的整体；它是一个跨越了 3 到 4 个世纪的历史延续，在不同的时期有不同的突出因素，而这是很难评价的。

造成这种情况的一个原因是希腊思想范畴——也就是说，这种思想方式在思考事物的独特构成部分前就已经构建出非常详细的知识图谱——并不同于我们的思想范畴，尽管表面上很像。我们使用的一些概念并不存在于希腊人思维中，他们的知识使他们对我们认为理所当然领域中的问题有着截然不同的理解。有时这是显而易见的，没有任何困难。例如，当一个希腊哲学家把户籍管理及其房产（经济学意义上）定位于我们称为政治研究的一部分，我们不会误解他；但在更抽象的主题上，可能会引起麻烦。

我们在希腊科学中发现这样一个例子。对于我们来说，科学被视作理解物理世界的恰当方法，它的技术来源于实验和观察。希腊思想家发现物理世界的性质却是通过抽象思维，透过形而上学、逻辑和数学。有人说希腊理性思维实际上最终妨碍了科学的进步，因为问询服从于逻辑和抽象推演而不是自然观察。在希腊伟大的哲学家之中，只有亚里士多德在收集和分类数据方面表现突出，但他在很大程度上也仅在社会和生物研究中使用这一方法。这也是没有将希腊科学和哲学的历史明显区分的一个原因。它们是一个整体，是若干城市共同取得的成果，其发展跨越了 4 个世纪左右的时间。

这些思想的开端构成了人类思想上的革命，当我们已知的希腊最早一批思想家出现时，它已经发生了。这些思想家在公元前 7 世纪和前 6 世纪时生活在爱奥尼亚的米利都城中。重要的智力活动在那里和其他一些爱奥尼亚城市中继续，直至始于苏格拉底的雅典思想的非凡时代。毫无疑问，在这里，亚洲带来的刺激作为背景是重要的，如同它在许多其他方面让事情启动一样。米利都是个富有的城市，这一点可能也是相当重要的；早期思想家似乎都是有钱人，这样他们才能有足够的时间去思考。然而，当智力活动在整个希腊世界广泛发展时，
202 早期对爱奥尼亚的这种强调就宣告让步了。大希腊和西西里岛的西部殖民在公元前 6—前 5 世纪大部分发展中相当重要，而后来的希腊化时代重点又开始向亚历山大里亚转移。整个希腊世界都促成了希腊思想的成功，甚至在雅典问答方法的伟大时代都不应夸赞雅典在其中的突出地位。

公元前 6 世纪，泰勒斯和阿那克西曼德在米利都发起关于宇宙性

质的有意识的思索，这表明神话与科学之间严格的边界已经模糊交叉。埃及人确定了自然界的实践规律，并已在这个学习过程中进行了归纳总结，同时巴比伦人也作出了重要的测量。米利都学派充分利用了这些信息，并且也尽可能从旧文明中采纳更多关于宇宙的基础概念。据说，泰勒斯认为，地球的起源是水。然而，爱奥尼亚哲学家很快就超越了他们所继承的学说，他们建立了一种关于宇宙性质的普遍观点，以客观的解释取代神话。这个过程是值得铭记的，尽管最终事实证明他们提出的这些特别观点都是徒然的。希腊关于物质性质的分析就是一个例子。虽然两千年前原子理论就已经初见雏形，但直到 4 世纪，它还是被否决掉了；而得到赞成的理论，以早期爱奥尼亚思想家观点为基础，认为物质都是由四种基本元素——空气、水、土、火——按照不同的比例组合而成。后一种理论后来奠定了直到文艺复兴时期西方的科学基础。因为它划定的界限和所开启的可能性，使它具有重要的历史意义。当然，它也是错误的。

但这一点对于这个观点提出的意义来说是次要的。对于爱奥尼亚人和他们所建立的学派而言，重要的是他们提出的“令人震惊的”新观点。在对宇宙性质的理解上，他们将神和魔鬼放在一边。时间湮灭了一些他们曾经做过的事情，这是真的。公元前 5 世纪末期的雅典，面对失败和危险的暂时恐慌已经不止一次在对亵渎神明的谴责中见到，然而这远不及两个世纪之前爱奥尼亚思想家们的勇气。他们中有人说：“如果牛能画画，那它的上帝长的也会像头牛。”数个世纪以后，古典地中海文明已经失去了很多这样的洞察力。它早期的面貌是希腊文明活力最引人注目的标志。

不仅大众迷信淹没了这种想法，其他哲学家的倾向也起了一定作用。这是一个与爱奥尼亚传统共存了很长时间的观念，并且会有更长的寿命和影响力。它的关键是，认为现实是非物质性的。即，如同柏 203

拉图在后来将它用一种最有说服力的方式表达出来那样，我们所体验的生活仅仅是一种纯粹形式和理念的想象，这是现实世界的神圣化身。现实只能通过思想去理解，不仅通过系统的思索，还包括直觉。尽管这种观念强调非物质性，但这种思维方式也能在希腊科学中找到根源；不过不是在爱奥尼亚人关于物质的推断中，而是在数学家的活动中。

他们的一些巨大进展是在柏拉图死后很久才作出的。他们将要完善的是希腊思想方面最大的成就，它对绝大多数算术和几何的整理服务了直到17世纪的整个西方文化。每一个学童都知道毕达哥拉斯的名字，他生活在公元前6世纪中叶意大利南部的克罗顿（Crotone），据说他创立了演绎证明法。不知道是幸运还是不幸，他其实做得比这些更多。他通过研究一根震动的弦发现了谐波的数学基础，而且他对数和几何的关系特别感兴趣。他接触它们的方法有点半神秘的性质。像许多数学家一样，毕达哥拉斯是一个虔信宗教的人，据说他供奉了一头牛来庆祝对著名证明的满意推论。他的学派——有一个秘密的毕达哥拉斯兄弟会——后来认为宇宙的终极性质是数学和数字。据亚里士多德报告，"他们幻想数学原则是万物的原则"。这多少有点不以为然的意味。但他的老师柏拉图却被这种教义和公元前5世纪早期毕达哥拉斯学派的巴门尼德（Parmenides）对已知感官世界的怀疑论大大影响了。数字看起来比物质世界更有吸引力，它们拥有完善的定义并且是现实观念的抽象表达。

毕达哥拉斯哲学对希腊思想的影响是一个巨大的主题，所幸它不需要进行总结。现在的问题是其对宇宙观点的最终影响。因为宇宙观是建立在数学和演绎原则基础上，而不是通过观察，后者将天文学限定在一条错误的路线上长达两千年之久。从一开始，对宇宙的想象建立了一系列封闭的模型——由运动的太阳、月亮、行星在相对地球的

固定位置上组成的循环模式。希腊人注意到，这似乎不是实际上天空
运转的方式。但是，简而言之，随着越来越多的对基本组合的改进，
这种外观仍旧得到认同，并且拒绝审议从推演中得到的原则。最后的
详细阐述，直到公元2世纪由一位著名的亚历山大里亚人托勒密最终 204
完成。这些努力相当成功，只有少数持不同意见者表示反对（这表明希腊科学中的其他知识成果也是有可能的）。托勒密系统的所有不足之处从对行星运动的预测可以看到。但在哥伦布时代，它依旧作为海洋航行指南，即使人们依赖的不过是仍旧僵化的宇宙论思想的错误观点。

无论是四要素的理论还是希腊天文学的发展，都表明希腊思想中演绎的偏差，及其典型的弱点——它迫切需要陈述一种貌似可信的理论去解释尽可能广泛的体验，而不是通过实验来验证。这影响了很多现在我们认为属于科学和哲学的思想领域。其成果的一方面是空前严谨和敏锐的观点，另一方面是对感觉材料的最终怀疑。公元前5世纪，只有以希波克拉底为代表的希腊医生极为重视经验主义。

至于柏拉图——无论是好的还是坏的，哲学讨论已经被他和他的学生亚里士多德两个人在很大程度上发展了，而不是被任何其他两个人——这种偏见可能会因他对所观察到的一切评价极低而加强。虽出生于雅典贵族，但柏拉图远离了他曾经希望参与其中的现实世界，特别是他的老师苏格拉底被判处死刑的遭遇，使他对政治和雅典民主政治的幻想破灭了。从苏格拉底那里，柏拉图学到的不仅仅是其毕达哥拉斯主义，还有对待伦理问题的唯心主义观点以及哲学论辩术。他认为，美德可以通过询问和直觉发现；这是事实。这是一系列观念中最伟大的部分——真理、美、正义是其他部分——它们不是某种意义上任何人的脑海中能随时形成的观点（就像一个人可能说“我对那件事情有一个想法”），而是真正的实体。在世界上是固定和永恒的一个

真实的存在，而这样的观念是主要因素。柏拉图认为，我们的感觉让我们看不到真实不变的世界，这种感觉欺骗了我们、误导了我们；但灵魂容易接近它，通过对理性的应用能够理解它。

这种观点的重要意义已经远远超过了技术哲学。例如，在这（如毕达哥拉斯的教义）其中可以找到类似之后清教主义基本原理的痕迹，人类不可避免地切断了与灵魂的联系；这是神圣的起源，而身体禁锢了它。身体和灵魂不能和解，但其中一个或另一个的胜利必然是
205 结果。这样一个将进入基督教中的观点产生的影响巨大。而更直接的是，柏拉图也相当关注实践，因为他相信人类生活的安排能促进或阻碍关于理想的世界及现实的知识。他通过一系列苏格拉底和前来与他辩论的人们之间的对话来陈述自己的观点。这是关于哲学思想的第一批教科书。而在被我们称为《理想国》的那本书中，人们首次设立了一个关于社会管理的体制，以计划去实现一个道德目标。它描述了一个专制国家（让人联想到斯巴达），在这个国家中婚姻会受到管制以产生最好的遗传结果，家庭和私人财产不会存在，文化和艺术将受到审查，而教育也会被认真监督。统治国家的少数人具有足够的智慧和道德地位，这可以帮助他们通过理解这个理想世界去研究怎样才能够在实践中实现社会的公正。像苏格拉底一样，柏拉图认为智慧就是对现实的理解，他认为洞悉真相应该能使人们按照它来采取行动。不同于他老师的是，他认为对大多数人来说教育和法律应适当限制，因为未经审查的生活是毫无意义的。

《理想国》和它的观点引起了数个世纪的争论和模仿，但这几乎适用于柏拉图所有的作品。正如20世纪英国一位哲学家所说的那样，西方后来全部哲学家所做的工作都是对柏拉图的一系列注解。尽管柏拉图反感他考虑的东西并且产生了个人的偏见，但是他几乎预期到了所有哲学上的重大问题，无论是道德、美学、知识的基础，还是数学

的性质；并且他在伟大的文学作品中陈述了他的观点，阅读这些作品常会让人感到愉快和兴奋。

柏拉图创办的学园在一定意义上可以称为第一所大学。在这里出现了他的学生亚里士多德，一个更全面和平衡的思想家，他对于事实的可能性很少有怀疑，并且比柏拉图少了一些冒险精神。亚里士多德从来没有完全拒绝他导师的教诲，但在基本方法上却已经背离了他。他是一位伟大的分类者和数据收集者（出于对生物学的特殊兴趣），而且与柏拉图不同，他不排斥感觉经验。事实上，他同时寻找着牢固的知识和经验世界的快乐，拒绝普遍观点的概念，并且主张从事实到一般规律的归纳。亚里士多德是一个多产的思想家，对很多方面都感兴趣，他的历史影响与柏拉图的一样，大得难以清楚界定。他的作品两千年来提供了关于生物学、物理学、数学、逻辑、文学批评、美学、心理学、道德和政治的框架。他提供了这些主题和接近它们的思考方法，这些具有弹性和足够广泛的方法最终被包含进了基督教哲学中。他还创立了直到 19 世纪晚期才被取代的逻辑学。这是巨大的成 206
就，类别不同但是影响绝不亚于柏拉图。

亚里士多德的政治思想在一定意义上来说与柏拉图一致：城邦是所能想象到的最好社会形态。但他认为需要通过恰当的工作去改革和净化。但除了这一点之外，他和他导师产生了巨大分歧。亚里士多德认识到，城邦的正确运行是指它的每一部分都发挥出利于城邦的适当作用，而这从本质上来说，需要理解是什么给现存的大多数国家带来秩序。在系统阐述答案的过程中，他利用了一个希腊观点让他的学说获得长久生命力，那就是关于“中庸”（Mean）的概念——这个思想的卓越在于对极端的平衡。经验主义的事实似乎证明了这一点，并且看起来亚里士多德以系统方式集合了比任何先辈都要多的类似证据；但在强调社会事实重要性方面，希腊的另一个发明物——历史记录——已经先于他预测到了这一点。

这是另一项重大的成就。在大多数国家，年代记或编年史的意图只是简单地记录下事件的更替。但在希腊，情况却并非如此。希腊历史书写源自诗歌。令人惊讶的是——在其首次出现就达到最高水平——两本书的作者后无来者。其中第一位是希罗多德，他被合乎情理地称为“历史之父”。“历史”（*historie*）一词在他之前就已存在，意味着探寻。希罗多德赋予其另外一种含义，那就是探寻当下事件的意义，并且探寻因果。这部以欧洲语言写就的第一部散文作品幸存下来。激励他的是了解与波斯之间伟大战争这个近乎属于当代事实的愿望。他通过阅读大量可得到的文学作品、询问旅途中遇到的人们并努力记下所阅读和被告知的东西等等一系列方法，来积累关于希波战争的信息。第一次，这些事情成为主题而不是简单的年代记录。结果就体现在他的《历史》中，这是一本关于波斯帝国的卓越论述，其中也谈到了很多有关早期希腊和一系列历史调查的信息，然后是对从波斯战争到米卡尔之战的详细描述。希罗多德于公元前 484 年出生于小亚细亚西南哈里卡纳苏斯的一个多利安小镇，他一生的大部分时间都在旅行。曾经一度他来到雅典作为客民生活了一段时间，作为工作的回报那时他可能会得到公开朗诵的机会。后来他去了意大利南部的一个新殖民地，在那里完成了他的作品，并在稍晚于公元前 430 年的时候去世。因而，他通过对整个希腊世界广泛的体验以及前往埃及和其他
207 地方的旅行而得知很多事情。也因此，这些广泛的体验成就了希罗多德的伟大作品——以亲身经历和目睹（即使他有时多少会轻信它们）为基础的严谨描述。

作为希罗多德的伟大继承者，通常认为修昔底德的优势之一就是他用更加严格的方法报告事实，并且他试图用一种严格的方法来把握这些事实。结果是产生了一个令人印象深刻的智慧成果，虽然它高度

浓缩，减少了希罗多德式工作的魅力。修昔底德的主题伯罗奔尼撒战争更具有当代性。这个选择反映了他较深入的个人参与和新的概念。修昔底德出身于雅典的名门望族（在因为命令失败的指控令他蒙羞之前，他一直是个将军），他想找出使他的城邦和希腊陷入可怕境地的原因。他与希罗多德有共同的实用动机，因为他的想法是（许多希腊历史学家也打算像他那么做）发现具有实用价值的东西。但他寻求的不是仅仅去描述它，而是去解释它。结果产生了有史以来最引人注目的历史分析著作，并且首次探寻在不同层面上的解释。在这个过程中他提供了一个公正判断未来历史的模板，因为他对雅典的忠诚心很少来干扰他。这本书并没有完成——它的故事仅持续到公元前411年——但全部的概括简洁而又引人注目："在我看来，雅典势力和斯巴达恐慌的增加是迫使他们投入战争的原因。"

历史的发明，本身就是希腊人所创造的文学知识新领域的明证。这是首次为人们所熟知的完整的知识。犹太知识领域包含广泛，但既没有戏剧，也没有批判的历史，更不用说轻松的题材。希腊文学与《圣经》一起占据着塑造之后整个西方写作方式的重要地位。除了积极的内容，它还对文学作品的主要形式和首批批评主题产生了影响。

从一开始，正如荷马表明的，文学与宗教信仰和道德教育紧密联系在一起。赫西俄德（Hesiod），一名大约生活在公元前8世纪晚期的诗人，通常被认为是后史诗时代的第一位希腊诗人。他自觉专注于正义问题和神性，从而确定了这样一种传统：文学作品不仅为了娱乐和享受，并且为随后4个世纪的希腊文学作品确立了一个伟大的主题。对于希腊人来说，诗人可能一直被看作教师，他的工作弥漫着神秘色彩，即灵感。然而，希腊有许多诗人，也有许多诗歌风格。首先能被分辨出来的是对贵族社会生活体验的个人描述。但当私人资助在僭主时代变得集中以后，诗歌开始缓慢地向集体生活和公民领域渗 208

透。僭主刻意推动公共节日的发展，它将成为希腊文学艺术最伟大样本——悲剧的载体。戏剧在各个地方均源自宗教，在每一个文明中它的要素都会表现出来。崇拜仪式是最初的戏剧，然而希腊成就也促使这个向有意识的表现形式发展；更多的是对观众反应的期望，而不是消极的顺从或着迷的狂欢。说教的意图开始在其中出现。

希腊戏剧的最初形式是酒神赞歌，在狄俄尼索斯节上会被集体唱诵出来，并配有舞蹈和拟剧。我们得知，公元前 535 年泰斯庇斯（Thespis）在它之中增加了单独的表演者，他的台词就是与合唱团的许多种对唱，这是一个重要的革新主题。进一步的革新是添加了更多的表演者，并且在一百年内已经达到了埃斯库罗斯、索福克勒斯和欧里庇德斯的完美成熟的戏剧。他们作品中的 33 场戏剧被保留下来（包括一个完整的三部曲），但我们知道在公元前 5 世纪有超过 300 场的不同悲剧上演。戏剧中宗教色彩依然存在，尽管并不像其所表演的场景那样表现在文字中。伟大的悲剧常常以三部曲的形式在市民们参加的公众节日上演出，这些市民对于将要看到的戏剧已经熟悉了基本故事（通常是神话）。这也表现了一定的教育作用。也许大多数希腊人从没有看过埃斯库罗斯的戏剧；与看了莎士比亚戏剧的现代英国人的人数相比肯定是相当微不足道的。然而，那些在他们农场上不是非常忙碌，或者住得不是特别远的人们，都为戏剧提供了大量观众。

与其他任何古代社会相比，这里有更多人因此能够并被鼓励去详察和反思道德和社会领域的内容。他们期待的是熟悉仪式中展现的意义，以及仪式意义中一种新的提炼。这是伟大戏剧家主要给予仪式的意义，甚至有些超越了这一点，有些甚至在恰当的时刻讽刺社会中的虔诚。当然这不是呈现出来的自然主义描写，而是英雄的、传统的世界法则在起作用，他们的痛苦对个人的影响混杂在作品中。公元前 5 世纪下半叶，欧里庇德斯甚至开始使用传统的悲剧形式作为质疑传统假设的工具；因此他开创了一种被后来西方剧作家们广泛利用的技术，果戈理和易卜生这样风格各异的剧作家均采用了这一技术。不过，他所采用的框架由熟悉的情节构成，并且其核心是对无情的法律和报应重要性的认识。对这种安排的接受可能会被认为，在不得已的 209
情况下，是对希腊思想无理性的证明，而不是它的理性方面。然而，它与东方神殿中群集的供奉者诚惶诚恐或充满希望地目睹一成不变的仪式或献祭过程时所处的思想状态还是有一定距离的。

公元前 5 世纪，戏剧的范围也以其他形式得到扩大。这就是，雅典喜剧发展成一种独立的类目，并涌现了第一位操纵人物和事件以娱乐大众的大师阿里斯托芬。他的材料通常是政治上的，几乎总是令人高度关注，并且常常是下流的。他的流传和成功是我们掌握的雅典社会宽容和自由的最重要证据。一百年后，我们看到了以奴隶私通和麻烦的风流韵事为内容的表演，这几乎和现代社会没有什么不同。这并不是索福克勒斯的影响，但它仍然能够消遣，并且几乎奇迹般地保持，因为在两百年之前没有什么东西和它类似。希腊文学在史诗时代之后发展迅速，并且它持久生命力的最好证据就是希腊改革力量和我们不能解释却很容易理解的心智发展。

古典时代末期的文学在城邦消失之前还有很长和重要的生命力。它拥有越来越多的观众，因为希腊语既是通用语也是几乎整个近东和大多数地中海地区的官方语言。虽然它再也达不到希腊悲剧的高度，但仍给我们展示了很多杰作。视觉艺术上的衰弱更明显。在这里，尤其是纪念碑建筑和裸体，希腊又再次为后代设定了标准。一开始借鉴亚洲的一种完全原始的建筑风格逐渐演变，古典风格的元素仍然有意识地被引用，甚至严肃的 20 世纪建筑师也不例外。短短几百年的时间，它遍布了从西西里岛到印度的大部分地区；在这种艺术上，希腊也是文化的出口国。

这在某一点上受惠于地质情况，因为希腊拥有很多优质石材。其坚固性通过今天我们所见到的宏伟遗迹得到了证明。然而，这里还存在一个幻觉。公元前 5 世纪雅典向我们展示的帕台农神殿的纯净和朴素隐藏了其在雅典人眼中的形象。我们不再拥有当时那些鲜艳夺目的女神塑像，杂乱无章的纪念碑、神殿和石柱的各种涂料和赭石必然充斥着雅典卫城，掩盖了其神庙的朴素。许多伟大的希腊中心的真实情况可能更像现代的罗德斯（Lourdes），比如，很接近德尔菲的阿波罗
210 神庙；当很容易给我们一种商人、杂乱无章的小摊位和迷信活动充斥的混乱小圣地的印象（虽然我们还得考虑到考古学家对此断断续续发掘的贡献）。

尽管如此，这种限制使得时间的侵蚀将一种几乎无与伦比的形式美从肤浅经验中摆脱出来。用基本来源于事物自身的评价标准来降低事物评判的相互影响是不太可能的。通过自身并不太容易解读这些经过漫长岁月在人类脑海中留下深刻和强烈印象的艺术，除非用卓越艺术的证据和它表现出来的惊人技能来解释。

这种特性也存在于希腊雕塑中。在这里，拥有良好石材是一种优势；而且，最初来自东方的影响（常常是来自埃及的样式）很重要。就像瓷器，这种东方模式就曾经被吸收，让雕刻朝着更强的自然主义演变。希腊雕刻家卓越的作品是人体形态，其不再作为一种纪念仪式或者祭祀物品来呈现，而是为了它们自身的理由。此外它们也并不一定就是希腊人当时看到的完整雕像。那时，这些人物雕像常常是镀金的，刷上涂料，或者用象牙和珍贵石头来装饰。一些青铜器经历了劫掠和融化，因此石材本身的优势可能会带来误导。但它们的证据记录了清晰的演变过程。我们从神像或者身份不明的青年男子和妇女开始，简单且对称的呈现方式与那些亚洲的雕像相差不远。公元前 5 世纪的古典人物中，自然主义开始用一种重量的不均匀分布和简单前抛的姿

势来呈现，并朝着成熟的方向演变；普拉克西特利斯（Praxiteles）的人物风格和公元前4世纪的身体——女性裸体第一次——被采用。

一个伟大文化不仅仅是一个博物馆，没有文明会沦为一本目录。
就全部精华内容而言，希腊的全部成就和价值是生活的各个方面，城
邦政治、索福克勒斯的悲剧和菲狄亚斯的雕塑也是其一部分。这一直
观、恰当地对细微区别的忽略占据后世的思想，但历史知识最终在年
代和地点之间制造了这种区别的可能性。这是一个带来很多后果的错
误，因为最后希腊被认为像曾经的历史一样对未来具有重要作用。两
千多年来，希腊经验的意义被重现和重新解释，古老希腊将要被重新
发现和重新考虑，并且以不同的方式再生和再利用。对于采用各种方
法现实都达不到后来的理想状态以及自身的所有力量都和过去相联系
的情况来说，希腊文明简直就是那个时代为止人类掌握自身命运的最 211
重要的延伸。希腊在4个世纪里发明了哲学、政治、大部分的算术和
几何学，以及各类西方艺术。即使其不足也有不少，并有一定的影
响，但这就足够了。从那时起欧洲就从希腊那里奠定了日后发展的基
础，并通过欧洲向世界其他地方传播同样的理念。

第 4 章　希腊化世界

212 公元前 5 世纪以后，希腊史很快就变得越来越没意思了，重要性也减少了。其重要性只在于保存了希腊文明之历史。具有讽刺意义的是，这种文明的形成是由希腊北部的一个王朝决定的，一些人认为这个王朝根本不是希腊人的，而是马其顿人的。公元前 4 世纪上半叶，马其顿创造了一个比以往所知都要大的帝国，继承了波斯和城邦国家的遗产。它所组织的世界，我们称之为希腊化世界，因为在这个世界里起主动作用和凝聚力量的是希腊文化与语言。然而，马其顿是蛮荒之地，在生活质量和文化品质上或许要落后雅典几个世纪。

故事开始于波斯政权的衰落。波斯恢复与斯巴达的结盟掩盖了其重要的内在软弱。色诺芬的名著《远征记》记载了其中的一个故事：希腊雇佣军支持一位波斯国王的兄弟争夺王位的尝试失败后，沿底格里斯河长途跋涉，跨越山脉到达黑海。这是波斯衰落的重大故事之中次要的、附属的有趣事件，这也是一个内部分裂危机细节的故事。整个公元前 4 世纪，波斯帝国动乱不断，一个接一个行省（这中间包括埃及早在公元前 404 年就独立了，并维持达 60 年之久）都脱离了帝国的控制。西部总督发动一场大规模起义，使帝国花费了很大精力，才最终恢复帝国统治。当最终重新统治时，波斯的统治时常是虚弱的。

一位统治者被这一衰落所具备的可能性所吸引，这就是马其顿的腓力二世。马其顿是一个并未受到高度关注的北方王朝，其权力掌握在军事贵族手中。它是一个粗暴的、坚强的社会，其统治者在一定程度上像荷马时代的军事首领；权力更加依赖的是个人权势，而不是制度。关于这个国家是不是希腊世界的一部分，人们还存在争论。一些希腊人认为马其顿人是蛮族；另一方面，马其顿国王声称他们是希腊 213
家族的后代（可以追溯到赫拉克勒斯），并且人们通常认可他们的这一说法。腓力本人寻求声望，他希望马其顿人被当作是希腊人。当他于公元前 359 年成为马其顿的摄政时，他开始以牺牲其他希腊国家为代价来稳步扩张领土。他的最终目的是军队，到他统治后期，这支军队已成为希腊世界训练最为有素、组织最为有效的军队。马其顿军队传统特别强调重装步兵、盔甲骑兵，这一直是一支重要军队。腓力把这种传统添加到他年轻时在底比斯做人质时所学到的步兵经验之中。腓力从重装步兵战术出发，发展了新武器——深度达 16 人的方阵长矛手。方阵的长矛手所携带的长矛，其长度是重装备步兵长矛的 2 倍，他们在更加开阔的编队中运动，长矛可以从第二排、第三排的人之间穿出到前面，呈现出更加密集的武器编队，以抵御对方的进攻。马其顿人的另一个优势是掌握了围城的战争技术，这是其他希腊军队没有掌握的。马其顿人拥有弹弩，能迫使被围城市的防守者无法坚守，同时发挥攻城槌、移动的塔楼和土堆的作用；先前这只能在亚述军队及其亚洲的继承者那里才可以看到。最终，腓力统治着非常富裕的国家。腓力获得潘盖翁山（Pangaeum）金矿之后就积累了更多的财富，不过他花费过多，据说留下来很多债务。

腓力首先使用武力来确保马其顿本身能有效地联合在一起。开始几年，腓力年少，有摄政者。当摄政被废除后，腓力被选为国王。然后腓力就把他的目光转向南部和东北部了。在这些地区的扩张迟早意味着侵犯雅典的利益和势力范围。腓力所建立的同盟把罗德岛、柯斯岛、希俄斯岛和拜占庭都置于马其顿的保护下。另一个城邦福西斯（Phocis）在一场战争后也俯首称臣。雅典曾怂恿福西斯进行战争，却没有提供有效的支持。尽管德摩斯提尼——雅典民主时代最后一位伟大的鼓动家——通过告诫他的同胞所面临的危险而使自己名垂青史（人们至今会想到“philippic”［反腓力→激烈抨击］这个单词），但他并没有能拯救他的同胞。当雅典与马其顿之间的战争（公元前355—前346年）最终结束时，腓力不仅赢得了色萨利，而且也在中部希腊建立了自己的统治，并控制了通往温泉关的要道。

腓力所处的有利局势使他可以妥善安排针对色雷斯的计划，这意味着希腊人的注意力返回到波斯。一位雅典作家鼓吹进行一场希腊远征，彻底击败波斯（与德摩斯提尼继续宣称马其顿人是“蛮族”恰恰相反），又再次制订了解放亚洲城市的计划。这是一个有足够吸引力
214 的观念，它最终催生了于公元前337年在不情愿情况下结成的科林斯联盟，其中包括大多数希腊主要城邦国家，除了斯巴达。腓力是这个联盟的首领和将军，这使人们想到先前的提洛同盟；表面上，同盟的成员是独立的，不过这是个幌子，因为这些成员国是马其顿的卫星国。尽管腓力的事业和统治达到了顶峰（次年腓力被刺死），但同盟的真正成立是在公元前338年马其顿再次击败雅典和底比斯人之后。腓力所施加的和平条款并不十分苛刻，但同盟必须同意在马其顿的领导下对波斯发动战争。腓力死后，希腊同盟有了一个更大的发展，因为他的儿子、继承者亚历山大镇压了希腊人的起义，就像他镇压王国境内其他起义一样。底比斯被夷为平地，居民被卖为奴隶（公元前335年）。

这是4个世纪希腊历史的真正结束。在这期间，希腊城邦创造并繁荣了文明，城邦制度是当时世界上最成功的一种政治形式。但这不是第一次，也不是最后一次，未来似乎属于更大的军队，属于更大的组织。在马其顿统治和占领下，希腊本土的政治从此死水一潭。像他的父亲一样，亚历山大通过给予希腊人大量的内部自治来换取他们对他外交政策的支持，并安抚希腊人。这总是让一些希腊人，特别是那

215

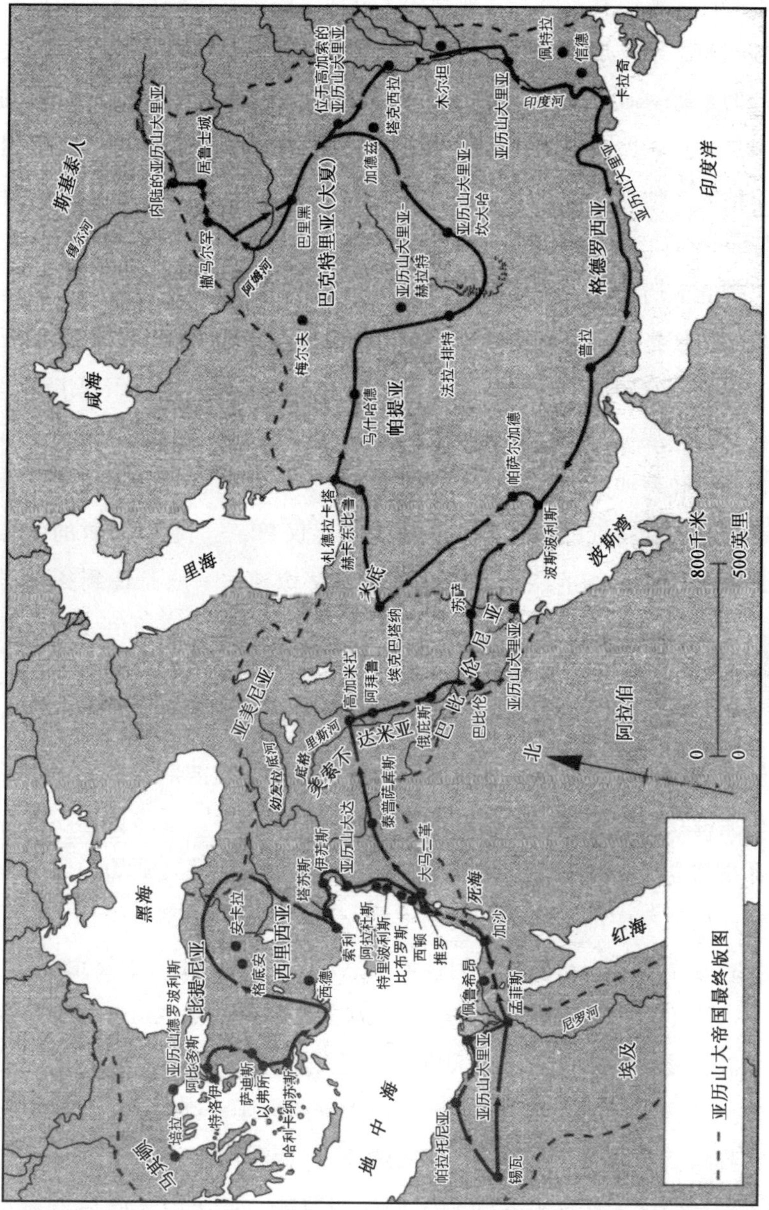

亚历山大东征路线

些雅典民主派心有不甘。当亚历山大死时，雅典又试图再次组织反马其顿同盟。结果是灾难性的。失败的部分代价是雅典取消民主，代之而起的是寡头政治（公元前 322 年）；德摩斯提尼逃到离海岸不远的一个岛屿上，向那里的波塞冬神庙寻求庇护，但是当马其顿人到那里缉拿他时，他饮毒自杀了。自此以后，马其顿的总督统治了伯罗奔尼撒。

因此亚历山大一开始统治时面临种种苦难，不过一旦克服了这些困难，他便把注意力转向波斯。公元前 334 年，亚历山大领军来到亚洲，他麾下有四分之一的兵力从希腊征召。这场战争不仅表现出理想主义；侵略战争或许也要深谋远虑，因为腓力所留下的装备精良的军队也是要花费钱财的。假如没有钱财，这对新国王也是一个威胁，因此征服将能获得钱财。这时的亚历山大年仅 22 岁，他在短暂的生涯中征服了如此广阔的领土，以致他的名字像神话一般流传到各个时代，这也为希腊文化在最大范围内传播提供了背景。亚历山大把城邦制度带到了更广泛的世界之中。

这段历史可以简单加以概括。传说亚历山大跨越小亚细亚之后就砍断了格底安之结。然后他在伊苏斯战役中打败了波斯人。之后，亚
216 历山大挥兵南下，通过叙利亚，征途中摧毁了推罗，最终到达埃及并在那里建立了一座城市，该城至今仍以他的名字命名。亚历山大本人在每一场战争中都是骁勇善战的士兵，在几次混战中都负了伤。亚历山大行军至沙漠，在锡瓦询问神谕，然后又返回亚洲，在公元前 331 年与大流士三世发生第二次冲突，并决定性地击败了他。在洗劫并烧毁了波斯波利斯后，亚历山大宣称自己是波斯王位的继承者；次年，大流士被一位总督杀死。此后亚历山大继续远征，追逐东北部的伊朗人直到阿富汗境内（这里的坎大哈是纪念他的许多城市中的一座），并渗透入印度大约 100 多英里，到达旁遮普。亚历山大此后就撤军

了，因为他的军队不愿意再继续远征。虽然已经击败了一支拥有200头战象的军队，但人们疲惫了，似乎对进一步远征不感兴趣了；更何况据报道，还有5 000人的军队在恒河流域严阵以待。亚历山大返回了巴比伦。公元前323年，亚历山大在这里去世，年仅32岁，此时距他当年离开马其顿仅10年时光。

不管是亚历山大的征服，还是帝国的组织，都深深打下了其个人天才的印记。但在此处，天才这一词语再怎么强调也不为过，因为他取得这种意义的成就绝不仅仅是好运气、有利的历史环境或潜在的决定主义造成的。亚历山大拥有创造性的心灵，拥有一定程度的远见，即使多少有些固执己见、执着地追求他的辉煌。拥有伟大天才的亚历山大有几乎混合着鲁莽的勇气；他认为他母亲的祖先是荷马笔下的阿喀琉斯，并竭力模仿这位英雄。在人们眼中，亚历山大的野心就是要证明自己，或许这也是他那剽悍、让人反感的母亲的野心——赢得新土地。希腊远征反对波斯的观念对亚历山大来说已经成为现实，但他也因过于自我为中心而不能成为传播者。尽管他崇拜希腊文化，这得益于他的老师亚里士多德，他的世界主义也根植于对现实的认可。亚历山大帝国必须要由波斯人和马其顿人统治。亚历山大本人首先娶了巴克特里亚的公主，后来又娶了波斯的公主，接受了——尽管他的一些朋友认为这是不合时宜的——东方人献给统治者的敬意，即把统治者当作神一样对待。亚历山大有时也处于鲁莽、轻率的状态，是他的士兵最终使他从印度河返回。但马其顿的统治者没有理由陷入战争的泥潭，而不考虑这对君主政权所带来的影响，因为假如亚历山大战死的话，就会没有继承者。更加糟糕的是，亚历山大在一次酒醉狂怒的状态中杀死了他的一位朋友，而且可能是他亲自策划暗杀了自己的父亲。

亚历山大英年早逝，既没有时间来确保他的帝国在未来的统一，也没有时间让他有后代保证帝国长久地维持下来。亚历山大在这时所做到的一切毫无疑问让人印象深刻。他所建立的25座城市自然也是相当重要的一件事情，即使这其中的一些城市仅仅是整齐划一的战略
217 据点，但这些城市均处于亚洲陆路交通的咽喉要道上。亚历山大统治下的东西方之间的融合仍旧非常困难，但是在其统治的十年间，亚历山大一直坚持这一政策。当然，亚历山大的选择余地非常小；没有足够的希腊人、马其顿人来统治和治理这个庞大的帝国。从一开始，亚历山大在征服的土地上就通过波斯官员进行统治。从印度返回后，亚历山大就着手以混合马其顿人和波斯人为军团的方法重组军队。亚历山大还采纳了波斯人的服饰。他也试图强加匍匐礼仪——强迫叩头这样一类礼仪，当中国统治者要求近代来访欧洲人行使这样的礼仪时，许多人认为这是有辱人格的——给他的同胞，并要求波斯人也接受这些礼仪，这引起了他朋友们的反感，因为这些礼仪表明亚历山大喜爱上了东方风俗。因此存在一些阴谋和哗变，不过并没有成功；亚历山大所采取的相对温和的处罚表明局势对于他来说并不是很危险。危机之后，亚历山大采取了一项非常大手笔的文化融合举措。这时亚历山大娶了大流士的女儿为妻（亚历山大的另外一位妻子是巴克特里亚公主罗克珊娜［Roxana］）；然后又举行了盛大的婚礼仪式，由他主持让9000名士兵娶东方妇女为妻子。这就是著名的“东西方联姻”。这一举动与其说是理想主义，不如说是国务所需，是为了让帝国黏合在一起举办的联姻。假如这个帝国要想维持下去的话，就得如此。

这个帝国对文化相互作用究竟起了多大的作用，非常难以评估。可以肯定的是，希腊人扩散到更加广泛的地理范围了。但这种扩散的结果只在亚历山大去世之后才出现。当帝国瓦解、正式的国家框架形成时，希腊化世界之文化实际情况才开始。事实上，有关亚历山大帝国的生活，我们几乎一无所知。而考虑到帝国存在的时间很短暂、古

代政府的局限性、缺乏进行必要改革的意志，因此让希腊化世界里大多数居民认识到，公元前323年时，这个世界与他们所知道的十年前的那个世界有很大的不同，也必定是不可能的。

亚历山大对东方世界造成了很大影响。但他并没有统治足够长的时间来影响西部希腊人与迦太基之间的相互作用，虽然这种相互作用是公元前4世纪后半期重要的事情。直到亚历山大去世为止，希腊本土都比较平静。在亚洲，亚历山大所统治的地方都是先前希腊人未曾统治过的地方。亚历山大在波斯宣称自己是大王的继承者，因此比提尼亚（Bithynia）、卡帕多西亚（Cappadocia）和亚美尼亚（Armenia）这些北方的总督向他致以敬意。

维系亚历山大帝国的纽带肯定很虚弱，因此当亚历山大去世而没有一位有能力的继承者时，帝国无法承受各种张力。亚历山大的将军们为了争夺他们能够得到或者保住的领土而陷入混战，甚至在亚历山大与罗克珊娜的遗腹子还没有出生，帝国就瓦解了。罗克珊娜之前已经杀害了亚历山大的第二位妻子，因此当她和她的儿子在混战中死亡时，任何直接继承者的希望都没有了。经过四十余年的战争，问题终 218
于解决了，但谁也没有能力重建亚历山大帝国。取而代之的是一群大的国家，而且每一个都实行世袭君主制。这些国家是由亚历山大的继承者们（diadochi）建立的。

亚历山大手下最杰出的一位将军托勒密·索特（Ptolemy Soter）在其主人一死就攫取了埃及的大权，他后来还把亚历山大的遗体作为珍贵的东西运回来。托勒密的后代将要统治这个地区近3个世纪之久，一直到公元前30年埃及艳后克里奥帕特拉去世为止。托勒密埃及是继承者国家中最富裕的，也是存在时间最长的。亚历山大帝国的亚洲部分、印度地区和阿富汗部分的领土都从希腊人手里失落了，被转让给印度统治者，以换取军事支持。帝国的其他部分到公元前300

年时成为另一个巨大的王国，其面积达150万平方英里，人口大约有300万，国土从阿富汗延伸到叙利亚，都城是安条克。这个巨大的地域由另外一位马其顿将军——塞琉古（Seleucus）的后代统治。由于遭受来自北欧的凯尔特人（这个民族已经入侵马其顿本土）的攻击，塞琉古王朝在公元前3世纪早期就丢失了部分领土，而自那以后该王朝的部分国土形成了帕加马王朝，由名叫阿塔鲁斯（Attalids）的家族统治，这个家族击退凯尔特人，让他们进一步深入小亚细亚内部。塞琉古王朝保住了其余的国土，但在公元前225年还将失去巴克特里亚，亚历山大手下士兵的后代在此建立了一个值得关注的希腊王朝。马其顿由另一个王朝安提柯（Antigonids）统治，这个王朝在爱琴海与托勒密的舰队进行斗争，在小亚细亚与塞琉古王朝进行斗争，都是为了竭力维持对希腊本土城邦的控制。大约在公元前265年，雅典试图再次获得独立，但失败了。

这些事件是复杂的，但对于我们的目的来说并非特别重要。更加重要的是，自公元前280年以后的大约60年间，希腊化诸王朝大致处于均势状态，发生在东部地中海世界和亚洲的事件处于主导地位，人们很少关心西部世界发生了什么，只有希腊人和马其顿人关心而已。这为希腊文化向东方世界传播提供了和平的条件，这就是为什么这些国家是非常重要的。这些国家对文明的发展和传播作出了贡献，是这些成就让我们注意到其价值，而不是那些继承者所进行的无谓的战争和龌龊的政治。

希腊语此时成为整个近东地区的官方语言；甚至更加重要的是，希腊语是城市的语言，而城市又是这个新世界的焦点。在塞琉古王朝统治下，亚历山大曾十分渴望的那种希腊文明和东方文明之间的融合开始成为事实。该王朝急切地争取希腊移民，并在能够发现的地方建立新城市，这就为帝国的稳固提供了坚实的基础，也为希腊化当地人

口提供了坚实的基础。这些城市是塞琉古权力的根本基础，因为这些 219
城市之外就是混杂着各个部落、波斯总督辖地和附庸贵族的内陆地区。塞琉古王朝的行政管理仍旧是在总督制度的基础上进行的；王朝诸王就像继承税收制度一样继承了阿契美尼德王朝的专制理论。专制实践意味着什么，并不确定；与美索不达米亚和小亚细亚（希腊化在这里的影响最强烈，首都也位于这里）相比，东方世界的专制统治似乎更宽松一些。这里的希腊化城市规模远远超过先前的希腊城市规模；亚历山大里亚、安条克和巴比伦附近的新首都塞琉西亚（Seleucia），人口规模很快达到10万到20万之间。这也反映出经济的发展和审慎的政策。亚历山大及其继承者的战争释放了大量的战利品，其中有大量波斯帝国积累起来的金银。这不仅刺激了整个近东地区的经济生活，也给这个地区带来了通货膨胀和不稳定的危险。无论如何，整个趋势是变得越来越富裕。不管是生产方面还是新的自然资

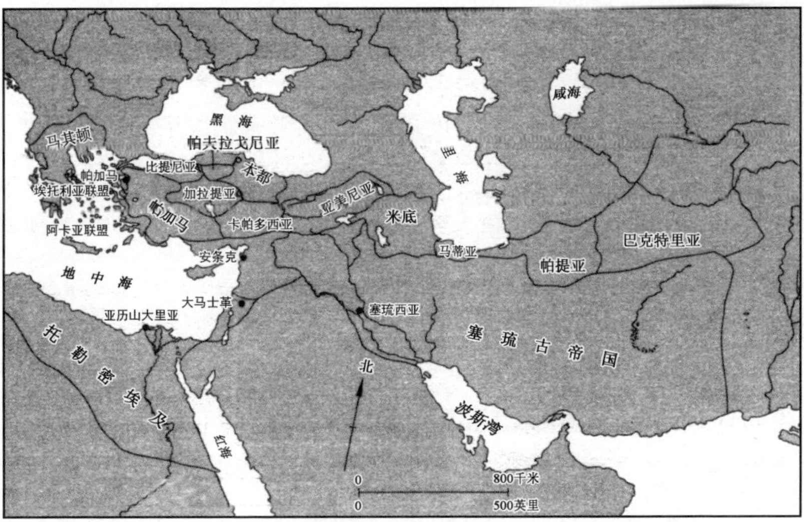

公元前200年后不久的希腊化世界

源开发利用方面，都没有新的革新措施。地中海世界经济在很大程度还保持着过去的样子，只是规模扩大了而已。但是希腊化文明比先前的文明更加丰富多彩，人口增加也是其中一个特征。

希腊化世界的财富支撑着政府的富丽堂皇。政府收取大量财富，并以壮观的，有时甚至是值得称赞的方式花费这些钱财。希腊化时代的城市遗址表明，很多花费都用在希腊城市的生活设施方面。剧场、
220 体育场大量存在，这些场地都举办运动会和各种节日。但这大概并没有对生活在乡下的土著人口产生很大影响，这些土著缴纳赋税，其中一些人憎恶我们现在多称为“西方化”的东西。无论如何，这仍旧是一个巨大的成就。东方世界通过这些城市以某种方式希腊化了，在伊斯兰教来临之前这一直是这个地区的特征。不久之后，这些希腊化地区都产生了自己的希腊文学。

虽然这是一种希腊城市文明，但在精神上还不同于过去的文明，就像一些希腊人酸酸地指出的。马其顿人是生来不知道城邦生活的，因此他们在亚洲的创建活动也缺乏活力。塞琉古王朝建立了大量城市，但却让这些城市保持着古老的专制制度，总督的集权行政管理远非城邦可以想象。官僚制度高度发展，自治政府消失了。具有讽刺意义的是，希腊本土的城市除了要承担往昔深重的灾难外——虽然这里独立自由的传统还依稀存在——这些也属于希腊化世界的城市实际上经历了经济的萧条和人口的衰落。

尽管政治上的活力已经消失，但城市文化作为传播希腊观念的伟大体系仍旧存在。大量的资金用于亚历山大里亚和帕加马城中两座古代世界最伟大图书馆的建设。托勒密一世建立了缪斯宫（Museum）——一种高级研究所。在帕加马，国王捐资设立了教师席位。也就是在帕加马，当托勒密切断纸草供应时，人们完善了羊皮纸（*pergamene* → parchment）的使用。在雅典，柏拉图的学园

（Academy）和亚里士多德的学园（Lyceum）继续存在，希腊的知识活动传统就是使这些资源在希腊化世界各处不断更新。这时的很多学术活动都是学术意义上的。狭义地说，这些活动在本质上都是对往昔成就的注释；不过其中很多也有极高的质量，虽然现在看来似乎分量不够，这只是因为公元前 5 世纪、公元前 4 世纪所取得的成就太巨大了。这个传统足够坚固，可以安全渡过基督教时代，尽管其中大部分内容不可挽回地丢失了。最终，伊斯兰教世界接受了柏拉图和亚里士多德的学说，而这一切又是通过希腊化时代的学者传递的。

希腊化文明在保存希腊科学文明传统方面做得极其成功，亚历山大里亚这座希腊化世界最大的城市表现得尤其突出。欧几里得（Euclid）是伟大的几何学系统组织者，他有关几何的界定一直使用到 19 世纪。阿基米德是欧几里得的学生，他以在西西里制作战争武器的实践成就而著称。另一位亚历山大里亚人埃拉托色尼（Eratosthenes）是第一位测量地球大小的人。还有另外一位希罗（Hero），据说曾发明蒸汽机，肯定使用了蒸汽来传输能量。即使以当代冶金学的状况而言，要想能够使这样的发明这么广泛地应该到实践中去，也非常不可 221
思议。这也大概解释了为什么我们不再听说它。通常的相关性原则意义重大：古代世界的知识成就（以及后来中世纪欧洲文明的成就）时常在现存技术状况下的发展会受到限制，而不能够期待超越这些限制去发展；进一步的发展必须要等到更好仪器出现才有可能。另一位希腊化时代的希腊人是萨摩斯的阿里斯塔库斯（Aristarchus of Samos），他的观念很超前，认为地球围绕着太阳旋转，但他的观念被同时代的人和后人所抛弃，因为他的观念与亚里士多德的陈述恰恰相反；因为不管是真实的观念还是虚假的观念，这在实践上都是难以验证的。实际情况是，虽然阿基米德在流体静力学上取得了重大进步（并且也发明了辘轳），但希腊传统的主要成就总是数学的而非实践的。在希腊化时代，伴随圆锥曲线理论、椭圆理论和三角学的建立，数学的发展达到顶峰。

这些发现是对人类智力宝库的重要贡献。希腊化时代的道德与哲学和先前相比并没有多大不同。这不断诱使人们去寻找从城邦到大的政治单位这一政治变化的原因所在。仍旧是在雅典，这里的哲学时代使雅典成为最伟大的中心。亚里士多德曾希望复兴城邦；他认为假如他能得到适当的帮助，他能够仍旧为优良生活提供指导。但伯罗奔尼撒战争之后城邦那段最后的不愉快时代以及新君主制的冷漠与专制，必定会在不久之后消磨这样的信心。城邦那些古老的爱国主义动力在这些地区已经枯竭。因此，要努力发现别的可以利用民众忠诚和感情的途径。或许是出于让非希腊人感觉印象深刻的需要，或许是受到希腊文化以外世界的吸引，这些新君主越发加强自己与东方崇拜仪式的联系，这些仪式与统治者个人关系密切。仪式的起源可追溯到美索不达米亚和埃及往昔的历史。夸张的头衔开始被使用，或许其中大多是阿谀奉承之语：就像我们称呼托勒密一世为“索特尔”（Soter）一样，索特尔意为救世主。塞琉古诸王让人们崇拜自己，但托勒密诸王则远远超过了他们。托勒密继承了法老的神圣地位和特权（在实践上也扩大到娶自己的姐妹这一范围）。同时，希腊化国家的真正基础是官僚制度，没有受到公民自由传统的影响——虽然塞琉古在亚洲建立或重建了许多希腊城市，这些塞琉古城市给予能够让希腊人进行回忆的东西。希腊化马其顿雇佣军可以让塞琉古摆脱对土著军队的依赖。尽管这些君主拥有权力、让人敬畏，但在获得他们那些非常混杂臣民的忠诚和感情方面也需要一些小的技巧。

222 这些感情的侵染大概早在亚历山大之前就不复存在了。希腊文化的胜利具有欺骗性。语言一直在被使用，只不过具备不同的意思。比如希腊宗教在希腊人中间有很大的联合作用，但这种作用并不在于教会制度，而在于他们对荷马史诗中男女神灵的崇拜及模仿这些神灵的行为；除此之外，还有城市崇拜和官方神秘仪式。大约早在公元前5世纪，这种崇拜就已经发生了变化，如受到连绵不断的战争影响，对奥林匹亚神灵的崇拜已经开始减弱了。当然减弱的原因不止这一种。公元前4世纪时大多数希腊哲学是理性主义的，这就像新的忧虑兴起一样，是那段历史的重要组成部分。伴随希腊化时代的到来，我们也感受到了另一种影响，即无处不在的非理性主义的影响、机会和命运的影响。人们在新教义和信仰中寻求安全。占星学的流行就是一个征兆。所有这一切至公元前1世纪才达到顶峰。“这段时期，”一位学者说，“理性主义潮流——这股潮流在过去几百年间的影响在逐渐减弱——最终耗尽元气，开始衰落了。”或许这比我们在这段故事所看出的意义更深入一步，但有关这种巨大变化的事情在很早时期就引人注目了。希腊化世界充斥了神秘主义和诸如此类的狂热，比如从毕达哥拉斯神秘主义的复活到对已故哲学家祭坛的建立。传统希腊宗教已不再是得利者。传统的希腊哲学早已失去影响力。德尔菲自公元前3世纪起出现的明显衰落不可逆转。

这种传统宗教价值观念的衰落是哲学变化的背景。在希腊本土，哲学研究仍旧活跃。即使希腊化世界的哲学发展也表明，人们在关注个人忧虑，从他们不能够影响的社会中退出，从不断遭受打击的命运和日常生活的张力中寻求庇护。这有点似曾相识。例如伊壁鸠鲁，他在必要的个体快乐经验中寻找善。与后人的误解恰恰相反，他的意思是要远离放纵。就伊壁鸠鲁来说，快乐是精神的满足、痛苦的缺失。对于现代人来说，这种快乐观念稍微有点严峻。但就表现的现象来看，伊壁鸠鲁哲学的重要性相当大，因为它揭示了人们对私人和个体关注的转移。这种哲学倡导是另一种形式的克己和冷漠。以犬儒著称的那个学派表达的是对传统的蔑视，寻求的是如何解脱对物质世界的

依赖。其中一位代表人物是塞浦路斯人芝诺，他生活在雅典，在一个
223 公共场所——有屋顶的柱廊（*stoa Poikile*）传授他的学说。这个地方赋予了他所传授学说的名称——斯多亚（Stoics）。这些哲学家是最有影响的哲学家，因为他们的学说非常适用于日常生活。从本质上说，斯多亚传授的是依据符合理性秩序的方式生活，这些理性要符合宇宙。斯多亚派说，人不能控制他身上会发生些什么，但人能够接受命运给他带来什么，要相信神圣意志的律令。自然，善行也不应该是为可能带来的结果而去行善。这或许不幸或受挫，但它不是因为善行自身的缘故，而是因为其本质的价值。

就斯多亚派而言——这一学派将在希腊化世界里获得极大成功——当城邦或传统的希腊宗教都不能够保持其权威时，该学派会为个体提供伦理道德自信心的依据。斯多亚派有长久存在的潜力，因为它适用于各个人群。它传授给人们的全部是这样的东西：伦理道德大同的种子会逐渐超越希腊人与蛮族人之间那种陈旧的区别，因为这将是任何理性人之间的区别。该学派倡导共同的人性，自然会产生谴责奴隶制度——这种由于强迫劳动而形成的令人惊异的等级——的观念。对于随后两千多年来的思想家而言，这将是个丰富的资源。该学派遵守纪律这一共同的道德认识，不久即在罗马获得极大的成功。

哲学也因此表现出了折衷主义、大同主义的迹象，这几乎在希腊化文化的每一个方面都引人注目。这些迹象最明显的表达或许是东方的纪念碑雕塑采纳希腊雕刻，产生了诸如罗德岛上高达 100 英尺巨像这样的怪物。折衷主义、大同主义甚至最终出现在各个地方。对斯多亚派的渴望就像渴望异域东方崇拜一样，这些东西取代了希腊神祇。就像科学家埃拉托色尼所说，他视所有品行高尚的人为同胞，这种评论表达出一种新精神；这种新精神就是处于最好状态的希腊化。

希腊化世界的政治框架最终将发生变化，因为变化的力量之源已

经成熟，并超越了原先的政治环境。一个早期的先兆是在东方世界出
现了新威胁，即帕提亚王朝的出现。公元前3世纪中叶，塞琉古王朝
的人口和财富主要集中在王朝的西部，这带来的缺陷是这个王朝越来
越关注与其他希腊化王朝之间的关系。其东北部遭到了危险——通常
情况就是如此。这种威胁来自大草原地带的游牧民族，但政府却无力
应对，因为政府需要金钱和资源去对付与托勒密埃及的纷争。那些让
遥远的总督奋起斗争成为军阀的诱惑，是无法抵挡的。学者们批驳细 224
节，但其中的一位总督出现于帕提亚。帕提亚是位于里海东南部一个
重要的地区，随着几个世纪时间的推移，变得越发重要。因为这个地
区有跨越中亚地区的贸易商路，西方古典世界就是通过这条商路与中
国开始保持微弱联系——这就是丝绸之路。

帕提亚人是谁？他们原先的名字叫帕尼（Parni），是起源于中亚印欧语系游牧民族的一支，这个民族在伊朗和美索不达米亚高地地区创立，后来又复兴成一个政治统一体。他们成为一种军事技术的代名词，骑马放箭在当时属他们独有。不过，他们能建立一个延续近500

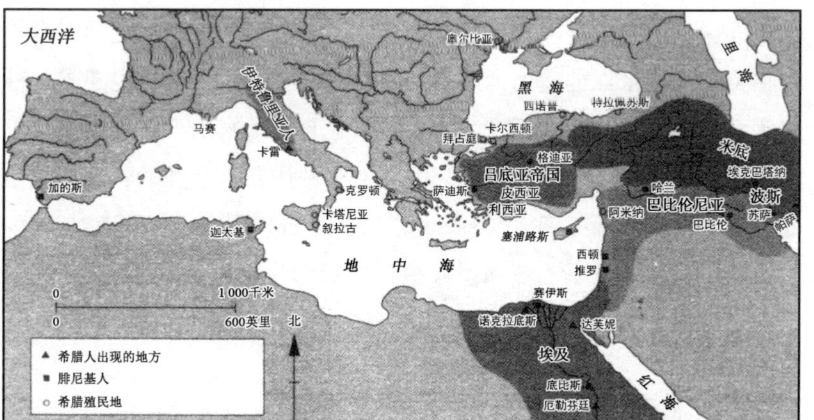

地中海世界，约公元前600年

年的政治实体，依靠的不仅是这一项技术。他们也继承了亚历山大大帝遗留给塞琉古王朝的行政管理结构（亚历山大则是从波斯人那里获得）。实际上，在大多数情况下帕提亚人似乎都是继承者，而不是创新者。帕提亚人的伟大王朝使用希腊语记录官方文件；他们似乎也没有自己的法律，只是直接接受现存的习惯，不管是巴比伦人的、波斯人的还是希腊化的。

他们的早期历史在大多数情况下都模糊不清。公元前3世纪，帕提亚建立了一个王国，其中心区域至今没有发现，而塞琉古王朝似乎对之并没有作出强烈的反应。公元前2世纪，当塞琉古王朝君主在西部世界陷入灾难性的混乱时，有两位兄弟，其中弟弟叫米特里达悌一世（Mithridates Ⅰ），他建立了帕提亚帝国。这个帝国在其去世时的疆域从东部的巴克特里亚（Bactria，是塞琉古所继承领土的另一部分，这部分大约在帕提亚独立的同时也从塞琉古王朝中分离出来）延
225 伸到西部的巴比伦尼亚。就像前人已经做过的，为了有意识地让后人有所回忆，米特里达悌在钱币上称自己为“大王”。他死后，帝国遭遇了一些挫折，但是他的同名者米特里达悌二世成功收复了失地，而且更进一步扩张。塞琉古王朝此时局限于叙利亚。米特里达悌二世王朝在美索不达米亚的边境地区是幼发拉底河，中国人和他也建立了外交关系。米特里达悌二世在制造的钱币上自豪地采用了阿契美尼德王室曾用过的头衔：“众王之王”。因此，这种推断是合理的：米特里达悌所属的阿萨西斯王朝（Arsacid dynasty）此时开始有意识地与伟大的波斯世系建立联系。然而，帕提亚国家似乎比波斯帝国更加松散，人们对它的印象与其说是一个官僚国家，不如说是一群封建贵族军阀。

帕提亚在幼发拉底河最终遇到了来自西方世界的一支新力量。与帕提亚相比较，希腊化众王国其实离这股力量更近。因此出现下列情

况就更不可思议了：甚至是希腊化世界各个王朝都没有注意到罗马——这颗政治天穹中的新星的兴起。这些希腊化国家还只是自行其是，而没有考虑到西部世界所发生的事情。虽然西部希腊人对此知道得更多一些，但希腊人长久以来关注的是迦太基给他们带来的最大威胁。这是一个神秘的国家，几乎可以说源自与希腊人的竞争。这座城市大约在公元前800年由腓尼基人建立，甚至在那时迦太基人就在金属贸易方面与希腊人形成了商业竞争。迦太基发展很快，在财富、权力方面都超越了推罗和西顿。不过，迦太基一直是城市国家，使用联盟和贸易保护措施，而不是进行征服和驻军。迦太基臣民喜欢贸易和农业，而不是战争。不幸的是，迦太基本土的文献都丢失了，所以这座城市被夷为平地后，我们对它的历史就几乎一无所知。

很显然，对于西部世界的希腊人而言，迦太基人是一个可怕的商业竞争对手。公元前480年，迦太基人的商业势力范围几乎到达罗讷河谷、意大利，甚至西西里。西西里这座岛屿，尤其是其中的一座城市叙拉古对西部世界的希腊人至关重要。当西西里与塞拉米斯（Salamis）进行战争并失败的时候，是叙拉古第一次从迦太基那得到的帮助保护了西西里。公元前5世纪的大多数时间里，迦太基很少骚扰西部世界的希腊人，叙拉古人也能够转而支持意大利境内的希腊人反对伊特鲁里亚人。那时的叙拉古也是雅典命运不佳的西西里远征队的目标（公元前415—前413年），因为叙拉古是西部世界中希腊人最大的国家。迦太基人在这件事结束就返回了，但叙拉古却经受住了打击，不久之后发展到其势力最辉煌的时代，不仅对本岛施加影响，而且还影响着南部意大利和亚德里亚海。在大多数时间里，叙拉古与迦太基都处于战争状态。叙拉古活力无穷，曾有一度几乎攫取了迦太基，另外一次远征则把科基拉（Corcyra，或称科孚岛［Corfu］）纳入其在亚德里亚海的领土。而公元前300年后不久，明显的情况是迦 226

太基力量不断发展，而叙拉古则必须面对罗马在意大利本土的威胁。西西里人与一位或许可以拯救他们的人发生了争吵，这个人就是伊庇鲁斯的皮洛士（Pyrrhus of Epirus）。公元前1世纪中期，罗马已经成为意大利本土的主人。

现在在西部世界有三个行动者，然而奇怪的是，希腊化东部世界似乎对正在发生的这些事情无动于衷（尽管皮洛士已经意识到）。这或许是由于短视，但罗马此时并没有把自己看作是世界的征服者。罗马因恐惧而采取的措施与因贪婪而与迦太基进行的战争几乎差不多，与迦太基的战争将使罗马获得大批战利品。之后罗马才把视线转向东方世界。公元前1世纪末，希腊化东方的一些希腊人才开始注意到可能要发生的事情。“一块乌云”，这是希腊化东方世界对迦太基和罗马之间争斗的一种看法。无论结果如何，这种争斗注定会给整个地中海世界带来极大的影响。无论如何，东方世界在这些事件上也将证明自己的影响力和抵抗力量。随着罗马后来征服希腊，希腊反过来也捕获了自己的征服者，仍将不断地希腊化更多的蛮族。

第 5 章　罗　　马

在地中海西部海岸，跨越广阔的西欧、巴尔干和小亚细亚，从历史遗迹仍然能看出一个伟大的成就，那就是罗马帝国。有些地方——首先是罗马本身——的遗迹非常丰富。要解释为什么它们会伫立在这些地方，那就得追溯一段一千多年的历史。即使我们不再像我们祖先常做的那样去回顾罗马的成就，并在它面前感到自己的渺小，我们仍然会困惑甚至惊讶人类可以做这么多的事情。当然，历史学家越近距离地审视这些宏伟的废墟，并且越加审慎地筛选可以解释罗马思想和罗马实践的文献，我们也就越能认识到罗马人毕竟不是超人。有时候，罗马的庄严宏伟看起来更像是华而不实的，其公众人物宣扬的美德听起来就像我们今天的政党在类似口号中的伪善之言。但是，归根结底，它仍然有令人震惊及底蕴深厚的创造力。最终，罗马重塑了希腊文明的环境。由此，罗马塑造了涵盖西方整体的第一个文明的形态。他们自己也意识到了这项成就。当后来帝国摇摇欲坠之际，罗马人回顾这些的时候，仍然觉得他们就是创造出那些成就的罗马人。罗马人就是如此，即使仅在信念这个层面上。但这很重要。面对它所有令人印象深刻的事物和偶尔的粗劣，对罗马成就解释的核心就是一个构想——关于罗马自身的构想。它呈现和表达的价值，就是此后被我们称作“古罗马精神”（romanitas）的概念。 227

这有深层根源。罗马人认为，他们的城市是在公元前 753 年由罗穆卢斯（Romulus）建立起来的。对此我们不必太当真。但关于罗穆卢斯和他的双胞胎兄弟勒穆斯（Remus）是被母狼喂养长大的传说，

228

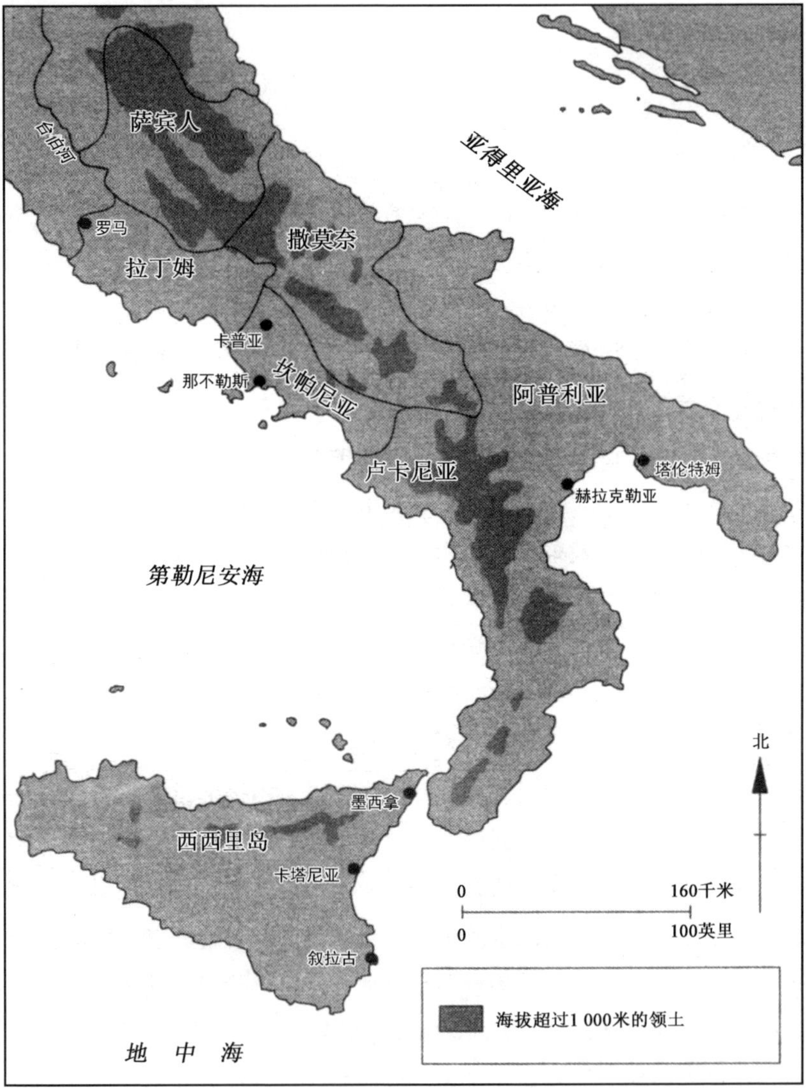

公元前509—前272年的南部意大利

倒是值得我们思索片刻。这是一个很好的象征，表明早期罗马曾从一个被称为“伊特鲁里亚人”的民族统治的过去受到影响，因为我们已发现，这个民族的宗教可以追溯到对狼的特殊崇拜。

尽管有丰富的考古记录，并有许多碑文和大量专业学者的努力去试图搞清楚，伊特鲁里亚人依然是个神秘的民族。到目前为止，所有描绘出来的确定事情都只是伊特鲁里亚文明的一般性质，很少涉及它的历史或者年表。不同的学者将伊特鲁里亚文明诞生的时间定位在不同的时代，从公元前 10 世纪至公元前 7 世纪的都有，相差很远。对于伊特鲁里亚人来自哪里，至今也没有达成共识。一种假设认为，他们是在赫梯帝国灭亡之后从亚洲迁徙而来；但是也有人支持其他一些 229
可能性。不过所有这些都表明，他们不是最初的意大利人。无论他们何时抵达这个半岛，无论他们来自何方，那时意大利已经是个人口混杂的地方。

不过那时候仍然可能会有一些原住民混居其中，这些原住民的祖先在公元前两千纪就已经接纳了印欧语系的入侵者。在接下来的1 000年中，这些意大利人发展了先进的文明。大约公元前 1000 年，冶铁技术出现。伊特鲁里亚人可能从之前的那些民族那里借鉴了这一技术，大概来自一个被称作维兰诺瓦的文明（Villanovan，遗址在现代的博洛尼亚［Bologna］附近被发现）。伊特鲁里亚人带来了更高水平的冶金技术，大力开采伊特鲁里亚沿岸厄尔巴（Elba）岛上的铁矿。借助铁制武器，他们似乎已经建立了伊特鲁里亚的霸权；在鼎盛时期，控制了整个半岛中部地区，从波河河谷直到坎帕尼亚（Campania）。其组织方式我们仍不太清楚，不过，伊特鲁里亚可能是一个由国王统治的松散城市联盟。伊特鲁里亚人是有文字的，他们使用一些从希腊文衍生出的字母，可能是从大希腊（Magna Graecia）的殖民城市得到（虽然他们书写的东西还很难理解）。并且他们相当富有。

公元前6世纪，伊特鲁里亚人在台伯河南岸建立了一个重要的桥头堡。这是罗马的地盘，是在坎帕尼亚早已存在的拉丁民族众多小城市中的一个。通过这个城市，伊特鲁里亚人的一些东西保留下来，渗透并最终融入欧洲传统。公元前6世纪接近尾声时，罗马通过一场拉丁城市反对统治者的革命脱离了伊特鲁里亚人的统治。在此之前，城市被国王统治着。最后一位国王，后来传说在公元前509年被放逐了。但不用去管这个确切的日期，这必然是在经历与西部希腊人斗争而过度紧张的伊特鲁里亚权力被拉丁人成功击败的阶段，此后拉丁人走上了自己的道路。不过，罗马仍然保留了很多来自伊特鲁里亚的东西。正是通过伊特鲁里亚，罗马首次接触到了希腊文明；而此后，罗马经由陆地和海洋始终与希腊世界保持着联系。罗马是一个重要的水陆交通汇聚之地，地势高到足够在台伯河上架桥，但却不至于高到海上船只不能到达城市。来自希腊的巨大影响作用也许是罗马继承的最重要的遗产，但它也保留了很多过去伊特鲁里亚时代的东西，其中之一就是罗马人民以军事目的被组织为“百人团”。比较直观但更加显著的例子是它的角斗游戏、公民凯旋仪式和对占卜术的解读——借助用作供奉的牺牲的内脏来占卜，以洞悉未来的发展。

230 共和国维持了450多年，甚至在那之后，共和国的许多制度仍在名义上存在。罗马人总是喋喋不休地诉说历史的延续性，以及他们对早期共和国优良、古老传统的忠诚（或者谴责对传统的背离）。这不只是历史的虚构，在这样的主张里有一些是真实的。这就好比人们强调英国议会政府的延续性，或美国国父们的睿智——他们通过了一部至今仍在成功起作用的宪法，编造的说法中存在某些真实成分。当然，随着数个世纪的更迭，历史发生了巨大的变化。这些变化侵蚀了社会体制和意识形态的延续性，历史学家至今仍在争论应该如何理解它们。但虽然存在这些变化，罗马制度使地中海成为罗马的内海，并且罗马帝国超越了这一地区而成为欧洲和基督教的发源地。因此，罗马就像希腊（后来许多人想了解它只能通过罗马）一样塑造了现代社会的很多形态。这当然不仅仅是在物质形态意义上说人们仍然生活在其废墟之上。

从广义上说，共和国时代的变化是两个主要进程的征兆和结果。一个是衰变，共和国制度逐步失去效用。这些制度不再包容政治现实和社会现实，最终这些现实也毁灭了这些制度，使其只在名义上幸存下来。另一个就是罗马统治范围首先超出了罗马城，然后又超出了意大利。大约两个世纪以来，这两个进程的发展都相当缓慢。

国内政治源于这样的安排，其目的是使君主制不再出现。宪法理论以座右铭的形式简明地刻在罗马的纪念碑和立柱上，一直保留到了帝国时代。*SPQR*，这是拉丁字母的缩写，意为“罗马元老院和罗马人民”。从理论上来说，最终的主权始终属于人民，他们通过一系列复杂的公民大会，由全体人民亲自出席来行使职权（当然，不是罗马所有的居住者都是人民）。这与许多希腊城邦中持续的情况类似。元老院关注的对象是通常的商业行为；它制定法律，并规范地方行政官的选举工作。罗马历史上最重要的政治问题常常通过元老院和人民关系紧张的形式表现出来。

有点让人惊奇的是，早期共和国内部斗争似乎相对而言并不那么血腥。虽然其影响是复杂的，并且有时候是神秘的，但它们最终的结果都是赋予公民作为一个整体在共和国事务上拥有更大的发言权。集中了政治领导权的元老院，在公元前 300 年左右已经成为由前共和时期的旧贵族与平民（plebs，对其他公民的统称）中富裕成员混合组成的统治阶级的代表。元老院成员构成了一个寡头阶层；虽然常常会 231
有一些人在每次普查中被排除在外（每五年进行一次），但它仍旧保持着自我更新。元老院的核心是一群可能起源于平民的贵族家庭，但他们的祖先是那些成为最高级别行政长官——执政官的人。

公元前6世纪末，两名执政官取代了最后的国王。执政官任期一年，他们通过元老院进行统治，是元老院里最重要的官员。他们一定是拥有经验和权力的人，因为若想担任此职，至少要先担任过财务官（quaestors）和裁判官（praetors）这两个更低级别的民选官职。财务官（每年选举20个）也可以自动成为元老院的成员。这些安排赋予了罗马统治精英强大的凝聚力和竞争力；通向最高政府机构的过程就是对在就职测试和培训中表现良好的候选人的选择。这个体制长时间内行之有效，这一点毋庸置疑。罗马从来都不缺少有才干的人。但这种制度背后隐藏的是从寡头政治自然蜕变为小派系的倾向，因为无论平民赢得什么样的胜利，这种制度都确保了富人统治，当选官员会在富人中竞争产生。即使是在应该代表全体人民的选举团——百人会议（*comitia centuriata*）中，其组织机制也赋予了富人与其总人数不成比例的影响力。

在任何情况下，"平民"都是一个容易令人产生误解的术语。这个词在不同时期代表不同的社会实体。征服和解放缓慢地拓宽了公民权的界限。即使在早期，它也远远超出了罗马城及其郊野一带，因为其他城邦已经并入共和国。当时，典型的公民是一个乡下人。罗马社会的基础一直是农业和乡村。重要的是，拉丁语中指代货币的词*pecunia*，就是从指代羊群或牛群的词衍生而来的；而罗马土地丈量的单位*iugerum*，则是指一天内两头牛犁过的长度。在共和国时代，土地及其支撑的社会在变化方式上相互关联，但它的基础一直是乡村人口。后世人们对罗马帝国形象（伟大的寄生城市）的先入之见，掩盖了这一事实。

因此，早期共和国的人口构成中，大多数自由民其实都是农民，

有些人比其他人穷困得多。在法律上他们以复杂的方式被分为不同的
群体，这根源于旧日的伊特鲁里亚时代。这种区分在经济上无关紧
要，但在以选举为目的的宪政上有着重要意义。与其说这向我们传达
了罗马共和国的社会现实，不如说更多地体现了罗马人口普查对人们
的区分方式：那些能够在需要的时候用武器和盔甲将自己装备成士兵
的人们；那些对国家的贡献仅在于养育子女的人们（proletarii）；以 232
及那些只在计算人头数量时才有用的人，因为他们既不拥有私人财
产，也没有家庭。当然，在所有这几类人之下是奴隶。

一种持续的趋势在公元前 3 至前 2 世纪加速发展，那就是许多早期通过拥有自己的土地而保留了一定独立性的平民开始陷入贫困。同时，征服让新贵族获得了新的土地战利品，使其土地占有份额增加。这是一个持续很久的过程，但随着它的进行，社会利益和政治重要性重新得到分配。此外，另一个因素使情况变得更加复杂，那就是把罗马公民权授予罗马同盟者的做法在不断实施。事实上，罗马共和国见证了其公民阶层的逐渐扩大，但其影响事件发展的权力却在实际上缩减了。

这不仅是因为财富对罗马政治影响极大，也是因为一切事务都要在罗马处理。尽管相应的代表制度并未产生，无法有效地反映生活在这座日益膨胀的城市中的罗马公民的愿望，更不必说那些分散在整个意大利的人们。实际情况是，平民们发出威胁，称将拒服兵役或离开罗马城，在其他地方建立一个城邦自立门户，从而得以多少限制点元老院和行政官们的权力。公元前 366 年之后，也出现了两个执政官中必须有一个是平民的呼声。公元前 287 年，公民大会的决定被赋予了凌驾于法律之上的权力。但针对传统统治者的主要限制是由人们选举出来的 10 个保民官，他们能够制定或否决立法（一票否决权），并可以夜以继日地为那些感到被行政官员不公道对待的公民服务。当元老

院中出现重大的社会情绪或者个人分歧时，保民官具有非常的重要性，他们也因此成为政客拉拢的对象。在共和国早期，而且通常也在这之后，保民官都是统治阶层的成员并且可能是贵族，在很大程度上他们都与执政官和元老院的其他成员合作无间。这个团体的行政才能和经验，及其自身威望，因为其在战争和处理突发事件中的领导能力而得到提高；如果不发生重大到足以导致共和国本身垮台的社会变迁，这一切都几乎不可撼动。

早期共和国的宪政体制尽管非常复杂，但却是有效的。它阻止了暴力革命，允许逐步改良。然而如果它没有统领罗马势力第一阶段的胜利扩张并使之继续成为可能，它对于我们不会比底比斯或叙拉古的
233 体制更重要。共和国制度的历史甚至对于后来时期都是重要的，这是因为共和国本身的成就使然。整个公元前5世纪，罗马开始控制其邻国，并且在这个过程中领土面积增加了一倍。接下来，拉丁联盟的其他城市都向罗马臣服；当它们中的一些在公元前4世纪中叶反抗时，都被迫以苛刻条件重归于罗马的统治。这种情形有一点类似100年前雅典帝国的陆上版本；罗马的政策是让其“同盟”自理，但这些同盟者不得不同意罗马的外交政策并为罗马的军队提供特遣队。此外，罗马的政策意图在其他意大利共同体中扶持统治集团，而罗马贵族集团不断强化与其的私人联系。这些共同体中的公民如果移居到罗马，也能够获准取得公民权利。在意大利中部的伊特鲁里亚政权——意大利半岛上最富裕和最发达的部分——也因此被罗马取代了。

罗马军事力量的增长与从属国数量的增加成正比。共和国军队建立在征兵制度上。每个拥有财产的男性公民如果被征召，都有义务为国家服务，并且相当沉重：步兵需服役16年，骑兵需服役10年。军队是由编制5 000人的军团组成，起初以手持长矛的坚固方阵来作战。它不仅压制住了罗马的邻国，还击退了来自北方的高卢人在公元前4

世纪的一系列入侵，尽管有一次高卢人洗劫了罗马城（公元前 390 年）。这一形成时期的最后战斗发生在公元前 4 世纪结束时，那时罗马人征服了阿布鲁齐（Abruzzi）的撒莫奈人（Samnite）。当时的罗马人可以有效地从整个中部意大利调动同盟力量。

现在的罗马最后要面对的是西部的希腊城市，叙拉古是最重要的一个。公元前 3 世纪早期，希腊人向希腊本土伟大的军事首领伊庇鲁斯（Epirus）国王皮洛士寻求援助，他发动了反抗罗马和迦太基的战争（公元前 280—前 275 年），但只取得了代价高昂和后果严重的胜利，后来这种类型的胜利就以他的名字命名。他无力消解罗马对西部希腊城市造成的威胁。短短几年之内，希腊人身不由己地卷入罗马和迦太基之间使得整个西部地中海陷入险境的斗争——布匿战争。

这些战争持续了一个多世纪。战争的名称来自罗马人对腓尼基这个词语的翻译；并且，不幸的是，我们只有罗马方面的版本。一共有三场战斗，但前两次解决了大部分问题。在第一次战争中（公元前 264—前 241 年），罗马首先挑起一场大规模的海上冲突。在新舰队的 234
帮助下，罗马人占领了西西里岛，在撒丁岛和科西嘉岛建立了统治。叙拉古放弃了早期与迦太基的同盟，西西里岛西部和撒丁岛成为罗马的第一批行省。这是重大的一步，发生在公元前 227 年。

这只是第一回合。随着公元前 3 世纪尾声的来临，最后的结果还不分明。在这种棘手的情况下，到底是哪一方应该为三次战争中最激烈的第二次布匿战争（公元前 218 年—前 201 年）的爆发负责任一直有争议。这场战争发生在非常广阔的范围内，因为当它开始的时候，迦太基已经在西班牙立足。那里的一些希腊城邦得到了罗马保护的允诺，当它们中的一个被迦太基将军汉尼拔攻击和洗劫时，战争爆发了。汉尼拔前往意大利远征以及带领一支拥有大象的军队翻越阿尔卑斯山的行动非常著名。这次战争的高潮发生在特拉西美诺湖战役

（Trasimene，公元前217年）和坎尼战役（Cannae，公元前216年）中，迦太基取得了决定性胜利，两倍于汉尼拔军队的罗马军队被摧毁。这时候罗马对意大利的控制被严重动摇，它的部分盟友和附属城邦开始重新尊重迦太基的势力。几乎整个南方都改变了立场，尽管中部意大利仍然保持着忠诚。罗马现在只能依靠自己。另外，它还拥有一个极大的优势，即汉尼拔缺少足够的兵力包围罗马。在这种情况下罗马坚持下来并拯救了自己。汉尼拔不断在贫穷的乡村作战，这些地方远离他自己的基地。罗马毫不留情地毁灭了与迦太基结盟的反叛城市卡普亚（Capua），而汉尼拔没有赶来帮助它。随后罗马大胆地启动了打击迦太基自身地盘的策略，尤其是在西班牙。公元前209年，“新迦太基”（即Cartagena）被罗马人占领。而汉尼拔弟弟的支援进攻于公元前207前被击退。此后，罗马兵锋转向迦太基在非洲的本邦。汉尼拔不得不移兵回救，并于公元前202年在扎马（Zama）兵败，战争就此告终。

这一战争所解决的问题远远超过战争本身；它决定了整个地中海西部地区的命运。波河河谷在公元前2世纪早期并入后，虽然形式几经变化，但意大利此后一直归属罗马。加诸迦太基的所谓和平是羞辱和残害，罗马一直没有放弃报复汉尼拔，迫使他流亡到塞琉古王国。因为叙拉古在战争期间一度与迦太基结盟，作为对其傲慢的惩罚，它失去了独立性；它是整个岛屿上最后的希腊城邦。整个西西里岛现在都是罗马的；而在西班牙南部，另一个行省建立起来。

但还不止这些。这些事件开辟了通往东方的道路。人们总是倾向于设想，在第二次布匿战争结束后罗马开始向东扩张。因为它当时面临两个选择，一是就此止步，专心维护在西部地盘的稳固即可；另一种则是在东方扩张，走向帝国主义。然而这是过分简化的事实。东方和西方的问题已经太过于纠缠，不能分离得如此清楚。早在公元前

228 年，罗马就被允许参加希腊的地峡运动会。这是一个认可，即使只是礼节性的，但也表明，对于许多希腊人来说，罗马已经是一支文明的力量，是希腊化世界的一部分。而通过马其顿，这个世界已经直接卷入到意大利的战争，因为马其顿曾和迦太基联盟；罗马也因此站在了希腊城邦这边反对马其顿，从而开始涉足希腊政治。公元前 200 年，接到来自雅典、罗德岛和帕加马的国王对抗马其顿和塞琉古王朝的直接求援时，罗马已经做好了心理准备去开展东方的事业。尽管他们中的任何人都不太可能看到，这将开启使罗马共和国逐渐主导希腊化世界的一系列冒险活动。

罗马人在心态方面还发生了另外一种变化，虽尚未完成，但已经开始产生效果。当与迦太基的战争开始时，许多上流社会的罗马人完全将之看作是防御性的。甚至在扎马战役之后，残缺的敌军撤退了，一些罗马人还继续为此担心。在下个世纪中叶，加图“必须毁灭迦太基”的呼声，作为由恐惧产生而不能安抚的充满敌意之表述，非常著名。然而因战争获得的行省，开始唤起罗马人对其他可能性的想法，并且很快为继续获取行省提供了其他动机。从撒丁岛、西班牙和西西

235

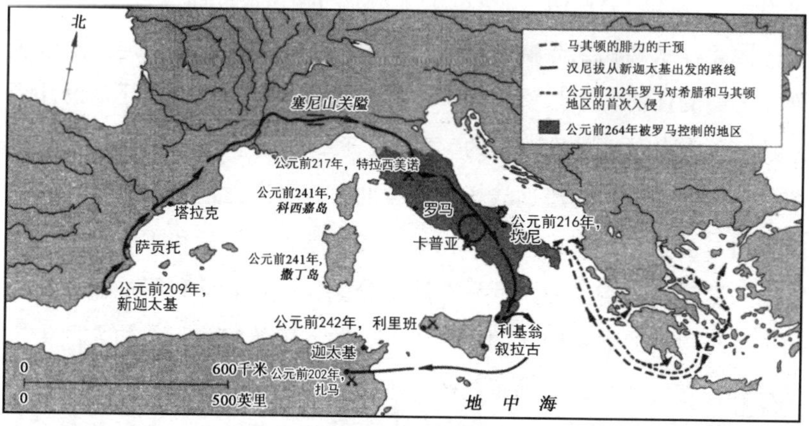

布匿战争的主要事件

里岛获得的奴隶和黄金，很快使罗马人开了眼界，让他们知道什么是
帝国可能得到的回报。这些地区没有受到像意大利本土作为盟友那样
236 的待遇，而是作为资源的来源地被管理和利用。罗马共和国也逐渐形
成了将军将一部分战利品分给其部队的传统。

公元前2世纪罗马在东方扩张的过程迂回曲折，很复杂，但主要阶段却很明显。征服并将马其顿变成一个行省的过程经历了一系列战争，于公元前148年宣告结束；方阵已成昨日黄花，马其顿将军也失去昔日光彩。希腊城市就这样隶属于罗马，并被迫往罗马遣送人质。一位叙利亚国王的介入致使罗马势力首次伸向小亚细亚；接下来是帕加马王国消失，罗马称霸爱琴海，并于公元前133年在小亚细亚建立了一个新行省。在其他地区，罗马征服了西班牙的剩余地区（除了西北地区），在伊利里亚（Illyria）组织起一个纳贡联盟，并于公元前121年在法国南部建起行省；这意味着从直布罗陀海峡到色萨利海岸线全在罗马的统治之下。最后，公元前149年，敌视迦太基的人们长期以来寻找的机会终于到来，第三次也是最后一次布匿战争开始了。3年以后，这座城市被摧毁，它的土地被一路犁过，一个新的罗马行省覆盖了西部的突尼斯（非洲），迦太基的存在被取而代之。

因此，是共和国造就了帝国。就像所有的其他帝国一样，不过也许比之前的任何一个都更明显，与其说罗马帝国的外在特征是设计出来的，不如说是偶然性造成的。恐惧、理想主义和最终的贪婪，是将罗马军队送往越来越遥远战场的混合动力。军事力量是罗马帝国的根基，通过扩张它一直维持着。在战胜迦太基人的经验和不屈不挠的过程中，数量是决定性的，罗马军队十分庞大。它能够利用从盟友和附属国那里得到的数目巨大的一流人才，共和国的统治为新的人民带来秩序和正常的政府。罗马帝国的基本单位是行省，由设置的地方总督来统治管理，其任期正式来说是一年。此外，还设有一名税务官。

显然，帝国对国内政治有很大的影响。首先，它使得普通民众——即贫穷公民参与政府变得更加困难。持续很久的战争增强了元老院的日常权力和道德权威，我们也必须指出，确实战果辉煌。然而，版图扩张带来更加长远的弊端，这一点在罗马统治扩张至意大利时已经显现出来。严重的和新的问题出现了。一个是由战争和帝国带给将军和地方官员的新机会造成的。造就的机遇，并且是快速造就的机遇，非常巨大；此后，直到西班牙征服者或者英国东印度公司的时代，处于恰当时间和恰当位置的人才有可能再次轻易获得如此丰厚的 237
回报。这其中一部分是合法的；而有些就是单纯的抢劫和盗窃。值得注意的是，公元前 149 年设立了一个特别法庭，由官员来处理非法抢夺。无论这些财物是什么性质，都只能通过参与政治活动来获得，因为新行省的总督是元老院选择的，从富有但没有贵族身份的骑士（equites）阶层选出来的税吏也是元老院任命的。

另一个制度弱点也出现了，因为行政官员每年选举换届的原则在实践中被越来越频繁地忽略。若按政治才能选出执政官，他们可能会无力应对发生在行省中的战争和反叛造成的紧急状况。因此，不可避免的是，地方总督的权力会落入那些能够有效处理紧急情况的人手中，这通常是能力得到证明的将军。认为罗马共和国的指挥官是现代意义上的职业军人，这种想法是错误的；他们是统治阶级的成员，也可能成为公务员、法官、律师、政治家甚至牧师。罗马行政效率高的一个关键方面是，接受统治者可以非专业化的原则。然而，一个与他的军队一起待了数年的将军，与那些指挥军队参与一场战争后回到罗马政治中的早期共和国地方总督，是不同程度的政治动物。自相矛盾的是，行省长官每年换届成为一个弱点，这诱使官员会趁着还在任时大捞特捞。若说管理机构中因此出现了不负责任的倾向，那么一个相应的趋势就是，成功的将军们会倾向于在战场滞留更长时间，通过带兵打仗把本应效忠共和国的士兵们转而收为自己的拥护者。最后，还会出现一种社会性的腐败，因为所有罗马公民都得益于一个使他们可以免除任何直接税收的帝国；而行省将为本土支付费用。当这些缺陷变成毁灭性时，对这些罪恶的认识导致公元前 1 世纪出现了很多关于衰落的道德上的说教和谈论。

帝国带来的另一个变化是希腊化的进一步传播。在这里定义是比较困难的。在某种程度上，征服范围越过意大利之前，罗马文明已经希腊化了。共和国有意识地拥护希腊城邦独立于马其顿的起义就是一种征兆。另一个方面，不管罗马已经拥有了什么，只有在与希腊化世界有更多直接接触之后才能赢得更多。更加重要的是，对于许多希腊人来说，罗马看起来只是另一支野蛮的力量，几乎和迦
238 太基一样糟糕。在阿基米德死亡的传说中就有征兆，说当他在沙地上思考几何学问题时，被一个手持刀剑并不知道他是谁的罗马士兵杀死。

伴随着帝国与希腊世界的直接联系，希腊化影响的波浪也变得更加全面、频繁。后世人因为罗马人对洗澡的热爱感到惊奇；这个习惯是他们在希腊化的东方获得的。第一部罗马文学翻译自希腊戏剧，第一部拉丁戏剧也是以希腊模式为样板的。艺术开始通过偷窃和抢劫流向罗马，但希腊风格——首先是它的建筑风格，已经在西方城市相当常见。还有人口的流动。公元前 2 世纪中叶，从希腊送往罗马的数以千计的人质中有一个叫波里比阿（Polybius），他把修昔底德传统中的科学历史方法首次传授给罗马人。波里比阿书写的有关公元前 220 年至前 146 年情况的历史著作是一次有意识针对他认为将标志着一个新时代现象的探索：罗马成功地推翻了迦太基并征服了整个希腊化世界。波里比阿在历史学家中最早认识到罗马重新统一地中海地区，补充完善了亚历山大早前传播文明开化的功绩。他也钦佩罗马人带给帝

国政府的公正氛围——这是一种善意的提醒，与罗马人自身对共和国晚期充斥着罪恶的谴责论调正好相反。

罗马的伟大胜利给和平带来了希望。在第二个伟大的希腊化时代里，人们可以毫无妨碍地从地中海的一端航行到另一端。在共和时代，支撑罗马和平结构的本质已经存在，其中最重要的是罗马行政管理刺激出来的世界大同主义；这种大同主义寻找的并不是强加一种统一的生活方式，而仅仅是寻求征税，想通过一种共同的法律来保持和平并调节人们之间的争端。罗马法律体系取得重大成就仍很遥远，但大约公元前 450 年，早期共和国发布了罗马历史上关于法律定义的“十二铜表法”，在数百年之后有幸能够去学校读书的罗马小男孩仍然能够背诵它。依靠它们，罗马最终建成了一个框架，这个框架保存了很多文明，并有助于一种共同文明的形成。

考虑这样的成功最终证明又是怎样致命的问题之前，完整地叙述共和国的统治是怎样一步步达致其极限的历史，能对我们的思考带来便利。山外高卢（Transalpine Gaul，法国南部）在公元前 121 年设立行省，但（和意大利北部一样）它仍然由于不时遭到凯尔特人部落入侵而持续动乱不安。波河河谷在公元前 89 年也设立了行省，名为山南高卢（Cisalpine Gaul）。将近 40 年之后（公元前 51 年），高卢的剩余地区（大约包括法国北部和比利时）被征服。鉴于此，来自凯尔特人的危险实际上已经结束。同时东部还存在进一步的征服。帕加马的 239
最后一位国王在公元前 133 年将他的王国赠予罗马。紧接着在公元前 1 世纪早期，罗马获得了西里西亚，然后爆发了与黑海沿岸国家本都（Pontus）的国王米特里达梯（Mithridate）之间的一系列战争。其结果是近东的重组，罗马占领了从埃及到黑海的所有海岸，而所有这些地区被划为附属国或行省（其中一个被命名为“亚细亚”）。最后，塞浦路斯于公元前 58 年被吞并。

具有讽刺意义的是，与海外持续且显然不可抵挡的成功相对照，国内却是不断升级的冲突。问题症结在于对进入政府部门成为统治阶级成员的限制。选举制度和政治惯例因为两个严重且长期的问题而出现不同的运转局面。第一个问题就是意大利农民逐渐贫困化，而他们曾是共和国初期典型的居民。这是由几个原因造成的，但根源还在于第二次布匿战争中的巨大花销。不仅应征入伍的士兵由于几乎连续不断的战争而常年不在国内，而且意大利南部受到的物质破坏也相当严重。同时，那些足够幸运在帝国事业中积聚财富的人们都将财产投入唯一有效的投资对象——地产中。其长期影响是，财富集中在大型庄园里，通常靠奴隶来运转，而奴隶又由于战争变得很便宜。这样，小农越来越无法立足，他们现在不得不涌入城市并尽自己所能地养活自己；他们只是名义上的罗马公民，其实是形成中的无产阶级。然而作为一个公民小农当然有选举权。对于那些拥有财富和政治野心的人们来说，这些人成了收买或威胁的对象。由于普选奠定了通往回报丰厚的政府道路，共和国政治不可能不反映出越来越多财富实力的影响。这也在意大利产生了深远影响。一旦选票有了价值，罗马最下层的公民就不可能欢迎因向其他意大利人拓宽了公民权利而造成他们自身的不断贬值，即便罗马盟友同样必须应征入伍。

第二个问题是军队的变化。在共和国统治下军队已经拥有 400 多年的历史，其演变难以浓缩为一个简单的公式，但如果一定要列出一个的话，也许最好的说法是，军队变得越来越专业化。在布匿战争之后就不太可能再依靠闲时农耕、战时打仗的模式去作战了。征兵负担一直很沉重，而且变得不受欢迎。当战争把人们年复一年送往越来越遥远的战场，而且由于在被征服的行省中驻军有时候长达数十年之久时，即使是罗马人力资源的大水池，也开始出现干涸的迹象。公元前
240 107 年，一项制度变动确证了所发生的事情：征兵的财产资格限制被

取消了。这是一个名叫马略（Marius）的执政官所做的事情，他因此解决了征募新兵的问题，因为在那之后通常会有足够的穷人志愿入伍。兵役仍然仅限于公民，但可征召之人已有很多；而到最后，服役本身就会被赋予公民身份。马略所做的另一个革新是赋予军队"鹰"的象征，它是一个介于偶像和现代军队徽章之间的东西，这对于军队的团队精神是非常重要的标志，这样的改变逐渐使军队变成一支新的政治力量，可以助像马略这样的人一臂之力。马略是一名优秀的将领，经常应召前往各个行省作战。马略实际上迫使他个人掌控下的军队对其宣誓效忠。

随着用帝国征服带来的战利品购置的大庄园（其中以奴隶劳作）取代小农耕作形式，意大利中部的贫富差距日益扩大，而新的可能性向具有政治实力的将领敞开。最后，这被证明对共和国来说是致命的。公元前2世纪结束时，保民官格拉古兄弟力图以农业经济体中唯一的途径，即开展土地改革为解决社会问题做些事情，同时减少元老院的权力并赋予骑士阶层在政府中更大的作用。事实上，他们试图更广泛地分配帝国的财富。但他们的努力在他们死后就结束了。这本身就标志着政治利害冲突关系的上升；共和国的派系斗争在最后一个世纪达到顶峰，因为政客们知道他们可能因此丧命。这见证了所谓罗马革命的开始。因为当时的执政官提比略·格拉古（兄长）劝说民众罢免保民官（这位保民官否决了他的土地方案），这相当于宣布，他不会接受让保民官行使否决权这一传统的规避民众意愿的方式；罗马政治传统也因此被置于一旁。

公元前112年，北非的一个国王屠杀了数量巨大的罗马商人，一场新的战争因此爆发，并加速了共和国最终陷入混乱的进程。不久，北方一波蛮族入侵浪潮威胁到了罗马在高卢的统治。在这种紧急情况下，成功处理过共和国敌人的执政官马略被邀请主持局面，但却以进一步的宪法体制改革为代价，因为他被选举连任执政官 5 年。事实上，他是控制共和国最后一个世纪的一系列军阀中的首位，因为其他战争接踵而来。向其他拉丁人和意大利地区扩展罗马公民身份的要求不断高涨。最后，这些盟友（socii）于公元前 90 年爆发起义，这场起义在一定程度上被错误地称为“社会战争”。罗马只能作出让步来
241 安抚他们：取消了罗马公民大会是最高权力机构的概念，公民权利扩展到意大利大部分地区。接着又爆发了新的亚洲战争——这暴露了另一个将军苏拉的政治野心。马略再次当选执政官之后去世，国内爆发了内战，苏拉在公元前 82 年返回罗马，发动了无情的“公敌宣告”（公布了这些人名字的告示；并指明，任何人都有权杀死他们）来对付反对他的人，实行专政（得到元老院支持），猛烈攻击宪法的普遍权力，企图恢复元老院昔日拥有的全权。

有一个年轻人曾是苏拉的支持者和门徒，他的名字后来在英语中写作庞培（Pompey）。苏拉对他职业生涯的帮助是，给予他通常只有执政官才能担任的岗位。公元前 70 年，庞培被推选为执政官。3 年以后，他前往东方清除地中海的海盗，并接着在对本都的战争中征服了亚洲的广大地区。庞培青年时期就如此成功、才能出众，让人担心他会成为一个潜在的独裁者。但罗马政治中的角力是复杂的。随着岁月流逝，首都的混乱不断加剧，统治集团内部出现腐败。对独裁的恐惧变得激烈，但令人感到担心的只是众多寡头派系中的一支，威胁到底来自何人，变得越来越不明确。因而，有一个危险人物一直长期被忽视，等到人们警醒，却为时已晚。

公元前 59 年，另一个贵族，马略妻子的侄子当选为执政官。这就是年轻的尤利乌斯·凯撒。他曾和庞培合作过一段时间。执政官职位使他指挥着高卢的军队，并在未来 7 年赢得了一系列杰出战役，最后以彻底征服高卢告终。尽管他密切关注着政治，但这些年里凯撒一

242

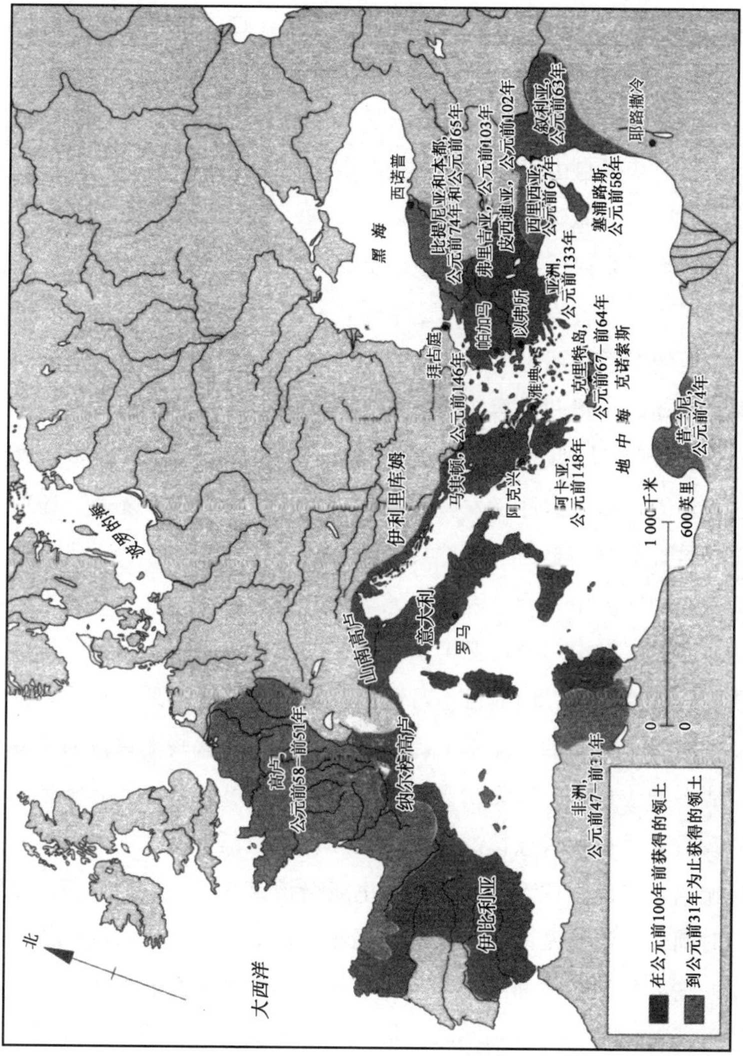
北
大西洋
伊比利亚
高卢，
公元前58—前51年
纳尔榜高卢
山南高卢
意大利
罗马
伊利里库姆
波罗的海
马其顿，公元前146年
拜占庭
阿克兴
阿卡亚，
公元前148年
雅典
克里特岛，
公元前67—前64年
克诺索斯
地中海
昔兰尼，
公元前74年
亚洲，
公元前133年
以弗所
帕加马
黑海
西诺普
比提尼亚和本都，
公元前74年和公元前65年
弗里吉亚，公元前103年
皮西迪亚，公元前102年
西里西亚，
公元前67年
塞浦路斯，
公元前58年
叙利亚，
公元前63年
耶路撒冷
非洲，
公元前47—前31年
0
1 000千米
0
600英里
在公元前100年前获得的领土
到公元前31年为止获得的领土

罗马扩张

直远离被强盗行为、腐败、谋杀损害、元老院名声败坏了公共生活的罗马。这段时期过后，他拥有了巨大的财富和一支忠诚、有着一流经验和自信的军队，他们指望凯撒夺得领导权，这样就能在未来得到酬劳、晋升和成功。凯撒同时也是一个冷静、耐心和无情的人。有一个故事讲到，他和俘虏了他的海盗开玩笑并玩骰子。他当时讲了一个笑话，说当他获得自由后，会把这些海盗钉死在十字架上。海盗们狂笑不已，但后来凯撒确实做到了。

尽管征服高卢已经彻底完成，当这个强人仍希望留在那里指挥他的军队和这个行省直到执政官选举时，一些元老院议员突然变得警觉起来。他的对手试图将他召回指控他在职期间的非法行为。于是凯撒采取了行动，这将开启共和国的终结之路（但当时他和其他人都不知道）。他带领军队越过行省的边界卢比孔河（Rubicon），开始了最终到达罗马的行军。这件事发生在公元前 49 年的 1 月。这是一场叛国行动，尽管他声称是为了维护共和国、打击敌人。

在这种绝境中，元老院吁请庞培来保卫共和国。由于在意大利没有兵力，庞培撤退。越过亚得里亚海招兵买马。执政官和元老院的大
243 多数成员都追随他。内战已不可避免。凯撒快速行军到西班牙，击败了那里忠诚于庞培的 7 支军团。凯撒和善地处理这些士兵，为了赢得尽可能多的士兵。尽管无情甚至残酷凯撒都能够做到，但温和地对待他的政治对手是明智谨慎的；他说他并不希望模仿苏拉。然后他一路追赶庞培，将他驱逐到埃及，在那里庞培被谋杀了。凯撒停留了足够长的时间去干涉埃及内战；几乎是偶然的，他成为传奇般的克里奥帕特拉的情人。然后他回到罗马，几乎是立刻展开了对非洲的行动并击败那里反对他的一支罗马军队。最后，他再次返回西班牙，摧毁了一支由庞培的儿子纠集起的武装力量。那时是公元前 45 年，仅仅是在越过卢比孔河之后 4 年。

这样的才华不仅仅是赢得战争的问题。尽管凯撒在此期间对罗马的访问相当短暂，但他已经小心地组织起了他的政治支持力量，用他的人塞满了元老院。胜利为他带来了巨大荣誉和真正权力。他被授予终身独裁者的名号，实际上除了称谓他已经完全是一个君主。尽管他在罗马街道上实行规范，并且在政治中承诺逐步结束放债人的权力，他对自己权力的使用并没有过多地考虑到政客们的脆弱感情，也没有展示出暗示他的统治能够在长期内成功的想象力。但有一项改革让未来的欧洲尤其获益良多：是凯撒引进了公历。像我们对罗马的其他想象一样，这来自希腊化的亚历山大里亚，那里有一个天文学家向凯撒建议一年应该有 365 天，每 4 年就会有多出来的一天。这使人们摆脱了传统罗马日历的复杂性。新的日历在公元前 45 年的 1 月 1 日开始实行。

15 个月后，凯撒死了。公元前 44 年的 3 月 15 日，他被刺杀在元老院中，此时正值他成功的巅峰时刻。暗杀者的动机复杂。选择此时行动无疑受到他计划在东部开展一场针对帕提亚的大型战役所影响。假如凯撒能再次领导手下的部队出征，他或许会再次凯旋，变得比以往更加强大。不断有人谈论他要称王；一些人也在想象他会实行希腊化的僭王制度。事实上凯撒行事专断独裁，公然冒犯共和传统，这让一些人感到不能苟同。而这种情绪就让凯撒敌人们复杂的动机有了正当性。凯撒对宪政体制的一些轻微不敬行为惹恼了旁人，最终在刺杀他的那些人里，混杂着期望落空的士兵、利益被触动的寡头，以及感到被冒犯的保守派们。

凯撒的谋杀者无法解决凯撒还来不及解决的那些问题，而他们的
前辈显然也解决不了。他们也无法长期保护自己。虽然宣称恢复了共 244
和国，但凯撒的行为也得到了认可。人民对于那些阴谋者们存在着强
烈的反感情绪，他们很快不得不逃离这座城市。两年之内他们都死

了，而凯撒被宣布是个神。共和国也奄奄一息。在凯撒越过卢比孔河很久之前就存在的致命损伤，无论如何试图恢复，都无法阻止它的精华从宪政体制中离去。然而共和国的神话、思想和形式留在了一个罗马化的意大利。罗马人此时不可能背弃过去的制度传统，并声称自己已不需要它了。但最终当他们这么做的时候，除了称谓还叫罗马人，也同样心怀远大抱负，他们已经与共和时期的罗马人再无相似之处。

第 6 章 罗马的成就

如果说希腊对于文明的贡献本质上是思想和精神上的，那么罗马 245
就是构建性和实用的；其精髓就是罗马帝国本身。尽管一个人无法成就一个帝国，甚至伟大的亚历山大也不行，但在一个令人惊讶的程度上，罗马帝国的特质和政府皆由一位才能卓越者一手创造，他就是尤利乌斯·凯撒的甥孙兼收养的继承人屋大维。后来他被尊称为奥古斯都凯撒。一个年代以他的名字命名；而他的名字给了后世一个形容词。① 某些时候，人们有这样的感觉，那就是罗马帝国几乎所有的特征都是他发明的，从新禁卫军（永久驻扎在首都的第一支军队）到对单身汉的课税都是如此。这种感觉产生的一个原因（尽管只是其中之一）就是，他是一个精通公共关系的专家。很重要的是，和其他罗马皇帝相比，关于他的描述流传至今的更多些。

尽管属于凯撒家族，但屋大维出身于较低等的支系。他在 18 岁的时候从尤利乌斯那里继承到了贵族关系网、大量财富和军事支持。有一段时期，他与凯撒的一个亲信马克·安东尼在一系列残忍的放逐活动中合作，消灭谋杀了伟大凯撒的党派。马克·安东尼离开罗马以赢得在东方的胜利，结果并没有成功。而他与尤利乌斯·凯撒的情妇克里奥帕特拉不明智的结合，给了屋大维更多机会。屋大维以共和国的名义战斗，反对安东尼以地方总督的身份返回并带回东方君主政体

① 奥古斯都原意是一个形容词，意为“高贵的”。但从屋大维开始，历任罗马皇帝都自称奥古斯都，所以说他给了后世一个形容词。——编辑注

的威胁。阿克兴（Actium，公元前 31 年）的胜利发生在安东尼和克里奥帕特拉传奇式的自杀之后；托勒密王朝的统治结束了，埃及也成为罗马的行省。

这就是内战的最终结果。屋大维回来做了执政官。他审慎地控制、使用手中的每张牌，使对手认识到他的实力。公元前 27 年，他在元老院的支持下开展了一项他称为共和复兴的计划，而元老院中共和国时代的成员已经因内战、剥夺权利而被清洗、削弱。他通过对形
246 式的细心保留，让人们能够平静接受他事实上至高无上的地位。他在对共和政体的虔诚的掩盖下，重建了他舅姥爷（或养父）的权势。他成为统帅（Imperator）凭借的仅仅是他对边疆各省军队的控制权，但这些省恰好正是大部分罗马军团的驻扎地。他以及他舅姥爷军队里的老兵们退役回来后，被适当地安顿在小农场上居住，他们对得到的待遇十分感激。他的执政官任期一再延长，公元前 27 年被授予“奥古斯都”的尊称，这也是他被世人铭记的名字。不过在罗马，人们通常正式称呼他的姓，或者视他为元首（princeps）、第一公民。随着时间的流逝，奥古斯都的实力仍然在壮大。元老院给予他一项权利，即可以干涉正常统治下的各省事务（也就是那些不必派遣驻守军队的省份）。他通过投票又获得了保民官权力。通过一项新的地位认可措施（或像罗马人所称的 dignitas），他的特殊地位得到了加强及形式化。公元前 23 年，他从执政官职位退下以后，他坐到了两位执政官中间，而且他的事务在元老院的日程上要优先考虑。最后在公元前 12 年，他成了最高祭司（*pontifex maximus*），即官方祭仪首领，就像他的舅姥爷曾经做到的那样。共和国、普选以及元老的选举形式仍然保持着，但谁应该当选却由奥古斯都说了算。

被至高无上权力掩饰的政治现实是，那些靠凯撒大帝获得地位的统治阶级上升到垄断地位。但新掌权人士并不被允许像以前一样行

事。奥古斯都仁慈的独裁统治让行省管理和军队实现正常化，这是通过让他们处于服从和薪酬的掌控下实现的。有意识地复活共和国传统和节日，也起到了一定作用。奥古斯都的政府对道德复苏表现得十分关心；看起来古罗马的美德也在一定程度上复活了。快乐和爱的诗人奥维德因为牵涉到皇室的性丑闻，被放逐到黑海。官方的这种严谨态度，加上国内在他治下大部分时期都保持了和平，而罗马建筑师、工程师又创造了伟大、光耀的建筑，因此奥古斯都时代获得盛誉就几乎不再令人惊奇了。公元 14 年，奥古斯都去世，他死后被奉为像尤利乌斯·凯撒一样的神明。

奥古斯都打算让他的一位家庭成员来继位。尽管奥古斯都尊重共和国形式（且这些形式有极强的生命力），但现在的罗马实际上是一个君主国家。这已经被来自同一个家庭的 5 个继任者证明了。奥古斯都唯一的孩子是女儿；他的直接继承者就是他的养子提比略，也是他女儿三任丈夫中的一位。他的最后一任继承者是尼禄，死于公元 68 年。

古典世界的统治者往往生活得并不轻松。一些罗马皇帝在他们宫 247
殿走廊的角落里安装上镜子，为了防止刺客潜伏在周围。提比略可能就不是正常死亡的，他的四任继承者也没有一个是正常死亡的。这一事实表明了奥古斯都遗产中与生俱来的劣势。元老院里仍然有许多值得审视的烦心事，如它在形式上继续任命第一行政长官，也一直是宫廷、皇室耍阴谋诡计的地方。然而元老院已无望再现昔日的权威，因为权力最根本的基础总是来自军队。如果中央混乱且优柔寡断，士兵们就可能自己做主。这就是突然爆发第一次内战中的状况，它动摇了帝国统治。公元 69 年，第四位帝王统治时期，韦斯巴芗（Vespasian）开始崭露头角，他是一个百夫长的后代，远非一个贵族。第一行政长官已经脱离伟大罗马家族的控制了。

公元 96 年，当韦斯巴芗最年轻的儿子被谋杀时，这个突然崛起的家族也走到了尽头。其继承者是一个上了年纪的议员涅尔瓦（Nerva），他通过打破王朝按血缘自然延续的方式解决继承问题。取而代之，他使收养成为惯例，就像奥古斯都当年干过的那样。这样做的结果是四位皇帝图拉真、哈德良、安东尼·皮乌斯（Antoninus Pius）和马可·奥勒留（Marcus Aurelius）先后继位，为帝国带来了长达一个世纪的贤明治理时期，被命名为（以他们中的第三个命名）安东尼时代。他们所有人都来自行省家族；他们在一定程度上证明了帝国是一个世界性的存在，是西方后希腊化世界的框架，而不只是意大利的产物。收养制度使军队、行省和元老院很容易找到认可的候选人，但这个黄金时期以世袭原则的恢复而告终，那就是马可·奥勒留的儿子康茂德（Commodus）的继位。他于公元192年被谋杀，接着出现了类似公元69年的一幕。在接下来的一年里，再次出现了四位皇帝，他们每一位都获得各自军队的支持。最终，伊利里亚人（Illyrian）的军队获胜，强加给帝国一位非洲将军。其他和后来的君主也都是被士兵们指定的，恶劣时代即将来临。

与此同时，帝王们统治着一个与奥古斯都时代相比更大的区域。北部，尤利乌斯·凯撒已经对不列颠和德意志展开勘察，但在以英吉利海峡和莱茵河为界后就离开了高卢。奥古斯都强行进入德意志，从南面一直攻打到多瑙河畔。多瑙河最终成为帝国边界，但越过莱茵河的入侵很少成功。易北河上的边界也并不如奥古斯都所期待的那样稳
248 定。相反，公元9年，一个重大变故挫伤了罗马人的信心，阿米尼乌斯（Arminius，日后被德国人认为是一个民族英雄）领导的条顿部落击溃了3个罗马军团。此役中丧失的疆土再未收复，这几个罗马军团也再没有重建，因为人们认为其番号会带来厄运，所以它们的名字再也没有出现在军队的名单上。8个罗马军团仍然驻扎在莱茵河畔，这是帝国边疆防守最坚固的部分，因为危险就在不远的地方。

在其他地方，罗马统治仍然发展着。公元 43 年克劳狄乌斯（Claudius）开始了对不列颠的征战；40 多年后，当横穿北部，作为界标的哈德良长城建造起来时，这场征战达到了它能持续的极限。公元 42 年，毛里塔尼亚（Mauretania）成为一个行省。在东方，公元 105 年，图拉真征服了达契亚（Dacia）——后来的罗马尼亚；但这在一场始于亚洲的持久争端之后，持续了长达一个半多世纪。

公元前 92 年，罗马在幼发拉底河第一次面对帕提亚，当时苏拉的军队正在那里战斗。这件事情的重要性，直到 30 年之后罗马军队开始进攻亚美尼亚才体现出来。两股势力交集在那里，庞培很快就裁定了亚美尼亚和帕提亚的国王之间的领土争端。然后，公元前 54 年，罗马政治家克拉苏越过幼发拉底河开始了对帕提亚的入侵。不到几星期时间，他就战死了，罗马军队也损失了 4 万人。这是罗马历史上最严重的军事灾难之一。显然，亚洲崛起了一个新的强权。此时的帕提亚军队是由许多优秀马上弓箭手组成的。同时，它还拥有无与伦比的重装甲兵、铁甲骑兵、全副武装的骑士，他们用沉重的长矛捍卫着他们的家园。他们拥有的优良马匹甚至引起了遥远中国的羡慕。

在此之后，幼发拉底河东部边界继续保持了一个世纪的安定，但帕提亚与罗马的关系并不亲密。帕提亚涉足罗马内战的政治活动，袭击叙利亚，在巴勒斯坦犹太人中制造事端。马克·安东尼在一场战役中与他们对抗，结果折损了 3.5 万人，不得不狼狈而痛苦地退至亚美尼亚。但帕提亚也同样受着内部分裂之苦。公元前 20 年，奥古斯都得以拿回克拉苏所丢失的罗马军旗，并且谢天谢地，自此可以把为捍卫荣誉而进攻帕提亚的需要驳回。然而冲突发生的可能性仍然存在。有两个原因：一是各方势力都敏感地对亚美尼亚虎视眈眈，另一方面是帕提亚王朝政治的不稳定性。罗马皇帝图拉真征服了帕提亚首都泰西封（Ctesiphon），打通了通往波斯湾的道路，而他的继任者哈德良通过归还大部分的战利品聪明地驯服了帕提亚人。

249 罗马吹嘘他们的新臣民全部因罗马统治下的和平而受益，因为这种和平解除了野蛮人入侵和国际性冲突的威胁。要想认可这一点，首先必须看到，许多被纳为臣民的民族仍在暴力反抗罗马的统治，以及为了平息反抗而带来的流血牺牲。但这种说法也确实有一定道理。在边界线之内，有着前所未有的秩序和安定。在一些地方，这永久改变了人们定居的状况，如在东方建立起新城市，或者凯撒士兵们的后代以新军事殖民方式在高卢定居。有时甚至产生了更深远的影响。以莱茵河作为边界线的做法深深影响了欧洲历史，其带来的结果是日耳曼民族的分裂。同时，在所有这些地方，随着局势平定，本地权贵逐渐罗马化，他们被鼓励去分享一个共同文明。这个共同的文明沿着为了罗马军团的行动而铺设的道路传播，变得更加容易。比起公元 1 世纪的罗马皇帝们，拿破仑也不能使通讯员更快地从巴黎到达罗马。

这个帝国领土广袤，政府所面临的待解决问题是先前希腊人未曾碰到的，或者是波斯人未曾解决过的。一种复杂的官僚制度出现了，涉及的范围非常广泛。举一个简单的例子，百夫长和之上的所有官员的记录（好比说连长以上的官员）全都集中在罗马。行省公职人员群体是行政支柱，很多地方实际上依赖军队维持着，而这些军队所做的并不仅仅是战斗。官僚制度因采纳相当有限的目的而受到限制。这其中最重要是有关政府财政；假如税收顺利收到，罗马统治者也就不愿用其他的方式去干预当地管理的运作。罗马是宽容的。它想提供这样一种环境，让罗马的文明在其中得到展示，使得蛮夷放弃本来的生活方式。奥古斯都统治下，管理者的改革已经开始了。元老院仍然按年指派很多位置，但皇帝的使者（*legati*，也就是代替皇帝在行省边疆活动的人）却是按皇帝个人的意志才担任公职的。所有的证据都显示，不管以何种手段完成，在帝国统治下的行政机构，与共和国最后一个世纪时期的贪污腐化相比，经历了翻天覆地的改进。比起波斯总督制度，帝国行政机构更加集权化和整体化。

臣属民族的合作是因为受到了引诱。先是共和国，而后是帝国，批准将公民权放宽，赋予更多臣属民族以罗马公民权。这是一个重要的特权。其他暂且不提，正如“使徒行传”告诉我们的，拥有公民权就表示有权从地方法院直接上诉到罗马皇帝那里的。赋予公民权为赢得当地贵族的忠诚打下了根基；几个世纪之后，越来越多的非罗马人出现在元老 250
院和罗马。最终在公元 212 年，公民权被赋予了帝国所有的自由臣民。

这是一个罗马展现同化能力的显著例子。帝国及其所承载的文明当之无愧可被称为四海一家。行政结构中包含了各种各样惊人的反差和多样性。这些事物能结合在一起，并不是由于罗马上层执行了一种公正的专制或者一种专业的官僚制度，而是由于一种宪政制度能够容纳地方精英，并使之罗马化。从公元 1 世纪起，元老院本身所包含的意大利人后裔越来越少。就此而言，罗马的宽容已经沁入其他民族了。这个帝国从来不是那种统治集团不接纳非意大利的种族共同体。只有其中的一部分人，也就是犹太人，强烈地感觉到要维持与罗马的差别，而这种差别在于宗教和与此相关的实践方式上。

希腊化文明已经在混合东西方文明方面获得了很大的成功；现在罗马继续将此进程推往更多的地区。在新世界主义中的一个最显著要素就是希腊人，因为罗马人自身从希腊人那里学到了很多，尽管罗马人所熟悉的是希腊化时代的希腊人。所有受过教育的罗马人都精通两种语言，这生动地说明了罗马人所吸收的传统。拉丁文是官方语言，并一直是军队语言；这门语言在西方使用广泛，可以通过军事记录来判断，在军队中这种语言的读写水平也很高。在西方诸省中，希腊语是通用语，所有的官员和商人都熟悉；如果诉讼当事人愿意，在法庭上也可以使用。有教养的罗马人逐渐开始阅读希腊经典著作，并按照自己的标准提炼它。创作出一本可以与之前文学作品相媲美的文学作品，是大多数罗马作者的美好志向。公元前1世纪，罗马人已经非常接近这个水平，维吉尔的作品惊人地展现了文化成果和帝国成就的重合——对史诗传统有意识的复兴者，同时也是拥有帝国使命的诗人。

这里大概存在着暗示罗马文化独特要旨的一个线索。也许正是明显且无所不在的希腊背景，深深地压制了创新的气氛。这一特点的重要性又因罗马思想家不变的、保守的关注点而得到加强。这些思想家关注的几乎完全只有两个焦点，那就是共和国留下的道德和政治传统，以及希腊的遗产。而这两者都以一种奇怪和不自然的方式在一种物质主义的环境中存续，显得越来越别扭。例如，几个世纪以来，正
251 式教育在实际操作和内容上几乎都没有变化。罗马著名的历史学家李维在其著述中不断探寻激活共和政体的优点，而不是要去责难和解释它们。即便当罗马文明不可逆地城市化时，独立农民的美德（几乎已经不存在了）依旧被歌颂；而富有的罗马人想要（据说）完全远离所有的现在，去过一种乡村的简单生活。罗马雕塑仅仅再一次证明，希腊人已经做得更出色了。罗马哲学家也是希腊人式的。伊壁鸠鲁学说和斯多亚主义占据了主要地位；新柏拉图派哲学是创新派，但来自东方，正如若干最终给罗马的男男女女带来其文化所无法给予的东西的神秘宗教也同样来自东方一样。

仅仅在两个应用性领域，罗马人才算得上是优秀的革新者——法律和工程学。律师们所获得的成就相对较晚。直到公元2世纪和3世纪早期，法学学者才开始对评注进行收集保存；当法典编纂通过他们的努力传到中世纪欧洲，这些评注对后人来说将是一笔十分有价值的遗产。在工程学领域（罗马人没有将此与建筑学区分开来），所获得的成就更加让人印象深刻。这是罗马人的自豪，也是他们肯定能超越希腊人的一小部分成就之一。这一成就建立在廉价劳动力之上。在罗

马通常是奴隶，而在附属行省里则是和平时期没有驻守任务的军团，是他们完成了规模巨大的水利工程、桥梁和道路修建工作。但更重要的不仅仅是物质因素。事实上，罗马人在印度西北部地区将城市规划当成一门艺术和管理技巧。此外，还有混凝土的发明和建筑外形上圆拱形房顶的革新。第一次建筑物内部变得不仅是一系列表面的装饰。房屋的空间容量和灯光成了建筑风格创作题材的内容。晚期的长方形基督教堂是对建筑内部空间新概念的最好阐释。

罗马技术工艺影响的区域，向东到达黑海，向北延伸到哈德良长城，向南到阿特拉斯山脉。理所当然地，首都保留了最为壮观的遗迹，在那里，帝国的财富表现得淋漓尽致，无处不装饰，而且那样集中。当大理石质地的面板还原封不动地保存着，绘画和水泥模具磨平了巨大的石块之时，早期罗马人应该曾经向巴比伦所拥有的想象力求取过灵感。关于此点，存在一种虚设，也涉及某一种粗俗。而且在此也不难再一次感觉到罗马人和希腊人之间一种不同的才能。罗马文化是粗野的、物质性的，甚至在它最宝贵的遗迹中也不可避免地出现此种特点。

在某种程度上说，这是对这个帝国所处社会现实的简单表达。罗 252
马，像所有的古代世界一样，有着尖锐的贫富差距；在首都，这种差距就像一个明显的深渊，而并不是被故意显露出来。被帝国给予的利益，数量众多能够召唤随时服务的奴隶，还有数以百计的维持新富们奢华生活的住所，与罗马底层人们所居住的蜂居公寓房之间形成差异，表明了财富明显的反差。罗马人很自然地接受了这种差距，并将此当成是自然秩序的一部分。关于这一点，在之前很少有文明国家曾经担心过，尽管也很少有其他文明像罗马帝国那样鲜明地表现出这一点。遗憾的是，尽管很容易就意识到这一点，而对于罗马财富的实际情况历史学家仍然很好奇，但也没有弄清楚。就拿一位元老院议员小普林尼的财富来说，我们所知的只是细枝末节。

253

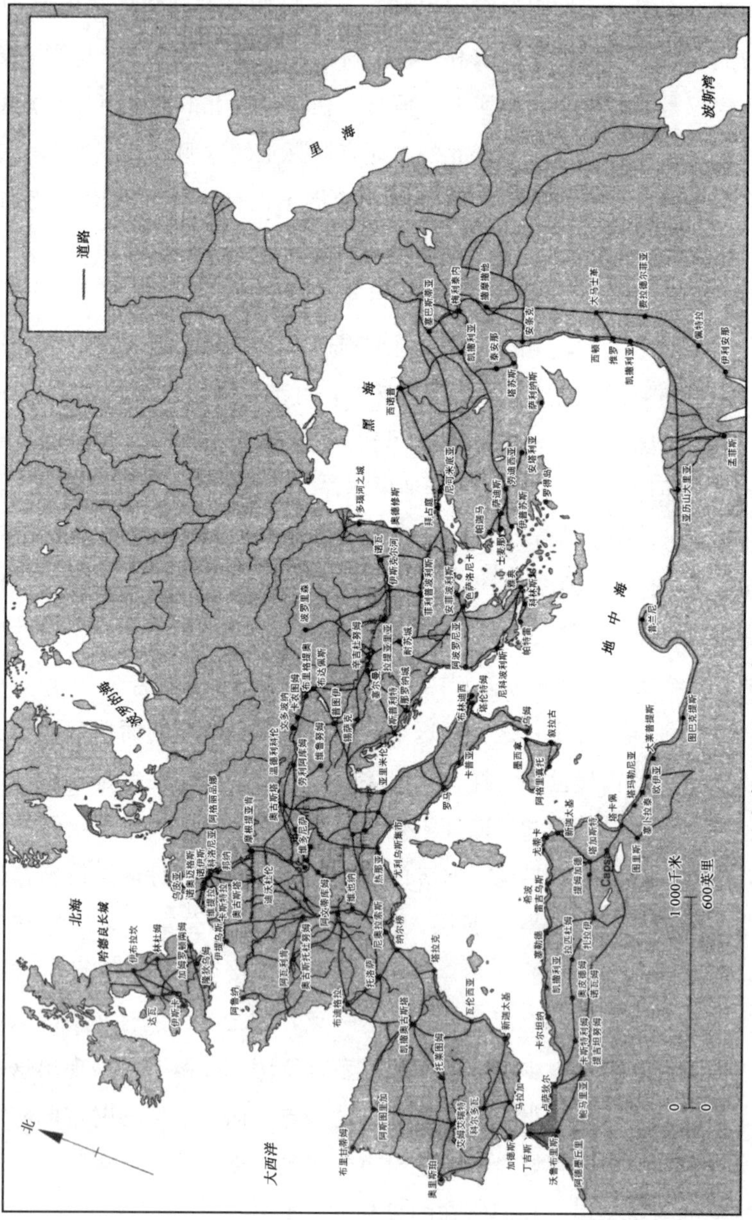

安东尼统治时期帝国主要的道路、城市和要塞

罗马的模式在这个帝国的所有大城市中都可以找到踪迹。这一点对于该文明来说至关重要——是罗马维持了整个帝国。行省城市在隶属臣民的原始乡村中像希腊岛屿一样分布着。政府津贴成为一种风气，它折射出一种生活典范的显著一致性，表现了罗马人的优先权。每个大城市都有一个法庭、数座寺庙、一个剧场、数间澡堂，这些设施要么增设在旧城，要么作为重建城市基本计划的一部分而建起。以地面底层为基础采纳规则的网格模式设计测试。至少在图拉真时代之前，这些城市政府被当地权贵或者城市之父掌控着，在市政事务管理上享有非常高的自由权，尽管后来一种更加严密的监控强加于他们之上。这些城市中的一些，比如亚历山大里亚或安条克，又或迦太基（这个城市后来由罗马重建），逐渐扩大到非常大的规模。所有城市中最大的是罗马，容纳人口超过 100 万。

在此文明中，无所不在的圆形露天竞技场持续显示着它所容纳的野蛮粗俗行为。重要的是我们不能过分强调这一点，就如同我们不能从常被道德改革家所引用的作品中就推断出太多关于“衰落”的信息。让罗马文明的声望吃亏的一个不利条件是，罗马是为数不多我们可以通过娱乐方式对其大众思想有深刻洞察的、现代以前的文明。因为击剑比赛和斗兽在某种程度上都强调大众娱乐，在这一点上希腊戏剧则不同。大众的娱乐形式在任何一个时代都几乎不可能通过感官而发现益处。而且罗马人通过为表演建立宏伟的中心机构，允许大众娱乐业被当成一种政治策略来使用，使得它最不吸引人的方面制度化； 254
这种壮观游戏的筹备是富人通过财富获得政治成就的途径之一。然而，当所有的前提都已考虑，事实是我们无法得知怎样表述埃及和亚述的古代民众如何娱乐，我们只知道角斗场面的独一无二性。这是一种对暴力的开发，较之从前，它在更大的范围内被当成是一种娱乐，在 20 世纪以前一直无与伦比。罗马文化的城市化使得角斗和从前相比，能获得更多的观众。这种“游戏”最根本的根源来自伊特鲁里亚，但其发展与兴起来自都市集中的新规模和罗马政治的紧急状态。

在罗马社会文化核心中蕴含的残酷性的另一个方面——无处不在的奴隶制——则当然并非独一无二的。如同希腊社会中那样，奴隶制形式多种多样，很难概括为某一类。许多奴隶能赚得工资，一些赎回了他们的自由；而且在罗马，奴隶们享有法律权利。大农场的发展增多确实在公元1世纪左右为一种新奴隶制的强化提供了范例，但难以估计罗马奴隶制是不是比其他古代社会更糟糕。何况质疑这一制度的人在当时也并不是普遍存在的：道德家轻易地与奴隶占有制和解了，就像后来基督徒所做的那样。

我们所知道的关于现代社会之前大众心态的大部分知识，都是通过宗教而获知。罗马宗教是罗马生活中一个重要组成部分，但如果我们用现代的表达方式来思考它，有可能被误导。它与个人救赎无关，而且与个人行为也不大相干。它首先是一项公共事务。它是共和国（res publica）（一系列仪式，遵行则对这个国家有益，疏忽则可能会带来报应）的一部分。独立的祭司阶层并不存在（如果我们把一两个特殊教派寺庙中留存下的古代遗风排除在外），祭司的责任是地方官的工作。地方官发现，祭祀是一个有效的社会和政治杠杆。罗马宗教也没有教义或教条，罗马人所要求的仅仅是受戒服务和典礼应该按习惯的方式来进行。对于无产者来说，除了要求他不应在假日劳作外，宗教对他意义不大。各地的行政当局都对组织仪式负责，正如其对寺庙的维修负责一样。恰当地遵行仪式有一个非常实用的目的。李维引用一位执政官的名言说，众神“请看看这一丝不苟宗教仪式的惯例，它把我们国家推向了顶峰”。人们由衷地认为奥古斯都的和平是“神的和平”（pax deorum）——作为一种奥古斯都一再主张的对神特有
255 尊重的酬谢。更为激进的是，西塞罗认为社会需要众神去阻止纷争；

如果有所不同的话，这也是罗马人对宗教的实用态度的一种表达。但这并不代表他们不虔诚或不笃信神；为了对预兆的理解而求助于预言者，以及预言者对重要政策法案作出的裁决，仅这些举动就足以确证罗马人的虔信。在罗马人的理解中，官方教派并不神秘，很实用。

这些内容是希腊神话和节庆以及来源于原始罗马实践中的仪式的综合，因此深深打上了优先关注农事的印记。其中之一至今仍在另一种宗教的象征仪式中延续下来，即我们今天仍在以圣诞节的形式过的12月的农神节。但宗教实践被罗马人拓展得远远超过了官方仪式。罗马对于宗教态度的最显著特点就是它的折衷主义和世界主义。在帝国内，各种各样的信仰仍然有机会生存下来，只要不抵触公众秩序或者禁止遵守官方仪式。在极大程度上，各地农民追求的是对当地自然神崇拜无止境的迷信；市民不时地接纳新时尚；有教养的人则表现出对古典时代希腊众神一定程度的接受，并领导人民遵守官方礼仪。最后，每一个宗族和家庭，在人一生中最重要的时刻，如出生、结婚、病痛和死亡，会用恰当的特别典礼供奉自己的神。每一个家庭都有自己的圣祠，每一个街角也都有自己的崇拜物。

奥古斯都统治之下，有一种想要复兴旧信仰的经过深思熟虑的企图，但在一定程度上这种企图被进一步了解的希腊化东方和一些甚至在公元前2世纪就表现出玩世不恭的怀疑者腐蚀了。奥古斯都之后，皇帝总是控制着最高祭司的职位，因此政治和宗教职位集中在同一个人身上。这使得帝国官方信仰仪式变得越来越重要，人们也越来越趋向清晰地界定它。这与罗马人与生俱来的保守主义很切合，他们尊重祖先的方式和习俗。帝国的信仰仪礼将对传统庇护人的尊敬，安抚或召唤熟悉的神明，对重大人物和事件的纪念，与来自东方、亚洲的神圣君王思想联系在一起。而也正是在东方、在亚洲，圣坛起先被建造给罗马或是元老院，不久之后则转而敬献给皇帝。祭仪在整个帝国内传播，尽管直到公元3世纪这种做法才在罗马完全受尊敬；因为在罗马本土，拥护共和政体的情绪是那样强烈。但甚至在罗马，帝国所承受的压力也已经有利于官方虔诚行为的复活，而这种复活有益于帝国的祭仪。

256 来自东方的还不仅包括这些。公元2世纪，在帝国范围之内，纯罗马宗教传统与其他传统的界限实质上已经不存在了。罗马诸神同希腊一样，几乎无差别地混入大量界限模糊不清且不固定的信仰和祭祀中，不知不觉地把从不可思议的魔法到被禁欲主义哲学通俗化的一神论的一些经验融合在一起。这个帝国的智识和宗教世界是混杂的、轻信的和非理性的。很重要的是，在这里不能过分关注罗马人思想中可见的实用性；讲求实用的人通常是迷信的。希腊的传统也并没有以一种完全理性的方式得到理解；直至公元前1世纪，它的哲学家们还被视为受到启示的人、圣人，其著作中被人们最积极研读的是与神秘主义教谕相关的部分；甚至希腊文化也通常基于一个普遍迷信的广泛基础和当地的祭仪惯例。部落诸神的信仰崇拜遍及罗马世界。

所有这一切在很大程度上都归结为对古老罗马方式的实用主义批评。很显然它已经不能满足一种城市文化的需求，无论其所依赖的农民群众如何在数量上占压倒性优势。许多传统节日的起源都是田园和农业的，但甚至他们所祈求的神灵都经常被遗忘了。在一个越来越困惑的世界里，城市居民渐渐发现需要的不仅仅是虔诚。人们绝望地想要抓住一切可以赋予世界意义的东西，以及让人多少能掌控这个世界的东西。旧迷信和新狂热都因此受益了。这种迹象可以在埃及诸神的魅力中窥见。对埃及诸神的崇拜充斥整个帝国，因为其安全性使得旅行和交流更加简便（他们甚至处于利比亚人塞普蒂米尤斯·塞维鲁［Septimius Severus］皇帝的庇护下）。一个相比从前更加复杂和团结的文明世界，同样也是越来越狂热地求助于宗教和陷入几乎无止境的好奇中的世界。传扬异教古代遗风的最后伟大导师之一是泰安那的阿波罗尼乌斯（Apollonius of Tyana），据说他与印度的婆罗门一同生活和学习。早在公元1世纪救世主被发现之前很久，人们就一直在寻找新的救世主。

东方影响的另一个表现就是，建立在具有特殊交流能力和秘密仪式开创的权势之上的秘密宗教仪式被大众化。密特拉神（Mithras），一个较小的索罗亚斯德教的神，尤其被士兵所喜爱，它的献祭仪式是最著名的仪式之一。几乎所有这些秘教都表现出不愿耐心对待物质世界的约束条件，对物质世界怀有终极悲观主义，对死亡高度关注（或许还承诺超越死亡）。通过这些，它们具有了能提供旧日诸神无法再带给人们的心理满足的力量，而这也是官方祭仪从未完全拥有的。它们引得人们纷纷皈依，其吸引力有些类似于日后使人们皈依基督教的那种魅力（但没那么强烈）。而值得注意的是，基督教在最初生发之 257
时，也往往被人们视为又一种新生的神秘教派。

罗马统治并不是在任何时候都适用于所有罗马人民，这点在意大利也一样。到公元前73年，在共和国晚期的混乱时代，一场大规模的奴隶叛乱发生，导致了三年战争，结果是6 000名奴隶沿着从罗马到南部的路被钉在十字架上。在许多省份，反叛也很常见，通常可能是因严厉对待而造成的特殊爆发或者由败坏的政府所引发。发生在不列颠的著名的博阿迪西亚叛乱（Boadicea），或者更早的奥古斯都统治下的潘诺尼亚起义，就属于这一类。某些时候，这些麻烦可以追溯到当地自主性的传统，这在亚历山大里亚频繁发生。一个特殊的实例是犹太人，其中触及了与后来的民族主义有些相似的情绪。这些壮观的关于犹太人违抗和反叛的记录，可以追溯到罗马统治之前的公元前170年；当时他们怨恨地反抗希腊王国的“西化”做法，这正是日后罗马所使用政策的先声。帝国的祭仪使事情变得更糟糕。尽管有些犹

258

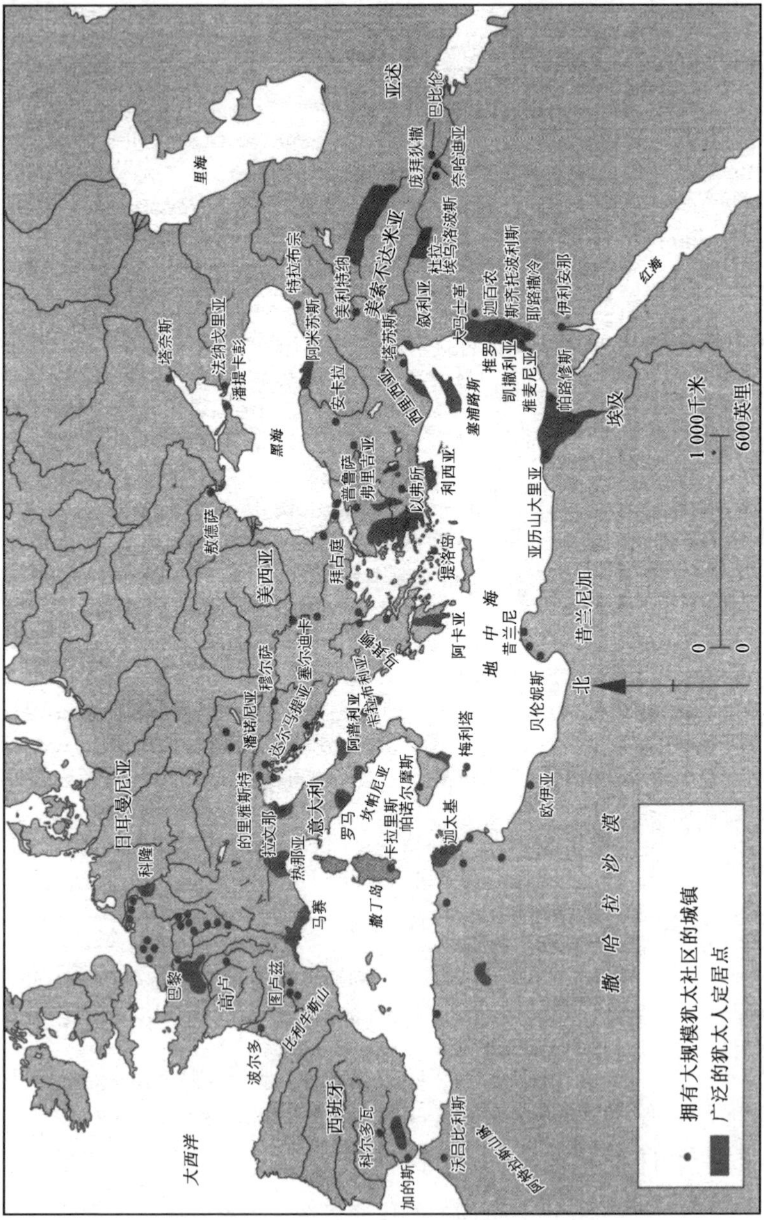
里海
亚述
巴比伦
庞拜狄撒
宗哈迪亚
杜拉-埃乌洛波斯
美索不达米亚
美利持纳
特拉布宗
叙利亚
大马士革
迦百农
斯齐托波利斯
耶路撒冷
伊利安那
红海
阿米苏斯
塔苏斯
安卡拉
西里西亚
推罗
凯撒利亚
雅麦尼亚
帕路修斯
埃及
塞浦路斯
黑海
法纳戈里亚
潘提卡彭
塔奈斯
普鲁萨
弗里吉亚
以弗所
利西亚
亚历山大里亚
敖德萨
美西亚
拜占庭
提洛岛
塞尔迪卡
穆尔萨
潘诺尼亚
达尔马提亚
哥林多
阿卡亚
地中海
昔兰尼
昔兰尼加
卡拉布利亚
阿普利亚
贝伦妮斯
梅利塔
日耳曼尼亚
科隆
的里雅斯特
拉文那
意大利
罗马
坎帕尼亚
卡拉里斯
帕诺尔摩斯
迦太基
欧伊亚
撒哈拉沙漠
热那亚
马赛
撒丁岛
巴黎
高卢
图卢兹
波尔多
比利牛斯山
西班牙
科尔多瓦
加的斯
大西洋
沃吕比利斯
阿特拉斯山
北
0　1 000千米
0　600英里
拥有大规模犹太社区的城镇
广泛的犹太人定居点

古代犹太教

太人并不在意罗马的税吏们，并且认为凯撒应该受到报应，但却因对他们圣坛献祭的亵渎而与罗马人不共戴天。公元 66 年发生了一场大规模起义。在图拉真和哈德良统治之下还有其他起义。犹太团体像火药桶；其敏感在一定程度上让我们能够理解，大约在公元 30 年，当犹太人首领要求判那名被告死刑时，犹大当局为什么不愿坚持充分保护被告的法律权利。

税收使得这个国家顺利运转。尽管在正常时期税收并不重，但当要大量地为管理和治安支付税收时，这就是一种令人憎恨的负担。而且，这种负担在不断加重，有时用实物来征税，即征用和强制招募。很长一段时间，罗马利用了一个繁荣和发展的经济。获得达契亚的黄金矿山并不仅仅是此类幸运要务中的唯一事件。贸易流通的发展和重要的边界营地新市场带来的刺激，同样有益于新工业和供应商的出现。数量惊人的罐装酒被考古学家发现，表明了规模巨大的关于粮食、纺织品和调味料的贸易，虽然只留下了较少的痕迹。然而帝国的经济基础总是农业。以现在的标准来看，并不发达，因为它的技术是原始的；没有一个罗马农民见过风车和水磨，当这个帝国在西方消失时这些也仍然很稀少。如不考虑对罗马帝国理想化的成分，乡村生活是粗糙和艰苦的。因此，就此而言，罗马和平是必要的，这意味着税 259
收可以在较小的生产盈余中找到，而那些土地也不会被破坏。

归根到底，所有的事情似乎都要归结到军队身上，罗马和平必须仰仗于它。然而作为一种工具，军队像罗马自身一样在过去的 6 个多世纪里已经发生了变化。罗马社会和文化总是军国主义的，然而军国主义的工具发生了变化。从奥古斯都时代开始，军队成为一种常规的服务力量，甚至在形式上都不再依赖全体市民的服务义务。普通军团士兵服务 20 年，4 年预备役。随着时间的推移，越来越多的士兵来自行省。让我们惊奇的是，尽管罗马以军纪严明著称，携带推荐信要参军的志愿者还是非常多，而那些想要成为新兵的人都求助于赞助人。在击败了日耳曼人后，按标准建立起来 28 个罗马军团，沿着边疆驻扎，总计大约有 16 万人。他们是军队的核心。而军中还包括了许多骑兵、附属人员和其他分支，总数大致持平。罗马军团继续被元老院议员们控制着（埃及例外），首都自身的主要政治中心问题仍然是诸如有接近的机会之类的问题。几个世纪以后，罗马军团的营地也就是帝国中心的所在地变得越来越明白，尽管罗马禁卫军有时候也会争夺选择皇帝的权力。然而士兵只是帝国历史中的一部分。从长远来看，相当大的影响是由少数人施加的，这就是犹大行省行政长官处死的那个人的追随者和门徒。

第 7 章　犹太人和基督教的来临

本书的读者可能很少有人对阿布加尔（Abgar）这个人有所耳 260
闻，他在叙利亚东部的王国奥斯若恩（Osrhoene）更是知者寥寥。然而这个鲜为人知、生平不详的君主，长期以来都被认为是第一位基督教国王。事实上，关于他信仰转变的故事是一个传奇。这个传奇看起来大约是在他的后代阿布加尔八世（或九世，我们的信息是如此模糊）统治期间流传的——奥斯若恩在公元 2 世纪晚期变成基督教国家。皈依者可能甚至不包括国王本人，但这并不会困扰圣徒传的作者。他们视阿布加尔为漫长而伟大传统的开端，最终它几乎在欧洲君主政体的整个历史中都有体现。从那时起，它蔓延影响到世界上其他地区的统治者。

所有这些君主的举止都会与其他君主有些不同，因为他们视自己为基督徒；然而，尽管这个因素很重要，但这只是基督教对历史带来的改变中很小的一部分。实际上，直到工业社会的到来，在塑造我们生存的世界的进程中，它可能是唯一一种内涵、创造力和冲击力堪比伟大史前决定因素的历史现象。基督教在罗马帝国的古典世界里蓬勃发展，最终将自身融入帝国的体系中，并通过它的社会和心理结构传播，成为我们从那个文明继承下来的最重要遗产。虽然常常被掩盖或忽略，但基督教的影响贯穿过去 1 500 年中所有重要的创造性进程；以近乎无心插柳的方式，它定义了欧洲。欧洲和其他大陆之所以是今天这个样子，就是因为少数犹太人看到他们的导师和领袖被钉死在十字架上并相信他会死而复生。

犹太性是基督教中的基本特性，而其核心大概就是救赎（用通俗的话来说）。因为这个东罗马帝国中以一位圣人为中心的教派在历史上幸存下来（更不用说在全世界取得成功）的历程，实在是险阻重重。犹太教在很长一段时间内是基督教基本思想的母体、安全环境和
261 来源。反过来，犹太人的思想和神话通过基督教的推广变成了一种世界信念。犹太人这些观念的核心认为，历史是一个有意义的故事，是天意注定的，是无所不能的上帝为他选择的人类开拓设计的一场宇宙戏剧。通过上帝与子民所订的圣约，以忠诚于圣约为基础，人类可以找到正确的行动指南。如果违反了圣约，就会一直带来惩罚，例如对生活在西奈沙漠以及巴比伦河边的所有人的惩罚。而只要遵从圣约，上帝就会实践诺言，让整个族群获得救赎。这个伟大戏剧是犹太历史学家写作的灵感源泉，而罗马帝国的犹太人从中领悟出了使他们生活更有意义的模式。

那个神话的模式深深植根于犹太人的历史经验中。在所罗门时代的辉煌岁月之后，犹太人经历了重重磨难，造就了他们对外国人的始终不信任和铁一般的生存意志。在这些了不起的人们的生活中，再没有什么比他们始终存活下去这一简单事实更值得注意。始于公元前587年，巴比伦征服者毁坏圣殿之后将许多犹太人驱逐的那次大流放，是在现代之前塑造犹太民族特性最具决定性的经历。它最终使犹太人的历史观成形。流亡者听到以西结（Ezekiel）等预言家向他们承诺，圣约将再次订立。上帝此前已经通过流放和毁坏圣殿惩罚了犹大王国的罪恶，现在上帝将再次转向犹大的人民，让他们再次回到耶路撒冷，把他们从巴比伦解救出来，就如同此前将以色列人从乌尔和埃及救出一样。圣殿将会被重建。或许只有少数被流放的犹太人注意过这种说法，但这群人却非常重要，其中包括了犹大王国的宗教和政治精英们——这是我们依据最后遵循预言、在自己能够做到时返回耶路

撒冷的那群获救者的素质判断出来的。

在此发生之前，流亡的经历改变了犹太人的生活，也确定了犹太人的视野。对于更重要的进展是发生在流亡者之中，还是发生在被留在犹大本土悲叹遭遇的犹太人之间，学者们一直存在着意见分歧。无论是以哪种方式，犹太人的宗教生活被深刻地搅动了。最重要的改变是把阅读经典作为犹太教的中心行为引进来。虽然《旧约》在此后的3个或4个世纪中没有确定最终形式，但前五书（或称“摩西五书”）传统上认为是由摩西写的，在他流亡归来不久后就大体上完成。抛去了对圣殿礼拜的专注，犹太人看起来已经转向每周集会去倾听那些神圣文字的诵读和讲解。这包含了一个对未来的承诺和对如何实现的引导：坚持遵循律法，而这些律法如今变得越来越详细和一致。正是由 262
于翻译和抄写人员必须协调并解释这些圣书，所以才在产生其他影响的同时，也渐渐让律法日益细致连贯。结果在这些周末集会中不仅逐渐产生了犹太人集会的制度，还让宗教出现了新的解放趋势，摆脱了地点和礼仪的束缚，尽管长期以来大量的犹太人都一直渴望圣殿的恢复。犹太教最终可能实行的是，无论在哪里犹太人都能够走到一起去阅读经文；他们将成为解读经文的首个民族，而基督教教徒和穆斯林则将步其后尘。这使得对上帝较大的抽象理解和精神普及成为可能。

但也出现了趋向狭隘的发展。虽然犹太人宗教可能会与圣殿崇拜分离，但一些先知却认为必将来到的救赎和涤罪只能通过更严格地履行律法来实现，其所遵行的正是摩西律法。以斯拉（Ezra）将训令从巴比伦带回来，并且将曾经起源于那些游牧民族的仪式严厉地强加于越来越城市化的人民身上。犹太人的自我隔离在城镇中变得更加重要和明显；作为涤罪的一部分，每个娶了非犹太女子的犹太人（这种例子肯定很多）都应该离婚。

这一切都发生在波斯倾覆巴比伦之后。公元前539年，一些犹太人抓住这个天赐良机返回了耶路撒冷。圣殿在接下来的 25 年中被重新建起，犹大王国成为波斯帝国统治下的一个有神权政治的辖地。公元前 5 世纪，当埃及起义对抗波斯统治时，这里成了一个具有战略性的敏感地区，在当地祭司贵族的帮助下它很容易被统治。这提供了犹太人建国的政治衔接，并且一直持续到罗马时代的来临。

随着波斯统治的结束，亚历山大继承者的时代带来了新问题。托勒密王朝统治之后，犹太人最终又转归塞琉古王朝统治。上层社会的行为和思维方式都受到希腊化的影响；由于城里人和乡下人之间财富和各种差距夸张的对比，分歧变得尖锐起来。这也把祭司家族从民众中分离出来，这些家族一直保持着律法和先知的传统，就像在犹太会堂里讲解经文的行为。以反对希腊化叙利亚的塞琉古国王安条克四世统治为目的，伟大的马加比起义（公元前 168—前 164 年）爆发了；文化的“西化”为祭司所赞同，却为民众所怨恨。安条克试图采取更加激进的措施。他不满足于希腊化文明对犹太人岛国心态的稳定侵蚀，对摩擦事件也不满，他曾干预过犹太人的仪式，并谋求以把犹太
263 人圣殿变成奥林匹斯山宙斯神庙的方式来亵渎犹太教。或许他只是想让这个圣殿向所有信徒开放，就像希腊化城市中任何其他神庙一样为所有信徒崇拜。起义被困难地镇压下去之后（之后是长期的游击战争），塞琉古的国王们采取了更多的安抚政策。但大多数犹太人对此并不满意，公元前 142 年他们利用有利环境取得了持续将近 80 年的独立。然后，在公元前 63 年，由于庞培将罗马统治强加于此地，近东地区最后一个独立的犹太人国家消失了将近 2000 年的时间。

独立并不是一个愉快经历。一系列来自祭司家族的国王都通过改革和高压手段使国家陷入混乱之中。他们和默认其政策的祭司们都遭到了反对。他们的权威遭到一个新学派的挑战。这个学派比狂热的信徒更严格地坚持律法，将之作为犹太教的核心并赋予它崭新而彻底的

精确解释。这些人是法利赛人（Pharisees），他们是改革力量的代表，一次又一次地对蔓延在犹太人区的希腊化威胁提出抗议。他们接受改变信仰的非犹太人，教导他们相信死后的转世和神圣的最后审判；在他们关于民族立场和普遍愿望的方面也出现了混合，而且他们扩大了犹太一神论的影响。

这些变化中的大多数都发生在犹大地区，它是曾经伟大的大卫王国的一个微小残余；在奥古斯都统治时期，住在那里的犹太人比住在帝国其他地方的都少。从公元前 7 世纪起，犹太人已经遍布整个文明世界。埃及、亚历山大和塞琉古王朝的军队里都有犹太兵团。有些人在贸易途中就定居在了国外。最伟大的犹太人定居地之一是亚历山大里亚，从大约公元前 300 年他们就开始聚居在那里。亚历山大里亚的犹太人都说希腊语，在那里《旧约》首次被翻译成希腊文。当耶稣诞生的时候，那里的犹太人可能比耶路撒冷还多。在罗马，另外有大约 5 万名左右的犹太人。如此密集的人口，增加了传教的机会，也因此增加了团体之间产生摩擦的危险。

犹太人为这个传统崇拜已经衰落的世界奉献的东西太多了。虽然割礼和对饮食的限制都是障碍，但对于大多数改变宗教信仰的人来说，伟大行为准则的法典更具有价值；这是一种并不依靠神庙、圣地或圣职而运作的宗教形式，并且最重要的是它对救赎的保证。一个先知——其信条被归于《旧约圣经》的编辑者以赛亚——他肯定被流放 264
过，他曾宣告将会有一条信息给非犹太人带来光明；并且，早在基督徒——他们将要以一种新观念来发扬它——之前，他们中的许多人已经回应了那个光明。改变信仰的人们可以把自己看成那个激发了犹太人史学著作的伟大故事中的选民，仅仅这一个成就就可以与希腊的科学发明史相媲美，并且它对于世界的灾难也给予了暗示。犹太人在他们的历史中领悟出了一种展开的模式，通过这个模式他们能够在最后审判日的浩劫中得到提炼。犹太教对基督教的一个基本贡献就是它对人类的感觉与众不同，它的视线专注于彼岸世界的事物；基督教将继续发展在这当中潜移默化的思想，致力于拯救世界。两者的神话都深深地植根于犹太人的历史经验，尽管值得注意的简单事实是这个民族的幸存。

犹太人和转变为信仰犹太教的人，这一数量巨大的团体对于罗马官员来说是重要的社会事实。这个问题之所以突出不仅仅因为其规模，还因为其顽强的独立性。犹太教会堂作为特殊和单独的建筑群，其考古证据直到进入基督教纪元之后才出现，但城市里犹太人住处是独特的，以他们自己的犹太教堂和法院为中心而集聚。当犹太教被普遍传播时，甚至一些罗马人都被犹太人的信仰所吸引，因此罗马也有对犹太人普遍反感的早期迹象。亚历山大里亚频繁地发生骚乱，并且很容易扩散到近东其他城镇。这些骚乱导致当局不信任犹太人（至少在罗马），一旦事态出现严重迹象，就会驱散犹太社群。

犹大本身被看作是一个特别动荡和危险的地区，而且对公元前最后一个半世纪的宗教动乱有着巨大影响。公元前37年，元老院任命了一个犹太人大希律王（Herod the Great）为犹大国王。他是一个不受欢迎的君主。毫无疑问民众对一个由罗马任命者有着普遍的厌恶，何况这个统治者渴望（虽也情有可原）与罗马保持友好的关系。然而希律王由于其在宫廷中希腊风格的生活方式（尽管他小心地向犹太教展示了他的忠诚）和其提高重税的行为，获得了进一步的反感，尽管税收中的一些也被用于建造宏伟的建筑物。虽然没有屠杀无辜者的传说，并且在基督教魔鬼传说中也没有他的位置，但大希律王在历史上的名声也不怎么样。公元前4年，大希律王死后，他的王国被他三个儿子分割，紧接着一个令人不满的安排在公元6年到来；那一年，犹大成为罗马叙利亚行省的一部分，受行省治所凯撒利亚（Caesarea）

的统治。公元 26 年，本丢·彼拉多（Pontius Pilate）成为执政官、征税官或事实上的总督，他将维持这个既不舒服又吃力的职位达十年。

在一个动乱之省的历史中，这是一个黑暗时期，预示着近两个世 265
纪以来这些不安因素的高潮即将到来。犹太人与他们的邻居撒马利亚人（Samaritan）不和，并对沿海城市中希腊—叙利亚人明显增多感到厌恶。他们厌恶罗马作为一长串征服者中的最后一个，也厌恶其税收要求；征税官——新约中所称的“税吏”（publican）——不得人心，不仅仅是因为他们拿走的东西，还因为这些税收给了外国人。更糟糕的是，犹太人内部也存在严重分歧。盛大的宗教节日往往伴随着流血事件和暴力冲突。例如，法利赛人就与祭司贵族阶层的代表撒都该派（Sadducees）有很深的敌意。而以上两派也被其他教派所排斥。其中最值得注意的一个派别仅仅是在最近几年通过死海古卷的探索和阅读，才为世人所知。在其中可以看到它对追随者的承诺，早期基督教也有很多那种承诺。它期待着对犹大地区某些人的叛教行为能有个最终的判决，并将通过一个救世主的到来而宣布。犹太人被这样的教义所吸引，并寻找先知们对于这些事情有过预言的作品。一些人寻找到了一个更直接的方法。奋锐党人（Zealots）期待着以民族主义抵抗运动作为前进的道路。

在这种紧张气氛中，耶稣大约于公元前 6 年诞生，来到这个成千上万的子民等待着救世主降临的世界。他将带领他们取得军事上或象征上的胜利，并开创最后和最伟大的耶路撒冷时代。关于耶稣生活事实的证据都包含在他死后写的福音书中，早期教会的主张和传统其实是以那些实际上知道耶稣的人的证词为基础。这些福音书并不是令人十分信服的证据，但不足之处可能被夸大了。毫无疑问，其书写是用来展示耶稣不可思议的权威，并且以他生活中的事件为证据来证明那个很久以前就宣布救世主将要到来的预言。这一圣徒传记的来源很令人感兴趣，并没有要求怀疑所有事实的断言；其中有很多固有的合理性，这正是那个时期人们对一位犹太宗教领袖的期望。我们不必完全将这一来源摒弃，因为那些关于许多棘手问题的更为不充分的证据也经常被使用。以我们可接受的标准更严厉或更苛刻地要求早期基督教的档案是没有道理的，譬如说，比我们对待荷马史诗中阐释古城迈锡尼的证据更严厉。然而，很难在其他档案中找到和福音书中所述相吻合的事实证据。

266 耶稣在被提供的描写里是一个出身底层的人，虽然他没有赤贫家族背景，而是宣称有王室血统的背景。毫无疑问，这样的宣称如果没有点依据的话会受到对手的反对。加利利，耶稣长大的地方，对犹太人来说有点像边境地区，那里非常容易遭遇与叙利亚-希腊人的接触，这往往会触动宗教敏感。那附近有个叫约翰的传教士——一个在被逮捕和受死刑前经常被人群簇拥的先知。虽然他看起来一直是个隐士、非常独特的人物、一位在先知书籍里塑造自己的教师，学者们试图把约翰与曾遗留下死海古卷的库姆兰（Qumran）民族联系起来。一个福音传道者告诉我们他是耶稣的表兄，这也可能是真实的。但这没有所有福音书中一致赞同的那件事情重要，即约翰曾为耶稣施洗礼，就像他为无数因为担心末日来临而投奔他的人们洗礼一样。他也曾经说过他意识到耶稣是一个像他这样的导师，或者在一些事情上能做得更好："他已经来到，或是我们寻找另一个？"

耶稣知道自己是一位圣人，他的教义和他那神圣不可侵犯的证据出现了很多奇迹，很快就说服众多激动的民众前往耶路撒冷。他在群众自发性感情的基础上凯旋进入这座城市。人们怀着对救世主到来的希望跟随他，就像跟随其他伟大导师一样。结果在犹太法庭前耶稣面临亵渎神明的指控。而来自彼拉多总督的罗马法信件放宽了对他的惩罚，目的是为了避免在一个动乱的城市里惹出更多麻烦。但耶稣不是罗马公民，所以对于他来说鞭打之后的极刑是被钉在十字架上。在耶稣被钉死的十字架上有隐秘的铭文写道："拿撒勒的耶稣，犹太人的君主。"这原本是一个罗马总督的政治讽刺，但由于它的重要性不应受到忽略，结果以拉丁文、希腊文和希伯来文公布出来。这可能发生在公元 33 年，也有可能是公元 29 年或公元 30 年。在耶稣死后不久，他的门徒相信他已经死而复生，因为他们曾看到他升入天堂，并且他们在圣灵降临节曾收到耶稣赐予的带有神秘力量的礼物，它将支撑他们和他们的追随者直到最终审判日。他们也相信，那一天会很快到来，并且将带回耶稣，他将是坐在上帝右手边的裁判者。所有这些都是福音书告诉我们的。

如果这是首批基督徒见到的基督（Christ，他后来的称谓，源自希腊语中"受涂油礼者"意思的词），在他的教义里其实有其他原理也能胜任广泛的运用。据记载，耶稣的祈祷思想并没有超越习俗；无论是神庙中的犹太仪式还是传统神圣节日的庆祝，或者私下的祷告，都是他所要求的。在这个非常现实的意义上讲，他以一个犹太人的身 267
份度过一生。然而他的道德教义是专注于忏悔并从罪孽中寻求解脱，所有人都能从中得到解脱，并不仅仅针对犹太人。在耶稣教义中报应占据了一定的分量（在这点上法利赛人是同意他的）；引人注目的是，在新约里提到的大部分非常令人恐惧的事情都要归因于他。律法的存在是必要的。然而它不够充分。除了遵行律法，还需在犯错的情况下悔改并作出补偿，甚至是自我牺牲。爱的律法是其特有的行为指南。值得强调的是，耶稣拒绝了作为政治领袖的角色。其政治上清静无为的观点是从后来一条含混不清的格言里领悟出来的含义之一，这条格言是："我的王国不是这个世界。"

然而一个能成为政治领袖的救世主是许多人所期待的。其他人要寻求一个领导者来对抗犹太宗教成规，因而，即使他们的目的仅仅是为了进行宗教净化和改革，也会存在潜在的危险。不可避免的是，大卫的后裔耶稣，在当局统治者们眼里变成一个危险人物。而他的门徒之一西门是奋锐党人，这更让人心生警觉，因为这是一个极端教派。耶稣的许多教义鼓励人们从精神上对抗占主导地位的撒都该人和法利赛人，反过来他们又努力从耶稣所说的话里找出每个反抗罗马的暗示。

这些事实提供了耶稣毁灭和民众失望的背景，但却无法解释为什么他的教义能流传下来。耶稣不仅对不满政治现状的人有吸引力，还吸引了那些感到律法不再能够充分引导自己的犹太人，以及那些改变信仰后也能赢得以色列二等公民身份的非犹太人，这些非犹太人渴望更多以保证他们能在审判日被接受。耶稣同样也吸引了穷人和流浪者；他们中的许多人都生活在贫富差距有天壤之别而且又冷酷无情的社会里。这使一些耶稣的呼吁和思想，最终会产生惊人的收获。然而尽管它们在他的一生中很有效，似乎也将伴随他的死亡一起消失。在他死后，他的追随者只是许多犹太宗教派别中很小的一支。但他们相信一个独一无二的事情已经发生了。他们认为耶稣已经死而复生，他们看到了这个事情的发生，并且他提供了一种指引，即那些因他的洗礼而获得拯救的人们获得了一种战胜对死亡的恐惧和对上帝审判之后个人遭遇担心的指引。耶稣死后的半个世纪里，这一消息具有了更普遍的适应性，并在文明世界中被广泛传播。

耶稣门徒的信念使他们继续留在了耶路撒冷，它对于所有近东地区的犹太人来说是一个重要的朝圣中心，因此也是一个新教义萌芽的
268 核心。耶稣两个门徒——彼得和耶稣的兄弟雅各（James），是等待着耶稣即将重返的小团体的领袖，他们通过赎罪和对神殿中上帝祭拜的方式努力地做准备。他们在犹太教信徒中着重强调：或许只有洗礼仪

式能够区别他们。但其他犹太人视他们为危险人物，与来自外界地区说希腊语的犹太人的接触导致了对这些教士权威的进一步质疑。第一个殉道者斯提反（Stephen），是这个团体中的一员，被一群犹太人处以私刑。其中一个目击到这个事件的人，是一个来自便雅悯部落的塔苏斯人保罗。可能作为一个被驱逐的希腊化犹太人，他尤其意识到对纯正信仰的需要。他为自己的信仰而感到自豪。总之，他是继耶稣之后对基督教的形成有着最伟大影响的人。

不知道为什么，保罗经历了思想改变。他原先是对基督追随者的迫害者，结果自己也变成了基督的追随者之一。他曾在巴勒斯坦东部的沙漠中逗留过一段时间，专注于冥想和反思，他思想的改变似乎就发生在这一次旅途之后。然后，公元 47 年（或许更早一些，确定保罗的生活和旅途的日期是一件非常不确定的事情），他开始了在整个地中海东部的一系列传教旅行。公元 49 年，在耶路撒冷召开的一次使徒大会做了一项重大决定，将派遣保罗作为针对异教徒的传教士。割礼是服从犹太教信仰最重要的行为，异教徒不需要被执行割礼。目前还不清楚到底是他还是大会，或者双方都对这项决定负责任。小亚细亚已经有一些跟随新教义的犹太人小团体，那里的教义是朝圣者带去的。现在由于保罗的努力，这些事情被极大地巩固。他的特定目标是犹太改信者，他能够用希腊语向外邦人布道，以及通过新约赋予他们完全的犹太人资格。保罗教导的教义是全新的。他摈弃律法（耶稣从没有这样做过），并努力使耶稣教义核心中基本的犹太思想和希腊语中的概念世界保持一致。他继续强调一切事物都将终结的重要性，但通过基督教提供给所有国家一个了解创造奥秘的机会；以及首先是看得见的事物和无形事物之间的关系、精神和肉体的关系、第一克服第二的关系的机会。在这个过程中，耶稣远远不止是一个战胜了死亡的人类拯救者，耶稣就是上帝本身。而这打碎了犹太思想的固有模式

269

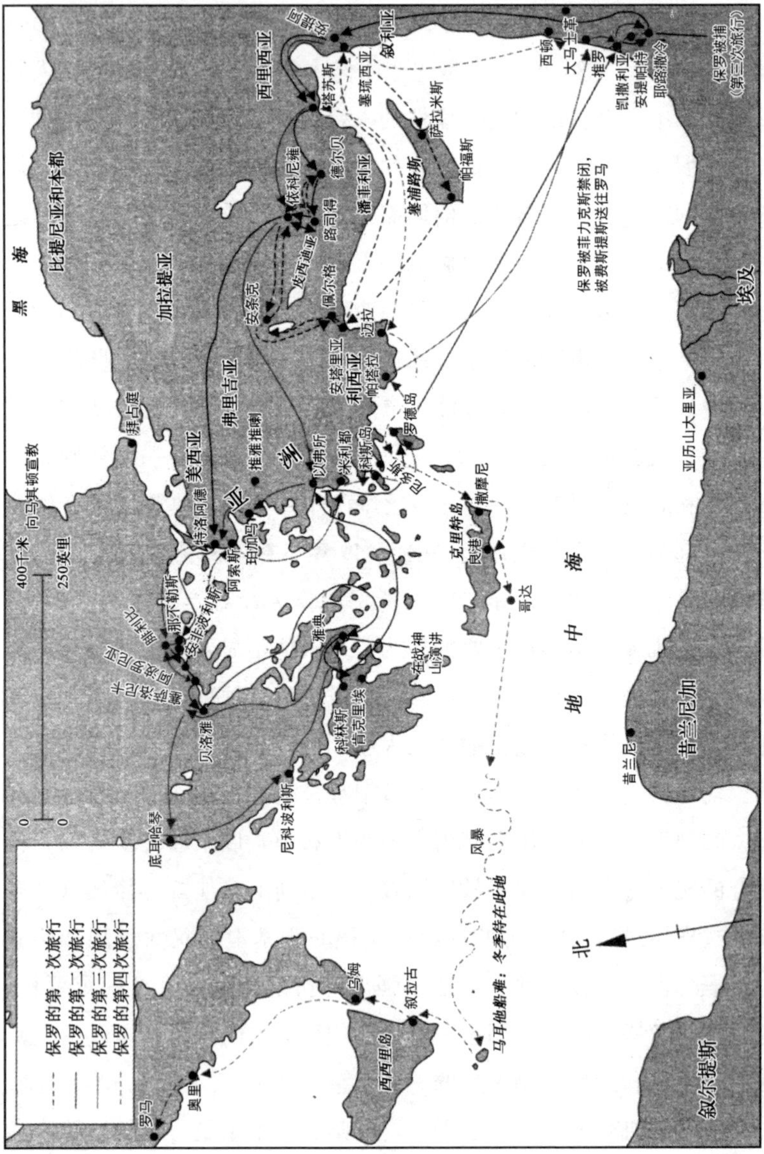

保罗的第一次旅行
保罗的第二次旅行
保罗的第三次旅行
保罗的第四次旅行
0　400千米
0　250英里
向马其顿宣教
黑　海
比提尼亚和本都
加拉提亚
西里西亚
叙利亚
保罗被捕
（第三次旅行）
保罗被菲力克斯禁闭，
被费斯提斯送往罗马
埃及
亚历山大里亚
昔兰尼加
昔兰尼
叙尔提斯
地　中　海
克里特岛
哥达
风暴
马耳他船难：冬季待在此地
西西里岛
叙拉古
乌姆
奥里
罗马
底耳哈琴
尼科波利斯
贝洛雅
雅典
在战神
山演讲
科林斯
肯克里埃
以弗所
米利都
罗德岛
塞浦路斯
萨拉米斯
帕福斯
安条克
特洛阿德
美西亚
弗里吉亚
亚　细
拜占庭

保罗的传教工作

（信仰从中诞生）。但这种思想在犹太人中并没有持久存在的位置，现在基督教被强迫离开圣殿。随着几个世纪时光的流逝，希腊的知识世界成为它众多新的栖身地之一。一个巨大的理论架构将在这种变化中构建出来。

使徒行传提供了因此类教义而引起骚动，以及当教义不涉及公共 270
秩序时罗马行政机构理智容忍的丰富证据。但它常常会引起混乱。公元 59 年，保罗被罗马人从耶路撒冷的犹太人那里营救出来。次年，当他受到审判时，他前往罗马向皇帝陈情。显然他获得了允许。但从那以后，他就在历史上消失了；他可能在公元 67 年被暴君尼禄迫害而死。

第一个时期基督教传教团通过到处扎根的方法渗透文明世界，是在犹太人团体中。当时出现的“教会”在行政上彼此完全独立，尽管位于耶路撒冷的团体拥有可理解的首要地位。因为在那里会发现曾见到耶稣复活的人及其继承人。除了信仰，这些教会之间的唯一联系就是洗礼制度、接受一个新以色列的象征，以及耶稣被逮捕的那晚与门徒在最后晚餐上表演的圣餐礼仪。直到今天，基督教教堂仍然保留着这些重要圣礼。

因此，教会的地方领导人在实际上可以行使独立的权力，但这种权力并不广大。毕竟，除了管理当地的基督教团体事务，没有任何需要他们做决定的事情。与此同时，基督徒期待着耶稣的第二次降临。公元 70 年之后，罗马洗劫了这个分布很多基督教徒的城市，耶路撒冷的影响力就衰退了；之后基督教在犹大地区就失去了活力。公元 2 世纪初，巴勒斯坦以外的基督教团体数量很明显地增加了，而且地位上也更重要，已经逐步形成一个人员等级制度以管理事务。这等同于后来教会中形成的三个等级：主教、牧师和执事。虽他们的圣职功能在这个阶段很微小，重要之处在于其行政和政治作用。

罗马当局对一个新教派崛起的反应大体上是可以预见的。其统治原则是，在没有导致冲突的特别原因存在时，新宗教可以被容忍，除非他们对帝国失礼或者不服从帝国。起初存在着一个危险，那就是在一个有力的罗马帝国对犹太民族主义运动的反应中基督徒可能会与其他犹太人混淆。而这种运动因大规模血腥的遭遇战而告终。但基督徒自身政治上的清静无为和其他犹太人已宣布的敌意拯救了他们。加利利地区在公元6年卷入了叛乱（或许正是对于它的记忆，影响了彼拉多对拥有一名奋锐党门徒的那名加利利人的处置方式），但犹太民族
271 主义的一个真正特性是在公元66年犹太人大起义中出现的。当极端主义分子在犹大地区占据绝对优势并接管耶路撒冷时，这是犹太民族在罗马帝国统治下的整个历史中最重要的时期。犹太历史学家约瑟夫斯记载了随后的残酷战斗——圣殿最终的攻坚战。作为反抗力量的指挥部，圣殿在罗马胜利以后被烧毁了。在此之前，不幸的居民在求生存的斗争中曾沦落到靠人吃人延续生命。考古学最近发掘的马察达（Masada）离这个城市不远，可能是犹太人公元73年败给罗马人前的最后一个据点。

但这并不是犹太人骚乱的终结，而是一个转折点。极端主义分子不会再得到同样的支持，并且必会名声扫地。律法越发成为犹太性的焦点，因为当反抗行动正在进行时，犹太学者和教师（这个时期之后，他们越来越多地被称为“拉比”）不断在不同于耶路撒冷的中心展开它的含义。他们的良好引导可能拯救了那些分散的犹太人。尽管公元117年昔兰尼加（Cyrenaica）的犹太人暴动发展成全面战争，并且公元132年最后的“救世主”——星之子西门（Simon Bar Kochba）在犹大发动了另一场起义，后来的动乱再也没有和这次伟大革命同样重要的了。但犹太人与他们在律法中呈现的特殊地位依然完好无损。耶路撒冷虽不再由他们占据（哈德良使它成为一个犹太人

只能每年进入一次的意大利殖民地），但他们获得了一些宗教特权，获准特设一名可管辖耶路撒冷全境的牧首（patriarch），并被允许免除可能与他们宗教职责相冲突的罗马法义务。悠长的犹太历史结束了。接下来的 1800 年间，犹太人的历史将是离散的故事，直到一个民族国家再次在另一个帝国废墟——巴勒斯坦建立起来为止。

除了犹太民族主义者，罗马帝国其他地方的犹太人，从那以后在动乱年代的很长一段时期内都有足够的安全。基督徒的状况稍差一些，尽管他们的宗教并没有被当局过多地与犹太教区分；毕竟它只是犹太教一神论的变异体，所宣扬的也让人觉得类同。是犹太人而不是罗马人第一个迫害它，正如十字架苦刑的本身、斯提反的殉难和保罗的冒险所表现的。根据使徒行传的作者所言，一个犹太国王希律王第一个在耶路撒冷迫害这一群体。甚至一些学者也认为这种说法是可信的：尼禄为公元 64 年罗马大火寻找替罪羊时会找上基督徒，应该是由怀有敌意的犹太人指认陷害所致。根据流行的基督教传统说法，在这场迫害中圣彼得和圣保罗双双去世，令人毛骨悚然的血腥场景时有 272
发生，但无论这场迫害因何而起，这看起来似乎是很长时间以来罗马官方对基督徒任何关注的终止。基督徒没有拿起武器加入反抗罗马统治的犹太起义，这必然会缓解官方对他们的敏感。

基督徒成为值得政府关注的对象而出现在行政记录中，是在公元 2 世纪初期。主要是因为公然的不敬。基督徒当时明确拒绝向皇帝和罗马神明供奉。这是他们的与众不同之处。犹太人有权利拒绝，因为他们已经拥有一个罗马人尊重的历史性宗教——罗马始终尊重这些教派，当他们将犹大置于自己统治之下时。现在基督徒是一个很明显被视为不同于其他犹太人的群体，并且是一个近期的产物。然而，罗马的态度是，尽管基督教并不合法，它也不应该成为被迫害的对象。但另一方面，如果违法行为被指控——并且拒绝供奉可能也是其中之一——如果当指控是明确的并且法庭得到公正的成立，那么当局就会惩罚他们。由于基督徒拒绝了带着好意劝说他们的罗马文职公务员，即劝他们去供奉或发誓放弃他们的上帝，这导致了很多牺牲者。但罗马当局并没有系统地企图去根除这一教派。

事实上，罗马当局的敌意和基督徒同胞们的危险比起来，要小太多了。2 世纪结束以后，针对基督徒有了更多大屠杀和普遍攻击的迹象。因为他们服从一个不合法的宗教信仰，因此他们不再受罗马当局的保护。他们有时候会被当作行政机构的替罪羊或者转移危险的导体。在一个迷信时代，很容易让大众认为是基督徒冒犯神灵的行为导致了饥荒、洪水、瘟疫等自然灾害。在一个没有其他技术能够解释自然灾害的世界里，关于这些事情的其他公正而令人信服的解释相当缺乏。基督徒被指控使用巫术、乱伦，甚至吃人（毫无疑问这是对圣餐作出的一种误导性解释，进而产生这一种观点）。他们还在夜晚秘密会面。更特别和严重的是，虽然我们不能确定这个指控的规模，但基督徒被指通过对成员的控制威胁了定义父母和孩子、丈夫和妻子、主人和奴隶等之间适当关系的习惯性结构。反对者宣称在基督教中既没有团结也没有自由，耶稣的到来不是带来和平而是切开家庭和朋友的
273 一把利剑。这种观点是异教徒对威胁的先见之明。基督教对后来西方文明最伟大的贡献，可能就是它顽固预言并个人主义地主张，生活应该被一种独立的道德引导控制，不仅独立于政府，也独立于任何人类权威。因此，我们不难理解各行省大城镇里的暴力浪潮，例如，公元 165 年的士麦那，或者公元 177 年的里昂（Lyons）。它们是反对基督教浪潮高涨在大众层面上的反映，与此相应的是异教徒作家在智识层面对这种新宗教发起了首轮攻击。

迫害并非早期教会面临的唯一危险。相比之下，它大概还算最轻的威胁。一种更严重的危险是，基督教可能发展成另一种类型的宗

教。罗马帝国中有许多例子，最终它们都在古老宗教魔力般的沼泽中被吞没。近东各处都能找到“神秘宗教”的例子，其核心是以一个特殊的神为中心的信仰，对信徒进行关于神秘知识的传授（埃及的伊希斯神是比较普遍的一个，波斯人的密特拉神是另一个）。通常信徒会得到一个自己和牧师参与的、涉及模拟死亡和复活仪式的机会，并且因此战胜了必死的命运。通过令人印象深刻的宗教仪式，这样的教派使许多人获得了渴望的暂时平静和释放。这些信仰非常流行。

真正危险的是，基督教可能会通过公元 2 世纪重要的诺斯替（Gnostics）教派所表现的方式发展。其名字源自希腊单词“真知”（*gnosis*），意为“知识”。基督教诺斯替教派声称，知识是一个秘密——秘传的传统，不会透露给所有的基督徒，而仅仅针对少数人（一个版本说，只透露给传道者及其后裔教派）。他们的一些思想来自琐罗亚斯德教、印度教和佛教，在强调物质和精神冲突的某种意义上它歪曲了犹太教与基督教共有的传统；还有一些来自占星学，甚至来自巫术。这种二元论中一直存在一种诱惑，用罪恶和善行的属性来反对信念和实体，以及对人性本善的物质创造论的否定。诺斯替教派是世界的憎恶者，他们某些方面的系统论述会导向神秘宗教典型的悲观主义；救赎只可能通过获得开创者嫡传秘密的神秘知识才能实现。一些诺斯替教徒甚至认为基督不是一个订立和恢复圣约的救世主，而是一个被从耶和华的过失中解救出来的人。不管这一想法来自哪里，它都是一个危险的信条，因为它切断了希望的根源，而这正是基督教的核心启示。此时此刻它阻碍了基督徒；自从接受犹太人的上帝创造了世 274
界，而世界是美好的传统以来，从来没有完全绝望的救赎。

公元 2 世纪，通过散居，犹太人团体扩散开来，并且他们的组织基础相当牢固，基督教看起来好像站在了一个岔路口，而其中任何一条路都可以证明是致命的。如果基督教背弃保罗工作的含义和仅仅保持为一个犹太异端，那么它充其量最终被重新吸收进犹太传统中。另一方面，摒弃和背离犹太教，则可能会使基督教驶入神秘宗教的希腊化世界，或者陷入诺斯替教派的绝望中。应感谢一小部分人，他们使它逃脱了两者的厄运而成为一个对个人救赎的承诺。

渡过这些危险事件应归功于教父们的成就，因其所拥有的道德和虔诚超越了所有的智慧。他们受到了所遭遇危险的刺激。爱任纽（Irenaeus）在公元177年接任殉道的里昂主教，提出了基督教教义的第一个伟大纲要——圣经教规的信条和定义。所有这些使基督教从犹太教中分离出来。但他的写作也面临着异端邪说背景的挑战。第一次抵制诺斯替派教义的会议在公元172年召开。由于抵抗竞争者的压力，基督教教义挤入了当时智识权威的行列。异端和正统是一对双胞胎。这个时期引导正在形成的基督教学说的向导，是既博学多才又温和的亚历山大里亚的克莱门（Clement of Alexandria）。作为一个基督教柏拉图主义者（可能出生在雅典），他使基督教徒了解到希腊化传统可能意味着远离神秘。特别是，他指导基督徒对柏拉图的思考。在他更伟大的学生奥利金看来，克莱门传达着上帝的真理是一个合理真理的观念，而这种信仰能吸引那些受过斯多亚派现实观念教育的人。

早期教父知识的推动和基督教内在的社会感染力，使得它可以利用古典时代和后来罗马世界中固有的渗透和扩展这一巨大可能性。早期教父可以自由走动，可以用希腊语互相交谈和通信。在宗教时代，这是一个不断显现的巨大优势。公元2世纪的极其荒谬的轻信遮掩了深层的渴望。它们暗示着古典世界已经耗尽了活力；希腊资源需要补给，并且在新宗教中寻找补给渠道。哲学已经成为一种宗教追求，理性主义或怀疑主义仅仅对一个极小又卑微的少数派有吸引力。然而这种有前途的背景对教会也是一个挑战，早期基督教总是处在具有蓬勃

发展之竞争者的环境中。诞生于一个宗教时代，既是一种威胁，也是
一种优势。公元3世纪的危机时代，我们将看到基督教如何成功地面 275
对威胁并抓住机遇。那时，古典世界几乎全部崩溃，只有一部分通过
巨大甚至是致命的让步才得以幸存。

第 8 章　古典西方的衰落

276 公元 200 年以后，很多迹象表明罗马人开始以一种新的方式回顾过去。人们常常谈论过去的黄金时代，沉湎于一种传统的、怀旧的文学。但公元 3 世纪带来了新东西，这便是有意识地谈论衰退。

历史学家们提到一场“危机”，但事实上它最明显的表现是被超越。到公元 300 年，罗马带来或接受的变化给多数古典地中海文明带来了新生。在确保最终将自身大部分形式传承给未来的过程中，它们甚至可能具有决定性意义。然而它们自身的变化产生了负面影响，因为它们中的一些在本质上破坏了那个文明的精神。重建者常常是无意识的模仿者。公元 4 世纪开始的某个时候，我们能感觉到平衡已经倾斜至不利于地中海的传统。感觉到这种变化比预见决定性时刻何时到来更容易。变化的迹象是预兆性的革新突然增加：帝国的行政机构以新的原则重建，意识形态被改变，一个曾经模糊的犹太教派变成了牢固的正统教派，更重要的是大片广阔的领土都让给了来自外界的定居者——外来移民。一个世纪以后依然是这样，并且这些变化的结果对政治和文化的瓦解所起的作用非常明显。

帝国权威的起伏在这个过程中事关重大。古典文明在公元 2 世纪晚期已遍布帝国。帝国笼罩着古罗马精神这一概念——罗马人的处世之道。正因为如此，政府机构的弱点为将会出现的纰漏提供了方便。虽然奥古斯都小心地掩饰，帝国政府其实在很早就已经停止通过元老院和人民的代理人处理事务；现实是帝国有一个专制的君主，他的统治只有通过安抚所依赖的禁卫军这样的实际考虑时才能缓和。随着安东尼王朝最后一位无能皇帝在公元 180 年的登基，一轮内战接踵而至，开启了一个可怕的时代。这个可怜的男人——康茂德，于公元 277
192 年，在其情妇和宫廷大臣联手策划下，被一名摔跤手掐死。但这并没有解决任何事情。他死后的几个月之内有 4 位“皇帝”的斗争，最后来自非洲的塞维鲁（Septimius Severus）胜出。他娶了一个叙利亚人，并努力使帝国再次建立在世袭继承的基础上。他试图将自己的家族和安东尼王朝的继承权联系起来，因此想解决宪政的一个根本弱点。

事实上我们忽视了他自身成功的事实。像他的竞争对手一样，塞维鲁是一个行省军队的候选人。整个公元 3 世纪，士兵才是真正的帝国缔造者，他们的力量也是造成帝国破碎的根源。然而，士兵并不能被摈弃；事实上，由于一些边界线上同时出现了野蛮人的威胁，军队还必须扩大和纵容。这是下个世纪皇帝们需要面对的困境。塞维鲁的儿子卡拉卡拉（Caracalla）通过大量收买士兵谨慎地开始他的统治，在最后却依然被士兵们所谋杀。

理论上元老院依然能任命皇帝。但事实上，元老院只有很少的有效权力，除非它能够将威信交付给许多角逐候选人中的一位。这样做并不会有多大的作用，但仍然有一些价值，可以使旧的形式保持一些道德影响。尽管这样的安排可能会增强元老院和皇帝之间潜在的对抗，但这不可避免。塞维鲁从骑士阶层抽取更多的权力下放给军官，但在社会地位上他们低于元老院家族。卡拉卡拉推测对元老院的清除将有助于他进一步达到专制独裁统治。越来越多的军事皇帝效仿他；很快出现了首位非元老院成员的皇帝，尽管他来自骑士阶层。更糟糕的事情接着发生。公元 235 年，一个来自莱茵河罗马军团的军官马克西米连（Maximinus）与一位来自非洲的耄耋老人争夺战利品；这位老人背后的支持者是非洲军队，确切地说，其实是元老院。许多皇帝都是被他们的军队谋杀的，有一个是在战斗中被他自己的总司令杀死（胜利者随后由于他另一个军官的背叛而被哥特人杀死）。这是一个可怕的世纪；总之，22 位皇帝来了又去，这个数字还不包括那些假冒者（或和波斯图穆斯［Postumus］一样的准皇帝，他在高卢暂时维持自己的势力，预示着后来帝国的分裂）。

尽管塞维鲁的改革在一段时间内改善了事态，但他继任者脆弱的地位加速了行政机构的衰退。卡拉卡拉是最后一位试图将所有自由民变成罗马帝国公民来扩大税收基础的皇帝。这样做容易得到税金，但
278 他没有尝试实行根本的财政改革。考虑到需要面对的紧急情况和能够获得的资源，或许衰落是不可避免的。随着无秩序和贪婪腐败的权力者或政府官员用来保护自己的即兴措施的发展，这反映了另一个问题——公元 3 世纪帝国表现出来的经济疲软。

我们很难准确地概括出这对于消费者和供应商意味着什么。尽管有一系列规划和组织都围绕着城市网络进行，但帝国的经济生活几乎完全依靠农业。根基是农村地产——农庄（villa）。无论大小，农庄都是生产的基本单位，并且在很多地方也是社会的基本单位。这些地产是所有依靠它们的人们的生活来源（这意味着几乎所有人都是农村人口）。因此，也许在农村的许多人受到经济长期波动带来的影响，比由于帝国停止扩张而造成的土地征用和赋税加重要少得多；但军队如今必须依靠更有限的基础来支撑。有时候，土地也会因为战争而被破坏。农民无论是契约奴或自由民，都生活在贫困生存线上，一直很穷，并将继续如此。随着时代变得更糟糕，一些人设法将自己转变成农奴，这暗示了一种货币使用减少、以实物和劳力形式偿付增加的经济形式。它也可能反映了乱世的另一个影响，例如农民被迫涌进城市或变成土匪；每个地方的人们都在寻求保护。

在许多地方，征兵和更高的税收可能会造成人口减少——尽管公

元 4 世纪能提供比公元 3 世纪更多的证据。从这个角度来说，简直是弄巧成拙。无论如何，这都可能是不公平的，因为许多富人被免除了赋税，而且除非是由于他们自己的轻率，地产的业主也不会在通货膨胀时期遭受巨大的痛苦。许多古代拥有庞大地产的家庭的延续性表明，公元 3 世纪的问题对他们财力的影响几乎微不足道。

行政机构和军队感受到了很多经济问题带来的影响，特别是这个世纪的主要弊病——通货膨胀。它的根源和程度是复杂的，并且仍然有争议。部分原因是政府令货币贬值，这种情况由于需要以金银块的形式向野蛮人（一直以来被这种手段安抚得很好）进贡而加剧。但野蛮人入侵本身往往会造成供应中断，而这种情况会再次不利于城市，那里的物品价格会上涨。士兵的工资是以货币的实际价值来固定衡量的（当然，这就使他们更容易受到提供大量贿赂的将军的影响）。尽管全部的影响很难估计，它已经表明，这个世纪里货币的价值已经降到最初价值的五十分之一。

在城镇和帝国财政的实践中都表现出了这种破坏。从公元 3 世纪 279
开始，许多城镇出现了规模和繁荣程度的萎缩；早期中世纪的继任者只是苍白地反映出这些城市曾经是非常重要的地方。其中一个原因是帝国征税者不断增长的要求。从公元 4 世纪开始的货币贬值导致帝国政府机构以不同方式征税——它们通常被直接用于供应当地的驻防，也用来支付政府的公职人员——这样做不仅使政府变得更加不受欢迎，也使承担提高这些税收任务的元老院成员或市政办公官员变得不受欢迎。公元 300 年时，他们常常被迫就职。这一确切的证据表明，一个曾经被追求的有尊严的地位已经成为一种艰难的义务。许多城镇也遭受了实际上的物质损坏，特别是那些边境地区的城镇。值得注意的是，随着公元 3 世纪的远去，边境的小镇开始重建（或首次建造）城墙以保护自己。而公元 270 年之后不久，罗马再次开始加固自己的防御工事。

与此同时，军队稳步增长。如果要阻止野蛮人入侵，军队必须得到支付、供养和装备。如果野蛮人没有被成功阻止，取而代之就将进贡现金给他们。而且并不是只有野蛮人需要抗衡。非洲是唯一能够适度保护自己以对抗罗马邻国的帝国边境（因为那里没有要紧的邻居）。亚洲的情况要严峻得多。从苏拉统治时期开始，一场与帕提亚之间的残酷斗争骤然爆发，随着时间的发展又升级成一场全面的战争。两个因素阻碍了罗马人和帕提亚人之间获得真正的和平稳定。一个是利益圈的重叠。这个问题在亚美尼亚最为显著，这个王朝是两者之间一个半世纪内的交替缓冲区。同时帕提亚人也在犹大的动荡局面中趟了浑水，另一个是帕提亚国内的王朝动乱一次又一次地诱惑罗马。

这些事实导致双方在公元 2 世纪就亚美尼亚展开激烈争夺，但它的细节通常模糊不清。塞维鲁终于长驱直入美索不达米亚，但不得不撤退；美索不达米亚河谷实在太遥远了。罗马人试图做的事情太多，还要面对帝国过分扩张的传统问题。还好他们的对手一样疲惫并处于衰退的低谷。帕提亚的书面记录不完全，但从其智识水平下降、创造力衰退、胡乱借鉴早期希腊化时代设计看，精疲力竭和越来越无竞争力正是这个王国当时经历的。

280 公元 3 世纪帕提亚消失了，但罗马来自东方的威胁并没有消失。波斯文明古老地区的历史上出现了一个转折点。大约 225 年的时候，一个叫阿尔达希尔（Ardashir，后来在西方被称为亚达薛西［Artaxerxes］）的国王杀死了帕提亚最后一位国王，并在泰西封加冕。他以一个新王朝——萨珊王朝重建了波斯的阿契美尼德帝国，它将是罗马在 400 多年里最强健的对手。这里有很多连贯性：萨珊帝国信奉琐罗亚斯德教，就如曾经的帕提亚一样；并且像帕提亚曾做过的一样唤起了阿契美尼德的传统。

几年之内，波斯人入侵叙利亚，并开启了与罗马帝国长达3个世纪的交战场面。整个公元3世纪几乎没有哪个十年没有战争。波斯人征服了亚美尼亚，囚禁了皇帝瓦勒良（Valerian）。之后在297年，他们被赶出亚美尼亚和美索不达米亚。这使罗马在底格里斯河上形成了一个边界，但并没有保持下去。同样，波斯人也没能保住他们的战利品。这样造成的结果是持续很久的反复争斗。公元4世纪和5世纪，一种平衡在逐渐形成，而且直到6世纪才开始被打破。同时，商业上的联系出现了。尽管边界上的贸易被正式限制在3个指定的城镇中，波斯商人的重要聚居区却存在于罗马帝国最重要的城市中。此外，波斯打通了通往印度和中国的贸易路线，这对于罗马的出口商和那些想要东方的丝绸、棉花和香料的人一样重要。然而，这些联系并没有抵消掉其他对抗。没有战争的时候，这两个帝国倾向于带着冷淡和谨慎的敌意和平共处；交往因为定居在两国边界的群体和民族而变得复杂；而且一直以来危险的战略平衡关系被打乱，都是因为某个缓冲区国家某方面的改变造成的——例如亚美尼亚。公开对抗的最后回合一直被延期，但最终还是在6世纪到来。

眼下这是过于超前的向前跳跃；到那时候罗马帝国将发生重大变化，需要慢慢解释。萨珊王朝明显的活力，只是激励罗马的压力之一。另一个则是来自沿着莱茵河和多瑙河边界的野蛮人。公元3世纪及其后推动这些野蛮人前进的民族迁徙运动起源需要在长期的发展中寻找，但这没有它产生的结果重要。这些民族变得更加引人注目，参与更大的团体行动，最终被允许定居在罗马境内。在这里，他们最初作为士兵保护帝国以防备其他野蛮人，后来逐渐开始参与帝国自身的运作。

公元200年，这一切仍没有发生；但当时很明确的是，新的压力逐渐形成。相关的最重要的野蛮民族是法兰克人和莱茵河上的阿拉曼人（Alamanni）以及多瑙河下游的哥特人。大约从230年起，帝国就努力地使他们不要接近，但两线作战的成本高昂；而与波斯的复杂情况很快使皇帝向阿拉曼人作出让步。而当皇帝的直接继承人将自己的内讧加诸波斯以造成其负担时，哥特人利用一个有利条件趁机侵入紧邻多瑙河南边的美西亚（Moesia）行省，公元251年顺道在那里杀了一个皇帝。5年之后，法兰克人越过了莱茵河。阿拉曼人紧随其后，一直攻到米兰。哥特人的军队入侵希腊，并从海上袭击亚洲和爱琴海地区。短短几年之内，欧洲各个地方的防御系统似乎都已崩溃。

入侵的规模不太容易确定。或许野蛮人永远不可能让军队的规模超过两万或者三万人。但这个规模对于帝国任何一个地方的军队都太多了。帝国军队的骨干由来自伊利里亚各省的新兵组成；恰巧，正是一系列出自伊利里亚的皇帝扭转了局势。他们所做的大部分事情就是单纯地带好兵和充满智慧地随机应变。他们意识到了事情的优先次

281

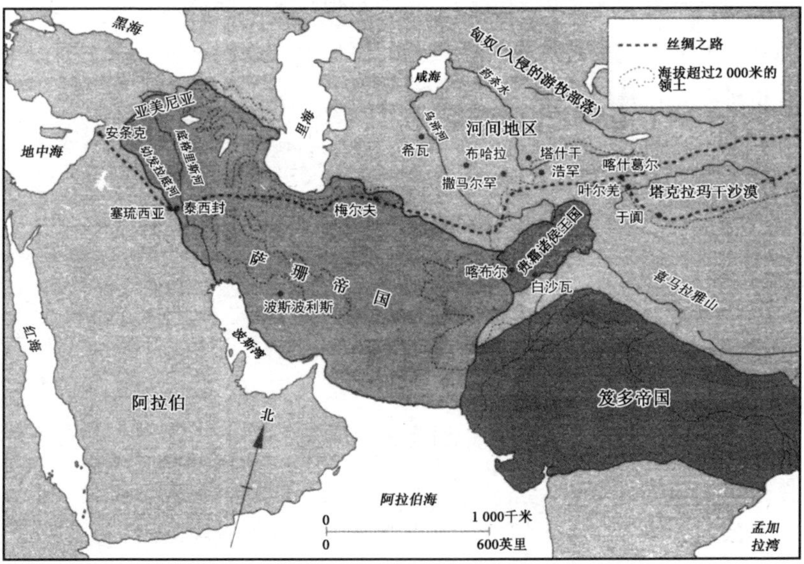

约公元400年时的萨珊帝国

序，潜伏在欧洲的主要危险必须首先处理。与帕米拉（Palmyra）的联盟有助于争取时间对抗波斯。损耗开始被削减。公元 270 年，处于多瑙河北岸的达契亚行省被放弃。军队被重组以便在每个主要的危险地区提供有效的机动储备。这是奥勒良（Aurelain）的全部工作，他因此被元老院意味深长地称作“罗马帝国的修补者”。但成本是巨大 282
的。如果伊利里亚皇帝们的工作是想求生存，那么更多的基础必须重建，而这正是戴克里先（Diocletian）的目标。他是一个得到证明的勇敢士兵，试图恢复奥古斯都时代的传统，但却以彻底改革帝国而代之。

戴克里先有成为一个管理者的天分，而不是一个士兵。除却没有特别的想象力，他对组织和原则有绝佳的掌控能力，热爱规则，在选择和信任能够委以重任的人才方面有伟大的才能。他也是一个精力充沛的人。帝国的随从人员在任何地方都能发现戴克里先的政府所在；它在帝国内四处移动，在这里过一年，在那里过几个月，有时仅仅在同样的地方待上一到两天。自宫廷中出现的改革，核心是对帝国的分割，目的是为了使它摆脱内部纷争（发生在身处遥远行省的觊觎王位的人们之间）带来的威胁以及行政机构和军事资源的过分扩展。公元 285 年，戴克里先任命了一个共同皇帝马克西米安（Maximian），负责多瑙河到达尔马提亚一线以西的帝国疆域。此后，两位奥古斯都之下又分别设了两名凯撒作为共治者；凯撒既是他们的副手，又是继任者，从而保证了权力交接能有条不紊地进行。然而事实上，这种继任制度只有一次如戴克里先打算的那样运转过，就是在他自己和他的共治皇帝退位时。但是行政机构实际分离成两个帝国结构的情况并没有扭转。在那之后，所有的皇帝都必须接受很大程度上的分裂，即使名义上两部分仍是一体的。

一个帝国政府的新概念也明确地产生了。“元首”（princeps）的头衔不再被使用；皇帝成为军队而不是元老院的产物，基本等同于东方王朝那种准神圣王权的概念。事实上，他们通过金字塔形的官僚机构行使权力。“大区”（Diocese）通过“区长官”（vicar）直接向皇帝负责，它是几个行省合在一起构成的行政区划，但比原先的区划范围要小，数量相当于原先的两倍。元老院对政府权力的垄断已经一去不复返，元老院的等级实际上仅仅意味着社会地位的差别（富裕地主阶级的成员资格）或者对某个重要官僚岗位的占有。骑士阶层消失了。

四头统治集团的军队规模，比当初奥古斯都制定的规模要大得多（因此也更昂贵）。理论上应具备的机动性却因深陷于长期驻守要塞任务，被罗马军团放弃了。边界的军队被分解为数个单位，其中一些仍然长久地驻守在相同的地方，而其他部分则提供比旧罗马军团规模更
283 小的新的机动力量。募兵制再次被引入。大约50万人处于备战状态。对他们的管理完全与曾经融合在一起的行省的市民政府分开。

这个体制的结果似乎没有完全符合戴克里先的设想。虽然包括了相当程度上的军事复苏和稳定，但成本巨大。军队，在一个世纪里人数增加了一倍，必须依靠数量可能已经开始缩减的人民来提供给养。沉重的赋税不仅危及帝国臣民的忠诚，而且助长了腐败行为；它还需要一个紧密控制的社会安排，这样税收的基础才不会被损坏。巨大的行政压力不利于社会的流动性。例如，农民被迫待在人口普查时被记录在案的地方。另一个著名（尽管到目前为止可以看出是完全不成功的）的例子是，试图通过冻结来规范整个帝国的报酬和价格水平。这样的努力就像筹集更多的税收，意味着更大的公务员队伍；并且如果行政管理人员的数量增加，当然，政府的日常开支费用也会增加。

最终戴克里先可能通过开辟对帝国政府自身新观法的道路来实现大部分目的。宗教气氛的产生是对现实问题的回应。在持续篡位和失败的压力下，帝国不再毫无异议地被人民接受了。这不仅是因为对高

赋税的反感或对不断增长的秘密警察数量的恐惧。意识形态的基础已经被侵蚀，它再也不能凝聚人民的忠诚。文明的危机与政府的危机并存。古典世界精神的母体被打破；无论是国家还是文明都不再被视为理所当然，这需要一种新的民族精神才可以。

对皇帝独特地位和神圣角色的强调，是对这一需求的早期回应。戴克里先有意识地充当了救世主的形象——一个抑制混乱的类似宙斯神的形象。这其中的一些事情让人回想起那些古典世界晚期的思想家，他们将生命视为善与恶之间的永久斗争。然而这完全不是希腊或罗马的想象，而是东方的想象。将皇帝与神灵联系起来的新观点得到接受，因此有了对官方信仰的新概念，但这对希腊世界传统在实际中奉行的兼容并包态度而言并非好消息。对于崇拜的决断，可能决定着帝国的命运。

这些塑造基督教教会历史的可能性有好有坏。最后，基督教成为罗马的遗产受赠人。许多宗教教派从被迫害的少数派处境中站起来，变成凭自身实力建立的团体。基督教会显得与众不同，是因为它产生
在罗马帝国晚期独特的全面结构中，所以它本身既重视又加强了古典 284
文明的命脉，从而不仅对它自己而且对欧洲乃至整个世界都产生了巨大的影响。

公元3世纪初，传教士已经给小亚细亚和非洲北部非犹太民族的人们带去了这种信仰。特别是在非洲北部，基督教获得了在城市里最早的巨大成功；它长期表现为一种主要出现在城市的现象。但它仍然是少数人的重要事情。在整个帝国内古老诸神和当地神灵得到了农民的忠诚。公元300年时，基督教可能只获得了大约占帝国十分之一人口的信徒。但已经有显著的特征表明官方的偏爱甚至承认。已有一个皇帝名义上是基督徒，而另一个已经将耶稣基督置于王室私底下尊敬的众神之列。与宫廷的这种联系表明犹太人与古典文化之间的相互影

响，而这是基督教在帝国扎下根基过程的故事里重要的一部分。也许是塔苏斯的保罗——一个以雅典人明白的方式与人交谈的犹太人，开启了这个过程。稍后，在公元2世纪早期，殉道者查士丁（Justin）——一个巴勒斯坦的希腊人，一直努力表明基督教来自希腊哲学。这是一个政治观点，古典传统的文化认同有助于反驳对帝国不忠诚的控诉。如果一个基督教徒能够在希腊化世界意识形态的传统中保持立场，那么他也会是一个好公民。查士丁理性的基督教精神（在大约165年他甚至因此而受到折磨）设想展示神圣理性的真相。伟大的哲学家和先知共享这种神圣理性，柏拉图也在其列，但只有在基督教中才能实现。其他人追寻相同的路线，尤其是博学的亚历山大里亚的克莱门，他努力将异教徒的学识与基督教整合起来；还有奥利金（尽管由于大部分著作丢失，造成他准确的教义仍旧被争论）。一个非洲北部的基督徒德尔图良，曾经轻蔑地问过什么是学园与基督教有关的东西；而小心利用希腊哲学这一概念宝库的教父们做了回答，提供了保罗从未做过的、将基督教定义为理性信仰的陈述。

当基督教将死后救赎的承诺与基督教生活可以以一种有目的并乐观的方式展开的事实联系起来时，可能会使我们设想基督教徒们在公元3世纪对未来充满信心。事实上，早期教会历史上乐观的迹象与显著的宗教迫害活动相比非常不突出。有两次重大的爆发，那是公元3世纪中叶表现出的传统社会的精神危机。这不仅表现为困扰帝国的经
285 济压力和军事失败，还有罗马自身成功的辩证的内在本质：帝国非常具有标志性的世界大同主义——不可避免地成为古罗马精神的一种表现手法——日渐失去现实意义，更多地成为一个口号。皇帝德西乌斯（Decius）似乎确信回归传统罗马美德和价值的古老方法仍然能发挥作用；这意味着侍奉众神活动的复兴，那时众神的善行将能够再次有利于帝国。据德西乌斯所言，基督教徒和其他人一样必须向罗马传统

供奉。一些人这样做了，通过分发的凭证判断他们因而可以免遭迫害；而许多人并没有做，最后遇难了。数年之后，瓦勒良（Valerian）用同样的理由施加迫害，尽管他的地方总督们致辞说是为了指引全体人员和，保护教会的财产——它的建筑和书籍——而不是针对广大的信众。此后，迫害活动消减，教会恢复了在官方关注视野下朦胧的、被容忍的存在。

无论如何，迫害表明，需要巨大的努力和持续很久的决心去消除新的教派；它甚至可能已经超出了罗马政府的能力。早期基督教的排他性和孤立性已经消逝。在亚洲和非洲的行省中，基督教在地方事务中表现出日益增长的突出作用。主教常常是行政官员期待与之往来的公众人物；在信仰（那些罗马、亚历山大里亚和迦太基的教会成为最重要的）中独特传统的发展表明了它根源于当地社会和能够表达当地需求的程度。

帝国之外，也有迹象表明基督教的发展可能将遇到好时光。在波斯统治阴影下的附属国，当地统治者不会忽视任何来自地方支持的资源。广泛的尊重宗教观念至少是谨慎的。在叙利亚、西里西亚和卡帕多西亚，基督教徒的传教活动非常成功，并且在许多城镇构成了一个社会精英阶层。单纯的迷信也有助于说服这些君主；基督教的上帝证明是强大的，想要抗阻其敌意而不遭破坏是很难的。因此，基督教的政治和民众前景得到了改善。

基督徒满意地注意到，他们的迫害者不再成功；哥特人杀了德西乌斯，瓦勒良据说被波斯人活剥了皮（诸如此类）。但戴克里先似乎并没有从中得出什么教训，公元303年他发起了最后一场浩大的罗马迫害基督徒运动。它并不是从一开始就很严酷，主要目标是信奉基督教的官员、神职人员以及书籍和教会建筑。书籍会被交出去烧掉，但在一段时间内并没有教徒因不向官方献祭就施以死刑（更何况许多基督

286 徒还献了祭，罗马主教也在其列)。君士坦提乌斯（Constantius）——西方的凯撒——在公元 305 年戴克里先退位之后就没有执行过迫害；但他的东方盟友（戴克里先的继任者加列里乌斯［Galerius］）态度强硬，以死亡为惩罚强令普遍献祭。这意味着迫害活动在持续数年之久的埃及和亚洲变得更加严重。但在变得更严重之前，它已经被复杂的导致伟大的君士坦丁大帝出现的政治活动打断。

君士坦提乌斯作为凯撒继任奥古斯都之位才一年，就于公元 306 年在不列颠去世，君士坦丁正是他的儿子。君士坦丁当时也在那里，虽然他不是父亲的凯撒，但他在约克被军队推举为皇帝。一个将近 20 年的动乱时期随之而来。复杂的斗争充分证明了戴克里先对帝国权力和平交接安排的失败。这场斗争在公元 324 年才结束，那时，君士坦丁将帝国重组于一个统治者之下。

这时他已经着手积极而有效地解决帝国问题，尽管他作为一个士兵比作为一个管理者更成功。依靠招募来的蛮族士兵，他组建了一支有别于边防部队的强大野战军，驻扎在帝国的城市里。这是一个战略上的明智决定，将在接下来两个世纪帝国在东方表现出来的战斗力中得到证明。君士坦丁也解散了禁卫军并且创建了一个新的、由日耳曼人组成的卫队。他恢复了稳定的金币流通，为废止各种类型的税收和恢复货币经济铺平道路。他的财政改革有很多混合的结果，包括试图对税收的负担做一些调整以使富人承担更多的部分。不过，所有这些事情对同时代人的震撼，都抵不上他对待基督教的态度。

君士坦丁赐予了教会官方地位。因此在塑造基督教未来方面他发挥了比任何其他普通教徒都更加重要的作用。他此后将被称为“第十三使徒”。然而他与基督教的个人关系是复杂的。他与许多古典时代晚期有一神论倾向的人们一起理智地成长，虽然最终毫无疑问成为一个虔信的信徒（像他那样直到临死才受洗的基督徒很常见）。但是他的信仰是出于恐惧和希望，他信仰的上帝是一个充满力量的神。他起先忠诚的是太阳神。他使用太阳神的标志，而且太阳神的崇拜也已经正式与皇帝相联系。然后在公元 312 年决战的前夕，由于他认为的异象，他命令士兵在盾牌上刻上基督教的字母组合图案。这表明，他具有对任何可能的神表示适当尊重的意愿。他赢得了战斗；从那之后，287
尽管他持续地以公开名义认可对太阳神的崇拜，他也开始表现出对基督教徒和他们的上帝的重要偏爱。

这方面的一个表现是来年颁布的一项法令，由帝国的另一个竞争者与君士坦丁在米兰达成协议之后签署。这项法令恢复了基督教徒的财产，并授予他们其他宗教能够享有的宽容。这一事实可能反映了君士坦丁自己的想法，正如他希望能够和他的同僚一起找到一个令人满意的和解方案。因为基督教通过“在天上无论什么神性的存在都会被姑息，对于我们和所有处于我们权力之下的人们都是有好处”的愿望来解释其准则。君士坦丁还向教会赠送了相当多的财产作为礼物，他尤其偏爱罗马教会。除了向神职人员提供重要的税收让步，他还赋予教会接收遗赠的无限权利。同时，多年来，他的钱币仍旧保持了对异教神灵的尊敬，特别是“不可征服的太阳神”。

君士坦丁逐渐认识到自己扮演着一个类似僧侣的角色，而这在帝国政府机关进一步演化中有首要的影响。他认为自己对上帝负有给教会带来福祉的责任，对于这一点他越来越公开而明确地坚持。公元 320 年之后，太阳神不再出现在他的铸币上，并且士兵必须出席教会的游行。但他总是很小心对待他异教徒臣民脆弱的感情。尽管后来他建造辉煌的基督教堂时剥夺了神庙的黄金，并通过升迁鼓励以改变信仰，他从没有终止过对旧宗教的宽容。

君士坦丁的许多工作（就像戴克里先的）发展了过去潜在和隐含的事物，是对早期先例的扩展。他对教会事务的干预是事实。早在公元 272 年，安条克的基督徒就曾呼吁皇帝撤除该城主教；公元 316 年，君士坦丁试图通过任命一个迦太基主教来解决北非的一场争论，而这一做法有违当地被称作多纳图斯派（Donatists）的宗教组织的意愿。君士坦丁开始相信皇帝得益于上帝的比其授予教会的自由甚至捐赠都要多。他对自己角色的设想逐渐演变成教会的担保人；并且如果需要，作为对基督教持续偏爱的代价，他会成为上帝需要的团结的推动者。当他反对多纳图斯派并认为是他职责所在时，导致了多纳图斯派因不满意自己被区别对待而成为第一批被基督教政府迫害的分裂者。君士坦丁是君主对教会绝对控制权的缔造者，这一信念认为世俗
288 的统治者对建立宗教信仰和下一个千年欧洲国教的概念有神圣的权威。君士坦丁在规范宗教方面的伟大法令，是他于公元 324 年正式宣布自己是一个基督教徒时才开始的（他在这个声明之前才战胜了另一个帝国的竞争对手；有趣的是，这个对手迫害基督教徒）。这预示着第一次主教大公会议——尼西亚会议。它在公元 325 年首次召开，将近 300 个主教出席，君士坦丁主持了大会。它的任务是确定基督教对新的异端阿里乌斯派（Arianism）的应对。阿里乌斯派的创始人阿里乌斯认为，圣子不能分享上帝的神圣性。然而，无论从技术上还是神性上，这次大会的主题都造成巨大的争论。阿里乌斯的对手陈述了重大的丑闻。君士坦丁试图和解这种分裂；大会主张一个不利于阿里乌斯派信徒的信条，但在适当声明之后继续的第二次重聚会议上，重新接纳了阿里乌斯共同商谈。这样的结果不能让所有主教都满意，但比起君士坦丁主持了这场重大的联合会议并宣布皇帝享受特别权威和责任，它显得不那么重要。教会披上了帝国王权的外套。

这里也有其他重要的含义。令神学家头疼的背后，存在着关于实践和原则的重要问题：通过官方对基督教的确立给予帝国全新统一意识形态，基督教传统出现的分歧在哪？哪些是社会和政治、礼仪和神

学，还有现实？例如，叙利亚和埃及的教会被希腊化世界的文化和这些地区流行宗教中继承而来的思想和习俗强烈地影响了。这种考虑有助于解释为什么君士坦丁神职政策的实际结果远不及他的预期。会议并没有产生一个缓和方案让带着妥协态度的普遍和解变得更容易。君士坦丁对阿里乌斯派的态度很快宽松下来（最后，他将死之时是一个阿里乌斯派主教为他洗礼），但阿里乌斯的反对者——由令人敬畏的亚历山大里亚的主教亚塔那修（Athanasius）所领导——却残酷无情。当阿里乌斯去世的时候，争论还是没有解决，不久以后君士坦丁也去世了。然而阿里乌斯派在东方并没有繁荣起来。相反，它最后的成功是由前往俄罗斯东南方日耳曼部落的阿里乌斯派传教士取得的。阿里乌斯派由这些野蛮人的国家发扬光大，直到 7 世纪在西方仍然存在着。

思考教会的崛起在多大程度上最终不可避免，这几乎没有意义。可以肯定的是——尽管北非基督教传统视国家为一个毫不相关的事物——一些事情很重要，就如公民权利下基督教几乎不可能永远不被认可。确实，有人着手开始做这件事了。君士坦丁是第一个采取关键 289
性措施将教会和帝国联系起来的人，目的是为了让帝国尽可能长久持续下去。历史地看，他的选择具有决定意义。教会得到的最多，因为它获得了罗马的神授权力。而帝国看起来不太会改变。然而，君士坦丁的儿子们被作为基督教徒抚养长大，虽然新的体制在他公元 337 年死后不久显示出很多脆弱性，他还是作出了一个与古典罗马传统断绝联系的决定。最后，在不经意间，他创立了基督教欧洲，也因此创立了“现代世界”。

他的另一个决定（这个决定在影响力的持久性上仅仅略微逊色）是，他在位于黑海入海口的古代希腊殖民地拜占庭的遗址上创建了一个可与罗马比肩的城市。“这是应上帝的命令。”他说。在公元 330

年，它被命名为君士坦丁堡。尽管他自己的宫廷仍旧留在尼可米底亚（Nicomedia），并且在接下来的50年没有一个皇帝在那里长久地居住过，但君士坦丁再次塑造了未来。在一千年中，君士坦丁堡成为基督教首都，不受异教仪式的“污染”。在那之后的再500多年，它将成为异教徒的都城，并且不断呈现想要成为这一传统继承人的野心。

不过，我们又一次向前推进了太多。我们必须回到君士坦丁离开时的帝国，在罗马人眼中它仍然与文明同义。它的边界很大程度上还是沿着自然特征的走向，或多或少可以通过独特地理学的划界或者历史学上的地域来识别。大不列颠的哈德良长城是北方的界线；在欧洲大陆上则顺着莱茵河和多瑙河。黑海海岸莱茵河河口以北的部分于公元前305年被野蛮人占据，但小亚细亚仍然在帝国的手中；向东延伸的边界一直到波斯。更远南方的边界线一直抵达红海，黎凡特海岸和巴勒斯坦都位于这一区域。尼罗河河谷下游仍然在帝国的掌握之中，北非海岸也是如此；非洲的边界是阿特拉斯山脉和沙漠。

尽管君士坦丁做了种种伟大的工作，这种联合在很大程度上仍是一种幻觉。正如设立共治皇帝的首次实践所表明的，尽管人们非常渴望维持可能的统一神话，罗马文明的世界对于一个统一的政治体制来说太大了。说希腊语的东方和说拉丁语的西方之间不断增长的文化差异，基督教建立之后小亚细亚、叙利亚和埃及（所有这些地方都有大的基督教团体）新的重要性，还有与东方亚洲直接联系的不断刺激，都让这一点不断显现。公元364年之后，古老帝国的两个部分仅再有一次短暂地由同一人统治。制度分歧越来越大。东
290 方的皇帝既有神的身份，也拥有世俗身份；帝国等同于基督教世界，皇帝作为神圣意图表达者的身份很清楚。另一方面，西方到公元400年的时候，已经可以看到教会和国家的作用明显不同，这将形

成欧洲政治中最具创造性的参数之一。这里同样还有经济的对比：东方人口稠密，仍然能够提供巨大的税收；而西方在公元300年时，离开非洲和地中海岛屿就已经不能养活自己。现在我们很明显地看到，两种截然不同的文明将要浮现，但要过很久一些身处其中的人才能看出这种区别。

与此相反，他们看到了一些更令人震惊的事情：西方帝国轻而易举地消失了。公元500年，东方帝国的边界仍然与君士坦丁统治时期差别不大，并且他的继任者们仍旧独自与波斯对抗着；西方的最后一任皇帝却已经被废黜，他的徽章被一个自称会像东方君主在西方的代表一样统治的蛮族国王送到君士坦丁堡。

这是惊人的：事实上，真正崩溃的是什么？衰退或堕落的是什么？公元5世纪的作家如此多地哀叹它，再加上罗马城被洗劫这样戏剧化的插曲为佐证，以至于我们很容易有这样的印象，即整个社会的崩溃。事实并非如此。这是国家机构的崩溃，它的一些职能不再被执行，还有一些则落入了其他人手中。这已经足够解释这种惊慌。有着千年历史的制度竟在半个世纪内倒塌。自那以后人们总是不断追询其原因，也就不足为奇了。

一种解释是，这种状况是蓄积而来的：西方国家机构在公元4世纪恢复之后逐渐失灵。对于钳制它发展的人口、财政和经济来说，整体的关注变得太庞大了。提高税收的主要目的是为了供养军事机构，但要征收足够的税收变得越来越困难。在达契亚带来新的贡品之后，就不再有掠夺。不久被采纳的用以压榨出更多税收的措施，使得富人和穷人以同样的策略来回避它。造成的影响是农业庄园越来越满足于自己的需求，自我供给，而不是为市场需求生产。与此平行产生的是，因为贸易失去活力以及富人退回农村生活，这造成城市政府摇摇欲坠。

291

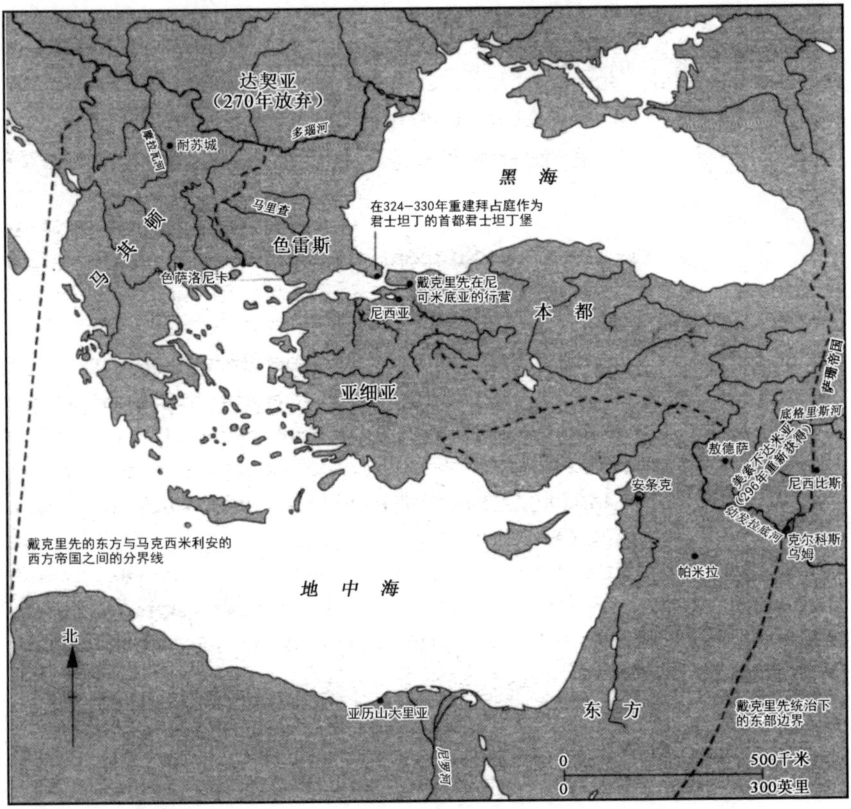

东罗马帝国的形成

军事上造成的结果是，军队征募越来越困难，因为已无好的薪酬可供支付。甚至将军队划分为机动部队和卫戍部队的改革也有不足之处。因为一直驻扎在帝国的居住地中，他们首先失去了战斗精神，变得习惯于城市工作职位带来的放纵和特权；当第二次进入已确立的殖民地时，他们不愿意去冒险从而危及他们的田产。另一个无休止的螺旋式衰落也随之而来。羸弱的军队使得帝国更多地依靠野蛮人，而本来是要阻挡这些野蛮人的。因为他们是以雇佣兵的名义被招募，需要用宽慰和安抚的政策使他们尝到甜头。这使得罗马要向野蛮人作出更多的让步，即使当日耳曼民族迁移运动的压力到了一个新高潮的时候。移民和向帝国提供服务这样富有吸引力的期望，在野蛮人促成帝国崩溃方面，可能比简单的渴望掠夺关系更加重大。对战利品的期望可能鼓舞了袭击行动，但几乎不能摧毁一个帝国。

公元 4 世纪初期，日耳曼民族沿着从莱茵河到黑海的边界线分布，但那个时候它在势力最集中的南方集合在一起。这些都是哥特民族——东哥特人和西哥特人，他们在多瑙河的对岸严阵以待。其中有 292
些人已经是基督教徒，尽管是以阿里乌斯派的形式存在。连同汪达尔人、勃艮第人和伦巴底人一起，他们组成了一个东日耳曼团体。北边是西方的日耳曼民族：法兰克人、阿拉曼人、撒克逊人、弗里斯兰人（Frisians）和图林根人。他们加入了公元 4 世纪和 5 世纪时期第二阶段的民族大迁移。

这场危机开始于 4 世纪的最后 25 年。公元 370 年以后，来自匈奴的压力——这是一支亚洲中部强大的游牧民族——在距离蛮族更遥远的西方迅速增强。他们蔓延至整个东哥特王国的领土；被阿兰人（Alans）击败后，转而攻击邻近德涅斯特河的西哥特人。因为没有能力抵挡，西哥特人逃到帝国境内寻求庇护。公元 376 年，他们被允许越过多瑙河在边界线内定居下来。这是一个新的开端。早期蛮族入侵已经被驱除或吸收。罗马人的方式吸引了蛮族统治者和他们的追随者一同加入罗马军队。然而，西哥特人作为一个民族到来，有 4 万人之多，保留着自己的法律和宗教，并且仍然是一个紧密的团体。皇帝瓦伦斯试图解除他们的武装，但并没有实现，取而代之的是战争爆发。公元 378 年的阿德里安堡（Adrianople）战役中，皇帝被杀死，罗马军队被西哥特人的骑兵打败。西哥特人洗劫了色雷斯。

这不仅仅是一个转折点。现在整个部落开始以同盟者（*foederati*，一个在 406 年首次使用的词）的名义加入，并进入罗马领土，在自己首领领导下与其他蛮族作战。对西哥特人这样的安置办法不能一直采用下去。东罗马帝国无力在君士坦丁堡之外保护它的欧洲领土，尽管5世纪早期西哥特人的军队向北进军意大利的时候，那里仍旧被一位汪达尔将军压制了一段时间。到目前为止，昔日的帝国心脏地带意大利的防御已完全依靠蛮族的辅助部队，并且很快这些也不能够满足需要了；君士坦丁堡可能会支持住，但公元410年哥特人洗劫了罗马。在前往南方的计划失败之后，西哥特人再次向北进军，越过阿尔卑斯山进入高卢，最终于公元419年在图卢兹建立了一个新王国——帝国里的一个哥特国家；哥特贵族在那里与昔日高卢—罗马地主一起分享统治权。

这些混乱的事件很难追溯，但为了解释5世纪欧洲种族和文化地图的重造，我们仍然有另外一个主要民族大迁徙不得不关注。作为让他们在阿奎坦尼亚（Aquitania）殖民的回报，西部皇帝成功地令西哥特人承诺帮助他清洗西班牙土地上的其他蛮族。这些蛮族中最重要的
293 是汪达尔人。公元406年，莱茵河边境因驻防士兵被派去抵御西哥特人以保护意大利，于是被攻破。这为汪达尔人和阿兰人突然闯入高卢创造了机会。从那里他们开辟出通往南方的道路，一路洗劫并越过比利牛斯山在西班牙建立了一个汪达尔人国家。20年之后，他们被一个想要得到帮助的怀有异心的罗马总督诱惑前往非洲。西哥特人的攻击力鼓舞着他们离开西班牙。到公元439年，他们已经攻占了迦太基。现在非洲的汪达尔王国有了一个海军基地。他们在那里盘踞了近一个世纪，公元455年他们也前往洗劫了罗马，并将他们的名字作为无情破坏的代名词留在史册。但如此糟糕的事情也比不上夺取非洲这一行动对于古老西方帝国的致命打击更重要。帝国现在已经失去大部分经济基础。尽管东罗马帝国皇帝在西方仍旧能够作出巨大努力，罗马统治也已经摇摇欲坠。甚至在公元402年，西罗马皇帝和元老院已

经从罗马逃往意大利的拉文纳——帝国的最后一个首都。依靠蛮族抵抗蛮族是个致命的错误。新压力累积的影响使复苏变得不可能。对意大利的防卫意味着把高卢和西班牙放弃给汪达尔人，而他们对非洲的入侵意味着罗马失去了辛苦得来的行省。

在这个世纪的第三个25年中，欧洲完全崩溃了。这之后是最大的一次匈奴进攻。这些游牧民族在一场佯攻掠夺安纳托利亚和叙利亚的初步行动之后，跟随日耳曼部落进入巴尔干半岛地区和欧洲中部。公元440年，匈奴部落在匈奴王阿提拉（Attila）领导下，力量达到了巅峰。从匈牙利，这个亚洲最大草原走廊逐渐消失的地方，他带领一支庞大的联盟军最后一次向西方进攻，但却在公元451年被一支西哥特人组成的“罗马”军团——由一个蛮族出身的将领指挥——在特鲁瓦（Troyes）击败。这是匈奴威胁的终结；匈奴王两年之后去世，这时他正计划与西方君主的妹妹通婚，这样或许他自己就能成为君主。翌年，匈牙利的匈奴臣属发动一场大起义，最终破坏了他们的计划，从那以后他们几乎消失了。在亚洲，他们的家乡，新的游牧民族联盟正在形成，在未来会发挥类似的作用，但他们的故事可以稍后再提。

匈奴人给西方带来了几乎致命的一击，一位皇帝派教皇去向匈奴王求情。最后一个西方皇帝被一位日耳曼军事首领奥多亚克（Odoacer）废黜，公元476年，正式统治权流传到东方皇帝手中。意大利与先前其余的西方行省一样，从那以后成为一个蛮族王国。尽管意大利人名义上仍视皇帝为他们的最高统治者，但他可能身在君士坦丁堡。

帝国的结构在这些打击下最终崩溃，帝国的最后几十年间已外强 294
中干。随着时间的流逝，帝国的影响也在逐渐消退；挑选出一个时间作为它的结束点并没有什么特殊意义。公元476年对于同时代的人来说不太可能特别值得注意。蛮族王国只不过是对作为野战军和在边界作为外籍军团驻守的蛮族军队的信赖的一种合理发展。蛮族自己通常想要的并不多，除非是单纯的抢劫。他们并不打算用自己的政权去取代帝国的权威。据传一个哥特人说过，“我希望作为罗马的修补者被载入史册，因为要我成为它的替代者是不可能的”。其他的危险比蛮族的威吓更大也更根本。

在社会和经济上，公元3世纪的故事在公元5世纪重新上演。城市衰败、人口下降。行政部门陷入更深的混乱状态，因为政府官员通过履行自己应有职责要求报酬的行为来保护自己远离通货膨胀。税收下降的行省被放弃了，政府以某种出售官职的方法保持了奢侈开支。但行动的自主性消失了。由于君主权力依赖军队，渐渐衰落的西方最后一位君主通过与他们需要安抚的蛮族首领的平等谈判，成为蛮族的傀儡，被禁闭在最后的帝国首都拉文纳。在这个意义上同时代的人可以正确地将公元410年对罗马的洗劫视为一个时代的结束，因为那时已经显示出帝国不再能维持古罗马精神的核心。那时，也出现了许多其他将要发生的事情的迹象。君士坦丁家族的最后一位皇帝试图在一个短暂的统治时期（361—363）恢复异教，这为他赢得了历史名声（在基督教的眼中或许是一种恶行）和有启发性的“叛教者”的称号。但他并没有成功。他认为对古老供奉的恢复能确保繁荣的回归，但他没有足够的时间去检验。现在可能更突出且无可争议的臆想就是基督教和公共生活不可分离地纠缠在一起，他的政策建立在这个基础之上，并且这两者的命令普遍一致；这种臆想根源于罗马，而不是基督教。朱利安（Julian）没有威胁到君士坦丁的举措；狄奥多西（Theodosius），统一帝国的最后一位统治者，最后在公元380年禁止公开崇拜古老神灵。

很难说这实际上意味着什么。在埃及，这似乎是征服古老文明进程中最后的里程碑，整个进程花费了大约8个世纪左右的时间。最初由亚历山大里亚哲学家所赢得的希腊思想的胜利，现在则由基督教神职人员加以证明。古老宗教的祭司将受到异教徒般的折磨。在5世纪仍能发现罗马异教直言不讳的辩护者，并且直到5世纪末期，异教的导师才被从雅典和君士坦丁堡的大学中驱逐出去。尽管如此，一个巨大的转折点仍然到来了；大体而言，中世纪时代那种封闭的基督教社会此时已经存在了。

基督教皇帝很快着手朝特定方向发展这一社会。这种方法变得非常熟悉，即通过剥夺犹太人——也就是与这个封闭社会不相容的最容易识别的群体，剥夺他们与其他公民平等的司法权利。这是另一个转折点。长期以来，犹太教在罗马多元化的宗教世界里都是一神教的代表，现在它被自己的衍生物基督教取代了。对传教活动的禁止是一波打击，其他的打击很快就接踵而来。公元425年，犹太人能够享受管理自治权的教区被彻底废除。当大屠杀发生的时候，犹太人开始撤退到波斯领土上。他们与帝国之间不断扩大的疏远削弱了帝国，因为他

295

民族大迁徙

们很快取得了罗马对手们的帮助。从红海通往亚洲的贸易路线上的犹太阿拉伯地区能够对罗马利益造成损害，以支持他们的共同信仰者。苛刻的意识形态付出了高昂的代价。

因为与米兰主教圣安布罗斯（St. Ambrose）的争论，基督教历史上狄奥多西的统治时期也值得注意。公元 390 年，色萨洛尼卡（Thessalonica）的一场暴动之后，狄奥多西无情地屠杀了成千上万的居
296 民。令同时代人吃惊的是，他们很快看到皇帝在米兰教堂前为自己的行为忏悔。安布罗斯拒绝了他的恳谈。迷信思想赢得了将被证明是为了人道和启蒙而进行长期斗争的第一回合。其他人可能会因被逐出教会或受到它的威胁而被驯服，但这是第一次如此运用精神力量，并且发生于西方教会具有重要意义的事件。安布罗斯宣称他比皇帝拥有更高的责任。这开创了西方欧洲历史上的一个宏大主题——精神和世俗要求的紧张。它一次又一次地将教会和国家的冲突拉回到进步的道路上来。

然后，基督教的一个辉煌世纪几近尾声。这是一个基督教化的宏大时代，在此期间传教士们深入到远至埃塞俄比亚的地区传教。这是神学上的一个灿烂时代。更重要的是，这是一个奠基的时代。然而那个时代的基督教也有很多现在看来令人非常讨厌的地方。基督教地位的确立让基督徒可以毫不犹豫地使用权力。“我们眼见同样的星星，头顶同样的天空。”一个异教徒向圣安布罗斯辩解。但西马库斯（Symmachus）自负地回答道：“同一个宇宙包围着我们，最要紧的是，我们每个人用什么方法来获知真相?”无论是东方还是西方，基督教教会的倾向都顽固不化且狂热；如果这两者之间有什么区别的话，就体现在希腊人对一个融合了精神和世俗力量的基督教帝国几乎无限制的权威信念，对整个世俗世界——包括拉丁传统的国家在内——的防备心、可疑的敌意，这个拉丁传统教导基督徒视自己为最后

的拯救，被投掷在罪恶和进入基督教诺亚方舟之异教徒的海洋中。然而，为神父们说句公道话，或理解他们的不安和恐惧，一个现代观察者已经识别出整个中世纪晚期世界中迷信和神秘事物引人注目的力量。基督教精神承认并表达了它。魔鬼——基督徒在它们之中走过自己的尘世之路——对于基督徒和异教徒来说都很真实，一个5世纪的教皇曾询问预言者以便找出该怎么对待哥特人。

这是对异端因邪说和分裂教会罪而被追击的苦难的部分解释。阿里乌斯派在尼西亚并没有被毁灭，它在蛮族中繁荣起来。基督教阿里乌斯派在意大利、高卢和西班牙的许多地区占据主导地位。天主教会在阿里乌斯派的蛮族王国并没有受到迫害，但被忽视了；当每件事都要依靠统治者和伟大人物的支持时，忽略会变得危险。另一个威胁是非洲多纳图斯派的分裂；它包含社会现实，而且突然在城镇和乡村中出现了暴力冲突。在非洲，诺斯替派的旧威胁在自波斯传到西方的摩尼教中再次复苏；另一个异端——伯拉纠派（Pelagianism）表现为一 297
些来自拉丁化欧洲的基督教徒准备欢迎一个基督教精神的变体，这个变体将神秘主义置于次要地位，而把重视圣餐视为美好的生活目标。

很少有人能比最杰出的教父圣奥古斯丁更适合通过个性或教育对这样的危险进行辨别、分析以及斗争。重要的是他来自非洲——以罗马行省的名字称呼，大概相当于突尼斯和阿尔及利亚东部。公元354年他在那里出生。非洲基督教在那里已经存在了超过一个世纪，但那时仍是少数人的事情。非洲教会自从杰出的创始人德尔图良统治以来，就有了自己特别的倾向。它的根源并不是来自东方的希腊化城市，而是在迦太基和努米底亚的宗教土壤中成长，在柏柏尔人的农民中这些宗教一直保留着。奥林匹斯人性化的神灵从未在非洲安过家。当地的传统是遥远的众神居住在山地和高处，以野蛮而狂迷的形式被顶礼膜拜（迦太基人被认为采用儿童祭祀）。

在这种背景下发展起来的非洲基督教的顽固和暴躁特性，都在奥古斯丁的个人品格中完全表现出来。他对相同心理刺激的响应，感到有必要面对潜伏在自身中的邪恶这一事实。一个回答有效且普遍。摩尼教刻板的二元论在非洲有非常广泛的吸引力，奥古斯丁本人做了将近十年的摩尼教徒。有特色的是，之后他以极大的反应反对他的错误。

在成年和加入摩尼教之前，奥古斯丁的教育使他给自己的定位是要在西方帝国谋求一个公职生涯。那种教育基本上都使用拉丁语（奥古斯丁可能只会说这种语言，显然他发现希腊语很困难）而且非常有选择性。其技能是那些修辞学，奥古斯丁正是利用它们赢得第一次奖励。但对于思想来说，这是一片不毛之地。奥古斯丁通过阅读教化自己；他第一次向前迈进的成果是发现西塞罗的作品，或许这是他第一次接触（尽管是间接的）古典雅典的传统。

奥古斯丁的世俗生涯在米兰（他在那里教授修辞学）宣告结束，公元 387 年圣安布罗斯为他举行了天主教徒的洗礼。那时候圣安布罗斯行使的权力不亚于帝国在它最重要城市中行使的权力。奥古斯丁对宗教和世俗权力之间关系的观察证实，他的观点非常不同于那些希腊教徒，他们欢迎的是君主手中世俗和宗教权力的合一。奥古斯丁随后
298 返回非洲，首先作为一个修士生活在希波，然后很不情愿地当了主教。他在那里一直待到公元 430 年去世为止，确立了天主教反对多纳图斯派的立场。顺便提一下，由于奥古斯丁留下数量庞大的信件和文学作品，他成为西方教会历史上极其重要的人物。

奥古斯丁一生中最著名的是对多纳图斯派和伯拉纠派的批判。这首先实际上是一个政治问题：两个竞争的教派到底哪一个会统治罗马的非洲？第二个问题上升得更宽泛。对于我们非神学思想的时代来说，它们必然看起来相当遥远，但它们开启了欧洲历史的许多未来。

伯拉纠派在本质上鼓吹的是一种斯多亚哲学；虽然用基督教的神学语言精心装扮，但它是古典世界和传统的一部分。这呈现出来的危险——它是一个危险——是基督教教义的特殊性将会丧失，并且教会单纯地变成一种古典地中海文明品质的传播媒介，带着隐含的优势和缺点。奥古斯丁是个不折不扣的超然者和神学家，对他来说人类救赎的唯一可能性在于上帝赐予的恩典，后人深受其著作的影响。人类精神历史中，奥古斯丁应该占有一席之位，因为他比任何前辈都更详细而全面地描述了命运和自由意志、恩典和折磨、信仰和动机这一系列将在欧洲历史上长期探究的伟大议题。顺带一提，他建立了通过圣礼接近恩典的根源这一稳固基督教唯一权力基础的拉丁基督教。

这些都被遗忘了，如今只有专家还知道。圣奥古斯丁（他因此得到的称号）取代了一些名声不良者而成为最强有力和坚持不懈摈弃肉欲的倡导者，他的这种倡导标志着基督教的性态度，并在那之后给整个西方文化烙下了痕迹。以道德纯洁主义之父的身份，他和一群奇异的人并列在了一起，例如柏拉图。但他的思想遗产远远超过了该词所表示的东西。在他的作品中我们仍然能看到很多中世纪政治思想的基础，至于这些思想带有亚里士多德的痕迹还是信守摩西律法并不重要，重要的是这种历史观将和基督自身言论一样，对基督教社会产生重要而长期的影响。

现在被叫作《上帝之城》的书是奥古斯丁对未来最有影响的作品。这与其说是一个问题的具体意见或学说——想要找出他对中世纪政治思想家的具体影响很困难，或许是因为他说的太模棱两可——倒不如说是一种态度。他在书里展示了一种看待人类历史与政府的方法，一千多年来成为基督教思想不可分割的部分。书的副标题是“反
异教徒”。这表明他的目的是驳倒反动分子和异教徒的指控，因为当 299
麻烦聚集在帝国时，他们都会将之归咎于基督教。他受公元 410 年哥

特人对罗马的洗劫刺激而写作；他最重要的目的是表明，对于基督徒来说理解这样令人震惊的事件是可能的，并且事实上只有通过基督教才能明白。但他在篇幅巨大的著作中广泛地回顾过去，从贞洁的重要性到米利都的泰勒斯哲学，并且像上帝对大卫承诺的意图一样小心地详细说明马略和苏拉的内战。这不可能简单地概括成："对于一些人来说太多，而对于其他人来说太少。"奥古斯丁在文章中最后一段曾挖苦地说。这是一个基督徒对整个文明的解释和发展的预测。它最值得注意的特征是它的重要评价：整个尘世间事物的面纱不必要，文化和制度——甚至是伟大帝国自身——都没有最终价值，如果上帝也是这样的意图。

奥古斯丁关于两个城市的主要想象暗示了上帝也是如此意图。这两个城市之一是尘世，按照人类较低级的本性创建，并不完善，而且产生于罪恶的双手；但其外观是辉煌的，其中重要的部分可能不时地展示出神性的计划。有时罪恶方面会占据主导地位，并且显然人们必须逃离尘世城市——但巴比伦也会将自己纳入神圣计划中。另一座城市是上帝的乐土，建立在上帝对救赎承诺的确保之上，人类可能通过一场尘世中教会领导和启发的朝圣之行接近这个目标。在教会中，上帝之城的标志和到达它的方法都将被建立。历史已经随着教会的出现而改变：从那个时刻开始，善行和罪恶的斗争在世间已经清晰，人类的救赎依赖于教会的防卫。这样的争论直到现代都能听到。

这两个城市也使其他现象出现在奥古斯丁的论证中。他们有时候是两个人类团体，那些被宣告将在来世受到惩罚的人和那些朝觐走向光辉的人。此时此地，在这个标准上城市按照实际的人类种族被区分，像所有那些自亚当起已经经过审判的人们一样。但奥古斯丁并不认为教会的成员能被明确地定义为一个团体，而其余的人类都是另类。或许奥古斯丁洞察力的力量就在于，所有的伟大是由于其模棱两

可、争论和建议的悬而不决。国家不仅是尘世的和邪恶的，在神圣计
划里它有自己的作用，并且政府因其本质被赋予了庄严。许多后来才
被听说；国家被要求保护教会免受肉欲的侵害，以及通过行使权力加
强信仰的纯净来服务于教会。然而天堂的授权（另一个文明可能会转 300
移它）可能会撤回，当它发生的时候，即使是洗劫罗马的重大事件也
仅仅是对罪恶的审判活动中的一块里程碑。最终上帝之城会占上风。

圣奥古斯丁在他最重要著作中避开了简单的定义，但或许在各种意义上他都采取了逃避。还有很多事情要谈到他，不过这里的空间太少了。例如，他是一个仔细而尽责的主教，是对他的民众充满爱心的神父。他也是一个拥有可疑特性的迫害者，他说服帝国政府使用武力反对多纳图斯派。他撰写了一部令人着迷的心灵上的著作，尽管深深地误解了早期生活的事实，但实际上创立了浪漫和内省自传的文学类型。他可能是一个文字艺术家——是拉丁语，而不是希腊语（他必须向圣杰罗姆求助希腊语的翻译）——以及一个获得奖励的学者，但他的艺术的天生激情胜于后天工艺，而且他的拉丁语很差。然而，他沉浸在古罗马的过去。从他对这一传统的掌握高度来说，他用基督徒信仰的眼睛望向这片阴霾、无常并且对于其他人来说恐惧的未来。他或许比分裂时代的任何其他人都更完整地呈现了两种文化。这或许就是为什么，1 500 年之后，他仍然引领着他们的原因。

第 9 章　未来的因素

301 日耳曼人入侵奠定了现代欧洲第一批国家的起源，虽然西罗马帝国消失时，蛮族并没有占据那些看上去更像后来国家的地区。他们清晰地分裂成四个主要且各具特色的群体。最北边的撒克逊人、盎格鲁人、朱特人（Jutes）从 4 世纪开始迁入古罗马在不列颠的行省，在这个岛屿被它的常住居民舍弃——最后一位皇帝通过他的士兵宣布公元 407 年将带领他的军队前往高卢——之前，满意地定居在那里。那时的不列颠一直处于连续不断的入侵者和罗马—不列颠居民之间的竞争中。直到 7 世纪初期，出现一组爱尔兰、威尔士和苏格兰组成的凯尔特人世界围绕的七个盎格鲁—撒克逊王国。

尽管首批不列颠人仍然成群生活，其生活方式似乎断断续续地持续到 10 世纪，也许更久，但罗马化的不列颠文明比在西方帝国其他任何地方都消失得更彻底。甚至语言也消失了，被一种日耳曼语言几乎完全取代。我们可能会在亚瑟王和他的骑士们的传说中匆匆窥见罗马化不列颠文明最后的遗迹，这可能是对晚期帝国军队骑兵战斗技能的回忆，但也仅此而已。帝国行省和蛮族王国之间在行政管理或文化的连续性上几乎没有痕迹。帝国给未来不列颠带来的遗产纯粹是物质的，表现为毁坏的城镇和别墅、偶尔可见的基督教十字架，或像哈德良长城一样巨大的建筑物。这些困扰着新移民，直到他们终于开始相信这是拥有超人力量的巨人们的作品。这些遗迹中的一些，例如建在巴斯（Bath）温泉之上的复杂浴池，从人们的视线中消失了数百年，直到 18、19 世纪考古学家才重新发现。虽然道路工程管理会随着时代、气候和掠夺而发生变化，道路仍然存在，数世纪以来有时会作为贸易路线。最后，大自然的移民与罗马人一道来到此地并停留下来。 302
诸如白鼬这样的动物，常常会给不列颠乡村男孩带来初次狩猎的兴奋体验；或者芥末这样的植物用作烤牛肉的调味料。后来的一千多年间，这成为一个较小民族的神话。但罗马人留下的思想方面的事情我们几乎没办法寻找到踪迹。罗马化的不列颠基督教——不管曾经可能是什么样子——现在已经消失了，并且信仰的守护者暂时退隐到被雾笼罩的僻静处所，那里孕育着凯尔特教会的僧侣。这是将要使不列颠民族皈依的另一个罗马，但不是那个帝国的罗马。在此之前，日耳曼传统将在形成阶段的影响上处于垄断地位，而在原属帝国的其他地区并不是这样。

越过英吉利海峡，情况有很大的不同。很多东西都幸存下来。高卢被汪达尔人破坏之后，继续处于阿基坦的西哥特人（Visigoths of Aquitaine）影响下。这些人分担的击退匈奴人的任务，给予他们比以往任何时候都重要的价值。然而，在高卢东北方，那里的日耳曼部落法兰克人终将取代他们这种优势。和西哥特人不同，法兰克人并没有被阿里乌斯派神职人员改变信仰，这是未来将属于他们的部分原因。法兰克人在塑造欧洲方面比其他任何蛮族的影响都大。

首批法兰克人墓葬展示了一个尚武的社会，按等级制度划分。他们在 4 世纪定居于斯凯尔特河（Scheldt）和默兹（Meuse）之间的现代比利时。比起其他蛮族，他们有更多人愿意定居下来，并在那里成为罗马外籍军团。他们中的一些又前往高卢。其中一支定居在图尔奈（Tournai），形成了随后被称为墨洛温王朝的王室；克洛维是第三位国王（如果这一词语恰当的话）。克洛维将人民团结起来后，在这个国家历史上，法兰西（Francia）第一次成为一个伟大的名字。

公元 481 年，克洛维成为西部法兰克人的统治者。尽管形式上他服从于皇帝，但他很快发动了对高卢最后一位罗马总督的战争，并远征至西部的卢瓦尔河。与此同时，东部法兰克人击败了阿拉曼人。而当克洛维也被推举为他们的国王时，一个横跨莱茵河流域下游地区和法国北部的法兰克王国形成了。这是法兰克王国的中心地带，在欧洲北部最终它将以罗马霸权继承者的身份出现。克洛维与另一日耳曼民族勃艮第人的公主结了婚，勃艮第人迁入罗讷河河谷以及向东南一直延伸到现代日内瓦和贝桑松（Besançon）的那片地区。尽管她的人民信奉阿里乌斯教，这位日耳曼公主是一位天主教徒。他们结婚（习惯上认为是在公元 496 年）后的一段时间，在一次让人回想起君士坦丁
303 当年所做的临战改变信仰之后，克洛维自己接受了天主教。这使他获得了罗马教会（在蛮族土地上，帝国仍然存活下来的重要力量）的支持，支持他进行一场被视为针对高卢其他日耳曼民族的宗教战争。天主教同时也是与从罗马迁往高卢的人民保持友好关系的手段。毫无疑问，这种信仰转变是政治性的，但它也是重要的。一个新的罗马将要在高卢实施统治。

勃艮第人是克洛维的第一批受害者，尽管他们直到他去世之后才被完全征服。征服之后，墨洛温的王公成为统治者，但他们保有了独立的国家。西哥特人是下一个被攻打的对象；他们只保住了东南部的领地，处于比利牛斯山以北（后来的朗格多克、鲁西荣［Roussillon］和普罗旺斯）。克洛维现在在整个高卢地区成为罗马的继承者；皇帝任命他为执政官确认了这个事实。

克洛维将法兰克人的首都迁往巴黎，他被葬于自己在那里建造的教堂里。他是首位不是作为一个蛮族人被安葬的法兰克国王。但这不是巴黎作为首都的连续历史的开端。日耳曼人王国既不是后来认为的那种国家，也不是罗马人知晓的那种国家。这是一个部分由领土、部分由亲属团体组成的继承物。克洛维的遗产分别由他的儿子们继承。

法兰克王国直到公元558年才再次统一，两三年之后再次分裂，但渐渐分成三个部分安定下来。一个是奥斯特拉西亚（Austrasia），首都在梅茨，并且重心位于莱茵河的东面；一个是纽斯特里亚（Neustria），在西岸，与之旗鼓相当，首都在苏瓦松；还有一个勃艮第王国，由同出一门的统治者统治，但是独立的。三个统治者常常因为接壤地带的领土而发生争执。

在这种结构中，开始出现一个不再是由野蛮的蛮族士兵群集形成的法兰克民族。人们开始归属于一个清晰辨识的、讲一种拉丁方言、并出现新兴的地主阶级贵族的国家。值得注意的是，这里还产生了关于蛮族在历史上作用的基督教解释——图尔主教格利高利（Gregory of Tours）写的《法兰克人史》，他自己就是来自罗马高卢的贵族。其他蛮族也将创造出类似作品（最伟大的、或许是可敬的比德写的关于英格兰的作品），力图调和那些认为异教仍旧比基督教强大以及异教对文明的继承的传统。必须指出的是，格利高利呈现的英雄克洛维死后法兰克人的图景是悲观的；他认为法兰克统治者举止糟糕，所以他们的国家注定要失败。

墨洛温王朝使其他蛮族离开高卢，并且从东哥特人那里夺走了阿尔卑斯山以北的土地。那里的哥特人最伟大的国王是提奥多里克（Theodoric），他在意大利击退了其他日耳曼民族，其统治权于公元 304
497年得到了皇帝的认可。他很信服罗马当局的权威；他的教父是一个皇帝，18岁以前他一直在君士坦丁堡。“我们的王权是对你们的模仿，是对这个世界上唯一帝国的复制。”他曾经从自己的都城拉文那写信给君士坦丁堡的皇帝。在他的铸币上，刻有此后成为传奇的“罗马不可征服”（Roma invicta）字样；并且当前往罗马时，提奥多里克在圆形广场以旧有风格举行竞技。然而严格来说，他是唯一成为罗马公民的东哥特人，他的个人权威得到了元老院的公认，但他的同胞不过是帝国的雇佣兵。他任命罗马人为市政官员。其中之一是他的朋友和指导老师哲学家波伊乌斯（Boethius），一位可能是将古典世界的遗产传到中世纪欧洲最重要的思想家。

提奥多里克似乎是一个头脑精明的统治者，他与其他蛮族保持良好关系（他娶了克洛维的妹妹），并且享受着在他们之中某种卓越的地位。但他并未信奉本民族的阿里乌斯派信仰，而宗教分裂对于东哥特王国来说终究是不利的。和法兰克人不同，尽管有统治者做榜样，东哥特人也并没有接纳罗马的历史遗赠。在提奥多里克之后，东哥特人被东罗马帝国的将军们驱逐出意大利，也驱除出历史。他们留下了一个满目疮痍的意大利；不久之后，这片土地又将被另一支蛮族伦巴底人入侵。

在西方，克洛维几乎将西哥特人限制在西班牙境内，而他们从那里逐走了汪达尔人。其他日耳曼民族已经在那里定居。他们在这里遇到了相当特别的问题——此后入侵的人群和政府也仍会遇到这种状况。并且西班牙的西哥特人王国无力抗拒比其创建者在高卢经历的更强烈的罗马化压力。在高卢，他们与既存社群的融合程度比法兰克人低得多。在西班牙的西哥特人（他们的人数并不多，最多不超过10万人）分群聚集在各自首领麾下，从老卡斯蒂利亚（Old Castile）逐渐散布到各个省；他们那时争吵不断，以至于帝国的统治得以在南方重新恢复花了超过半个世纪。最后，西哥特国王皈依天主教，承认了西班牙主教的权威。公元587年，西班牙开始了天主教君主政体的悠久传统。

这些集合起来是什么结果还很难说。对此进行概括有点冒险。只有漫长的时间流逝可以解释一切。在图卢兹王国建立和他们在西班牙支配地位的终结之间，西哥特人经历了3个世纪。在这样长的时间里有很多改变。尽管经济生活和技术除了恶化之外几乎没有改变，但精神和制度的形式在所有蛮族王国则经历了根本的（也许是缓慢的）转变。很快，认定它们仅仅是蛮族王国就不完全对了（或许除了伦巴底 305
人）。日耳曼部落成员是少数群体，在外族环境中常常是孤立的，并依靠他们长期生活环境形成的惯例，被迫与被征服者达成某种共识。他们入侵的过程有时候似乎非常接近于一个高潮，但当高潮过去的时候，通常只有很少的、孤立集中的入侵者留下来。他们在这里或那里取代罗马统治者，但通常生活在旧日主人的附近，或与之共同生活。罗马人和蛮族之间的通婚直到6世纪才合法，但这并没有造成多大障碍。在高卢，法兰克人接受了拉丁语，并添加了很多法兰克词汇。与动荡的5世纪相比，7世纪的西欧社会已经非常不同。

尽管如此，蛮族的历史依然留下了印记。几乎所有的蛮族王国社会都受到日耳曼习俗长期不可逆转的塑造，比如认可了一种表现在日耳曼人维持公共秩序的典型策略——血仇中的等级制度。男人（还有女人、家畜以及各种财产）拥有纯字面意义上的价值；如果通常的补偿没有得到，那么犯下的错误将由整个氏族或家族来解决。国王越来越多地记录下这些情况，因此在某种意义上这样的习俗都被“出版”了。识字水平如此之低，以至于我们可以想象，诸如巴比伦石碑或希腊城邦颁布在白板上的法令这样的物件毫无意义。抄写员在羊皮卷上做些记录以供日后查证，这已经是能想到的最棒的文字记录了。尽管如此，这样的日耳曼世界奠定了某一天将被携带着越过海洋进入欧洲新生文化的法律制度。开辟此条道路的首个制度就是接受国王或集体的权力，并宣布什么该被记录下来。所有日耳曼王国都开始记录和编纂他们自己的法律。

但凡公共活动的早期形式，如果不是宗教或超自然的，那么通常是司法的。因此，诸如图卢兹的西哥特宫廷求助于罗马法律专家的技巧也就不足为奇了。但这仅仅是各个蛮族贵族群体展示对罗马传统和形式尊重的形式之一。提奥多里克视自己为皇帝的代表；但他的问题并不在于确定自己的角色，而是需要避免惹恼他的追随者，这些追随者可能会被任何无节制的罗马化而激怒。或许同样的考虑在克洛维转变信仰之前也得到了重视，因为改信是一个表明与帝国及教会认同的行为。在比这两位英雄人物稍低的社会阶层中，法兰克和西哥特贵族
306 似乎喜欢通过彼此用拉丁文写信和阅读通俗文学来展示对罗马的继承。他们与罗马人也有利益上的关联；西哥特战士有时候会被雇佣镇压农民起义，因为这些农民会像入侵者一样威胁到罗马—高卢的土地所有者。然而只要阿里乌斯派的信仰还在起作用，这些蛮族的罗马化程度就不会很充分。毕竟，教会才是君士坦丁堡以西的帝国中最至高无上的遗存。

君士坦丁堡的皇帝们并没有漠不关心地看待这些变化。只是他们自己治域内的麻烦使他们无能为力；并且在5世纪，他们的蛮族将领也控制了他们。他们忧虑地关注着拉文那傀儡皇帝的最后几年，但承认了废黜最后一任皇帝的奥多亚克（Odoacer）。他们保持着对整个帝国统治的正式声明，包括东方和西方的，但实际上回避了质疑奥多亚克在意大利的独立，直到提奥多里克有效地取而代之并被授予贵族头衔。与此同时，与波斯的战争和巴尔干半岛地区斯拉夫人的新压力需要更多的精力来处理。直到公元527年皇帝查士丁尼继位，帝国的政府才似乎有可能切实重振声威。

现在看来，查士丁尼在某种程度上失败了。然而他表现的正如人们认为一个皇帝应该表现的那样；他做了大多数人仍旧期待一个强大的皇帝将会在某一天做的事情。他自夸拉丁语是他的母语；基于对帝国外交关系的全面审视，他仍认为以君士坦丁堡为中心重新联合和恢复旧帝国是合理的，尽管现在也不得不以君士坦丁堡为中心。虽然我们苦恼于无法知晓发生了什么，但他统治了很长时间，并且他同时代

的人对他当时的成就印象深刻。他们期待着这是帝国真正恢复的先兆。毕竟，没有人能够设想一个没有帝国的世界。西方的蛮族国王乐意服从君士坦丁堡的统治并接受赐予的头衔；他们并不想攫取皇位。查士丁尼寻求独裁的权力，而他同时代的人认为这个目的可以理解，也切合实际。他对自己角色的设想有某种庄严性；但可惜的是，他不是一个有吸引力的人。

查士丁尼几乎一直处于战争中。他通常都能取得胜利。即使是代价高昂的波斯战争（以及向波斯国王的付款）也取得了有限意义上的胜利，因为这些战役并没有让帝国失去大量的土地。然而这是一个严重的战略障碍。查士丁尼希望腾出资源来实施光复西部的策略，这也正是他与波斯首次议和时想要达到的目的，但却始终没有实现。虽然如此，他最伟大的将军贝利撒留（Belisarius）毁灭了非洲的汪达尔
人，为帝国重新获得那个地区（尽管花费了十年时间使它服从管理）。307
他继续侵入意大利，并开始了最终将东哥特人从罗马逐出的战争。这场战争结束于公元554年，实现了再一次使整个意大利归于帝国统治下的统一，尽管此时的意大利已被帝国军队蹂躏得一片凄惨，程度更甚于蛮族的破坏。这是一些伟大的成就，但后续的经营却很糟糕。进一步的征战发生在西班牙南部，在那里，帝国的军队利用西哥特人的内讧，再次在科尔多瓦建立帝国政府。在整个地中海西部，帝国舰队也至高无上；查士丁尼死后的一个世纪，拜占庭的船只可以不受干扰地纵横驰骋。

但这种状况并没有持续下去。到那个世纪末，意大利大部分领土再次失去。这一次是被另一个日耳曼民族伦巴底人夺走，他们成为半岛上帝国权力的最后消灭者。在东欧也是，尽管使用贿赂和传教的强有力的外交手段，但查士丁尼从未成功地处理过与蛮族的关系。也许持久的成功是不可能的。这些移民民族后方的压力太大了，并且他们

能够预见前方有巨大的奖励。“蛮族”，当时的一个历史学家写道，“一旦体验到了罗马的财富，永远不会忘记通向它的道路”。到查士丁尼去世，尽管他花重金修建了堡垒，后来保加利亚人的祖先们还是在色雷斯定居下来。侵入的蛮族像楔子一般分离了罗马的东西方。

查士丁尼的征服虽然伟大，但在面对波斯的持续威胁、来自巴尔干地区斯拉夫人的压力增加以及7世纪时一个新竞争对手伊斯兰教到来时，他的继任者却无法将其保持。一个可怕的时代即将来临。然而，即便如此，查士丁尼的遗产也会通过他建立起的外交传统运转：建立一个在边界之外的蛮族间发挥影响力的网络，使蛮族间相互争斗，用贡品或头衔贿赂一方的王公，又以成为另一方子女教父的形式拉拢另一方。如果这种外交政策没有被查士丁尼统治时期皈依基督教的高加索地区各王国接受，或者没有达成与克里米亚哥特人的联盟（这个联盟持续了7个世纪），东方帝国的生存几乎不可能。在这个意义上，这段统治时期勾勒出了未来拜占庭疆域的大致轮廓。

帝国内，查士丁尼留下了不可磨灭的痕迹。在他继位之初，君权受到了利用公众支持的持续党派斗争的阻碍。但在公元532年，这导致了一场大规模的暴动，使得打击内讧成为可能。并且，虽然暴乱使都城大部分被烧毁，却终结了对查士丁尼独裁造成威胁的国内因素，此后，他越来越恒定和直接地实行着独裁。

他统治的物质遗迹丰富，其中最伟大的是圣索菲亚教堂本身
308 （532—537），但遍及帝国的公共建筑、教堂、浴场和新城镇标志着主权和东罗马帝国的固有财富。最富裕和最文明的行省在亚洲和埃及；亚历山大里亚、安条克和贝鲁特是其中伟大的城市。查士丁尼统治时期非物质的、制度上的以及纪念碑似的遗产是对罗马法的编纂。千年以来的罗马法律知识编纂为四卷，在几个世纪里产生了深刻影响并促进了国家现代思想的成型。查士丁尼争取行政和组织改革的努力却远

没那么成功。要诊断出早在3世纪就被认为是危险的弊病并不难，但考虑到帝国的开销和责任，永久的解决方法很难找到。例如，政府职位的出售，虽然已经知道有害，查士丁尼也加以取缔，但后来再次滋生的时候他却不得不容忍。

针对帝国问题的主要制度回应是对公民们实行逐步组织化。在某种程度上，这符合他所继承的经济调整传统。正如农民与土地紧密联系一样，手工艺者现在附属于他们世代相传的企业和行会；甚至官僚机构也趋向世袭制。这种情况导致的僵化，不大可能使帝国的问题变得容易解决。

同样不幸的是，公元6世纪初期，一系列相当严重的自然灾害降临东部，这可以解释为何查士丁尼要留下一个比他建立时情况更好的帝国很困难。地震、饥荒、瘟疫摧毁了城市，甚至是帝国首都，在那里人们也会在街道上看到幽灵。古代世界是一个容易产生迷信的地方，但关于皇帝摘下自己脑袋之后还能安回去，或拥有能够随意从视野中消失能力的传说表明，在这些压力之下，东罗马帝国精神世界在古典文明中的根基已经不再牢固。而查士丁尼的宗教观点和政策会让这种分裂更容易——这是他又一处自相矛盾的地方，这远远背离了他的期望。在幸存了800年之后，雅典学园被他废除；他想成为基督徒的皇帝，而不是异教徒的统治者，并颁布法令毁坏首都的所有异教雕像。更糟糕的是，他造成了犹太人在公民地位上的降低，并减少了他们参与自己宗教的自由。不过在此之前就已发生了很多事情。大屠杀长期以来一直得到纵容，犹太会堂被毁坏；查士丁尼接着又改变犹太教历并干扰犹太人礼拜的秩序。他甚至还鼓励蛮族统治者迫害犹太人。君士坦丁堡很早就建起了犹太隔都，这比西欧城市早了很多。

查士丁尼非常自信地认为，在教会事务中声明帝国的权威非常正 309
当，因为（就像后来的英格兰詹姆士一世一样）他确实对神学辩论有一种喜好。但有时影响并不太好，这种态度无助于恢复聂斯托里教派（Nestorians）和一性论派（Monophysites）对帝国的忠诚。一性论派作为一个异端教派，拒绝接受公元451年卡尔西顿大公会议主张的圣父和圣子之间确切关系的定义。这些异端教派在神学上所持的异议，比起他们象征性的信条逐渐成为重要语言学和文化团体所专有，就不显得太重要了。帝国开始创建它的阿尔斯特分裂势力（Ulsters）。在埃及和叙利亚部分地区，对异端教派的迫害激化了分离主义情绪。5世纪后期，埃及的科普特教会开始自行其是，反对正教的道路；叙利亚一性论派也步其后尘，设立了雅各派教会（Jacobite church）。这两个异端教会都得到了两地许多热情修道士的鼓励和维系。其中一些教派和团体，在帝国之外也有重要的社团成员，因此涉及外交政策。聂斯托里派在波斯寻求到庇护。尽管不是异端教徒，但犹太人在国境以外的影响尤其深刻：伊拉克的犹太人支持波斯人对帝国的进攻；并且当帝国对犹太人采取敌视措施时，红海地区的犹太阿拉伯国家阻断了通往印度的贸易航线。

查士丁尼再次统一西方和东方的基督教会的希望尽管十分热切，但还是挫败了。因为它们是在两种不同的文化母体中形成的，这两个教会之间一直存在着潜在的分裂趋势。西方教会从未接受宗教和世俗权力的结合，而这正是东方帝国政治政策的核心。这个帝国也会像其他帝国那样消亡（《圣经》也曾这样描述），只有教会将战胜地狱之门。如今，双方教义的分歧变得十分明显，而由于西部帝国的崩溃，分裂的可能性更是大为增长。一位罗马教皇拜访了查士丁尼，皇帝提出罗马是“神职的源头”。但最终，两大基督教社群从一开始的各行其道，转为激烈地争吵。查士丁尼认为皇帝至高无上，即使在教义这样重要的事务上也一样，但这种观点却成为双方教会不妥协的牺牲品。

310

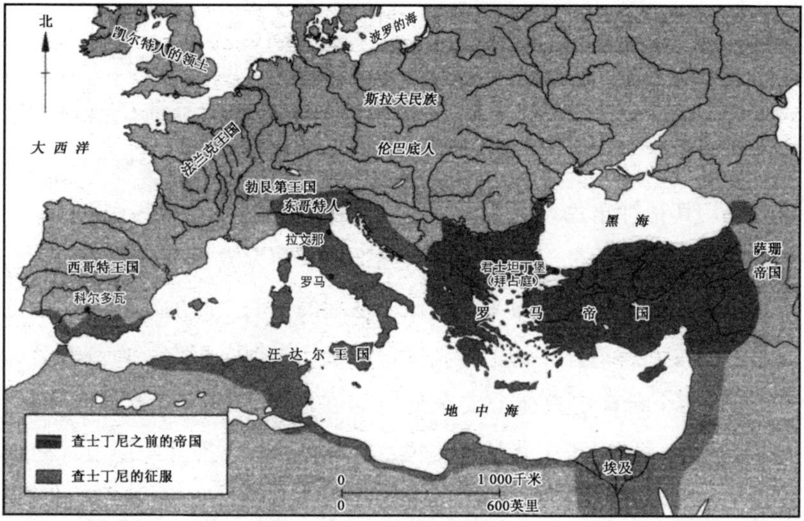

公元527—565年间的查士丁尼的帝国

这似乎意味着查士丁尼（以及他的许多其他行为）的实际成就并不是那些他寻求和暂时获得的——重新建立帝国的统一，而是完全不同的一个：为新的拜占庭文明的发展开辟道路。在他之后，这种文明已经存在，尽管还没有被意识到。拜占庭已逐渐远离古典世界，转向一种无疑与其风格相关但又不受其支配的模式。当时东西方文化的发展（此时完全取决于教会发展的新倾向）使之更容易实现。

像后期历史中经常出现的那样，教会及其领导者最初并未意识到或者说欢迎灾难中的一次机会。他们仍认同于正在崩溃的一切，而我们也可以理解他们这样的举动。对他们来说，帝国的崩溃成了文明的崩溃；除了贫困城镇的地方当局，西方教会通常是古罗马精神唯一的幸存者。主教们富有管理经验，至少可能会像其他当地要人一样足够理智地去克服新问题。一个半异教徒群体带着对迷信的敬畏求助于他们，并认为他们拥有近乎魔力的能力。在许多地方主教们是权力残存的最终化身。当帝国军队撤退，控制也崩溃了，主教们成为一个新的无知统治阶级中的文化人，而这个统治阶级渴望得到共享传统遗产的保护。从社会角度来说，主教们通常出身于处于领导地位的地方家族；这就意味着他们有时候是大贵族和资本业主，拥有足够的物质资源来支持其精神角色。自然而然地，新任务就落到他们头上。

这些也并不是全部。古典世界终结时，西方教会中出现了两种新体制，成为一个已崩溃的文明和还未发端的文明之间的危险湍流中的求生索。首先是基督教的隐修制度，这最初出现在东方。大约在公元
311 285 年，一个科普特教徒圣安东尼隐居在埃及沙漠，过着隐士生活。在他之后，又出现了一些其他注视、祈求以及与恶魔斗争或者通过斋戒和更模糊的戒律使肉体受辱的人。他们中有些人群聚在一起。在下一个世纪，这种灵性的新形式在黎凡特和叙利亚以一种公共的形式确立了自己。从那里，这种思想传播到西方，一直到法国的地中海沿岸。在一个摇摇欲坠的社会里，例如 5 世纪的高卢，不受干扰的信仰和以祷告来侍奉上帝的隐修观念（都在禁欲主义的戒律中），吸引了许多有智慧和有个性的男男女女。借此他们可以确保个人得到拯救。这些团体吸引了许多出身高贵的人，试图在一个变化的世界中寻求避难所。不友善的评论家按照古罗马服务国家的典范来谴责这些人，因为他们通过远离社会来逃避对社会固有的责任。教会人士也不太欢迎原本最热心的信众避世隐修。然而这个时代许多最伟大的教士都是修道士，这种体制因而兴盛起来。地主建立起教区或者将土地捐赠给已存的教区。那里存在一些丑闻，并且毫无疑问许多原则上的妥协是与赞助人和权力者联系起来。

一位意大利的修道士（关于他，除了他的成就和认为他能行神迹外，我们一无所知）发现，隐修制度此时的状况令人震惊。他就是圣本笃，教会历史上最有影响的人之一。公元 529 年，他在意大利南部

卡西诺山建立了一所修道院，他对法规（通过对其他可获得文件的过滤和筛选）进行编纂，并为这个修道院建立了新规则。这是西方基督教一份意义重大的文件，并因此在西方文化中占据一席之地。这一规则指导修士将注意力转向团体，而修道院院长拥有完全的权利。团体的目的不只是为教化或者拯救个体灵魂提供温床，还需要作为一个整体来敬奉上帝和生活。在一个井然有序的礼拜、祷告和劳动的框架内，修士们各司其职。从传统隐修制度的个人主义倾向中，一个新人类机构建立起来；并将成为教会武器库中的主要武器之一。

圣本笃并没有树立太高的目标，这也是他成功的秘密之一。这些规则在普通人的能力之内，这些普通人热爱上帝，而且他的修道士不需要伤害身体或是心灵。修道院的迅速蔓延表明他成功预料到了普通人的需求。本笃会的修道院在西方大地上处处可见，成为劝服异教徒的英格兰和德意志皈依的传教士的主要来源。在西方，只有处于边缘地带的凯尔特教会接近于更老的、苦行僧生活的隐士典范。

教会新创立的另一个伟大支柱是教皇。作为圣彼得所辖教区，再 312
加上这里守护着使徒圣骨的传说，一直让罗马在基督教世界各主教辖区中享有特殊的地位。它是西方世界中唯一宣称传承自某位使徒的教区。但在原则上，它没有什么别的可以提供；西部教会是一个低级机构，并从属于宣称与使徒时代有最亲密联系的亚洲诸教会。罗马教廷需要更多的东西才能将自身提升到中世纪时那种被认为理所当然的辉煌的卓越地位。

首先是罗马城本身。长久以来罗马一直被视为世界首都，对于世界上大部分地区来说也确实如此。城市主教是元老院和皇帝的商业合作伙伴，而帝国朝廷搬离此地只会更加凸显出他们的显赫。和蛮族人一样，不讨意大利人喜欢的来自东罗马帝国的行政人员抵达意大利，导致人们把对教廷的全新关注作为对意大利忠诚的焦点。它也是一个富有的教区，拥有与其财产相应的政府设施。它产生出来的行政管理技术，优于任何将在帝国行政机构自身之外发现的。这种区分在蛮族人缺乏这些技术的危难时候凸显得更加清楚。罗马教区拥有完善的文献记录，早在 5 世纪教廷的辩护者就曾利用过。典型的保守的教皇立场已经出现而且完全真实——主张无需寻求新的突破，捍卫旧的立场足矣；教皇并没有视自己为新的意识形态和法律依据的征服者，而是视自己为尽心竭力试图保持教会已经赢得的小据点的人。

这是罗马教廷作为一个伟大历史推动力出现的背景。5 世纪的大利奥（Leo the Great）是罗马主教权力清晰明确情况下的第一任教皇。一位皇帝宣布，教皇的决定具有法律效力，并且大利奥大力宣称教皇是以圣彼得的名义阐释教义。他开始使用被皇帝弃用的最高祭司（pontifex maximus）称号。人们认为他通过拜访匈奴王阿提拉的干预措施，延缓了匈奴对意大利的攻击；而一直反抗罗马大主教要求的西方主教们，在一个被蛮族搞得乱七八糟的世界里，变得更愿意接受了。不过，尽管如此，罗马是帝国国教的一部分，这种宗教被查士丁尼视为首先应是皇帝关心的事。

最清晰反映了中世纪天主教会教皇形象的教皇，同时也是第一个曾经做过修士的教皇。大格利高利（Gregory the Great）的统治时期
313 从公元 590 年至 604 年，在此期间共发生了两次伟大的早期教会制度革新。他是一个具有高度敏感的政治家、一个罗马贵族，对国家忠诚，尊敬皇帝。虽然如此，他是第一个完全接受了统治下的野蛮欧洲的教皇；他的就任最终表明了与古典世界的彻底决裂。他将第一次伟大的传教士运动视为他的职责，他的目标之一是异教英格兰；为达成这一目的，他在公元 596 年派遣坎特伯雷的奥古斯丁前往英格兰。他与信奉阿里乌斯派的异端进行斗争，并为西哥特人皈依天主教而高兴。他关心日耳曼国王们，正如他关心皇帝一样——他声称自己是以

皇帝的名义采取行动。但同时他也是伦巴底族人最凶猛的敌人；为了协助对抗他们，他向皇帝并（更引人注目地）向法兰克人求助。然而伦巴底人也使教皇必然地成为一个政治势力。他们不仅仅切断了他与身在拉文那的皇权代表的联系，而且当他们站在罗马城墙前时，他必须同他们协商。就像另外一些继承了民事权力的西方主教，他不得不供养城市并管理它。慢慢地，意大利人把主教看成罗马的继承者，同时也是圣彼得的继承者。

大格利高利将古典罗马传统和基督教结合在一起；他代表了一些新东西，尽管他几乎没有像那样去理解。基督教曾是古典传统的一部分，然而现在正在脱离古典传统，并截然不同。值得注意的是，大格利高利并不说希腊语；也没觉得有必要说。改善教会与蛮族关系的迹象已经出现。在大格利高利控制下，这个故事的焦点最后落在了欧洲，而不是地中海盆地。未来的种子已经播下，尽管不是指不久的将来；因为接下来大约两千年，世界上大多数的人们与欧洲的存在几乎不相干。但一个欧洲至少可以辨别，难以想象的不同，尽管它可能来自那些出现且仅限于欧洲大陆西部的东西。

这与过去截然不同。罗马行省有序的、有文化修养的和稳定的生活被摇摇欲坠的社会所代替，鼓吹战争的贵族阶级和他们的部族成员驻扎在其中，有时候与先前的居民融合在一起，有时候则没有。他们的首领被称为国王，并且肯定不再是仅稍微比其追随者超出一些的首领。与罗马遗留之物纠缠了将近两个世纪的以后，他们也不再只是蛮族。公元 550 年，一个蛮族国王，或说一个哥特人，第一次将自己描绘在帝国的标志硬币的装饰上。通过用一种更高级的文化遗迹刻画他
们想象中的印记，通过罗马自身想法的影响，以及通过教会连续和间 314
断的工作，总之，这些人正在追求自己的文明，他们的艺术遗迹可以证明这一点。

关于正式文化，和古代相比，他们没有带来什么。蛮族对文明思想没有作出什么贡献。然而在这个层面之下，文化的往来并非单向的。就基督教范围来说，或至少就礼拜仪式而言，仍然有不可低估的灵活形式。每个地方的基督教都影响着可能到达的地方，而这些都是由异教徒累积叠加造成的，日耳曼人依据罗马人，罗马依据凯尔特人。像克洛维那样，一个国王信仰的转变，并不意味着他的子民马上就正式投身于基督教。几代之后，其中一些仍然是异教徒，正如他们坟墓上写的那样。但保守主义既是阻碍又是挑战。教会可以利用对民间巫术的信仰，或是出现在一个神圣场所，这个场所可以使圣徒对古老乡村和森林神明怀有敬意。关于神迹的知识，在圣徒生活中孜孜不倦地传播，他们大声向朝圣者、向他们的圣地宣读，这是那个时代有说服力的方式。人类习惯于旧凯尔特神明的魔力调解或者沃登（Woden）神力的显灵。对大多数人来说，正如存在于大部分人类历史中，宗教的作用并不是道德指引或者心灵洞察，而是抚慰不可捉摸的一切力量。只有在血祭上，基督教才划清了过去与异教徒模糊不清的界线；而许多其他异教徒的做法和遗存并未消失，只不过被基督教改造吸纳了。

这个改变方向的过程经常被视为衰落的迹象之一，当然，这么说也是有理有据的。在物质条件上，蛮族欧洲是一个经济上比安东尼统治下的国家还贫穷的地区；如今遍及欧洲的游客仍然目瞪口呆于罗马建设者的遗迹，正如我们蛮族祖先可能做过的那样。然而就在这一团混乱的局面中，一些非常新和难以测量的、比罗马更具有创造性的东西，可能会在适当的时候出现。当时的人不可能看到将会发生的事，他们只懂得启示录所描画的未来。不过有些人却看到了比这更多一点的东西，就像格利高利的关注点。